KB119350

Decent Capitalism

자본주의 고쳐 쓰기

Decent Capitalism: A Blueprint for Reforming Our Economies
by Sebastian Dullien, Hansjörg Herr and Christian Kellermann

Copyright © Sebastian Dullien, Hansjörg Herr and Christian Kellermann 2011.
First published by Pluto Press, London www.plutobooks.com
All Rights reserved.

Korean translation edition © 2012 Hankyoreh Publishing Company
Published by Arrangement with Pluto Press, London, UK
Through Bestun Korea Agency, Seoul, Korea
All Rights reserved.

이 책의 한국어 판권은 베스툰 코리아 에이전시를 통하여
저작권자인 Pluto Press와 독점 계약한 한겨레출판(주)에 있습니다.
저작권법에 의해 한국 내에서 보호를 받는 저작물이므로
어떠한 형태로든 무단 전재와 무단 복제를 금합니다.

자본주의
고쳐 쓰기

세바스티안 둘리엔 · 한스외르그 헤어 · 크리스티안 켈러만 지음

홍기빈 옮김

Decent
Capitalism

한겨레출판

한국어판 출간에 부쳐

'괜찮은 자본주의(Decent Capitalism)'는 모순되고 잘못된 표현처럼 들린다. 그러나 이 표현은 이 책의 공동저자인 세바스티안 둘리엔(Sebastian Dullien), 한스외르그 헤어(Hansjörg Herr), 크리스티안 켈러만(Christian Kellermann)이 원서의 제목으로 의도적으로 선택한 도발적인 표현이다. 저자들은 이 책에서, 여전히 지속되고 있는 세계금융위기 및 경제위기를 통해 실패한 것으로 입증된 신자유주의 경제모델을 극복할 수 있는 대안을 소개한다. 그 대안이란, 자본주의를 제어함으로써 다시 인간을 위해 기능하는 경제를 만들어내고, 노동력이 단지 대기업과 금융산업의 이윤극대화를 위해서만 투입되는 것을 방지하는 것을 말한다. 다시 말해 자본주의가 경제민주화 차원에서 민주화되어야 하며, 기회의 균등과 연대성을 바탕으로 공존하기 위하여 사회적 정의를 추구해야 한다는 것이다. 이는 사회민주주의 그리고 프리드리히에버트재단이 추구하는 목표이기도 하며, 바로 이러한 이유에서 프리드리히에버트재단은 '괜찮은 자본주의' 프로젝트를 그 시작부터 지원해왔다.

저자들은 지난 30년 동안 추진되었던 신자유주의적이고 금융시장 중심적인 경제 및 금융 정책을 신랄히 상세히 분석함으로써, 이러한 정책의 바탕을 이뤘던 전제와 이러한 정책의 발전이 모두 잘못되었다는 사실을 보여준다. 그리고 더 나아가 구체적인 대안을 제시한다. 이들은 국가 차원에서는 물론이고 더 나아가 초국가적이고 전 세계적인 차원에서 새로운 형태의 국가통제가 이뤄져야 하며 자본과 노동, 즉 현실경제 속에서 활동하는 기업과 금융경제 사이에서 새로운 균형 및 새로운 '뉴딜(New Deal)'을 이루어야 한다고 말한다. 이를 위해 은행감시와 환율조정을 비롯하여 임금정책, 피고용인의 경영참여, 친환경적이고 지속가능한 경제산업정책에 이르는 다양한 개혁의 단계를 어떻게 밟아 나가야 할지, 이 책은 명쾌하고 상세하게 제시하고 있다.

국제적인 분업이 이뤄지고 전 세계적인 네트워크가 형성되며 상호의존성이 강화되어가고 있는 지금의 상황에서 시간을 거꾸로 되돌려 놓는 식의 방법은 해결책이 되지 못한다. 우리에게 필요한 것은 성장과 부의 공평한 분배에 대한 새로운 이해다. 신자유주의의 실패를 통해 진보적인 정치·학문·시민사회는 21세기의 '좋은 사회(good society)'가 어떤 모습이어야 하는지에 대한 합의를 도출해내야 한다는 점을 확인하였다. 모든 OECD 회원국에서 정치권이 주도한 규제완화 때문에 발생한 사회적 불평등의 심화와 금융시장의 방종으로 성장과 부의 분배에 대한 대안적인 콘셉트의 개발이 불가피하게 되었다. 동시에 기후변화 역시 '성장의 한계'를 보여주었고 성장, 부, 삶의 질에 대한 새로운 이해가 필요하다는 점을 확인시켜주었다.

언젠가부터 이 책에서 언급된 주제와 도전과제들이 한국의 국내정치에서도 중요한 이슈가 되었다. 그렇기에 '괜찮은 자본주의'가 한국의 경제사회 개혁을 위한 '아이디어 경쟁'에 건설적으로 기여할 수 있을 것이라고 기대한다.

이 책이 한국어판 번역 출간을 추진해준 이창곤 한겨레사회정책연구소 소장과 출판을 담당해준 한겨레출판에 깊이 감사드린다.

프리드리히에버트재단 한국사무소

소장 크리스토프 폴만(Christoph Pohlmann)

이 책은 우리가 목도해온 것과는 다른 자본주의를 말한다. 성장과 번영을 구가하면서도 사회적 정의와 환경적 지속가능성을 보장하는 새로운 경제사회시스템, 이른바 '괜찮은 자본주의'를 말한다. '괜찮은'이란 수식어와 자본주의, 도무지 어울리지 않을 것 같은 두 단어의 결합을 낳게 하는, 이런 경제사회시스템이 원천적으로 가능한가 의문이 먼저 들 것이다.

그도 그럴 것이 우리가 목도해온 자본주의는 물적 풍요를 가져다주었지만 공평과는 거리가 멀었고, 정의롭지 않았다. 오히려 게걸스럽게 먹어도 먹어도 멈추지 못하는 탐욕의 괴물처럼 생태의 파괴와 불균형, 불평등을 낳았다. 적어도 지난 수십 년간 우리가 경험한 모습은 그것이었다.

그런데 저자들은 자본주의 앞에 'decent' 곧 '괜찮은'이란 말을 붙이며 새로운 자본주의 건설을 주창한다. 지은이들은 도대체 무엇을 근거로 이런 무모하고도 억척스러워 보이는 주장을 펼치는 것인가?

이 책은 한마디로 새로운 자본주의의 청사진을 밝히고 있다. 이를 위해 현 신자유주의 경제사회시스템의 구조적 문제를 파헤치고, 그 대안을 모색한다. 성장을 말하되, 기존과는 다른 성장을 제시하고, 그를 위해선 무엇이 선행되어야 하는지를 살핀다. 시장과 정부와 사회, 3자가 어떻게 균형을 이뤄야 하고 이룰 수 있는지를 검토한다. 저자들은 한마디로 괜찮은 자본주의 건설 프로젝트의 기치를 내걸었고, 스스로 전위에 섰다. 프로젝트의 완성을 위해 무엇을 고치고, 무엇을 버리고, 무엇을 지키고, 무엇을 만들어야 하는가? 이 책의 첫 페이지를 펼친 독자는, 어쩌면 자신도 모르게 그 장엄한 프로젝트의 동반자로 동참하고 있는지도 모르겠다.

　이 책의 발간은 프리드리히에버트재단 한국사무소의 폴만 소장과의 만남에서 비롯됐다. 수인사차 만난 자리였지만 대화는 거의 토론의 장에 가까웠고, 궁극에는 어떻게 새로운 경제사회시스템을 건설해야 하는가로 모아졌다. 아쉬움을 안고 일어서는데, 폴만 소장이 선물로 건넨 책이 바로 이 책의 영문판이었다. 도발적인 제목에 이끌려 곧바로 서문을 읽었고, 번역을 마음먹었다. 책을 번역할 최고의 적임자로는 홍기빈 소장(글로벌정치경제연구소)을 떠올렸고, 제안을 받은 그는 이틀간의 검토 뒤 적극적으로 수락했다. 이 자리를 빌려 폴만 소장과 홍기빈 소장에게 감사드린다. 모쪼록 저자들이 내건 괜찮은 자본주의 건설 프로젝트에 많은 독자들이 함께하길 기대한다.

한겨레사회정책연구소
소장 이창곤

옮긴이의 말

사회민주주의
정치경제학 전통의 재건

이 책은 저자들 스스로가 밝히고 있듯이 세 사람의 집단적 저작일 뿐
만 아니라 독일 사회민주당의 자매단체인 에버트재단(Friedrich Ebert
Stiftung)의 후원을 통해 출간된 책이라는 점에서 최근 경제위기 이후
유럽의 사회민주주의 정치세력과도 일정한 교감을 공유하는 가운데
마련된 저서임을 짐작할 수 있다. 주지하듯이 유럽 여러 나라의 사회
민주주의 정당들은 지난 20년간 시장경제의 우선성을 적극 수용한
'좌파 신자유주의'라고 할 '제3의 길' 노선을 따른 바 있다. 2008년의
경제위기는 그렇기 때문에 세계적인 신자유주의 정치경제질서의 위
기이기도 했지만 '제3의 길'을 추종해온 기존 서구 사회민주주의 세
력의 위기이기도 했다. 그 이후 지금까지 유럽에서는 '제3의 길'을 탈
피하여 새로운 방향을 모색해야 한다는 논의가 주종을 이루고 있다.
이 책은 그러한 논의 가운데에서도 이념이나 사회정책 등이 아니라
경제모델과 경제정책 자체의 새로운 방향과 원칙을 정면으로 다루고
있다는 점에서 독특하고도 중요한 위치를 가진다.

이 책은 단순히 기존의 신자유주의 체제와 방만한 금융시스템의 이런저런 문제점을 고발하는 데 그치지 않는다. 또한 현실과 동떨어진 채 관념적 급진성으로 가득찬 추상적인 유토피아를 '대안'이라고 내미는 책도 아니다. 그렇다고 이런저런 제도를 이렇게 저렇게 손보자는 항간의 아이디어들을 단순히 묶어놓은 책도 아니다. 먼저 이 책은 기존의 신자유주의적 정치경제시스템의 문제들을 명확하게 파악하고 있다. 이 문제들은 사회 · 경제의 모든 측면과 제도를 완전히 탈규제화 · 지구화된 자본 및 금융 시장의 합리성에 순응하도록 전방위적으로 바꾸어놓은 것에서 비롯되었다는 것이다. 시장은 절대적으로 합리적이며 특히 자본 및 금융 시장은 완벽한 집단지성의 구현체라는 맹신에 기초하여 그 명령에 따라 노동, 환경, 공공부문, 기업지배구조 등 모든 측면들이 조응하여 돌아가도록 만드는 신자유주의의 조직 및 운영 원리 자체가 문제의 근원이라는 점을 분명히 하고 있다. 요컨대, 자본 및 금융 시장을 주무대로 하여 활동하는 금융자본의 권력이 전일적으로 관철되는 **금융자본주의**가 신자유주의 정치경제질서의 본질이며 여러 문제도 거기에서 비롯되는 것이라는 판단이다. 이 책의 1부에서는 그러한 시장, 특히 자본 및 금융 시장에 대한 맹신이 과연 근거가 있는 것인가를 따져 물은 뒤, 이에 근거하여 그러한 맹신이 여러 부문에서 어떻게 비효율과 불평등을 낳아 현재의 지구적 경제를 막다른 골목으로 몰아넣었는가를 체계적으로 밝히고 있다.

2부에서는 따라서 이 (자본 및 금융) 시장에 대한 맹신이라는 조직 및 운영 원리를 대체할 수 있는 분명한 대안으로 경제에 대한 사회적 통제의 우위라는 원리를 제시한다. 그리고 거기에서 몇 가지의 원칙들—금융의 철저한 규제, 복지 및 공공부문의 대폭적 확장, 노동시장의 제도개혁, 불평등을 해결하기 위한 적극적 재분배 정책 등―을 도출하고 이에 근거하여 여러 제도와 부문에 걸친 새로운 제도와 정책의 밑그림을 일관되고 체계적으로 제시하고 있다. 요컨대, 2부의 초점은 나열되고 있는 이런저런 정책과 제도개선 제안들에 있는 것이 아니라 그것들을 묶어내고 있는 대안적인 원리, 즉 시장경제에 대한 사회적 통제의 철저한 우위라는 원칙에 있다. 그런 점에서 이 책은 '괜찮은 자본주의(Decent Capitalism)'라는 포괄적인 경제질서의 비전을 제시하는 작업의 일환이라고 할 수 있다. 이러한 노력은 오랫동안 방기되어 거의 잊힐 위기에 있던 사회민주주의 (정치)경제학의 전통을 다시 회복시키는 역사적 맥락으로 읽혀질 필요가 있다. 간략하게나마 서구 사회민주주의 경제사상의 전통적 흐름에 대해 생각해보자.

노동가치론의 원조라고 할 데이비드 리카도(David Ricardo)나 그 사회주의적 변형이라 할 존 그레이(John Gray) 등의 이론에 익숙한 영국 사회주의자들은 1890년대 마르크스의 『자본론』이 완간되었을 때 여기에 거의 매력을 느끼지 못하였다. 이들 중에는 자본주의 생산양식을 고도의 생산성을 이루는 맹목적인 기계로 파악하고 그 엄청난 물질적 성취 때문에 마침내 파멸로 갈 수밖에 없으며 또 파멸시켜야 한다는 마르크스주의 정치경제학의 핵심명제를 정반대로 뒤집어놓은 경제사상이 생겨나기 시작한다. 즉 자본주의는 개인의 이윤동기에 의해 조직되는 경제이기에 생산적이기는커녕 만성적 실업과 과소소비와 온갖 사회적 낭비를 낳는 비효율적이기 짝이 없는 경제체제이며, 사회주의자들의 임무는 따라서 자본주의 경제를 '파멸' 시키는 게 아니라 이를 제대로 즉 효율적으로 작동하면서도 또 사회의 여러 목표에 복무할 수 있도록 철저하게 사회적인 통제 아래에 놓는 것이라고 한다. 이렇게 마르크스주의 정치경제학과는 분명히 구별되는 사회민주주의 정치경제학의 전통은 이미 19세기 말 영국에서부터 발견된다. 사회주의자였던 웹 부부(Sidney and Beatrice Webb), 콜(G. D. H. Cole)은 물론이고 진보적 자유주의에 가까웠던 홉슨(John A. Hobson) 등에서도 이러한 생각의 흐름은 명시적으로 나타난다. 이는 영국만의 현상이 아니다. 이러한 사고의 흐름은 대서양 건너편의 베블런(Thorstein Veblen), 미첼(Wesley Mitchell), 코먼스(John R. Commons) 등에서 시작된 제도주의 경제학파에서도 동일한 모습으로 나타나고 있다. 이후 1920년대가 되면서 스웨덴의 비그포르스(Ernst Wigforss), 벨기에의 드망(Henri de Man), 영국의 케인스(John Maynard Keynes) 등에서 더욱 적극적인 '계획주의(planisme)'의 모습으로 발전되어 갔다.

이렇게 본래 사회민주주의 경제학은 시장자본주의를 부정하거나 억누르는 것과도, 또 도덕적 정치적 목표를 내세워 효율성이나 생산성을 희생시키는 것과도 거리가 멀다. 이들이 시장을 사회적 통제 아래에 두어야 한다고 믿는 것은 평등과 연대와 사회복지라는 정치적 도덕적 목표 때문이기도 하지만, 이와 동등하게 그것이 **생산성과 효율성을 극대화할 수 있는 우월한 방식**이라는 믿음 때문이기도 하다. 부의 창출 및 경제의 번영과 성장을 평등과 연대와 같은 사회주의의 전통적 가치와 동일하게 추구할 뿐만 아니라 서로가 서로를 강화시켜주는 필수조건이라고 믿는 것이 이 사회민주주의 (정치)경제학의 독특한 전통이다.

이런 의미에서 1990년대 이후 영국 노동당을 필두로 여러 나라의 사회민주당이 채택했던 '제3의 길'은 간단히 평가하기 어려운 면이 있다. 이 노선 또한 포스트산업사회의 도래라고 하는 새로운 도전 앞에서 만인의 평등과 자유라는 전통적인 목표와 고도의 생산성과 효율성이라는 목표를 결합시키는 것을 지상과제로 내놓고 있다는 점에서는 분명히 전통적인 사회민주주의의 연속선에 있다고도 볼 수 있다. 하지만 여기에 중요한 이탈이 있었다. 그것은 사회적 통제와 시장경제의 자율성 중에서 어떤 것에 우선성을 부여하고 사회 전체의 조직 및 운영에 있어 어떤 것을 중심적인 원리로 놓을 것이냐의 문제였다. 이 점에 있어서 '제3의 길'은 분명히 전자를 포기하고 후자를 선택하였고, 그 경제학적인 기초가 되어준 소위 '새케인스학파(New Keynesians)'도 시장경제의 완벽한 합리성과 자율성을 자신들의 경제이론에서 부동의 공리로 놓는다. 전통적인 사회민주주의의 가치가 담겨 있었던 용어들은 모두 '기회균등', '사회안전망', '인적자본' 등의 시장주의적 수사로 대체되어 버린다. 사람들이 자유 · 평등 · 연대를 실현하며 살아갈 수 있는 세상에 대한 비전과 전망은 간데없고 그저 효율적이고 합리적인 시장과 사회 운영의 관리라는 것이 사회민주당의 과제로 그려지게 된다. 영국에서나 미국에서나 독일에서나 신자유주의적인 총체적인 제도개혁의 그림이 완성되는 것이 클린턴, 블레어, 슈뢰더의 시대였다는 것은 그래서 참으로 의미심장한 일이다.

이 20~30년의 시간 동안 그전에 면면히 내려왔던 사회민주주의 정치경제학의 전통은 좌파에서도 우파에서도 버림받게 되었다. '제3의 길'을 선택한 우파 사회민주주의 측에서는 이를 케케묵은 구좌파들의 사고방식이라고 조롱하였고, '반자본주의'를 이야기하는 급진좌파들은 그런 전통이 관료적이고 억압적인 전후 자본주의를 만들어냈으며 1970년대 자본주의 위기를 야기하고 신자유주의를 불러들인 주범이라고 공격하였다. 그리하여 '사회적 통제를 중심으로 시장경제를 있어야 할 자리로 되돌려보낸다'라는 정신의 연구와 실천은 상당히 주 변화될 수밖에 없었다.

이러한 사회민주주의 정치경제학의 역사적인 부침(浮沈)을 염두에 둔다면, 이 책이 다시 본래의 전통을 회복시키려는 시도라는 점을 음미할 수 있을 것이다. 이 책의 저자들은 '새케인스학파'가 아니라 케인스 사상의 전통을 급진적으로 계승하는 '포스트케인스주의' 이론의 전통에 서서 옛날의 사회민주주의적 정치경제학의 사고방식을 상당 부분 복원하고 있다. 하지만 저자들도 말하고 있듯이, 분명코 이것이 1970년대 이전에 존재했던 전후의 자본주의 형태로 되돌아간다는 것을 뜻하지는 않는다. 지구적 생태위기와 근본적인 산업 및 사회적 구조의 변화를 겪고 있는 21세기의 여러 도전을 분명히 현실로 받아들이는 것을 기본 공리로 삼고 있다.

이 책에 개진되어 있는 '괜찮은 자본주의'가 얼마나 '괜찮은지' 또 현실성이 있는지는 독자들이 판단할 몫이다. 하지만 그러한 주관적 판단을 넘어서 이 책이 누구에게나 피할 수 없도록 던지는 분명한 도전이 하나 있다. '현존하는 신자유주의 정치경제질서를 다른 조직 및 운영 원리에 근거한 대안적 정치경제질서로 대체해야 한다'라는 도전, 즉 '판 자체를 갈 때가 되었다'는 도전이다. 이를 거부하려는 이들은 현존하는 정치경제질서가 근본적으로 아무 문제가 없으며 현재의 위기는 자동적으로 치유되어 조만간 우리는 2005년 이전의 좋았던 시절로 아무 일 없었던 듯 되돌아갈 것이라고 증명해야 할 것이다. 그리고 굳이 판을 갈지 않아도 여기 저기 좀 닦아내고 털어내면 된다고 생각하는 이들은 지금까지 거의 4년이 넘게 지구적 경제에서 이루어진 수많은 제안과 시도가 왜 별 성과를 내지 못했는지, 그리고 제안과 시도의 아이디어가 무엇이 더 남아 있는지를 설명해야 한다. 만약 두 가지 다 여의치 않다고 생각하는 이들은 이 '판 갈이'의 제안을 진지하고 심각하게 받아들여야 한다. 지난 10년간 졸지에 전 세계 신자유주의 개혁의 최첨단에 서게 되었고, 지금의 가계부채 문제와 부동산 폭락을 필두로 하여 이제부터 실로 두려운 후과를 감당해야 할 처지에 있는 대한민국의 우리들이 함께 꼭 이 책을 읽어야 한다는 생각을 하게 된 이유도 이 때문이다.

사회민주주의 정치경제학 전통에서 중요한 요소 하나가 또 있다. 흔히 베른슈타인(Eduard Bernstein)의 '운동 자체가 사회주의의 전부'라는 구절 때문에 사회민주주의적인 개혁이라는 것이 그저 깨알 같은 이런저런 개혁과 개선을 계획 없이 쌓아나가기만 하는 것이라는 오해도 있다. 하지만 실제로 현존하는 자본주의 시장경제 질서를 사회적 통제가 우선하는 질서로 이끌기 위해서는 포괄적인 경제질서의 그림, 비그포르스가 말한 대로 '잠정적 유토피아(provisoriska utopie)'가 꼭 있어야 한다. 이러한 총체적인 경제질서의 상을 하나의 '길잡이(riklinjer)'로 사용할 때 비로소 개별의 개혁과 제도 개선도 대중적 지지 속에서 서로 모순 없이 진행될 수 있는 것이다. 이 점에서도 '괜찮은 자본주의'는 이러한 사회민주주의 정치경제학의 전통을 따르고 있다. 이 책의 결론에서 저자들이 강조하는대로, 보기에 따라 평양냉면 국물처럼 밍밍해 보이기만 하는 이 '괜찮은 자본주의' 정도의 비전도 기존 정치경제질서에서 기득권을 쥐고 있는 권력집단의 집요한 반대와 저항에 맞서 실로 오랜 시간 버티며 분투해야만 이룰 수 있다. 대안적인 정치경제질서를 희구하는 이들이 그러한 희망과 힘을 갖도록 할 비전을 마련하는 작업 또한 지난할 것이다. 이 책이 그러한 노력을 시작하려는 이들에게 의미 있는 출발점과 격려가 될 수 있다고 확신하며 옮긴이의 말을 마친다.

이 한국어판의 번역 출판 또한 직간접적으로 후원하고 도움을 준 프리드리히에버트재단 한국사무소 소장인 크리스토프 폴만에게 감사드린다. 이 책의 번역과 출판을 처음 제안한 한겨레사회정책연구소의 이창곤 소장에게도 감사의 말씀을 전한다. 또 번역 기간 중 한국을 방문하여 번역 작업에 관심을 표하고 몇 군데에서 친절하게 물음에 답해 준 저자 중 한 사람인 한스외르그 헤어에게도 감사를 전한다.

머리말

‘괜찮은(decent)’이라는 말은 ‘외설적(obscene)’ 혹은 ‘막 가는 (immodest)’것이 아닌, 무언가 존중할 만한 것이라는 뜻을 담고 있다. 예를 들어 국제노동기구(ILO)는 ‘괜찮은 일자리(decent work)’를 강조한다. 많은 사람들은 자본주의란 정의상 괜찮을 수가 없다고 주장한다. 지난 10년간 제멋대로 막 나갔던 금융자본주의의 행태들은 명백하게 괜찮은 것의 반대였다. 이 기간 동안 성장모델의 기초가 되었던 것은 금융 및 주택 거품, 거의 모든 경제 분야에서 벌어진 지속이 불가능한 신용팽창, 주요 국가들의 지구적 불균형 등이었다. 그 결과가 무엇인지는 우리 모두 알고 있다. 최종 청구서는 일반대중에게로 넘어왔으며, 우리 사회에서 도움과 지지를 필요로 하는 이들을 돌보고 경기후퇴와 맞서 싸울 수 있는 정부의 능력은 전보다 더욱 약해지고 말았다.

이러한 금융위기가 절정에 달했던 2009년 초 우리는 독일의 금융 중심지인 프랑크푸르트에서 은행업, 금융, 경제학에 걸친 일군의 최고전문가들을 만났다. 우리는 지금 바로 우리 눈앞에서 놀라운 속도와 범위로 벌어지고 있는 이 위기를 다양한 관점에서 바라보고 싶었다. 개인투자자나 투자회사의 관점과 좀 더 체계적인 거시경제학의 관점 사이에는 항상 일정한 간격이 있게 마련이다. 하지만 우리의 세미나가 보여준바, 그러한 간격이 오늘날처럼 크게 벌어진 적은 결코 없었다. 금융전문가들에게서는 그들의 영리활동에 경제체제의 관점에서 더 높은 수준의 규제를 가해야 한다는 생각을 전혀 찾아볼 수 없었다. 더욱이 소득분배나 기업지배구조, 국제간 자본흐름의 불안정성 등에 무언가 문제가 있을 수 있다는 의심의 기미조차 찾아볼 수 없었다. 금융 쪽에서는 평소처럼 정상영업을 계속하길 원하고 있다는 것이 아주 명확했다. 과도한 위험도 감수하며, 자신들의 활동을 가급적 불투명하게 만들며, 유사시 피해의 복구비용은 다른 누군가에게 떠넘기며…… 최소한 금융이라는, 하나의 특수한 관점에서 보자면 실로 완벽한 세계가 아닐 수 없었다.

세미나를 조직했던 프리드리히에버트재단은 이 세미나에서 얻은 암울한 지혜를 행동을 요청하는 신호로 받아들여, 자본주의의 폭정을 좀 더 근본적으로 시정하기 위한 지식과 대중적 지지를 쌓아가기 위해 재단의 활동을 두루 강화하였다. 에버트재단은 1925년에 세워진 이래로 줄곧 금융위기와 그것이 수많은 노동자와 그 가족들의 삶에 야기한 재정적 위기와 빈곤에 대한 광범위한 지식을 조직 차원에서 축적해놓았다. 또한 세상을 어떻게 바꾸면 좀 더 괜찮은 경제체제를 만들 수 있는가에 대한 지식도 축적해놓고 있다. 이를테면 유럽에서는 대공황과 뒤이은 끔찍한 전쟁의 폐허 위에 고도로 평등한 사회들이 건설되었고, 이 사회들은 그 후 몇 십 년간 무수한 사람들의 생활수준에 실로 놀랄 만한 개선을 제공한 바 있다. 이에 비추어 보자면, 전 세계가 막다른 골목에 내몰린 현 상황을 지금 우리가 편하게 뒤로 물러나 앉아 그저 바라보고만 있을 수는 없는 일이다.

이것이 바로 우리가 이 책을 쓰도록 요청받은 이유다. 이 책은 (여전히) 자본주의의 여러 원리에 기초를 두지만 더 나은 경제체제를 건설하기 위한 청사진으로서 착상된 것이다. 우리가 제시하는 '괜찮은 자본주의'는 우리의 경제체제 전체를 깊이 파고들어 그 구조적 문제들을 드러내고자 한다. 그러는 중에 우리는 이 체제를 구출할 수 있는 기술적 자원을 가진 이들에게 더러 불편한 소식을 전하고 또 여러 차례 조난신호를 보내지 않을 수 없을 것이다. 이 책이 독일에서 처음으로 출간되었을 때 이 책을 둘러싼 논의는 상당히 열띠고 논쟁적이었다. 우리가 독일의 수출 모델을 비판하고 그것이 지구적 불균형과 지역 간 불균형을 부채질하는 데 한몫했음을 비판했기 때문이기도 하지만, 우리가 금융시장의 지배적 권력이라는 맥락에서 여타의 시장들을 해석하려 했기 때문이기도 하다. 한편 우리는 (좀 시류에 어긋나는 일이지만) 자본주의 그 자체를 공격하기보다는, 여러 시장들이 생산적·사회적·생태적 역동성을 더 갖추면서도 그와 연관된 위험은 최소화할 수 있는 틀을 제시하려 했다. 우리는 시장경제나 세계화를 포기한다는 식의 유토피아적인 발상에 기초해 인위적으로 구성된 급진적 청사진을 제시하지는 않는다. 우리가 보기에 그러한 방식은 당장 가까운 미래에는 현실성이 없다. 그럼에도 우리는 현존하는 체제가 급진적으로 사회적·생태적·민주적 개혁을 치러야만 한다고 믿는다. 그러한 경제모델이 이론적으로만 가능한 것이 아니라 정치적으로도 현실성이 있다는 것이 이 책을 쓸 당시 우리 생각이었고 지금의 생각 또한 그

20

러하다. 하지만 이런 모델은 시장과 사회의 사이에서 내용적으로 새로운 균형을 취해야 하는 것은 물론이고 다양한 시장들 사이에서도 내용적으로 새로운 균형을 취할 필요가 있다. 지난번 자본주의 체제가 이러한 방식으로 그 형태를 새롭게 하여 사회에 묻어들어갔던 때, 그러한 변화의 틀을 잡았던 것은 전쟁의 여파와 공산주의의 발흥이었다.

당연한 일이지만 우리는 비판 또한 받았다. 두 가지 주된 비판이 있었는데, 괜찮은 경제체제라면 필수적으로 갖추어야 할 두 가지 특징에 우리가 너무나 주의를 기울이지 않았다는 것이었다. 하나는 경제성장 일반의 문제였으며, 또 하나는 특히 '어떠한 경제성장인가'라는 문제였다. 우리는 베를린에서 한 번 더 여름을 보내며 함께 생각하고 토론했으며, 성장이라는 개념을 더욱 자세히 다루기 위해 이 책을 대폭 수정하였고, 그 결과 경제성장은 심지어 우리의 '괜찮은 자본주의'의 핵심적 위치를 차지하게 되었다. 지금 경제성장이라는 주제에 대한 대중의 관심은 그 어느 때보다도 높다. 지구온난화, 전 지구적 경제침체, 국경을 초월하는 경쟁의 심화 등이 나타나는 상황에서 사회적·생태적 안전과 국가 간 평등을 보장하는 방법은 무엇인가라는 질문은 해결 불가능한 딜레마를 제기하는 것처럼 보인다. 우리는 이러한 복잡한 임무에 착수해, 전 지구적 요구와 일국적 차원의 여러 역량을 모종의 현실적 장치 속에 결합함으로써 그 모순 중 얼마간을 해소할 수 있는 성장 활로의 청사진을 고안하려고 노력하였다.

이런 방대한 질문들을 배경으로 현재까지 각국에서 나온 정치적 반응을 일별해본다면, 실로 임시변통의 모호한 것뿐이며 일국적 이해나 그보다 더 편협한 전 지구적 금융의 이해관계에 철저히 속박돼 있음을 알 수 있다. 그럼에도 최근에 이루어진, 규제를 통한 시정 노력의 대다수는 올바른 방향으로 가고 있다. 하지만 이런 것들은 기껏해야 대증요법일 뿐 근본적 원인을 치료하지는 못하고 있다. 또한 오직 금융 안정성의 증대라는 한정된 영역에만 초점을 맞추고 있는데, 그 영역에서조차 겉모양을 단장하는 데만 급급할 뿐 핵심이 무엇인지는 여전히 불투명하다. 여러 가지 경제적 상호의존의 지구적 망을 다시 균형으로 되돌리고 세계화가 현재 보이고 있는 기능장애를 줄이기 위한 진지하고도 총괄적인 접근법은 도무지 찾아볼 수가 없다.

우리는 바로 그러한 접근법을 만들어낼 수 있는 재료를 제공하고자 한다. 우리 시대와 우리 경제체제의 여러 결함에 대해 단지 겉모양만 단장하려는 접근에 만족하기를 거부하는 이라면 그 어떤 정치세력이든 개인이든 이를 가져다 쓰길 바란다. 프리드리히에버트재단은 주로 전 세계 노동운동과 더불어 움직이며 전 세계 사회민주주의를 강화하는 것을 목적으로 삼고 있지만, 우리의 글에는 그 어떤 노골적인 정치적 편향도 없다. 우리는 바젤 III나 버락 오바마 대통령의 규제 노력을 분석하는 것과 똑같은 방식으로 녹색 뉴딜 또한 비판적으로 들여다볼 것이다. 하지만 우리는 신중하게 구조적인 접근을 옹호하는 논지를 펼 것이다. 최근 경제개혁을 다루는 문헌들이 홍수처럼 쏟아지고 있지만, 이 문헌들 다수는 경제문제를 피상적으로 다루어 한 가지 기능장애에만 초점을 맞추는 경향이 있다. 우리는 좀 더 구조적인 접근으로 이러한 문제점을 넘어서고자 한다.

이 글을 쓰고 있는 지금, 금융시장이 당면한 위기는 주권국가의 재정위기로 전이된 상황이다. 하지만 시장 행위자들을 구원해야 할 임무를 맡은 주권국가가 위기에 빠졌을 때 과연 누가 이들을 구원할 것

22

인가는 전혀 명확치 않은 상태다. 민족주의가 다시 발호하고 있으며, 유럽연합은 자기 내부의 제도적 결함들로 발목이 잡혀 있고, 지구적 협치(global governance)를 위한 여러 제도들은 필수적으로 요구되는 정당성을 결여하고 있으며, 세계경제는 지구적 불균형 때문에 빼도 박도 못하고 있다. 결국 우리는 오늘날 '인근궁핍화(beggar my neighbor)' 전략에 따라 움직이는 지구적 게임을 또다시 목도하고 있으며 그 결과가 어떻게 될지는 아무도 모른다. 우리의 경제체제는 지금 물속 깊이 가라앉아 있다. 그리고 여기에 필요한 일련의 개혁 또한 그것이 가라앉은 만큼이나 깊고 근본적인 것이어야 한다.

2011년 1월 베를린과 스톡홀름에서
세바스티안 둘리엔, 한스외르그 헤어, 크리스티안 켈러만

차례

1부 자본주의 위기의 뿌리

2부 괜찮은 자본주의로 가는 길

서론

이 책은 현재의 경제위기에 대한 책이 아니다. 최소한 그것만을 다루는 책은 아니다. 이 책은 우리의 경제생활 전반에 관한 책이며, 현존하는 여러 형태의 자본주의보다 훨씬 경제위기의 위험이 낮으면서 지속 가능하며 모든 이들에게 인간다운 경제생활을 가져다줄 수 있는 '괜찮은 자본주의'를 어떻게 건설할 수 있는가를 다룬 책이다. 우리가 익히 알고 있는 지금 이 경제체제에 근본적으로 문제가 있다는 것은 이제 두말할 필요조차 없다. 가장 최근에 벌어진 여러 위기들은 금융자본주의의 최신 단계가 근본적으로 실패에 직면했음을 보여주는 증상일 뿐이다. 시장규제 완화는 오만과 탐욕을 낳았으며, 여기에서 자라난 각종 비행(非行)으로 체제 전체가 거의 파멸에 이르고 말았다. 각국 경제가 완전히 붕괴하지 않았던 것은 순전히 정부가 개입하여 경제체제 차원에서 중요성을 갖는다고 선언된 금융기관들을 구제해주었기 때문이다. 이제 우리는 모두 이 '경제위기 이야기'를 잘 알고 있으며, 우리 중 다수는 이 모든 것이 정말 불가피한 것들이었는지에 의문을 품고 있다. 이보다 훨씬 먼저 개입하여 체제를 좀 더 위기에 강한 것으로 만드는 것은 불가능한 일이었는가? 또 있다. 지금 몇 나라 정부가 가계, 기업, 다른 나라들의 부채를 부분적으로나마 떠안았지만 그러고 나서도 이들의 부채는 여전히 높은 상태이다. 그렇다면 이제 어떤 일들이 벌어질 것인가? 경제체제에 가해지는 변화는 그저 겉모양 단장에 그치고 말 것인가? 아니면 금융 및 여타 부문들에, 그리고 마침내 자본주의 전체에도 중대한 개혁으로 이어질 것인가? 자본주의를 실질적으로 개선하는 것은 가능한가?

'자본주의'라는 용어는 이제 주류 담론에 다시 등장하였다. 최근 경제위기의 여파로 자본주의의 분쇄, 해체, 개혁, 교정, 회복 등 모든 종류의 접근이 논의되고 있다. 예전에도 이러한 위기를 무수히 목도한 바 있었지만 지난 10년간 그 어느 때보다도 자본주의를 둘러싼 논쟁이 더욱 탄력을 받고 있다. 규제완화를 통해 시장을 도매금으로 풀어놓는 것을 대체할 수 있는 정책 대안들이 요즘 들어 갑자기 다시 논의되고 있으며, 이 점에서 21세기의 첫 10년간 벌어진 여러 논쟁들과 큰 대조를 보이고 있다. 규제가 필요하다는 수사가 이렇게 판을 치고 있지만, 현실로 가보면 이러한 수사와 우리 경제의 실질적 개혁 사이에는 괴리가 있다. 우리의 경제체제는 계속되는 불안정성의 위험에 여전히 처해 있다. 현존하는 자본주의의 여러 기능장애를 치료하지 않고 계속 나아간다면 숱한 위기는 예외적 상황이 아니라 일상적 상태가 되고 말 것이다. 우리 중 대다수는 임금, 일자리, 보육, 노후 등의 불안과 불평등과 압력이 계속 늘어나는 여건에서 더 이상 제대로 된 삶을 살 수 없게 될 것이다. 소득분배의 불균형과 생계의 불안이 과도한 수준에 도달하면 삶의 질을 저해할 뿐만 아니라, 이는 경제적 관점에서도 위험하며 비효율적인 것이다. 경제적 위기와 불평등의 증가는 개인의 삶과 체제가 띠는 불안과 비효율성의 증상인 동시에 근원이며, 다양한 모습으로 나타난다.

오늘날 주류 경제학자들이 써낸 책들은 대부분 가장 당연하고 명백한 위기의 요인이었던 금융시장에 논의를 집중하고 있다(예를 들면 Wolf 2008, Posner 2009, Rajan 2010, Krugman 2009). 위기가 터지자 그 여파로 쏟아져 나온 책들의 무게만 달아보아도 자본주의체제의 금융이라는 영역에 얼마나 큰 결함이 있는지를 실감할 것이다. 금융은 사실상 1990년대 이래로 우리가 경험해온 대부분의 경제위기에서 결정적인 역할을 한 바 있다. 금융시장은 각국의 경제 내부와 그것들 사이에 내재한 불균형을 증폭하는 거대한 장치인 동시에, 그 불균형의 근원이기도 하다. 따라서 금융 영역에 생겨난 균열을 조명하는 것이야말로, 우리의 자본주의체제를 수리하든 극복하든 그 출발점이 되는 것이 당연하다. 하지만 그 균열의 의미와 중요성을 실제 이상으로 과장하는 주장에 속지 않도록 극히 주의할 필요가 있다. 신용부도스왑(credit defalt swaps)이니 자산담보부증권(asset backed securities)이니 하는 것들을 어떻게 통제할 것인가 등의 금융에 대한 논의는 무언가 있어 보이기는 하지만, 종종 이런 논의의 이면에는 체제의 기본구조 자체를 그대로 두기 위해 개별 금융기관이나 개별 행위자를 희생양으로 만들려는 의도가 숨어 있다. 미국 경제학자 누리엘 루비니(Nouriel Roubini)와 역사가 스티븐 미흠(Stephen Mihm)처럼 우리도 자본주의에 대한 보다 폭넓은 조망이 반드시 필요하다고 생각한다. 우리는 또 수많은 이데올로기와 금기들, 이를테면 자유로운 시장이 언제나 경제 문제를 가장 잘 풀어줄 것이라는 무지몽매한 믿음에 대한 집착 때문에 오늘날 자본주의의 문제점을 바라보는 관점이 부당하게 협소해진 다는 이들의 견해에 동의한다. 루비니와 미흠이 말한 바 있듯이 '모든 이데올로기를 내려놓고서 여러 문제들을 좀 더 냉정하게 바라보는 것 이 반드시 필요하다'(Roubini and Mihm 2010 : 6).

여러 나라의 경제와 사회가 오늘날 근본적인 여러 문제에 봉착해 있 으며, 이 문제들로 인해 최근의 위기가 나타나게 된 것이다. 금융은 그 문제들의 한 부분일 뿐이다. 따라서 오늘날 경제의 기능장애를 이해 하고 설명하기 위해서는 좀 더 냉정하고 포괄적인 접근이 필요하다. 지금 경제의 불안정성은 금융과 관련되어 있지만, 금융체제의 불안정 성이라는 협소한 문제를 넘어서는 최소한 두 가지 다른 차원들을 가 지고 있다. 첫째, 각국 경제 내부의 여러 다른 부문들 사이의 불균형이 급격하게 치솟았다. 이것이 표출된 한 징후는 정부뿐만 아니라 민간 의 가계 또한 고액의 채무 상태에 있다는 사실이다. 이는 금융체제가 부채질한 부동산 및 기타 자산시장의 거품으로 생겨난 결과다. 둘째, 국제적 불균형 또한 전대미문의 수준으로 치솟아 있다. 가장 잘 알려 진 예로 미국의 경상수지 적자와 중국, 독일, 일본의 경상수지 흑자를 생각해보라. 이러한 두 가지 불안정성 말고도 지난 몇 십 년간 진행되 어온 시장자유주의의 세계화로 인해 소득과 임금의 불평등이 벌어져, 그 결과 지난날 제1차 세계대전 이전의 야만적 자본주의의 시대 이후 최고 수준에 도달하였다. 물론 성실한 노동과 경영 혁신에 기초한 일 정 수준의 불평등이 자본주의를 굴러가게 하는 연료임은 분명하다. 하지만 오늘날처럼 불평등의 정도가 극심할 뿐만 아니라 개개인이 얼 마나 노력하여 어떤 성과를 이루었는가와 그 개인이 얻는 소득 수준 사이에 일말의 합리적 연관성조차 없는 상태라면, 자본주의체제는 균열을 시작한 것으로 보아야 한다.

　시장 사회의 성공과 미래를 논할 때마다 '평등'의 문제가 다시금 의제로 떠오르게 된 것은 그래서 놀랄 일이 아니다. 이 문제에 있어서 큰 영향을 준 책들로는 윌킨슨과 피켓의 『평등이 답이다*The Spirit Level*』(Wilkinson and Pickett 2009) 그리고 애커로프와 쉴러의 『야성적 충동 *Animal Spirit*』(Akerlof and Shiller 2010)을 들 수 있다. 불평등의 증대는 거의 모든 나라에서 발견할 수 있는 현상이 되었다. 이렇게 되면 여러 사회 사이에 또 그 내부에 '부당하다'라는 정서가 촉발되게 마련이다. 뿐만 아니다. 이는 사회적 신분 이동의 가능성을 가로막고, 사회의 건강은 물론 나아가 생산성에까지 부정적인 충격을 가한다. 배고픈 늑대가 사냥을 가장 잘하는 게 아니다. 사실상 오늘날 경제에서는 그 반대가 맞다. 한 사회 내에서 누구든 열심히 일하기만 하면 부자가 될 수도 있고 사회적 상승도 기대할 수 있다는 아메리칸드림은 이제 사실상 신기루에 지나지 않는다. 오늘날 사회 내의 신분상승을 현실적으로 기대할 수 있는 곳은 불평등이 큰 영국이나 미국의 자본주의 세계가 아니라 오히려 그보다 평등지수가 더 높은 스칸디나비아의 북유럽 나라들이다(Lind 2010). 이는 자본주의를 재구상하는 데 중요한 혜안을 가져다주는 사실이다.

　자본주의에는 또 다른 문제들도 있다. 지금까지 자본주의는, 천연자원은 제한되어 있다는 부동의 사실과 생태적 난제들을 도외시한, 대단히 독특한 종류의 기술과 생산과 소비를 증대시켰다. 가격기구는 생태적 차원과 자연 파괴의 문제를 올바르게 통합하는 데 체계적인 실패를 맛보았고, 생산과 소비뿐만 아니라 기술혁신에 있어서도 그리고 우리가 삶을 영위하는 방식에 대해서도 잘못된 신호를 보내 그릇된 방향으로 인도했다. 세계는 20세기에 이미 일국을 뛰어넘는 광역적 차원에서 무수히 많은 생태적 재난을 경험한 바 있었지만, 무언가 근본적인 변화들을 아주 시급하게 마련하지 않는 한 이제는 전 지구적 규모의 생태적 재난을 피할 수 없게 되었다. 이는 해결책을 찾는 작업을 아주 복잡하게 만든다. 현재의 위기는 단지 전통적인 의미에서 거론되는 자본주의의 근본적 위기만은 아니다. 이 위기가 수면 위로 드러난 시점이 근본적인 생태적 위기가 진행되는 시점이기도 하다는 점에 주목하라. 인류에게 지속가능하며 양호한 생활 조건을 제공하려면, 이 두 위기 중 어느 하나만을 해결하는 것으로는 부족하다.

바로 이 지점에서 '괜찮은 자본주의'의 의미와 중요성이 드러난다. 최근 몇 년간 지구적으로 그리고 일국 차원에서 생겨난 문제들을 분석한 것을 토대로 우리는 새로운 접근 방식의 윤곽을 제시하고자 한다. 이 책에서 우리는 고도의 물질적 번영을 포기하지 않으면서 사회적 정의와 지속가능한 환경을 확보하는 것을 근본적인 지향점으로 삼는 경제모델의 윤곽을 제시하고자 한다. 그 시작으로, 1970년대 이후 여러 선진국에서 형성된 현존의 경제모델이 안고 있는 두 가지 문제를 우선 살펴볼 것이다. 이 문제들은 반드시 해결해야 하며 또 해결할 수 있는 문제들이다.

첫째, 지난 40년에 걸쳐 시행된 개혁이라는 것들은 실로 천진난만한 시장근본주의(market radicalism)에 기초한 것이었다. 시장은 낮은 실업률과 그런 대로 납득할 만한 수준의 소득분배를 비롯해 안정성을 저절로 가져다주는 자가조절 메커니즘이라고 여겨졌다. 하지만 이렇게 시장을 자유롭게 풀어놓아도 이른바 기대했던 결과는 나타나지 않았다. 그러자 경제정책 입안가들은 끈질기게 추가적인 자유화를 처방하였다. 이미 1944년 오스트리아-헝가리계 경제학자이자 철학자인 칼 폴라니(Karl Polanyi)는 다음과 같은 점을 강조하였다. 비록 시장이 경제와 사회의 발전에서 중요한 역할을 수행하기는 하지만 토지, 노동, 화폐만큼은 엄격한 규제하에 묶어둬야 한다는 것이다. 그렇지 않을 경우 노동시장, 금융시장, 환경의 순환 과정들은 모두 그가 쓴 표현대로 '악마의 맷돌(satanic mills)'로 변해버릴 수 있다는 것이다. 인도의 사회경제철학자인 아마르티아 센(Amartya Sen)도 비슷한 관점을 피력하면서 시장이 자유의 원천이지만 그것이 제대로 된 열매를 맺을 수 있으려면 한편으로는 시장이 제대로 작동하도록 보장하는 제도와 규제들이 존재하는 한편 시장의 행위자들이 시장에 참여할 수 있도록 해줄 물질적인 필수조건들을 갖추고 있어야만 한다고 강조하였다. 정부가 제공하는 틀 없이도 시장이 제대로 기능할 수 있다는 미망을 내버리는 것이 절대적으로 중요하다. 우리는 국가, 시장, 사회 사이에 새로운 균형을 필요로 하며, 사회와 국가 두 부문이 더 많은 무게를 가져야 한다는 것은 명확하다.

둘째, 1970년대 이후 시장은 세계화되었지만 시장을 규제하기 위한 노력은 대개 일국 수준에 머물렀고 기껏해야 국가들의 연합 수준이었다. 이러한 비대칭성이 해결되기 전에는 지구적인 경제적 생태적 발전의 안정성과 지속가능성을 보장하기 어려울 것이다. 지구적 차원에서 효력을 발휘할 수 있는 제도와 규제를 마련하지 못한다면 사회적 환경적 문제들이 격화될 것이며 그 방식은 세계화마저 후퇴시키는 것일 수 있고 이 과정에는 위기가 속출하는 사회적 혼란이 수반될 것이다. 유럽연합과 같은 지역이라면 이는 곧 통합이냐 해체냐를 뜻하게 된다. 적절한 유럽연방 통치구조가 없는 상태에서 단일유럽통화를 사용한다는 기획은 제대로 작동할 수 없으며, 영구적인 경제문제들을 낳고 결국 실패로 끝나버릴 위험마저 안고 있다. 이는 최근의 유로 부채 위기에서 명백히 드러난 바다. 또 한편, 개별 국가들은 금융전문가들과 다국적기업들이 자기들끼리 개발하여 자기들 재량대로 적용하는 '행동규약(codes of conduct)' 따위에 의존할 것이 아니라 만인에게 구속력을 갖는 지구적 차원의 규칙들을 채택해야 한다. 가까운 미래에 전 지구적 수준에서 전 지구적 국가 같은 것이 생겨나지는 않을 것이다. 하지만 지구적 차원에서 협력을 조직하고 제재를 가할 수 있는 지구적 제도들은 반드시 필요하다.

금융시장에 어떠한 역할을 배정할 것인가가 새로운 경제모델에서 핵심 쟁점 가운데 하나라는 점은 분명하다. 금융 부문은 물론이고, 금융 부문이 신용 창출 과정에서 발휘하는 역동적인 활동 또한 저주의 대상이 되어서는 안 된다. 비록 방만하기 짝이 없는 대출 관행이 미국 부동산시장의 거품은 물론 그 뒤에 야기된 위기의 주원인 가운데 하나지만, 신용과 신용의 성장은 본질적으로 나쁜 것이 아니라는 점을 잊어서는 안 된다. 신용은 혁신과 성장을 위한 연료를 제공한다. 우리의 관점에서 볼 때 금융 부문은 '괜찮은 자본주의'에서 중요한 역할을 담당한다. 다만 금융거래가 그 자체로 목적이 되는 일이 왕왕 벌어져온 최근과는 달리, 금융 부문은 다시 경제의 다른 부문들 특히 기업 부문을 위해 서비스를 제공하는 쪽이 되어야 한다. 경제가 완전고용을 달성할 수 있으려면 일정 수준의 생산을 보장할 만큼 충분한 자금이 필요하기 마련이며, 금융시장은 경제 전체에 그 자금을 제공해야만 한다. 물론 성숙한 (탈)산업 사회에서는 노동시간 단축 역시 높은 고용 수준을 보장하기 위한 중요 요소가 될 테지만, 그렇다고 해도 경제성장이 장차 중기적 사회 진보를 위한 필요조건으로 남아 있으리라는 기본적인 사실에는 변함이 없다. 무엇보다도 '녹색 경제'에서는 생산이 국가가 제공하는 틀 안에서 다시 생태적인 방식으로 구조화돼야 하며, 벤처자본이 기술혁신을 가능케 해야 하는 바, 금융시장은 여기에 필요한 자금을 융통해야 한다. 하지만 금융시장은 또한 기업들이 장기적인 전략을 개발하고 보다 긴 시간 지평(time horizon)에 기초해 계획을 세울 수 있도록 하는 '참을성 있는(patient)' 자본을 또한 공급해야 한다. 금융시장을 위한 틀은 금융 부문 전체가 이런 역할을 수행할 수 있게 하는 방식으로 그 꼴이 만들어져야 하는 것이다.

조지프 스티글리츠는 최근의 위기를 보면서 그 진원지인 미국만 보지 말고 그 너머를 보아야 한다는 접근을 제시한 바 있다(Stiglitz 2010). 마찬가지로 우리도 위기에 빠진 자본주의를 설명하기 위해서 전 지구적 관점을 취하고자 한다. 극심한 환율 변동뿐 아니라 국제적인 경제 불균형도 감소시켜야 한다. 이러한 목적을 달성하기 위해서는 국제적 자본이동을 선별적으로 통제하고 특정 유형의 자본흐름을 줄이는 조치가 반드시 필요해 보인다.

국제적 · 일국적 금융시장의 규제를 개선하는 것은 안정된 자본주의를 위한 필요조건일 수 있겠지만 결코 충분조건은 아니다. 경제라는 틀을 이루는 다른 부분들 또한 다시 다듬어져야만 한다. 여러 국가 사이에 또 각국 내부에 부채를 영구적으로 증가시키지 않으면서도 총수요가 충분하게 또 지속가능하게 성장할 수 있는 방식으로 말이다. 이는 임금과 봉급을 통한 수요 창출에 다시금 더 큰 비중을 두어야 한다는 것을 뜻한다. 이 수요를 관리하기 위한 핵심 도구는 모두에게 썩 괜찮은 임금을 지급하는 적극적인 임금정책이다. 임금격차를 줄이는 일은 거의 모든 나라에서 요구된다. 또한 소득불평등 일반도 실질적으로 줄여야만 한다. 이는 다른 어떤 요인보다도 소득이 금융 부문으로 얼마만큼 이전되며, 그 이전으로 이득을 보는 집단들에 또 얼마만큼 이전되는가에 달린 문제다. 수요창출과 관련하여 소득분배를 좀 더 평등하게 해야 한다는 주장의 경제학적 논리는 아주 간단하다. 고소득자들은 낮은 소득으로 생활하는 이들보다 상대적으로 소비를 덜 한다는 것이다. 결과적으로 공정성의 문제는 차치하고 수요창출 측면에서만 따져보더라도, 백만장자들에게 세금 감면 혜택을 주는 것보다는 저소득층의 소득을 증가시키는 것이 훨씬 낫다는 것이다.

'괜찮은 자본주의'를 어떻게 성취할 것인가는 경제체제 차원의 문제이다. 괜찮은 자본주의는 시장, 정부, 사회 간에 제대로 된 균형을 이루는 것을 목표로 삼는다. 여러 지점에서 우리는 다시 한 번, 더 많은 국가 개입을 필요로 한다. 하지만 이는 어떤 의미에서도 1950년대와 1960년대의 모델들로 돌아가는 것을 뜻하지는 않는다. 게다가 '더 많은 국가'가 사회 영역에서 이뤄낸 자유화의 후퇴를 뜻하지도 않는다. 옛날 모델들은 종종 미심쩍은 권력구조들을 강화하는 경향을 띠는데, 이는 마땅히 극복되어야만 한다. 또한 과거에는 여러 집단들이 노동시장이나 최소한 어떤 지위에서 배제되었다. 이를테면 1950년대와 1960년대에는 성차별이 더 심했기 때문에 여성들의 직업활동 기회가 오늘날보다 훨씬 적었다. 옛날로 돌아가는 일은 바람직하지도 않거니와 가능하지도 않다.

아무런 수정을 가하지 않은 영미식 자본주의 모델은 각고의 노력으로 반드시 성취해야 할 목표로 오랫동안 여겨져왔지만, 최근의 위기를 겪은 이후로는 이러한 모델이 모든 나라들을 위한 모델도 아니며 모든 신흥시장국들을 위한 모델도 아니라는 점이 분명하게 드러났다. 사실상 서브프라임 위기와 그것이 영국과 미국에 가한 충격은, '주주 가치'의 단기 성장에 기초해 상업은행 체제를 훌쩍 넘어서는 과도한 역할을 금융시장에 부여한 경제모델이 얼마나 취약한가를 여실히 보여주었다. 우리는 개발도상국들도 스스로 자신에 맞는 자본주의 유형을 찾아나갈 수 있고 또 그래야 한다고 믿는다. 나아가 선진국들 가운데서도 상이한 전통과 정치적 지형에 기초한 서로 다른 '괜찮은 자본주의' 유형이 존재하게 될 것이며 또 마땅히 그래야 한다고 믿는다.

오늘날 많은 자본주의 모델들이 존재하고 있으며 또 지배적 위치를 점하기 위해 서로 경쟁하고 있다. 지구적 관점에서 보면 이 모델들 모두가 일정한 장점과 약점을 가지는데, 전체로 모아놓고 보면 하나같이 조화보다는 상당한 불협화음을 내고 있다. 아주 실용적인 차원에서 우리는 서로 다른 관점을 이해하고 또 서로 다른 선택지들을 논의하기 위해서 상이한 나라들의 여러 가지 상이한 문제점들을 지적할 것이다. 이 책에서 우리는 미국, 중국, 유럽의 예를 논할 것이며 이 나라들의 상황을 살펴볼 것이다. 이렇게 우리는 GDP로 볼 때 세계경제에서 큰 비중을 차지하는 이들을 논함으로써 세계경제의 많은 부분을 우리 분석에 포함시키려 한다. 나아가 개발도상국과 선진국, 경상수지 적자국과 흑자국, 국가와 시장 간의 관계가 상이한 나라들 모두를 우리의 분석에 포함시키고자 한다.

자본주의를 다루는 책이라면 반드시 경제성장에 대한 논의와 맞물어야 한다는 것은 부동의 사실이다. 우리는 과연 성장을 원하는가? 성장이 필요한가? 어떠한 성장이어야 하는가? 우리가 제시하는 '괜찮은 자본주의'는 성장을 필요로 하지만, 그 성장은 오늘날 우리가 아는 것과는 매우 다른 성질을 가진 성장이다. 많은 부유한 나라들은 이미 엄청난 '고도'에 도달한 성장을 이루었지만, 생태라는 관점에서 볼 때 과거에 일어났던 것과 같은 성장은 한마디로 이제는 불가능하다. 심지어 제로성장을 유지한다고 해도 현재 생산되고 있는 경제적 산출의 성질을 바꾸지 않는다면 우리의 지구는 파괴될 것이며 결국 장기적으로는 인류 자신도 파멸에 이를 것이다. 생산하고 소비하는 우리의 방식에 근본적인 구조 조정을 단행해야만 한다. 그런데 이러한 목적을 달성하려면 심지어 선진국에서도 최소한 당분간은 경제성장이 반드시 필요하다. 지구적 차원의 '녹색 뉴딜'을 지향하는 각국 정부들은 지구적으로 균형 잡힌 부의 수준을 허용하는 '괜찮은 성장'을 위한 인센티브를 내놓을 것이다. 지구적 차원의 녹색 뉴딜이 가능하려면 선진국 또한 그러한 구조조정을 반드시 수행해야만 한다. 그러한 구조조정이 만약 선진국 내에서 벌어지지 않는다면 지구적 차원에서 성공을 이룰 가능성도 극히 낮아진다. 그것만이 아니다. 더 나아가 선진국 세계도 기술혁신을 장려하고 그 성과를 개발 원조의 일부로서 개발도상국들에 아무 제약 없이 이전하기 위해 노력을 더욱 쏟아야만 한다. 재분배가 여러 사회의 내부에 그리고 전 지구적으로 부의 균형을 이루기 위한 열쇠임은 물론 말할 것도 없다. 하지만 이런 접근이 현재의 권력관계라는 정치적 현실과 조응하지 못하고 있다. 우리는 근본적으로 변화하고 있는 여러 기술의 도움을 받는 한편 생산하고 소비하는 방식을 변화시킴으로써 가까운 미래에 더 많은 성장을 실현할 수 있다고 확신한다. 따라서 우리는 동기부여를 가져오는 구조, 해로운 행동에 대한 직접적 금지, 효과적인 조세 부과, 공공소유 및 여타 다양한 소유 형태에 기초한 '괜찮은 경제성장'이 필요하다.

새로운 경제모델을 그려낸다는 것은, 이 책에서 전개되는 것 역시 그러하지만, 지극히 야심찬 목표가 아닐 수 없다. 그 모델을 구성하는 요소들의 많은 것들은 일개 국가의 재량을 넘어서는 것이며, 특히 유럽연합처럼 지역 블록에 통합되어 인접국들과 경제적 법적으로 긴밀히 연결되어 있는 나라들은 더욱 그러하다. 초국적 차원에서 조치를 취하는 것이 적절한 문제들도 많다. 특히 생태문제가 그렇지만, 금융시장이나 조세문제 또 지구적 불균형을 시정하는 문제도 마찬가지다. 그래도 자국 내에서 새로운 경제모델을 향해 이행의 첫걸음을 내디딜 수 있는 영역들이 많이 있다. 경상수지의 적자나 흑자를 줄인다든가 임금 불평등을 해소한다든가 불안정한 일자리의 수를 줄인다든가 하는 일로부터 시작할 수 있다. 또 조세체제를 통해서 혹은 교육, 의료, 대중교통, 연구시설의 개선과 같은 공공재 조성을 통해서 자국 경제 안에서 재분배를 촉진하는 것은 일국 내에서 개별적으로 추구할 수 있는 과제이다. 지구온난화와 천연자원 고갈을 막기 위한 근본적 조치들 또한 국가 안에서 시작되어야 한다. 하지만 이 모두를 이루기 위해서는 그 목표를 아주 선명히 하여, 널리 알려야 한다. 이 책은 그러한 청사진을 제공하고 있으며, 정책의 나침반으로 삼을 수 있는 목표를 제시하고 있다. 따라서 이 책의 목적은 더 나은 지구적 경제체제 즉 괜찮은 자본주의의 프로젝트를 시작하자는 것, 바로 이것이다.

Decent Capitalism

1부
자본주의 위기의 뿌리

1

시장자유주의의
발흥

1930년대 세계경제는 대공황의 나락으로 떨어지고 말았다. 이로 인해
성장과 고용에 막대한 손실이 벌어졌고 전 세계 구석구석까지 경기하
락의 경향이 나타나게 되었음은 말할 것도 없다. 하지만 대공황으로
인하여 규제된 자본주의라는 독특한 모델이 출현하는 길이 닦이게 되
었던 것도 사실이다. 전 세계의 경제공황으로 인해 자본주의가 생존
하려면 오로지 규제를 받는 것밖에는 길이 없다는 생각을 낳았으며
이 생각은 거의 모든 정치적 경향의 사람들 사이에 확고한 신념이 되
었다. 미국은 제2차 세계대전이 끝날 무렵 제1차 세계대전 직후와 달
리 서유럽과 자유 진영의 다른 나라들의 경제발전을 지지하기 위하여
능동적으로 지구적 헤게모니를 키워나갔다.

   당시 생겨난 규제모델에서 하나의 초석이 되었던 것이 바로 브레튼
우즈협정이었다. 이 협정은 무엇보다 우선 미국과 영국이 브레튼우즈
(Bretton Woods)라는 미국의 작은 마을에 모여 협상한 결과였다. 이
협상이 종결된 것은 아직 제2차 세계대전이 한창이었던 1944년

7월이었으며 채택된 것은 1947년이었다. 선진 서구 세계의 모든 나라들이 이 협정에 들어와 있었다. 이 협정의 특징은 고정환율제였지만, 기초 여건상 불균형을 안고 있는 나라들은 각자의 상황에 맞게 적절하게 변형시킬 수 있었다. 환율은 외환시장에서 오르내리도록 허락되었지만, 이는 제도적으로 고정된 중심 환율로부터 플러스마이너스 1퍼센트라는 좁은 폭으로 제한되었다. 필요할 경우 각국의 중앙은행은 이자율, 외환시장 개입, 자본시장 개입 등의 수단으로 환율을 안정시킬 것이 요청되었다. 실제로 이 협정이 의미하는 바는 환율 수호의 책임을 오로지 미국 이외의 나라 중앙은행들만이 떠안게 되며 미국 연방준비위원회(FED)는 그렇게 해서 결정된 환율을 그대로 따라가는 완전히 수동적인 위치에 있다는 것이었다. 이렇게 국제적인 환율을 안정시키는 데 부담의 배분이 비대칭적이었던 것은 제2차 세계대전이 끝나던 시기와 그 직후에 미국의 지배력이 절대적이었다는 사실로 설명할 수 있다. 미국 달러에 대한 신뢰를 부양하기 위해 미국은 브레튼우즈협정 이외에도 중앙은행이 찍어낸 달러로 표기된 신용화폐를 황금으로 태환해줄 것을 약속하였으며, 35달러=1온스를 그 태환 비율로 정하였다. 따라서 미국 밖의 여러 나라 중앙은행들로서는 달러를 준비금으로 보유하는 것이나 금을 보유하는 것이나 차이가 없었던 것이다.

브레튼우즈 회의는 또한 국제통화기금(IMF: International Monetary Fund)과 세계은행(World Bank)도 창출하였다. IMF는 환율 방어에 어려움에 부닥친 나라들에 대출을 제공해주는 임무를 맡고 있었다. 세계은행은 이와 달리 경제개발정책의 기능을 맡고 있었다. 국제통화체제는 고정환율제뿐만 아니라 여러 규제에 전 방위로 종속돼 있었다.

개발도상국들의 자본이동은 아주 적었으며 민간에 의한 대출은 사실상 전혀 없었지만, 선진국들 사이에는 국제적인 자본이동이 있었으며 이는 광범위한 규제를 받게 되었다. 각국이 자국 환율을 방어하고 경상수지 불균형을 제한하기 위한 목적으로 자본이동에 대한 규제를 활용하는 것은 당연한 것으로 받아들여졌다. 이러한 권리는 심지어 오늘날에도 IMF의 정관에 명시되어 남아 있다.

브레튼우즈 체제는 세계경제에 일정한 통화상의 틀을 가져다주었다. 비록 몇몇 나라에서는 지속적인 경상수지 흑자가 생겨났지만(이를테면 독일), 그 불균형의 정도는 국내총생산(GDP)에 대한 백분율로 따져 그 이전 시절의 세계경제 상황과 비교하여 보면 그다지 큰 정도가 아니었다. 통화위기는 드물었고 아주 가끔씩 벌어지는 일이었기에 IMF는 대부분 할 일이 별로 없었다. 오히려 브레튼우즈 체제가 무너진 이후와 비교해볼 때 당시에는 IMF가 중심적인 역할을 맡고 있는 것은 아니었다.

각국의 국내 금융체제 또한 엄격한 규제를 받고 있었고 상이한 금융 분야들은 서로 분리되어 있는 경우가 많았다. 예를 들어 부동산금융의 경우에는 금융시스템의 다른 부분들과 단절되어 국가의 긴밀한 통제를 받는 것이 예사였다. 소비자 신용은 종속적인 역할만을 수행하였고, 신용팽창은 비즈니스 부문에 초점을 두고 있었다. 소비수요의 역동성에 기초가 된 것은 소득 증대였다. 미국 등 많은 나라에서 이자율에는 상한선이 정해져 있었다. 심지어 전통적으로 자본시장에 기초한 금융체제를 가져왔던 미국이나 영국 같은 나라에서조차도 주식시장이 특출한 역할을 맡았던 것은 아니었다. 유럽 대륙과 일본 그리고 여러 개발도상국들에서는 은행 중심의 체제가 지배적이었으며 여기에서는 소위 '주거래 은행(house-banks)'이 기업들의 가장 중요한 외부 금융 원천으로 기능했다.

전후에 나타난 자본주의 모델은 수많은 상이한 형태들을 취하였다. 일본이나 그 밖의 아시아의 여러 시장 지향적 나라들에서는 국가 개입이 광범위하게 행해졌고 여기에는 또 광범위한 산업정책도 포함되어 있었으며 이는 다시 대출을 시행함에 있어서 정치적인 배분 방식을 내포하고 있는 것이었다. 대외무역은 국가의 보호주의적 개입을 특징으로 하고 있었다. 여기에 더하여 일본 같은 나라의 경우 직원들이 회사에 엮여 있어서 일자리를 잃을 위험이 거의 없었다. 이 노사모델은 종신고용을 전제로 하고 있었으며 그 밖에도 가부장적 온정주의를 공공연히 내보이는 수많은 특징들을 가지고 있었다. 이와 마찬가지로 이러한 나라들에서는 소득분배 또한 눈에 띄게 평등주의적이었다. 비록 유럽에서는 아시아만큼 국가의 역할이 전 방위적이지는 않았지만 엄청난 규모의 산업정책 개입은 여기에서도 마찬가지였다.

유럽은 또한 강력한 복지국가의 형태를 띤 계급 간 타협을 특징으로 하고 있었다. 예를 들어 독일에서는 기업 경영에 대한 노동자들의 참여의 기회가 창출되었다. 소위 '경제민주주의'라는 것을 통하여 독일에서는 직원들이 대기업의 감독이사회(supervisory boards)는 물론 심지어 경영이사회(boards of directors)에도 대표를 보내는 것이 가능해졌다.* 유럽에서 임금인상은 일반적으로 단체협상으로 조절된다. 이는 강력한 노동조합과 경영자 단체의 협상으로 마련되며 한 산업 전체, 혹은 더 나아가 전체 경제 차원에서 적용된다. 오늘날 상황과 비교

---

* 독일의 주식회사 제도에서는 이사회가 경영이사회와 감독이사회로 이분화되어 있다. 감독이사회는 경영이사진에 대한 임면권을 가진다. (옮긴이)

해보면 유럽에서도 소득분배는 상당히 균형이 잡혀 있었다.

심지어 미국조차도 전후 시기에 지금까지 말한 것과 기본적으로 상당히 동일한 모델을 특징으로 하고 있었다. 1960년대 말까지만 해도 갤브레이스 같은 이들은 미국의 경영자들을 '공공의 후생을 주요한 목표로 삼는 국가관료들'이라고 특징지은바 있다(Galbraith 1967). 오늘날 우리에게 너무나 친숙한 저 파멸적인 자본주의 게임에 빠진 도박꾼들은 당시로서는 나타날 기미조차 보이지 않았다. 일본이나 유럽과 마찬가지로 미국 또한 중산층의 사회였고, 극단적인 절대 빈곤과 극단적인 부는 아주 이따금 나타날 뿐이었다.

이러한 모델은 제2차 세계대전 이후에 확립된 것으로서, 지구 경제에 독일과 일본의 경우와 같은 일련의 경제 기적들을 줄줄이 가져다주었다. 또 이들뿐만 아니라 모든 서방 국가들이 실질 성장률로 볼 때 좋은 경제발전을 기록했다. 이 기간 동안 실업률은 비교적 낮았으며 심지어 서독을 비롯한 몇몇 나라들은 1960년대에 노동 부족을 경험하여 외국에서 노동자들을 모셔오는 것으로 해결하기도 했다.

1930년대의 대공황 와중에 출현하여 제2차 세계대전 이후 서방 세계에서 그 구성을 확고히 굳힌 경제모델은 현재의 상황과 여러 점에서 큰 대비를 보여준다. 경제성장률은 높았고 실업률은 낮았음은 물론이고, 소득분배 또한 공정하였다. 복지국가가 제공하는 여러 복지혜택과 노동시장 규제를 통하여 인구의 압도적 다수에게 높은 수준의 사회보장을 제공하였고 생계를 보장하였다. 이러한 점에서 '자본주의의 황금시대'라고 묘사할 수 있는 이 모델은 1970년대에 들어서면 깊은 위기에 빠져들고 이 때문에 시장자유주의의 세계화 프로젝트로 가는 길이 열리게 된다.

브레튼우즈 체제의 종말과
그 결과들

　이 시스템은 1960년대 말부터 계속되던 위기를 겪은 후 1973년 2월 마침내 무너지고 말았다. 그 이유의 적지 않은 부분은 브레튼우즈 체제가 미국에 부여했던 상당한 특권들 때문이었다. 미국은 자국 통화의 가치 안정성을 돌볼 필요가 없었으며 앞에서 말했던 것처럼 그저 그 부담을 다른 나라들에 떠넘길 수 있었다. 미국은 이러한 자신들의 특권을 각별히 이용하였다. 그 결과, 1960년대 말 이후 미국 달러에 대한 신뢰가 무너지면서 미국으로부터 자본이 유출되는 일이 벌어졌고, 이에 대해 미국 중앙은행은 아무것도 하지 않았다. 미국은 국내적으로 빈곤 퇴치를 위한 여러 정책을 시행했고 또 베트남전쟁까지 벌였으며 이는 1960년대 후반부에 들어 통화 및 재정 정책의 팽창과 미국 경제의 과열을 낳았다. 미국 경제에 대한 신뢰의 하락과 자본유출 증가는 그 때문에 촉발된 것이다. 더욱이 1971년 8월 당시 대통령이었던 닉슨은 외국 중앙은행이 보유한 달러는 더 이상 금으로 태환해주지 않을 것이라고 공표하였고 이 때문에 달러에 대한 신뢰는 더욱더 급격히 떨어지게 됐다. 당시 미국 정부의 걱정이 달러의 약화 때문에 미국으로부터 금이 엄청난 규모로 유출될 가능성에 있었음은 분명하다. 이른바 이 '닉슨 쇼크' 때문에 고정환율 체제는 비틀거리기 시작한다. 1971년 12월 스미소니언 협정이 몇몇 조건을 수정하여 이 고정환율제를 구출하려고 시도하였다. 그럼에도 미국에서 자본유출이 더 벌어지면서 여러 나라의 중앙은행들은 점차 강력한 외환시장 개입 정책을 통해 달러의 가치절하를 막으려고 하였다. 여기에 영향을 받은 나라들은 이 때문에 통화정책에 큰 장애가 나타나게 되었다. 그런데도 미국 연방준비은행은 팔짱을 끼고 수수방관하고 있었다. 독일의 중앙은행은 외환시장에 개입하지 않을 수 없었다. 독일의 마르크가 이미 미국 달러와 나란히 두 번째 외환 보유 통화로 자리를 굳히고 있었기 때문이다. 당시 전 세계의 지도적인 중앙은행들 중 하나였던 독일의 분데스방크는 결국 1973년 2월 12일 미국 달러 매입을 계속할 수 없다고 거부하며, 이로 인해 달러의 과감한 가치절하가 벌어졌다.

마지막 단계에 들어선 브레튼우즈 체제는 국제적 자본흐름의 불안정성을 그 특징으로 삼았던바, 이는 국제적 자본이동의 점진적 자유화라는 상황을 배경으로 살펴볼 필요가 있다. 이러한 자유화로 인해 브레튼우즈 체제를 수호하는 것 자체가 분명히 저지당했기 때문이다. 종국에는 고정환율제에 대한 지지가 정치적으로나 학문적으로나 점차 줄어들어갔다. 학계에서는 변동환율제를 취하게 되면 재화와 자본의 이동을 자유화해도 각국이 독자적인 경제정책을 취할 수 있게 되므로 이것이 적합한 방식이라는 단순하고 천진한 관점이 자리를 잡아갔다. 또 변동환율제를 취하면 경상수지 균형으로 이어지게 될 것이라는 믿음도 성행하였다.[*] 만약 상이한 경제정책을 특히 미국 쪽에서 채택했더라면 그리고 개혁을 취했더라면—예를 들어 미국의 특권을 줄이는 것을 감수하고서라도 자본이동에 대해 일정한 규제를 유지했더라면—브레튼우즈 체제를 구출할 수 있었을 것이다. 하지만 그럴 만한 정치적 의지는 찾아보기 힘들었으며, 결국 브레튼우즈 체제가

● 이 점에 대해서는 다음의 영향력 있는 연구들을 보라. Friedman 1953 ; Johnson 1972.

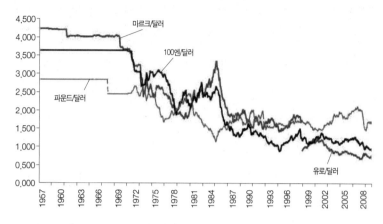

그림 1.1 엔, 마르크, 유로, 파운드, 달러의 명목환율(1971년 이전의 수직 강하는 달러의 가치절하를 나타냄).

출처: Federal Reserve Bank of St. Louis.

　달러, 엔: http://research.stlouisfed.org/fred2/series/AEXUSEU/downloaddata?cid=32219;

　파운드: http://research.stlouisfed.org/fled2/series/AEXUSUK/downloaddata?cid=32219;

　유로: http://reseach.stlouisfed. org/fred2/series/AEXUSEU/downloaddata?cid=32219;

　마르크: http://www.bundesbank.de/statistik/statistik_zeitreihen.php?lang=de&open=&func=row&tr=
　　WJ5009

붕괴했어도 당시에는 이를 안타까워하는 이가 거의 없었다.

유럽의 경우

변동환율제로 이행하던 당시에는 이것이 외환시장의 안정성을 흔들
어놓을 것이라는 점을 깨닫지 못하고 있었다. 그림 1.1은 엔, 마르크,
달러 사이의 환율이 브레튼우즈 체제의 끝까지(1961년에 한 번 있었던
환율 재평가를 빼면) 안정적이었음을 보여준다. 뒤이은 시기에는 달러
가 약세를 보여서 1970년대가 끝날 때까지 마르크—당시에는 마르크
가 달러의 경쟁 통화였다—에 대한 가치가 절반으로 떨어진다. 그때
부터 1985년까지 또 한 번 마르크에 대한 달러 가치의 재평가—대략

100퍼센트 상승—기간이 펼쳐지며, 그 뒤에는 또다시 달러 가치가 반토막 나게 된다. 유로화를 도입한 것도 안정성을 가져다주지는 못했다. 1999년 도입된 이후 유로화는 달러에 대한 가치가 약 20퍼센트 감소하였으며, 2003년 이후 달러에 대한 가치가 다시 약 3분의 2가량 증가하였다. 달러-엔 환율의 전개 또한 이와 비슷한 널뛰기의 양상을 보여준다. 프랑스의 프랑, 영국의 파운드, 이탈리아의 리라, 여타 유럽 통화들의 환율 또한 달러에 대해서는 물론 상호간에도 지극히 불안정하였다. 이렇게 환율이 거칠게 오르내리게 되자 세계통화체제는 모종의 충격 발생기로 둔갑해버렸다. 여기서 발생하는 충격에 따라 여러 나라들의 경쟁적 위치는 급속히 그것도 아주 근본적으로 변할 수 있었으며 또 환율 변화에 따라 수입품의 국내 물가 또한 급격히 오르내리게 되면서 이것이 복지체제와 물가에 충격을 촉발시킬 수 있었다. 환율의 운동은 각국 간의 물가인상률, 이자율, 실질 GDP 성장률이나 여타 기초 여건의 지수들의 차이로는 설명할 수가 없다는 것이 곧 분명해졌다. 한마디로, 오늘날 경제학자들은 세계 주요 통화들 간 환율이 어떻게 전개될지에 대해 믿을 만한 예측을 내놓을 수 없다.

브레튼우즈 체제가 붕괴한 이후에는 세계의 주요 통화들 사이에 변동환율제가 확립되었다. 지배적 위치의 미국 달러가 통화들의 위계서열에서 정상을 차지하고 있었고, 비록 국제 유통량은 훨씬 적었지만 마르크와 엔이 그다음 자리였으며, 스위스프랑과 영국의 파운드 같은 통화들이 그 뒤를 이었다. 그렇다고 해서 1973년 이후로 환율이 전적으로 세계의 모든 통화들 간에 형성된 시장에서 결정되었다고 생각하는 것은 옳지 못하다. 우선 아시아와 라틴아메리카 등의 나라에서 힘이 약한 수많은 통화들이 달러에 가치를 고정하면서 커다란 미국 달러 블록이 출현하였다. 유럽에서는 여러 다른 통화들이 마르크 주위로 모이면서 소위 '통화 뱀(currency snake)'*이 형성되었다. 이와 대조적으로 엔의 경우에는 독자적인 통화 블록을 형성할 수 없었고, 다른 통화들은 주요 무역 통화 혹은 외환 준비 통화가 되기에는 너무 나 중요성이 떨어졌다.

유럽의 화폐 통합에 대해 좀 더 세밀하게 분석해보자. 몇몇 통화들 은 브레튼우즈 체제의 붕괴 이후 혼란스러운 등락을 겪었다. 예를 들 어 이탈리아의 리라와 영국의 파운드는 근본적인 통화위기를 경험하 게 된다. 이러한 환율의 요동은 유럽 통합에 상당한 해를 끼치게 되었 고 유럽 통합을 심화시키기 위한 조치들도 여러 어려움에 부딪히게 된다. 독일의 헬무트 슈미트(Helmut Schmidt) 수상과 프랑스의 데스탱 (Valéry Giscard d'Estaing) 대통령이 유럽 내 환율 안정화를 위한 창의 적 시도를 시작하게 된 주요한 원인들 중 하나였다. 1979년 유럽통화 체제(EMS: European Monetary System)는 그 이전의 비공식적으로 존재 했던 '통화 뱀'을 계승하여 프랑스, 서독, 이탈리아, 베네룩스 3국 사 이에 모종의 고정환율제를 창출한다. 물론 그 환율은 필요할 경우 수 정할 수 있었으며 실제로 EMS의 존속 기간 동안 이따금씩 환율 수정 이 벌어지기도 했다. 다른 여러 나라들도 이 시스템에 참여하게 되자 EMS는 크기가 불어났으며, 오스트리아의 실링과 같이 EMS에 참가하 지 않은 여러 통화들도 독일의 마르크에 가치가 고정되게 된다. 브레

• 1972년 프랑스, 독일, 이탈리아, 벨기에, 룩셈부르크, 네덜란드 6개국은 자국 통화들 간의 환율 등락 마진을 2.25퍼센트로 제한하기로 합의한다. 이렇게 되면 이 여섯 통화의 가치 변 동은 마치 뱀의 몸뚱이가 파동을 보이는 것과 같은 모습이 된다고 하여 이 명칭이 생겨났다 고 한다. (옮긴이)

튼우즈 체제와 EMS의 결정적인 차이점은 EMS의 경우에 확립된 외환 준비 통화가 없었다는 데 있다. 이 시스템에 들어온 모든 통화들은 유럽통화단위(ECU : European Currency Unit)에 고정되어 있었으며, 이는 다시 이 시스템의 모든 통화들과 연결된 단일의 통화 바구니를 대표하는 것이었고 환율을 고정함에 있어서 계산 단위로서 기능하였다. 이 EMS는 여러 통화들 중 어느 하나라도 실정상의(de facto) 준비 통화가 될 수 있도록 건설되었다. 하지만 독일의 마르크가 국제투자가들 사이에 높은 명성을 가지고 있었기에 즉각적으로 이 준비 통화의 역할을 맡게 되었고, 이로 인해 독일의 분데스방크는 EMS 내에서 이자율을 결정하는 특권적 위치를 상당 부분 가져가게 되었다.

1980년대 말에는 유럽 통합을 더 심도 있게 하려는 물결이 다시 시작되었고, 독일의 재통일은 여기에 정치적으로 가속도를 더해주었다. 1992년 마스트리히트조약(Maastricht Treaty)이 조인되었고, 이것이 발판이 되어 1999년에는 유럽통화연합(EMU : European Monetary Union)이 도입되었다.

당시에는 EMS에서 EMU로의 이행이 큰 문제없이 달성될 것으로 생각되었다. 하지만 EMS는 1992년과 1993년에 최악의 혼란을 경험한다. 1990년에 EMS에 가입한 영국은 불과 2년 후인 1992년 9월 다시 탈퇴한다. 1993년에는 제도적으로 고정된 중심 환율로부터의 마진이 플러스마이너스 2.5퍼센트에서 플러스마이너스 15퍼센트로 크게 확대된다. EMS 내부의 몇몇 통화들은 가치절하의 압력이 너무나 컸기 때문에 이러한 환율 등락 허용 폭의 확장을 피할 길이 없어 보였다. 이 시기의 문제는 독일에서 비롯된 것이었다. 독일의 재통일이 있은 후 서독에서 강력한 경제성장이 나타났는데, 여기에 수반된 약한 인플레이션 경향과 싸우기 위해서 독일 분데스방크가 긴축적인 통화정책과 높은 이자율 정책을 강제했다. 그런데 이와 동시에 다른 유럽 나라들은 경기하락을 겪고 있었기 때문에 이자율을 낮추고자 했다. 여기에 더하여 독일에서도 이미 상당한 크기의 경기하락이 예견되고 있었음에도 불구하고 분데스방크는 1993년 여름 다시 한 번 이자율을 인상한다. EMS의 많은 나라들에 있어서 분데스방크가 자기들에게 강제한 이자율 정책은 정치적으로나 경제적으로나 한마디로 도저히 감당할 수가 없는 것이었다. 적어도 당시의 국제투자자들은 감당이 불가능할 것이라고 생각했던 것이 분명하다. 그래서 이들은 영국의 파운드와 프랑스의 프랑에 조만간 가치하락이 벌어질 가능성을 놓고 투기를 벌이게 된다. 분데스방크는 이 엄격한 통화정책이야말로 인플레이션과 싸우기 위한 것이라고 정당화했다. 하지만 분데스방크는 EMS를 그다지 좋아하지 않았으며 1990년에 자신들이 동의한 바 있었던 EMU 또한 좋아하지 않았다. 당시 분데스방크가 EMS와 EMU 둘 다를 사보타주 하고자 했을 가능성이 높다.

EMU는 결국 1999년 1월 1일 시작되었고, 마르크보다 더욱 강력한 적수인 유로가 미국 달러와 대결하게 되었다. 최초에는 이것이 그저 작은 통화 동맹에 불과할 것이라고 예상했지만, 그와 반대로 여기에는 오스트리아, 벨기에, 핀란드, 프랑스, 독일, 아일랜드, 이탈리아, 룩셈부르크, 네덜란드, 포르투갈, 스페인 등이 모두 창립 회원국으로 참여하였다. 스웨덴과 덴마크 등 다른 나라들은 여기에 참가할 기회를 부여받았지만 거절하였다. 2001년에는 그리스가 EMU에 가입하며, 키프로스와 몰타는 2008년에 그리고 슬로바키아는 2009년에 가입한다. 유로존에 들어오지 않는 많은 유럽 나라들을 위해서는 이른바 유럽통화체제 II(EMS II)가 만들어졌다. 이는 원리상 본래의 EMS의 여러 규칙들과 완전히 일치하게 기능하도록 되어 있었다. EMS II에는 들어오지 않았지만 이와는 별로도 유로에 스스로를 고정시킨 통화들도 있었다. 그럼에도 불구하고 심지어 오늘날까지도 유럽연합 내에는 EMU에도 또 EMS II에도 속하지 않은 통화가 있으니, 영국의 파운드가 그 예이다.

그렇게 많은 나라들이 EMU에 가입하였고 또 다른 나라들도 장래에 그렇게 할 가능성이 높다는 것은 놀라운 일이다. EMU에 지금 속해 있는 나라들은 지극히 이질적인 나라들이라는 점도 그렇고 또 정부 예산과 부채의 수준에 대해 마스트리히트조약에서 정해놓은 기준이 EMU 가입을 규제하게 되어 있는바 이 기준대로 하면 사실상 모든 나라들이 EMU에 가입하거나 또 거기에 통화를 연계시키는 것이 가능하기 때문이다. 마스트리히트조약의 여러 기준들이 EMU에 참가할 나라들을 제대로 선별할 수 없다는 점은 분명하다. 그 결과로 EMU 나라들의 가장 두드러진 특징은 생산성 수준, 사회체제, 조세체제, 금융체제, 재정 운영의 전통, 게다가 또 임금 메커니즘까지 모두 지극히 다종다기하다는 것이다. EMU의 통합은 공동 통화와 공동의 통화정책을 도입하는 것으로 구성되어 있거니와, 그 밖의 영역에서는 이러한 통합에 해당하는 조치가 결핍되어 있었다. EMU 내부에 존재하는 각 나라들 사이의 이러한 차이점 때문에 지역 차원에서 상당한 동요가 생겨나게 되었다. 아래에서 이러한 상황을 좀 더 자세히 살펴볼 것이다.

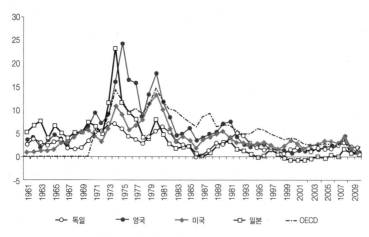

그림 1.2 가격수준의 변화율(소비자가격지수를 전해와 비교, 백분율.)

출차: Ameco 2010, OECD 관련 자료는 OECD StatExtracts URL.

인플레이션과 보수적 혁명

국내의 경제적 문제들을 살펴보면, 거의 모든 서방 선진국들이 1960년
대 말부터 인플레이션의 전개에 영향을 입었음은 분명하다. 이것이
브레튼우즈 체제의 붕괴는 물론 전후 경제모델의 쇠퇴에도 결정적인
원인이 되었다(그림 1.2). 경제협력개발기구(OECD) 국가들은 1980년
대가 되어서야 물가인상률을 낮출 수가 있었다. 1970년대가 저물면서
급속히 치솟았던 비교적 강력한 인플레이션 과정들에 대해 영국과 미
국 모두가 씨름을 벌여야 했다는 점은 괄목할 만하다. 결국에 가서 보
수적 혁명이 생겨난 것이 바로 이 두 나라들이기 때문이다.

1960년대 말 거의 모든 서방 산업국가에서 실업률은 역사상 최저
수준으로 떨어져 있었다. 그 결과 나타난 노동 부족 때문에 피고용자
들의 시장 협상력이 강력히 지지되었고, 이것이 다시 명목임금의 상
승을 떠받쳤다. 이는 한편으로는 단체협상에서 합의한 바의 임금상승

때문이었으며 또 다른 한편으로는 합의한 임금률 이상으로 임금을 지급했기 때문이었다. 임금 비용이 상승하게 되면 여타 비용들도 함께 오르며 가격수준 또한 올라가게 된다. 하지만 1960년대 말 이후의 문제는 단순한 노동 부족보다 더 뿌리 깊은 것이었다. 노동 부족은 주기적·간헐적으로 벌어질 수 있는 일이며 벌어진다고 해서 반드시 경제 체제가 잠식당하는 것은 아니다. 이 당시의 서방 세계에서는 일본을 예외로 하면 한 무리의 다양한 사회 개혁 운동들이 힘을 얻고 있었으며, 그중 일부는 사회민주주의적 성격을 띠었지만 다른 것들은 사회주의적 경향을 띤 것들도 있었고 또 아주 활발한 좌파 지향적 학생 운동을 수반하는 것이 보통이었다. 이러한 운동들은 민주적 제반 권리의 강화, 기회 균등의 확대, 노동자들의 지원, 교육체제의 변화, 소득 분배의 공정함, 여성 해방 등 그 밖에도 더욱 진보적인 사회의 개념과 연결된 여러 사안들을 담고 있었다. 이러한 여러 개혁 운동들은 거의 필연적인 부산물로서 더욱 공격적인 임금정책을 낳게 되었다.

수많은 나라에서 이미 확립된 기성 노동조합의 급진화가 벌어졌고 혹은 여기에 대항하는 노동조합이 만들어져서 소위 들고양이 파업(wildcat strikes)*을 조직하고 급진적인 임금 요구안을 내놓기도 했다. 1973년과 1979년에 걸쳐 두 번의 오일쇼크가 벌어졌으며 이것이 서

---

* 제2차 세계대전 이후의 많은 선진산업국에서는 산업별 또는 전국 차원에서 총노동, 총자본 그리고 때로는 정부까지 함께 단체협상을 체결하였고, 노동조합의 파업이나 노사쟁의의 권리는 그러한 단체협상의 테두리 안에서 행해질 때에만 법의 보호를 받을 수 있었다. 따라서 개별 사업장이나 작은 단위에서 노동자들이 스스로 파업이나 쟁의를 행할 수 있는 가능성은 사실상 없어진 것이나 마찬가지였다. 들고양이 파업이란 이러한 대규모 단위의 단체협상에 아랑곳하지 않고 급진적이고 전투적인 노동자들이 주축이 되어 벌이는 파업이다. (옮긴이)

방 국가들의 상황을 더욱 악화시켰다. 우선 1960년대 후반과 1970년대 초 세계경제가 상승 국면에 있었고 이 시기에 발생한 높은 수요 때문에 석유값이 극적으로 올라간 측면이 있었다. 여기에 미국 달러의 약세 또한 고려해야 한다. 다른 모든 중요 원자재들과 마찬가지로 석유 또한 그때도 그랬고 아직까지도 미국 달러로 거래된다. 1970년대에 들어 미국 달러의 대외 가치가 극적으로 하락하면서 달러 지역 바깥에서 재화를 사오는 데 더 많은 돈을 치르게 되었고, 결국 석유 수출국들의 실질수입 또한 줄어들었다. OPEC, 즉 석유수출국기구의 영향권 내에서 전개된 정치적 사건들 또한 석유가격을 치솟게 만들었다.[*] 1980년대에 석유 가격은 다시 급격히 하락하였지만 2003년 이후에는 폭발적으로 다시 올랐다가 또 한 번 무너진 바 있다(그림 1.3).

석유를 사기 위해서 웃돈을 지불해야 했던 나라들의 경우 이 두 차례 오일쇼크는 물가의 상승과, 그에 조응하는 실질임금의 하락을 겪게 되었다. 말할 것도 없이 임금하락을 용납하는 것은 이미 사회에 튼튼하게 자리 잡고서 여러 요구를 내세우고 있었던 각종 개혁 운동의 이념 및 기대에 반하는 일이었다. 특히 1973년 최초의 오일쇼크가 터졌을 때 실업률은 여전히 낮았기에 노동자들이 물가 상승으로 인한 (실질)임금의 손실을 보상하기 위한 임금인상을 힘으로 얻어내는 것이 어렵지 않았다. 그 결과 임금-물가 상승의 악순환 고리가 시작되었다.

• 석유수출국기구(OPEC: Organization of Petroleum Exporting Countries)는 1960년에 창설되었고 대부분의 아랍 국가들과 아프리카 및 남미 국가들 일부가 들어 있다. 1970년대에는 이 기구의 나라들이 전 세계 석유의 50퍼센트 이상을 수출했지만 오늘날에는 40퍼센트 정도로 떨어졌다. 1973년 아랍-이스라엘 전쟁에 대한 반응으로 석유값이 급속히 치솟았다. 1979년에는 이란에서의 이슬람 혁명이 제2차 오일쇼크를 촉발시켰다.

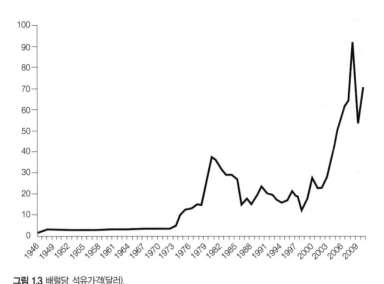

그림 1.3 배럴당 석유가격(달러).

출처: www.inflationdata.com/inflation/Inflation_Rate/Historical_Oil_Prices_Table.asp

임금이 올라가면서 기업에는 비용 압력이 가해졌고, 이는 다시 물가를 올리는 식이었다.

브레튼우즈 체제의 붕괴 또한 이와 비슷한 효과를 낳았다. 환율 통제를 걷어내자 수많은 나라들이 자국 통화의 가치절하로 타격을 받게 되었다. 외환가치 절하는 수입 가격의 상승을 낳으며, 특히 석유 가격 인상의 경우처럼 결국 물가수준 전반을 올리게 된다. 그리고 이에 따라 실질임금은 감소하게 된다. 오일쇼크뿐 아니라 임금-물가 상승의 악순환과 외환가치 절하 같은 효과가 누적적으로 발생한 나라들은 특히 어려움을 겪게 된다.

영국과 미국에서 발생한 사태의 전개는 시장자유주의적 세계화 모델의 탄생과 관련하여 큰 중요성을 가진다. 1970년대에 이 두 나라의 경제는 몹시 아슬아슬한 상태였다. 두 나라 모두 석유가격 인상, 외환가치 절하, 임금인상으로 인한 인플레이션 등으로 타격을 받고 있었다. 게다가 정치적 불안정까지 겹쳤다. 영국의 경우 이 기간 동안 해럴드 윌슨(Harold Wilson)의 노동당 정권(1964~1969), 에드워드 히스(Edward Heath)의 보수당 정권(1970~1974), 윌슨의 노동당 정권(1974~1976)과 제임스 캘러헌(James Callaghan)의 노동당 정권(1976~1979) 등이 재빨리 없어지고 생겨나고 하였다. 1979년 마침내 마거릿 대처가 보수당 당수로서 권력을 쥐고서 1990년까지 그 자리를 유지하였다. 윌슨과 캘러헌 시절은 말할 것도 없고 심지어 히스 정부 또한 노동조합과의 협력을 추구하였다. 파업의 권리는 적절한 정도로 개혁되었지만, 노동조합이 정부와 협력하는 것은 일정 범위까지만 허용되었다. 일반적으로 말해서 임금인상이 훨씬 더 빠르고 높았기에 지속적인 인플레이션 문제들이 터져 나오게 되었다(앞의 그림 1.2를 보라). 1976년 파운드는 통화위기에 휘말렸고 이로 인한 파운드의 가치절하는 영국의 물가인상률을 더욱 상승시켰다. 영국은 IMF에 도움을 요청하였고 수많은 조건들이 붙기는 했어도 일정한 대출을 받아 상황을 타개할 수 있었다. 1976년 여름 윌슨이 사임하고 캘러헌이 수상이 되었다. 캘러헌은 인플레이션에 고삐를 씌우는 것이 필요하다고 확신하고 있었다. 물가 안정화 정책을 논의하는 자리에 노동조합 대표자들을 데려 오려고 여러 번 시도했으나 모두 실패한 뒤, 캘러헌은 마침내 그들에 맞서기로 결심하였다. 이른바 '불만의 겨울(winter of discontent)'이라고 불리는 1978년 말의 겨울이 왔고 여기에서 거대한 파업의 물결이 영국 경제 전체를 휩쓸었으며 사실상 마비 상태로 몰아가 버렸다. 이러한 배경을 생각한다면 마거릿 대처—역사에서 '철의 여인'으로 통한다—가 1979년 5월 선거에서 승리를 거둔 것도 놀라운 일이 아니다. 대처 여사는 승리를 거둔 직후 그녀의 보수적 프로젝트를 실행에 옮기며, 이를 구성하는 결정적인 요소들은 자유화, 규제완화, 사유화, 그리고 경제성장과 고용에서 큰 감소를 대가로 치르는 한이 있더라도 인플레이션과 노동조합을 반드시 때려잡겠다는 선전포고 등이었다.

미국에서도 사태 전개는 마찬가지로 혼란스러웠지만 이 경우 정부의 훨씬 중요한 관심사는 달러의 국제적 역할에 관한 것이었다. 공화당의 리처드 닉슨은 1969년에 대통령이 되었지만 1974년 워터게이트 사건으로 사임했고 대통령직은 동료 공화당원인 제럴드 포드 부통령이 승계하였다. 1977년 민주당의 지미 카터가 대통령으로 선출되었다. 미국은 1970년대에 대외적으로나 국내적으로나 정책에 대한 신뢰의 위기를 겪어야 했다.

미국은 세계를 지배하는 강국으로서는 약해진 것으로 보였다. 설상가상으로 1979년에는 달러의 약세가 다시금 시작되었다. 급격한 달러의 가치 절하로 인해 인플레이션이 촉발되었고, 그럼에도 미국의 노동조합은 임금하락은 말할 것도 없고 임금인상률을 낮추자는 것에도 동의하지 않았다. 특히 미국에 심각했던 것은 세계의 준비통화로서 달러의 지위가 점차 의심받기 시작했다는 문제였다. 석유를 수출하는 나라들은 부분적으로라도 석유 가격을 달러에서 떼어내어 다른 통화로 지불받을 수 있을지를 공공연히 논의하기 시작했다. 카터 대통령은 무언가 하지 않을 수 없었다. 1979년 8월 연방준비위원회 의장 자리에 밀러(William Mlller) 대신 볼커(Paul Volcker)가 들어섰다. 볼커는 강성 통화주의자로서, 실물경제에 어떤 결과가 나오든 말든 무조건적으로 인플레이션을 때려잡고자 덤벼들었던 것으로 잘 알려져 있던 인물이다.

이 기간 동안 카터 대통령은 그의 이른바 '순방 외교(locomotive discussions)'의 틀에서 특히 서독과 일본에게 자기들 경제를 부양시키라고 압력을 넣었다. 그를 통해 달러의 안정성을 키우고 미국에 가해지는 압력을 덜어보고자 함이었다. 그 결과 일본은 좀 더 팽창적인 경제정책을 취하였다. 헬무트 슈미트 정권하에 있었던 독일 정부는 온건하지만 팽창적인 재정정책을 추구하였지만 독립성을 누리는 중앙은행 분데스방크는 미국 연방준비위원회와 협조할 것을 거부하였다. 볼커가 연방준비위원회 의장직에 오르고 얼마 안 되어 1979년 10월 소위 함부르크 회합이라는 것이 열렸고 여기에서 볼커는 다시 한 번 분데스방크에 좀 더 극적인 (통화)시장 개입을 통하여 달러를 강하게 받쳐달라고 요청했지만 분데스방크는 이를 일언지하로 거절해버렸다. 며칠 후 연방준비위원회는 이자율을 급격히 상승시켰다. 이러한 고도의 긴축적 통화정책으로 인해 미국은 1980~1981년에 제2차 세계대전 이래 가장 깊은 경제위기로 빠져들었다. 서방 세계 전체가 미국의 통화정책을 따라 이자율을 급격히 상승시키지 않을 수 없게 되었고 성장률 하락으로 타격을 받게 되었다. 1970년대에 자본이동에 대한 통제를 해체하고 상당한 양의 대외부채를 떠안고 있던 라틴아메리카는 심각한 부채위기로 빠져들게 된다. 이자율은 오르고 전 세계적 경기침체로 수출 이익은 줄어들게 되었으니 이로 인해 '잃어버린 10년'의 경기침체로 이어지게 된 것이다. 미국에서는 1980년 말 선거가 있었고 여기에서 공화당의 로널드 레이건이 승리하여 1981년 대통령 자리에 오르게 되고 이 자리를 1989년까지 유지한다. 마거릿 대처와 마찬가지로 레이건 또한 즉각 노동조합에 칼을 빼들었고 보수적인 시장

자유주의 혁명을 시작한다.

약한 좌파와
강한 우파

자본주의 경제는 모두 화폐경제다. 만약 인플레이션이 발생해 화폐가 제대로 기능하지 못하게 되면 화폐경제는 더 긴 시간 지평에서 기능 장애를 겪게 된다. 서독, 영국, 미국과 그 밖의 나라가 인플레이션과의 전쟁에서 시행한 긴축정책이 너무 과격했던 것은 아닌가에 대한 논쟁은 아마도 끝없이 계속될 것이다. 하지만 부인할 수 없는 사실은, 각국의 중앙은행들로서는 순서의 차이는 있어도 어쨌든 조만간 국내의 통화체제가 침식당하는 것을 막기 위해 무언가 행동을 취하지 않을 수 없었다는 것이며, 특히 통화위기에 처한 나라들은 더욱 그러했다. 1970년대의 인플레이션 전개로 모든 서방 국가의 중앙은행들은 결국 긴축적인 통화정책을 취하지 않을 수 없었고, 이로 인해 성장의 정체와 실업률의 전반적 상승이 나타나게 되었다. 사회운동 진영이 뽑아 놓은 정권들은 높은 고용률을 보장하기 위해 쓸 수 있는 수단이 없어 졌으므로 경제정책을 놓고 전전긍긍하게 되었다. 1970년대의 상황 전개에 있어서 수많은 다른 선택지들이 있었던 것은 분명하다. 하지만 사회민주주의 정권들 그리고 어느 정도 사회주의적 지향을 가진 정권들 또한 당시에는 거시경제를 어떻게 이끌 것인지에 대한 명확한 생각이 없었고, 또 있었다고 해도 그것을 실행에 옮길 수 있는 입장도 아니었다. 첫째, 급속히 가속도를 올리고 있었던 인플레이션을 잡기 위해서는 임금인상을 줄이는 것이 필수적이었을 것이다. 임금상승으로 인플레이션이 계속되는 것을 소득정책을 통해 막아보려는 노력은 거의 모든 나라에서 이루어졌다. 하지만 그러한 시도는 대부분 실패했다. 1960년대 말에 힘을 길렀던 각종 사회운동들이 자신들의 개혁 프로그램들을 임금인상 요구와 연계했던 것—혹은 그 둘을 동일한 것으로 혼동하기까지 했던 것—은 지금 돌아보면 가장 심각한 실수였던 듯하다. 여기에 브레튼우즈 체제가 몰락하면서 국제 자본의 흐름이 미국과 영국 등 수많은 나라에서 불안정성을 증대시키면서 상황을 더욱 악화시켰다.

1960년대 말부터 진행된 일련의 사건들을 전반적으로 조망해볼 때 당시의 여러 개혁 운동들은 일국적 수준이나 국제적 수준에서 안정된 경제체제를 달성할 능력이 없었음을 보여주는 것으로 해석할 수 있다. 이 상황은 자본주의의 근본적 위기가 표출된 것이 아니었다. 1970년대에 터져 나온 여러 문제들은 자본주의의 운동을 근본적으로 결정하는 운동 법칙이 작동하여 자본주의의 여러 모순들이 격화되고 터져 나온 것도 아니었으며, 새로운 생산기술이나 대량생산의 도래 등으로 인해 나타난 것도 아니었다. '자본주의 황금시대'가 무너진 이유는, 당시의 모든 조류의 좌파 정치운동 세력 가운데 어느 누구도 전통적인 제도들을 경제적 안정성과 양립할 수 있는 방식으로 개혁할 수가 없었기 때문이었다. 브레튼우즈 체제가 무너지면서 이미 시장자유주의적 변화로 향하는 길이 닦여져 있는 상태였다. 하지만 시장자유주의로의 전환이 실제로 나타난 것은 마거릿 대처와 로널드 레이건의 선거 승리였다. 이 둘은 모두 낮은 물가인상률과 특히 근본적인 시장자유주의적 개혁에 전적으로 기초한 정책을 강력히 밀어붙였다.

대처와 레이건 모두가 자기들의 보수적 기획을 실행에 옮길 수 있게 된 데는 결정적인 사실 하나가 있다. 두 사람 모두 학계에서 이미 충분히 마련해놓은 착상들에 의존할 수 있었다는 점이다. 이러한 보수 학계의 착상들은 단지 사상적 흐름을 보수주의로 바꾸어놓았을 뿐만 아니라, 그 사상을 현실화할 구조를 마련하는 데도 도움을 줬다. 보수주의자들의 시장자유주의 사상은 제2차 세계대전이 끝난 이후 오랫동안 여러 보수적 싱크탱크에서 발전되어온 것들이기에 이들은 잘 준비된 학문적 논리를 갖추고 있었고 또 자기들의 접근이 옳은 접근법이라는 확신을 가지고 있었다. 또 하나 절대 잊지 말아야 할 점은 이른바 신고전파라고 할 프리드리히 폰 하이에크(Friedrich von Hayek)와 밀턴 프리드먼(Milton Friedman) 등의 유명한 경제학자들이 중요한 역할을 했다는 점이다. 1970년대의 여러 대학들과 연구기관들에서 신고전파의 사고방식이 경제학에서 득세할 수 있었던 반면 좌파 측의 경제 자본들은 인플레이션 문제 때문에 어쩔 줄 몰라하고 있었다.

전후 수십 년간 지속된 자본주의 모델이 산산조각 난 것은 무슨 역사의 필연 따위가 아니라 여러 제도적 문제들이 또 여러 정치적 문제들과 겹치는 바람에 벌어진 일임을 깨닫는다면, 시장자유주의 프로젝트보다 훨씬 인간적이고 안정되어 있으며 사회적으로 받아들일 만한 잘 규제된 자본주의도 얼마든지 성공할 수 있다는 희망을 버릴 이유가 없게 된다.* 지난 몇십 년간의 지구적 변화를 생각할 때, 또 불길하게 떠오르고 있는 환경재앙에 맞서 행동을 취해야 한다는 새로운 도

---

* 이와 관련하여 장석준, 『신자유주의의 탄생: 왜 우리는 신자유주의를 막을 수 없었나』(책세상, GPE 총서)를 권한다. 이 책은 프랑스, 영국, 칠레 등의 사례를 통하여 1970년대와 1980년대에 등장한 신자유주의 체제가 사실상 복잡한 정치적 형세에서 '우발적으로' 생겨난 것들임을 잘 보여준다. (옮긴이)

전을 생각할 때에 우리는 1950년대와 1960년대에 있었던 경제체제로부터 무언가 배워 오는 것이 반드시 필요하다. 물론 그렇다고 해서 그 체제를 그대로 가져오는 것 따위는 꿈도 꾸지 말아야 한다.

하지만 새로운 경제체제를 건설할 개별적 요소들에 대한 논의로 옮겨 가기 전에 시장자유주의 혁명을 좀 더 자세히 논의할 필요가 있다. 시장자유주의가 내놓은 의제를 보자. 한편으로는 금융 부문, 노동시장, 기업 문화에 대한 깊숙한 개입 그리고 다른 한편으로는 그 전에 공공의 책임으로 여겨졌던 영역들을 사유화하는 것을 양대 축으로 삼는 일련의 구조조정을 아우르고 있다. 규제완화 그리고 금융시장의 역할 확대 등은 기업 경영의 개념들에 대한 변화와 깊게 결부되어 있다. 또한 개발도상국을 대상으로 하는 국제 금융시장에서 규제를 더욱 완화했을 뿐만 아니라 광범위한 자유무역체제를 창출하기도 하였다. 노동시장에서는 노동조합의 약화를 목적으로 규제완화 조치가 단행됐고, 이와 나란히 국유기업들이 사유화됐고 여기에는 공공서비스를 제공하던 회사들도 포함됐다. 마지막으로 복지국가에는 지극히 해로운 요소들이 있다는 주장이 유포되었고 그런 비난의 대상이 된 요소들을 해체하는 작업이 개시되었다. 이 의제는 단지 미국과 영국에서만 열성적으로 추진되는 것에 그치지 않았다. 사회민주주의 정권이 들어선 많은 다른 나라들 또한 이러한 의제를 현실에 실현하였다. 1950년대와 1960년대에는 심지어 보수주의 정권이라고 해도 사회민주주의적 경향을 띠었다. 이와 마찬가지로 1980년대 이후에는 대부분의 사회민주주의 정권들이 시장자유주의로 전환하였다. 1970년대의 근본적 변화의 결과로 등장한 세계화라는 독특한 프로젝트는 1980년대를 거치면서 가속화됐고, 이는 크게 보아 규제가 사라진 시장이라는 것에 기초를 두고 있었다. 이 과격한 시장 모델의 모든 측면을 다룰 수는 없겠으나, 이어지는 몇 장에서는 시장자유주의적 세계화의 가장 중요한 영역들을 선진국에서 나타난 전개 양상에 초점을 두어 다룰 것이다.

2
고삐 풀린
금융시장

시장자유주의적 세계화 프로젝트에서 중심을 차지하는 요소는 일국
적 차원에서나 국제적 차원에서나 금융시장의 규제를 완화한다는 것
이다. 1980년대 이후 금융시장은 다른 어떤 시장보다도 더 역동적으
로 발전해온 동시에 또 끊임없는 불안정성에 시달리기도 하였다. 얼
마 전까지는 이러한 금융시장의 불안정성에 따른 부작용이 주로 개발
도상국에서 불거졌고 이 나라들은 극심한 동시에 막대한 비용이 드는
통화위기와 금융위기로 타격을 받아야 했다. 그런데 1980년대 후반에
생겨났던 일본의 주식시장과 부동산시장의 거품이 터지고 그 뒤로 경
기침체가 나타나면서(이는 오늘날까지도 계속되고 있다) 금융시장의 변덕
스러운 불안정성은 선진산업국들에도 나타나게 되었다. 1990년대의
닷컴 버블이 문제를 일으켰을 때에는 비교적 잘 대처할 수 있었지만,
서브프라임 위기가 터지자 전 세계의 금융 중심지들이 1930년대에 비
견할 법한 체제위기에 빠져들었고 실물경제도 전 세계에 걸친 근본적
인 위기에 직면했다. 이러한 금융시장의 체제위기가 2007년에 시작된

서브프라임 위기를 뒤따라왔다는 것, 즉 전 세계 금융체제 차원에서 보자면 별로 대단치 않은 부분인 미국 내 부실한 민간 부동산금융에서 시작되었다는 것은 우연의 소치라고 할 수 있다. 하지만 금융체제를 둘러싼 문제들은 단지 부동산 차원에서 비롯된 것이 아니며 훨씬 더 깊은 뿌리를 가진 것이다. 최근 몇십 년간의 전개로 인해 금융체제는 점점 더 혼란에 감염되기 쉬운 것이 되었고, 그래서 이 카드로 지은 집이 무너지는 것은 사실상 시간문제였던 것이다.

'어쩌다가 금융체제가 이렇게 불안정해지도록 규제가 모두 풀려버렸단 말인가'라는 질문은 물론 더 많은 책략을 부릴 수 있는 더 많은 자유를 원했던 금융시장 행위자들이 정계에 엄청난 로비를 했다는 사실로 부분적으로는 설명할 수 있다. 하지만 대다수 경제학자들, 기업 경영자들, 정치가들, 저널리스트들, 규제 당국자들이 모조리 금융시장의 족쇄를 푸는 것이야말로 전 지구적으로 효율성과 성장을 증진시키는 길이라는 시장자유주의자들의 전망을 철석같이 신봉하지 않았더라면, 절대 이런 일이 벌어졌을 리 없다.

금융시장이 이렇게 오늘날의 논쟁에서 중요한 역할—비록 그 역할이 잘 보이지 않을 때가 종종 있지만—을 맡고 있으므로 우리는 논점을 분명하게 하기 위해 약간 과거로 돌아가야 하겠다. 우선 서브프라임 위기를 짧게 살펴보면서 이야기를 시작한다. 이것이 오늘날의 금융시장 개혁 움직임을 촉발한 사건이라는 이유도 있지만, 또 아주 많은 이들에게 잘 알려진 사건이므로 우리의 금융체제가 좀 더 근본적인 수준에서 무엇이 잘못되었는지를 보여줄 수 있는 좋은 준거점이 되기 때문이다. 그다음에는 이렇게 서브프라임 사태가 곪아터지도록 금융이 고삐가 풀려나게 된 데 중요한 이정표가 됐던 사건들과 그것의 조금 더 넓은 정치적 맥락을 살펴볼 것이다. 그다음에는 약간 더 기술적인 논의로 들어가서 먼저 '금융화'의 역학을 찬찬히 살펴보고, 이 금융화 때문에 금융체제의 일부라고 할 수도 없는 기업 경영자들까지 다른 모든 고려를 희생해서라도 단기적인 '주주가치'에 집중하도록 몰아가게 된 과정을 살펴보겠다. 이 장의 마지막 부분에서는 이보다 약간 더 추상적인 논의로 넘어가서, 금융자본주의가 지금까지 파죽지세로 승승장구해온 본질적 핵심에는 '합리성의 환상'이 있음을 다룰 것이다. 우리는 이 기술적 논의의 부분들을 가능한 한 쉽게 쓰려고 노력했지만, 어떤 부분들은 읽기에 좀 노력이 필요할 수 있다. 하지만 우리는 그러한 노력이 충분히 보상받을 것이라고 믿는다. 특히 지금 금융 규제를 놓고 진행되는 정치적 논쟁들을 이해하고자 한다면 또 우리의 일상생활에서 금융시장이 수행하는 역할을 이해하고자 한다면, 그래서 「파이낸셜타임스」나 「이코노미스트」, 「월스트리트저널」 등 전문가들의 직업적 세계로만 논의의 장이 집중되고 있는 여러 논쟁들에 대해 긍정이든 비판이든 좀 더 내실 있는 주장을 할 수 있으려면 더더욱 그러한 노력이 중요하다. 그러니 우선 서브프라임부터 이야기를 시작해보자.

서브프라임과 트리플 에이 위기

2007년에 미국에서 터진 서브프라임 위기는 금융시장의 체제위기로 확장돼갔으며 실물경제 차원에도 제2차 세계대전 이후 가장 심원한 위기를 몰고 왔다. 이 사건은 이전에 행해져왔던 금융시장의 규제완화와 연관해서만 이해가 가능하다.

미국에서의 부동산 가격은 1940년대부터 1990년대 중반까지 꼴목할 만한 안정성을 보여주었다.[*] 하지만 2003년 미국에서 경제의 상승이 벌어지면서 부동산시장 또한 크게 힘을 받아 값이 엄청나게 뛰었다. 한편으로는 주택 가격 상승으로 인해 주택 건설 붐이 나타났으며 다른 한편으로는 수많은 미국인들이 이 부동산 가격 상승의 물결을 타고서 더 많은 소비를 위한 자금을 얻으려고, 이미 주택담보대출로 구입한 자기들의 부동산을 다시 담보로 잡아 융자를 받는 행태를 보였다(이른바 자산증식저당대출mortgage equity withdrawal[**]). 2006년에 부동산 가격이 정점을 찍었고 그 시점 이후에는 큰 폭의 하락만을 계속했다(그림 2.1).

이 부동산 붐이 나타나기 전에는 부동산 가격이 제법 안정된 시기가 오랫동안 지속되었는데, 1930년대 경제공황 이후 루스벨트 대통령의 뉴딜이라는 틀에서 부동산시장을 재조직한 이후의 일이다.[***] 1938년 민간의 주택 건설 경기를 부양하기 위해서 미국의 연방저당권협회(Federal National Mortgage Association: 보통 패니메이Fannie Mae로 알려져 있다)가 설립되었다. 패니메이는 스스로 채권을 발행—보통 장기 채권—하여 자금을 조달하고 그 자금으로 여러 은행들이 행한 부동산 대출을 사들였다. 이러한 유동화는 주택시장을 부양하는 미국식 방법으로서, 이를 통해 부동산을 구입하려는 이들이 신용자금을 더 쉽게 얻을 수 있게 된다. 패니메이는 부동산 대출의 질과 양을 중앙에서 규제했고 이를 통해 부동산시장의 안정성에 기여했다. 예를 들어 은행

* Shiller 2008 참조.
** 대출로 집을 산 뒤 그 집의 시세가 아주 많이 오를 경우 그 차익을 근거로 돈을 융자받는 것이다. 이때 융자받을 수 있는 액수는 그 집의 시세에서 이미 묶여 있는 부채액을 뺀 것이 된다. (옮긴이)
*** Dodd 2007 참조.

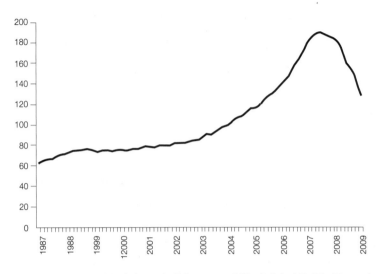

그림 2.1 미국의 부동산 가격 변화(2000년 1월을 100으로 잡았을 때 매년 1/4분기를 기준으로 나타냄. 2009년 4월까지의 데이터로 계산).

출처: S&P/Case-Shiller Home Price Indices (Composite-10 CSXR).

들은 오직 제1급의 부동산 대출(프라임 대출)만 패니메이에 되파는 것이 허용됐으며, 부도가 날 위험이 높은 부동산 대출(서브프라임 대출)은 그 역할이 대단치 않았다. 1960년대 말 패니메이가 사유화되었고 1970년대에는 패니메이가 시장을 독점하지 않도록 연방저당권기업(Federal National Mortgage Corporation: 프레디맥Freddie Mac이라고 부른다) 또한 설립되었다. 하지만 이 두 기관 모두가 엄격한 규제 당국의 감독 아래에 있었다. 1970년대에는 최초로 주택담보유동화증권(mortgage-backed securities)이 발행되었다. 이는 수많은 별개의 부동산 대출을 함께 묶어놓고서 그 각각의 현금 흐름을 기초로 하여 증권을 발행한 것이었다. 부동산뿐만 아니라 여러 다양한 자산을 유동화하는 자산유동화증권(asset-backed securities)이 있고, 주택담보증권은 그 한 범주이다. 처음에 이러한 종류의 증권들은 악평에 시달릴 소지는 없었으며, 유럽에 익히 알려져 있었던 주택담보채권(mortgage bonds)과 여러모로 닮은 것이었다.

그런데 2001~2002년의 경기후퇴 이후에는 상황이 근본적으로 변해버렸다. 2003년에는 거래된 주택담보유동화증권의 57.6퍼센트(520억 달러)가 프라임 대출이었고, 37.4퍼센트(340억 달러)가 서브프라임 대출이었으며 15.8퍼센트(140억 달러)가 그 중간의 소위 알트 A 대출이라고 불리는 것에 해당하였었다. 이와 대조적으로 2006년 전반기가 되면 프라임 대출로 발행된 주택담보유동화증권은 26퍼센트(672억 달러)에 불과하였고 44퍼센트(1,143억 달러)가 서브프라임 대출로서 또 나머지 30퍼센트(765억 달러)가 알트 A 대출이었다.[*]

서브프라임과 알트 A 신용 대출을 대량으로 판매하는 것이 가능해진 데는 소위 '폭포원리(waterfall principle)'라고 불리는 금융기술 혁신이 중심적 역할을 했다. 자산담보유동화증권과 부채담보부증권(CDO: collateralized debt obligations)은 여러 다른 트랑슈로 다시 나뉘며, 이는 보통 에퀴티 트랑슈, 메자닌 트랑슈, 시니어 트랑슈라는 이름으로 알려진 서열을 부여받는다. 만약 대출을 받은 이들이 부채를 갚을 수 없다면 처음에는 에퀴티 트랑슈만 영향을 받으며 모든 손실을 이것이 감당하게 된다. 그다음에는 메자닌 트랑슈이다. 시니어 트랑슈의 구매자들은 오직 에퀴티와 메자닌 모두가 손실로 완전히 소진된 뒤에야 타격을 받게 된다. 따라서 시니어 트랑슈는 설령 서브프라임 대출에서 만들어진 경우라고 해도 안전한 것으로 여겨졌으며, 따라서 신용평가기관들로부터 가장 높은 가치 평가를 받게 되었다('트리플

● Dodd 2007 참조.

A'). 그 결과 기관투자가들은 물론이고 심지어 보수적인 독일의 지역 은행들마저도 시니어 트랑슈 혹은 메자닌 트랑슈의 형태로 미국 서브 프라임 대출을 매입하는 것이 매력적인 사업 계획이 되었다. 에쿼티 트랑슈는 위험한 대신 수익률이 높았으므로 헤지펀드나 여타 공격적인 투기 투자가들이 구매하였다.

미국 부동산 거품이 꺼져가면서 부동산 대출 또한 점차 악성 부채가 되어갔다. 이러한 사태가 벌어지게 된 원인은 다른 모든 것들 이전에 부동산 금융의 경쟁 심화 때문이었으며, 이는 정상적인 은행 규제의 대상이 되지 않는 각종 주택담보대출 금융기관들이 우후죽순으로 생겨난 것에서 그 구체적인 모습을 확인할 수 있다. 이와 동시에 월스트리트의 투자 은행들은 주택담보대출유동화증권과 부채담보부증권을 구매함으로써 이 회사들에 대한 재융자를 보장해주었다. 앞에서 말한 독특한 위험관리모델과 회계원칙들 때문에 신용은 엄청난 크기로 풍선처럼 부풀어 올랐다. 이 자산 거품의 시기에 부동산 가격이 장기간 심지어 영원히 올라갈 것이라는 믿음이 지배적이었던 것도 중요한 역할을 했다. 여기에다가 초기의 이자율을 낮춰준다든가 상환의 시작 시점을 미루어 준다든가 하는 온갖 종류의 유인책들이 덧붙여지면서 미국의 가계들은 부동산 대출에 더욱 군침을 흘리며 달려들게 되었다. 자기 스스로의 자본과 담보는 전혀 요구되지 않았다. 집을 사는 이에게 부동산 대출을 해준 최초의 금융기관들도 자신들이 해준 대출들을 다른 기관에 팔아버리는 데 아무런 문제가 없었으므로 과연 자기들이 해준 대출의 질에 대해서는 아무런 관심도 기울이지 않는 등 도덕적 해이의 문제가 분명히 존재했다.

2007년 여름 서브프라임 위기가 미국을 강타했다. 그보다 약 1년 전에 부동산 가격은 이미 상승을 멈추었다. 부동산 거품의 종말을 촉발했던 것은 미국에서의 이자율 상승 그리고 미래의 부동산 가격에 대한 전망의 변화였다. 연방준비위원회는 재화시장에서의 인플레이션을 두려워하여 이자율을 인상하였으며, 부동산 가격에 대한 전망이 변화했던 것은 무엇보다도 건설 호황으로 인해 부동산 공급이 늘어났기 때문이었다. 마침내 신용평가기관들이 주택담보대출유동화증권의 가치를 하향 조정하게 되자 시장의 많은 이들이 놀라게 되었고 위기가 속출했다. 이러한 하향 조정의 직접적인 결과는 특수목적회사들 (SPV: special-purpose vehicle)이 자금을 새로 융통할 수가 없게 되었다는 것이다. 헤지펀드와 같은 기관투자가들과 공격적 투자가들은 특수목적회사들이 발행한 무담보 단기채권뿐만 아니라 주택담보대출유동화증권 그리고 부동산 대출을 구성 요소로 포함하고 있는 각종 유동화증권들을 사들이기를 중지했다. 이로 인해 발생한 최초의 충격은 실로 모질고 잔인한 것이었다. 은행들은 자기들이 세웠던 바로 그 특수목적회사들을 인수해야 하는 사태가 벌어졌고, 이로 인해 그 은행들은 유동성 문제뿐만 아니라 지불 능력 문제에까지 빠져들게 되었다. 이 지점에서 특수목적회사들이 자기자본을 갖지 않는다는 사실이 무서운 결과를 낳고 만 것이며, 이로 인해 종종 극단적인 만기전환 (maturity transformation)을 부추기기도 했다. 이러한 요인들이 서로 결합되면서 특수목적회사들을 세웠던 여러 금융기관들은 급작스레 상당한 압력에 시달리게 되었다.

문제는 투명성이었다. 어느 특수목적회사를 어느 은행이 도와주어야 하는지 그리고 위험도가 높은 증권 어떤 것들을 어떤 은행들이 가지고 있는지에 대해 전혀 정보가 없는 상황이다 보니 은행 사이의 화폐시장 또한 무너지지 않을 수 없었다. 전 세계 각국의 중앙은행들은 엄청난 양의 자원을 들여 금융체제의 유동성을 보장하는 데 전력을 기울이지 않을 수 없었다. 위기가 계속되자 화폐시장은 다시 활력을 찾는 일이 거의 불가능했다. 은행들 간에 신뢰 상실이 너무나 컸기 때문이다. 하지만 신뢰가 사라진 곳은 그곳만이 아니었다. 그림자은행 체제하의 투자은행들 및 여타 기관들 사이의 신뢰 또한 무너졌다.

그리하여 이제 위기는 교과서에 나오는 방식 그대로 진행되기 시작했다. 미국에서 부동산 대출에서 직접적으로 손실로 결손처리된 액수는 5,000억 달러에서 6,000억 달러 사이라고 IMF는 추산하였다.* 실로 대단한 액수의 손실이 발생한 것이긴 하지만, 이 정도 액수만으로 지구적 차원의 금융 및 경제 위기가 벌어졌다고 볼 수는 없다. 서브프라임 위기를 확장시킨 결정적인 요소는 그 안에서 작동했던 바, 부정적인 사태가 계속 더 확장되는 악순환의 되먹임(feedback) 메커니즘이었다. 금융기관들은 자기들이 만든 특수목적회사들을 지원하려고 기를 쓰는 가운데 자원이 고갈됐고, 이로 인해 자기자본의 결핍 상태가 오면서 타격을 받게 되었다. 이를테면 이들의 자기자본비율이 낮아지자 그 결과 상업은행들은 더 이상 법적으로 지정된 자기자본 준비금 수준을 지킬 수가 없게 되었고 이에 따라 대출을 억제할 수밖에 없었다. 은행시스템 전체가 지금까지 외부 자본 조달을 피하기 위하여 특수목적회사에 의존해왔던 것이 파멸을 가져온 것으로 판명된 것이다. 부동산 가격은 하락했고, 이에 따라 주택담보대출유동화증권과 부채

* IMF 2008 참조. 1980년대 미국의 '저축은행(Savings & Loans)' 위기도 부동산 위기였으며 여러 비슷한 점들을 가지고 있다(Hellwig 2008: 3ff). 하지만 그때의 위기가 가져온 부정적 충격들은 억제가 가능한 것으로 밝혀졌다.

담보부증권 및 여타 유동화 자산들은 상당한 디스카운트를 받아들여야만 했다. 부정적인 전망이 주식시장으로도 전달되었고 이에 따라 주식 가격도 폭락하기 시작하였다. 자산가격의 하락은 무엇보다도 금융기관들의 자산 크기를 축소시켰다. 그 전에 이미 대출의 채무불이행 사태에다가 또 특수목적회사를 지원해야 하는 상황까지 겹쳐 가뜩이나 큰 타격을 받았던 금융기관들은 이로 인해 더욱 힘든 상황에 봉착했다. 유동성이 떨어져 허덕이게 된 금융기관들은 유동성이 큰 자산을 얻기 위해서 가지고 있던 자산을 헐값에 매물로 내놓을 수밖에 없었으며, 이로 인해 자산가격은 더욱더 곤두박질했다. 사적으로 돈을 빌렸던 개인들과 큰 부채를 지고 있었던 기업들 또한 이와 비슷한 행동을 취할 수밖에 없었다. 그 결과는 자산시장 디플레이션의 전개로서, 이는 그 내부에 스스로를 계속 강화해나가는 강력한 동력을 지닌 현상이었다(다음의 고전적 논문을 참조하라. Fisher 1933).

이러한 과정이 펼쳐지게 된 배경을 주목할 필요가 있다. 이미 그 전부터 제도적 조건은 지극히 불리한 방향으로 발전해 왔으며, 시스템 차원의 위기가 발생하자 이를 더욱 격렬한 위기로 만들고 있었다. 우선 금융시스템은 무조건 높은 자본 수익률을 추구하면서 위험스러운 전략들을 추구하는 가운데 제멋대로 방만해져 자기자본비율을 마구 낮춰버렸고 특히 법적 강제가 없는 완충자본(capital buffer)을 줄여버렸다. 그 결과 조그만 충격만 와도 엄청난 결과를 초래할 수 있게 되었다. 여기에 소위 공정가치회계(fair-value accounting)라는 이름의 시가회계가 또 한몫을 했다. 금융기관들의 자기자본이 이미 많이 줄어든 데다가(듬뿍 퍼준 주식배당이 한몫했다) 그러한 회계 관행에서 사용하는 여러 위험관리모델들이 이제 자산가격이 하락세로 돌아서게 되자 지독한 악재로 변하면서 가뜩이나 나쁜 상황을 더 크게 악화시킨 것이다. 마지막으로 그림자은행체제 때문에 금융시장에는 투명성이 완전히 상황이 벌어졌고, 그 결과 모든 시장 행위자들이 다른 행위자들에 대한 신뢰라는 것이 한순간에 증발해버리게 된 것이다.

자산시장 디플레이션이 벌어지게 되면 이것이 엄청난 규모의 지불 능력 자체의 문제로까지 이어지는 것은 그저 시간문제였다. 위기가 터진 지 1년이 지나자 수많은 금융기관들이 심각한 지불 능력 문제를 안게 되는 상황이 벌어졌고, 이 문제가 터져 나오는 것을 막으려면 또 엄청난 규모의 국가 보증 말고는 해답이 없는 상황이 벌어졌다. 개별 기관들의 국유화도 배제할 수 없었다.

얻을 수 있는 자본은 없고 미래에 대한 전망은 어두워지자 은행시스템은 신용확장을 억제했다. 엄격한 신용 배급이 나타나게 되었고, 이것이 금융위기가 실물경제로 넘쳐오게 된 이유 중 하나이다. 하지만 2008년의 경기후퇴를 낳은 요인들은 다른 것들도 있다. 이를테면 자산가격이 하락하면서 부정적인 자산효과(asset effect)가 나타나 그 직접적인 결과로 소비수요가 줄어들었고 기업 및 가계 경제의 대출 기회도 줄어들었다. 실물경제에서도 위기가 증폭되기 시작하자 그 여파로 기업 부문에는 실업과 여러 문제들이 나타났으며 이것이 다시 더 신용 부도 사태를 심화시킨 데다가 여기에 더하여 미래에 대한 비관적 전망이 단단히 자리 잡는 상황이 겹쳐지면서 실물경제의 위기는 더욱더 격화되었다.

다음 절에서는 우리가 '금융자본주의의 전반적 붕괴점'이라고 부르고자 하는 것을 설명할 텐데, 이 위기를 그 맥락에서 살펴보고자 한다. 서브프라임의 경우에서 잘못된 문제점들을 시스템 차원에서 파악해

보려면 이러한 과정이 꼭 필요하다. 이를 위해서 우리는 오늘날의 금융시장을 떠받치고 있는 역동성으로부터 조금씩 문제를 추상화하여 금융 역사의 좀 더 먼 과거로까지 시선을 돌려야 한다.

금융자본주의의
붕괴점들

마거릿 대처와 로널드 레이건이 권력을 잡자마자 영국과 미국의 금융시장은 규제완화가 시작되었다. '금융화(financialisation)' 라 불리는 모종의 과정이 그 뒤를 따라 시작되었다. 금융시장이 경제에서 맡는 역할이 더 커졌고, 금융시장에서 일하는 기관들과 사람들의 권력이 더욱 커졌고, 사회의 모든 영역에서 금융시장이 내거는 여러 목적들이 중요성이 커졌으며, 주요 선진국들—그리고 개발도상국들도 일정 정도 참여하였다—의 각국 내 금융시장들은 더욱 결속을 강화했다. 1980년대 이후 금융시장의 고삐를 풀어주는 작업에 가속도가 붙으면서 금융체제 전체의 가격 등락에 대한 취약성이 높아졌고 또 체제 차원의 위험 또한 더욱 심화되었다. 그 가장 중요한 경향 몇 가지를 여기에서 언급해두고자 한다.

무엇보다도, 금융체제 내 상이한 분야들이 국제 수준에서나 일국 수준에서나 통합되었다. 전후(戰後) 시기만 해도, 대부분의 나라에서 세계 부동산시장은 금융체제 내에 별개의 부문을 형성하여 금융체제 내 다른 부분들과 거의 무관하거나 관계가 있더라도 엄격히 규제되었다. 1980년대 이전에는 부동산 대출이 몇몇 특수 기관들에 국한돼 있었고 이 기관들끼리는 경쟁이 거의 없었다. 부동산 대출의 규모 또한 제한되어 있었고 또 그 상환 기간에 대해서도 규칙이 서 있는 것이 전형적인 모습이었다. 1980년대 초 금융시장의 규제완화가 시작되면서 이런 양상은 크게 변하였다. 첫째, 새로운 대출기관들이 시장에 몰려들어오면서 경쟁이 격화되었다. 전통적인 은행체제 바깥에 있던 금융기관들은, 1980년대 말부터 2005년까지 미국, 캐나다, 오스트레일리아에서 보듯, 민간 가계 대출 전체에서 차지하는 시장 점유율을 두 배로 늘릴 수 있었다. 둘째, 이자율에 제한을 두었던 나라들이 이자율 통제를 철폐하였다. 마지막으로, 부동산 대출을 위한 금융시장 자체가 비약적으로 발전해, 부동산 대출을 해준 뒤 이를 매각해 다른 이들에게 떠넘기는 것이 가능해졌다. 이는 여러 결과를 초래했는데, 무엇보다도 부동산시장과 전국 금융시장, 심지어 국제 금융시장까지 서로서로 긴밀히 연계되는 결과를 낳았다. 이제 전 세계의 투자자들이 유통시장에서 여러 부동산 대출을 매입할 수 있게 되었으니까 말이다. 독일, 프랑스, 이탈리아는 비교적 부동산 금융의 변화가 크지 않았기에 예외가 된다.[*] 하지만 주식시장 및 기타 자산시장들도 점차 전 지구 차원에서 연계되기 시작하였다. 투자은행들에서 부유한 개인들에 이르기까지 국제투자가들은 이제 국제적 차원의 포트폴리오를 보유하게 되었다. 경계를 넘나드는 자본의 운동과 이와 연동된 국가 간 고액 대출은 엄청난 규모로 증가하였다.

둘째, 금융시장의 족쇄가 풀리면서 이른바 유동화(securitization) 활동이 폭발적으로 늘어났으며 무수한 금융혁신을 가능하게 하였으니, 그 생산물들이 서브프라임 위기에 부분적으로 원인을 제공했다. 채무

---

[*] Cardarelli, Igan and Rebucci 2008 참조.

의 유동화는 부채의 거래 과정을 단순화하는 것으로서 원리상으로 보자면 환영할 만하다. 유동화라는 관행은 아주 오래된 것으로서, 환어음과 같은 상업어음을 예로 들 수 있다. 그렇지만 지난 몇십 년간의 유동화 물결은 그 여파로 부정적인 방향으로 벌어진 일련의 상황 전개를 가져왔다. 은행시스템은 본래 장기적으로 '매입보유(buy and hold)'의 사업모델을 가지고 있었고, 이 모델에서는 처음에 대출을 행한 쪽이 계속해서 그 채권을 보유했다. 하지만 이제는 그 대신 훨씬 더 단기 지향의 '매입 후 매각(buy and sell)' 모델이 들어섰고, 발행한 대출은 매각으로 남에게 떠넘겨지게 되었다. 많은 나라에서 은행들은 이제 자신들이 행한 대출의 작은 일부만을 스스로 보유하게 되었다. 그 결과 그렇게 이루어진 대출의 최종 소유자는 그 대출에서 발생한 청구권이 얼마나 신용할 만한 것인지 아무 지식도 없는 상태가 되는 한편, 최초로 그 대출을 행한 자는 채무자들이 얼마나 신용할 만한 이들인가에 아무 관심도 갖지 않게 되었다. 혹여 보유한 것이 여러 유동화증권을 복합적으로 섞은 것이라면 기껏 할 수 있는 일이라고는 그것에 등급을 매긴 신용평가기관에 의존하는 것뿐이지만, 이 신용평가기관들도 실제로 대출을 받을 이들이 어떤 이들이며 재무 상태가 어떤지에 대해 정보가 없기는 매한가지다. 이런 정보 결핍의 문제로부터 심각한 수준의 도덕적 위험(moral hazard)이라는 문제가 발생하게 된다.

유동화에 따르는 더 큰 문제점은 개인들의 유동성이 증가한다는 것이다. 장기 대출마저도 언제든 시장에서 다른 이에게 매각하여 떠넘기는 것이 가능하기 때문이다. 만약 신용시장의 여러 부채들을 유동화하는 와중에 장기적인 신용 청구권을 위한 자금을 단기 대출로 융통했다면 개인들의 유동성은 더욱 크게 증가한다. 과거 몇십 년간 나타났던 유동화의 여러 경향들은 결국 금융기관, 기업, 부유한 가계 들이 너나없이 모두 엄청난 양의 유가증권을 축적하는 양태로 귀결되었다. 이 유가증권들은 언제든 유통시장에서 팔아버릴 수 있기 때문이다. 이는 경제행위자들로 하여금 자신들이 다량의 유동성을 보유하고 있다고 생각하게 만들었다. 하지만 이러한 상황은 대단히 위험한 것이다. 개인이 아니라 전체 경제의 관점에서 보자면 유동화가 유동성의 증가로 이어지는 것은 아니다. 일례로 유동화된 채무를 보유하고 있는 이들이 일제히 유동화증권을 매각하려 들 경우, 그 증권들의 가치는 급락할 것이며 유동화된 청구권은 더는 가치의 저장 수단으로서 기능할 수 없게 된다. 서브프라임 위기 동안에 판명된 바, 각국 중앙은행들은 국가 경제 전체의 유동성을 유지하기 위해서 수십억 달러를 금융시장에다가 펌프질하듯 투입해야만 했다.

셋째, 유동화로 인해 신용평가기관들의 중요성이 크게 늘어났다. 직접적인 정보가 부재한 상태에서 유동화증권의 구매자들은 각 증권에 대한 전문가들의 평가에 의존할 수밖에 없기 때문이다. 더 나아가 자체적인 위험관리모델을 갖지 못한 은행들은 은행 채무자들의 신용도를 평가를 신용평가기관에 위탁했다. 소위 바젤 II라고 불리는 협약에서 정한 자본 확충의 조항들은 이러한 권력 구도를 더욱 강화시켰다. 내부적인 위험관리모델이 없는 은행들은 얼마만큼 자본을 확충하고 있어야 하는가를 신용평가기관들의 판단에 따라 결정하게 되어 있기 때문이다. 그 결과, 신용평가기관들은 너무나 강력해져서 채무자들의 대출 한도는 물론 투자가들이 전 세계에 걸쳐 구성하는 포트폴리오에도 영향을 끼치게 되었다. 실질적으로 이 기관들은 법적인 진공상태에서 작동하며 국가의 감독도 전혀 받지 않는다. 전 세계적으로 영향력 있는 신용평가기관은 소수에 불과해 과점 상태에 있다. 다시 말해, 스탠더드앤드푸어스, 무디스, 피치 세 군데가 세계시장을 자기들끼리 나누어 먹고 있다. 심지어 이 신용평가기관들이 종종 자신들에게 자문을 의뢰한 회사의 재무 상태, 신용도, 제품 등을 평가해 등급을 매겨야 하는 경우마저 허다하다.

네 번째, 전통적인 상업은행체제의 중요성이 줄어들었다. 그 전에는 전통적인 은행의 영역이었던 활동들이 갈수록 더 많이 투자은행, 보험회사들, 각종 펀드로 넘어갔다. 이 직접적인 결과로, 그 어느 때보다도 금융시장의 많은 부분이 비교적 엄격한 규제를 받는 상업은행들로부터 규제가 덜한, 혹은 아예 없는 영역들로 넘어갔다. 그 결과, 이윤을 극대화하기 위해 규제를 회피를 노리는 말 그대로 밑바닥으로 치닫는 경쟁이 시작되었다. 은행들은 부동산 대출을 유동화해 이를 자기자본을 아예 갖지 않는 특수목적회사들로 이전하였다. 이 특수목적회사들이라고 불리는 것들은 은행이나 여타 금융기관들이 설립한 법적 실체들이다. 이들은 은행들로부터 장기의 청구권들을 구입하여 이를 패키지로 묶어 특수한 단기 금융상품들을 제조한 뒤 이 상품들을 다른 이들에게 판매하여 떠넘기고 그 대금으로 자금을 융자하는 조직이다. 종종 금융기관들은 자기들이 세운 특수목적회사들에 지급 책임을 져야 했기 때문에, 그렇게 대출 패키징을 통한 자금 조달이 지속적으로 이루어지지 못할 경우에는 특수목적회사들에 신용 대출을 주었다. 이러한 특수목적회사의 특이한 구조 때문에 상업은행 체제에 부과되는 자본 충족 요건들을 교묘하게 대규모로 따돌리는 일이 가능해졌다. 역외 금융중심지들도 비슷한 방식으로 기능하였다. 이런 곳들에서는 은행 규제도 더 느슨했을 뿐 아니라 조세 회피와 돈세탁의 여지도 있었기 때문에, 엄청난 양의 금융자산들이 규제가 보다 엄격한 금융 부문들에서 새어 나와 이런 곳들로 빨려들어 가게 됐다. 이런 식으로 발달했던 그림자은행 체제는 그 규제의 수준만 낮은 것이 아니라 투명성과 자본 충족 요건도 낮았으며, 마치 금융 영역 속 '평행 우주(parallel world)' 같은 곳이었다.

금융체제에 근본적인 체제위기(systemic risk)가 계속 증가한 데는 여러 가지 이유가 있다.* 첫째, 그림자은행 체제의 여러 제도들은 규제가 덜한 한편 위험에 대한 지향성이 높다. 헤지펀드, 투자은행, 그 밖의 여러 공격적 투자가들은 전통적인 은행들보다 더 큰 위험부담을 지는 기관들이다. 또 이 기간 동안 소규모 투자자들이 중요성도 커졌고 특히 투기에 몰두하는 경향을 보인바, 이들의 많은 부분에도 이는 똑같이 적용되는 이야기였다. 그 전에는 사람들 대부분은 주식이나 환율에 아무런 관심이 없었었다. 오늘날은 완전히 달라졌다. 거의 모든 신문, 금융 관련 케이블 채널, 금융전문지가 주식시장의 최신 동향들을 우리 면전에 끊임없이 들이밀고 있으며, 거기에 금융전문가 떼거리까지 가세하고 있다. 둘째, 또한 전통적인 은행체제에서도 체제위기의 위협이 커졌다. 비교적 규제를 많이 받는 상업은행들도 이 그림자은행 체제와 긴밀하게 하나로 엮여 있었기 때문이다. 상업은행들은 자본 충족 요건을 회피하기 위해 특수목적회사들을 세웠으며, 그렇기 때문에 서브프라임 위기가 터지자 상업은행들 또한 자기들의 특수목적회사들을 구하기 위해 금융적으로 개입하지 않을 수 없었다.

* Rajan 2005 참조.

셋째, 은행들은 수익에만 혈안이 되어 움직였다. 이를 잘 보여주는 예가 있다. 자기자본수익률(ROCE)은 25퍼센트를 표준으로 해야 하며, 이것이 시장이 기대하는 바이기 때문이라는 도이체방크의 선언이다. 사실상 그림자은행 체제에서는 종종 수익에 대한 기대가 그보다 훨씬 더 컸다. 특히 금리가 낮은 시기에는 투자자들은 더 위험한 투자를 해서라도 자기들의 현금 흐름을 안정화하고자 하기 때문에 더 기꺼이 위험 부담을 감수할 용의가 있었다. 그림자은행 체제가 등장하고 '수익 광란'에 불이 붙으면서 금융체제의 자기자본 상태는 크게 악화되었고 그와 동시에 많은 기관들은 신용 레버리지를 증가시켰다. 넷째, 국제적 자본이동은 자유화되고 일국적 금융시장은 규제가 완화되면서 금융체제 내부의 경쟁 압력이 극적으로 증가하였다. 그때까지는 많은 나라에서 금융시장이 과점적 구조로 지배되고 있었으며, 이는 금융체제 내부에서 행위자들이 경쟁 과열로 지나치게 위험을 추구하여 불안정성이 증가하는 것을 억제하는 역할을 했다. 이러한 금융시장 안정성에 대한 지원이 상실된 것이다. 만약 금융시장의 감독 당국 쪽에서 규제를 강화했더라면 이러한 추이를 막을 수 있었을 테지만, 규제의 강도는 감소했을 뿐 증가하지는 않았다. 다섯 번째 측면은, 바젤 II라는 은행감독시스템 그리고 공정가치회계의 새로운 역할을 통하여 은행들을 규제하게 되면서 그 결과로 금융시장의 기능과 동학이 경기순환의 방향과 일치하게 되었다는 점이다.

마지막으로, 세계금융체제와 통화의 추이를 고려하지 않으면 한 나라의 금융체제도 이해할 수가 없다. 국제 금융시장에 족쇄가 풀리면서 국제적 자본이동은 거대한 규모로 증가했고, 1970년대에 시작된 이 흐름은 2007년 서브프라임 위기가 터졌을 때에도 그 역동성을 조금도 잃지 않았다.

브레튼우즈 체제가 붕괴한 후 전 세계의 여러 주요 통화 사이의 환율은 각종 자산시장의 논리에 따라 지배되었다. 환율의 변화는 자본흐름이 결정하였고, 자본흐름은 다시 사람들의 기대와 예측이 결정하는 것이었다. 그런데 이 기대와 예측이라는 것은 무슨 안정적인 기축 따위가 있는 게 아니기 때문에 변동환율 체제하의 환율이라는 것은 아주 급격한 등락을 피할 길이 없다. 경제에는 다양한 기초여건들이 있지만, 그중 어떤 것으로도 중기적인 환율 변화가 종종 엄청나게 큰 폭으로 등락을 거듭하는 것을 설명할 수는 없다. 예를 들어 미국 달러와 유로(예전에는 독일 마르크) 사이의 환율 변화는 거의 주식시장의 등락과 흡사할 지경이다. 세계통화체제는 세계경제에 충격을 가하는 메커니즘이 되고 말았으며, 이로 인해 불확실성의 수위가 엄청나게 상승했고, 결국 자원이 엄청난 규모로 잘못 분배되는 사태가 발생했음은 물론이고 물가수준에도 충격을 가하고 말았다.

하지만 무게중심을 잃어버린 것은 전 세계의 금융 중심지들 간의 자본흐름만이 아니었다. 서방의 선진산업국들과 그 밖의 주변부 나라들 사이의 자본흐름 또한 엄청난 불안정성을 띠게 되었다. 큰 흐름의 자본유입이 주변부 나라들로 일정 기간 계속되다가 급작스럽게 자본이 빠져나가는 것이 전형적인 현상이었다. 이는 종종 '거품−붕괴 주기(boom and bust cycles)'[*]라고 불린다. 거품이 생겨나는 시기에는 주변부 국가들로 자본이 유입되며, 이로 인해 그 주변부 국가들에는 경상수지 적자가 발생하고 또 대외 채무가 쌓이게 되는데, 이 대외 채무는

● Williamson 2005 참조.

이 나라들의 통화가 보통 '질이 낮다'고 여겨지는 탓에 외국 통화로 표시될 수밖에 없다. 그러다가 어떤 종류의 대내적·대외적 이유로든 자본유입이 갑자기 자본유출 흐름으로 뒤바뀌면서 통화위기는 물론 국내 금융시장의 위기까지 동시에 일으키는 것이 전형적인 현상이다. 자본이 빠져나가면 그 나라 자산시장에 가격 하락이 나타날 뿐만 아니라 그 나라 통화의 가치 또한 떨어지게 되며, 그 결과 실질 대외 채무가 증가하게 되기 때문이다.

브레튼우즈 체제가 붕괴한 이후로 세 차례 주요한 거품 발생과 붕괴 주기들이 있었다. 1970년대에 개발도상국들에 첫 번째 자본유입 흐름이 시작되었으니 당시에는 주로 라틴아메리카로 향하였다. 아시아 국가들 대부분은 아직까지 자본이동을 자유화하지 않은 상태였기 때문이다. 그리고 공산권 국가들도 세계시장으로부터 고립되어 있었고 아프리카는 정치경제적 상황 때문에 민간자본의 유입은 사실상 전혀 없었다. 그런데 1970년대 말이 되자 미국의 고금리 정책, 로널드 레이건 집권 이후 미국 달러에 대한 신뢰 하락, 부채를 진 개발도상국들의 수출 이익 감소 등의 원인으로 이 라틴아메리카 국가들로부터 자본이 빠져나오기 시작하였다. 멕시코는 1982년에 지불 불능 상태에 빠졌으며, 이어서 거의 모든 라틴아메리카 국가들이 그 뒤를 잇게 되었다. 독일 출신의 미국 경제학자 돈부시는 1970년대의 호황기 이후 라틴아메리카의 10년을 '잃어버린 10년'이라고 부른다(Dornbusch 1990).

1990년대 초가 되자 개발도상국을 향한 두 번째 자본유입의 물결이 나타났으며, 이번에는 공산주의에서 자본주의로 이행하는 동유럽 국가들까지 이 물결에 포함되기 시작했다. 이 거품은 1994년 멕시코 위기의 짧은 기간을 빼고는 계속되었지만, 결국 1997년 아시아와 함께 거품 붕괴 국면으로 접어들었다. 그 뒤로는 굵직한 것만 들어보아도, 1998년의 러시아 위기, 2001년 아르헨티나 위기와 터키 위기 등이 잇따르게 된다. 현재까지 가장 큰 거품 호황은 2003년에 시작된 것으로서 이는 2007년의 서브프라임 위기가 터지면서 종말을 고한다. 2007년 이후 거품 붕괴 국면이 시작되면서 이미 수많은 나라들이 줄줄이 통화 위기에 빠져들고 말았다(발트해 국가들, 우크라이나, 헝가리, 파키스탄, 아이슬란드 등). 러시아, 남아프리카, 터키, 베트남 등도 2007년 이후 통화위기의 심각한 위험에 직면한 나라들에 들어간다. 이렇게 국제 자본흐름이 심한 휘발성을 띠며, 그 결과 개발도상국 및 신흥시장국들이 심한 충격을 받게 되는 점을 생각해보면, 자본이동을 자유화한 나라들의 경제성장률이 국제적 자본이동을 규제하는 나라들의 경제성장률보다 나을 것이 없다는 점은 별로 놀라운 일도 아니다.[*]

주주자본주의의
잘못된 논리

제2차 세계대전 이후의 몇십 년간은 이해관계자 자본주의(stakeholder capitalism)가 지배적 형태였다. 이는 주주들, 경영자들, 직원들을 대표하는 노동조합, 채권자들, 협력업체들, 소비자들, 지방자치체들 등 다양한 이해집단들 사이에 하나의 타협을 추구하는 형태였다. 하지만 이는 주주가치 자본주의(shareholder-value capitalism)로 대체됐으며, 기업지배구조는 근본적으로 변화했다.

● Rodrik 1998; Stiglitz 2004 참조.

미국에서 그리고 유럽연합에서도 자본 및 금융 시장의 역할은 기업 금융과 자산 관리뿐만 아니라 사회보험 부문에서도 의도적으로 강화되었다. 그것의 핵심적인 착상은 '주주자본주의'라는 것으로서, 기업들과 은행들이 자신들의 주식 가치를 행동의 중심에 놓는다는 것을 뜻한다. 이는 회사 형태, 시장 행태, 투자 행태 등에 걸쳐서 전 방위적으로 중요한 결과를 가져온다. 주주가치는 특히 앵글로 · 색슨 식의 경영 개념으로서 래퍼포트가 『주주가치의 창출: 사업 실적의 새로운 기준Creating Shareholder-Value: The New Standard for Business Performance』에서 만든 말이다(Rappaport 1986). 이 개념은 1980년대 미국에서 '인수 · 합병' 붐이 지속되는 기간에 적대적 기업인수로부터 자기 회사를 보호해야 할 필요로부터 생겨난 것으로, 회사의 시가총액을 증대시키고 경영을 오로지 주주들의 이익에만 복무하도록 종속시키는 것을 방법으로 택하고 있다. 이는 주주들의 투자에 대해 평균 이상의 수익을 제공해야 하는 사업 경영의 틀이다. 경영진은 오로지 주주들에게만 책임이 있다는 것인데 이는 곧 그 회사의 주가를 같은 부문 경쟁사들의 주가와 비교하는 것을 경영 성패의 척도로 삼는다는 것을 뜻한다. 이러한 목적에 가장 부합하는 인센티브 구조로서 경영진은 보수의 일부로 스톡옵션과 이윤에 기초한 보너스를 지급받게 된다. 주주가치 자본주의는 경영자들을 대단히 부자로 만들어 주었으며 동시에 이들을 기업 가치를 올리라는 끊임없는 압박 상태로 몰아넣었다. 높은 수익을 내야 한다는 압박에 시달리기는 기관투자가들도 마찬가지로, 이들은 경영자들을 면밀히 감시하면서 심지어 이들에게 벌을 내리기도 했으며 이 흐름에 숫자가 폭증한 금융시장 분석가들과 금융 저널리스트들도 합류하였다.

금융시장과 그 행위자들은 합리성과 객관성을 가지고 움직이기 때문에 이들이야말로 여러 기업들의 가치를 가장 현실적으로 평가할 수가 있으며, 따라서 시장 메커니즘을 통해 한 기업의 '공정가치'를 산출해내는 과업을 확실하게 보장한다는 믿음이 널리 퍼져 있었다. 금융시장 메커니즘에 대한 비판과 그 메커니즘에 '비합리적 과열(irrational exuberance)'로 치닫는 경향이 본질적으로 내재한다는 여러 비판들은 모두 시대에 뒤떨어진 옛날 경제학으로 치부돼 무시되었다.[*]

주주가치라는 틀에서 보면 금융기관들이나 제조업 기업들이나 점점 더 주식 가격이나 단기 수익률과 같은 형태의 금융시장 수치들을 중요시할 수밖에 없다. 금융체제의 역동성과 그 중요성이 성장하면서 기업 부문도 특히 회사 경영과 관련하여 구조적 영향을 입게 된다. 은행들이 전통적인 '단골 은행'의 역할에서 물러나 투자은행업으로 돌아서게 되자 유럽 대륙 국가들의 금융체제 또한 금융시장이 중심적 기능을 맡는 앵글로·색슨 모델로 수렴하고 있었다. 회사들은 끊임없이 주식시장에서 이뤄지는 평가를 걱정해야 하는 상황이었으므로, 주요한 산업 대기업들도 자기들의 전략적 지향을 재검토하지 않을 수 없는 상황에 몰렸다.

주주가치를 우선하는 전략을 취하면 회사들이 더욱 이윤을 추구하게 되므로 사회 전체의 후생에 긍정적인 효과가 나타난다는 것이 효율성 이론의 주장이다. 하지만 실제로 돌아온 결과들을 살펴보면 이렇게 금융시장의 지표들에만 일방적으로 집중하는 것이 얼마나 근본적인 실패를 가져왔는지 여실히 드러난다. 주주가치라는 원리의 발전

● Shiller 2008a 참조.

은 또 노동조건에 있어서도 탄력성을 더욱 심화하는 방향으로 극적인 효과를 가져왔으며, 기업 조직의 특정한 기능들—회계에서 청소까지—을 다른 회사들로 아웃소싱 해버리거나 새로운 회사를 설립하게 만들었다. 이렇게 전통적으로 단일한 기업 내부에서 수행됐던 기능들을 따로따로 넘겨받은 회사들은 경쟁력을 유지하기 위해서 자기들 직원에게 저임금과 불안정한 노동조건을 강요하는 것 말고는 다른 기반을 찾을 수가 없었다.

기업지배구조에 대한 어느 경험적 연구의 대단히 흥미로운 결과에 따르면, 주주가치 모델에 맞춰 몇몇 금융 지표들에만 초점을 둘 경우 기업 경제 혁신에 부정적 효과가 나타나게 된다는 것이 증명되었다.[*] 이윤 추구의 수단으로 인수·합병을 포함한 단기적 전략들이 쓰이는 고로 주주가치 모델은 '투자 없는 이윤' 모델이라고 특징지을 수 있다. 따라서 주주가치 모델은 저투자와 저성장으로 이어지는 한편 경제의 금융적 구조에는 상당한 체제위기로 이어질 수 있다. 심지어 알프레드 래퍼포트 본인조차도 현대 경영의 단기적 지향성이 실물경제에 가져온 무서운 결과를 들어 그것을 질책한 바 있다(Rappaport 2005). 심지어 주주가치 원리 때문에 경영진이 정말로 주주들의 통제 하에 들어갔는지조차도 의심스럽다. 오히려 경영진은 주주들을 희생시켜 스스로를 부자로 만들 수 있었던 것으로 보인다. 경영진을 통제하는 데는 분명히 이해관계자 체제가 훨씬 더 뛰어났다.

금융 지표들에 지향을 두다 보면, 자본시장에 지향을 두는 합리화의 미적분학에만 급급한 나머지, 비록 직접적으로 수익을 올리는 것은

---

[*] 이 점에 대해서 또 이제부터 나올 논의에 대해서도 Lazonick 2008 참조.

아니지만 경쟁력을 유지하는 데 반드시 필요한 생산자본에 대한 투자—이를테면 직원의 교육 훈련—는 희생된다. 게다가 지금까지도 주주가치를 지향하는 것과 그 회사의 가치가 올라가는 것 사이에 유의미한 상관관계가 존재한다는 명확한 증거조차 밝혀진 바가 없다. 주주가치론이 떨치는 위세는 컨설팅 회사에서나 쓰는 개념들을 활용한 프로파간다, 그리고 대기업 내의 일방적인 권력 이동을 일차적인 근거로 한다. 이에 따라서 주주가치 경영을 정당화하는 여러 개념들은 자본주의적 생산을 어떻게 조직화할 것인가 또 사회적으로 생산된 부를 어떻게 분배할 것인가에 대한 사회적 토론에서 중심적 요소를 이루게 되었다.

이 장의 다음 절에서 우리는 주주가치라는 차원을 훌쩍 뛰어넘어 합리성이라는 개념으로 가보도록 한다. 이 합리성의 개념이야말로 금융시장이 효율적이라고 주장하는 모든 이야기들의 기초가 되는 개념이다. 우리는 이미 이렇게 금융시장이 효율적이며 합리적이라는 가정은 물론이고 그에 따라 주주가치 이론을 정당화하고 신비화하는 논리 또한 현실적으로는 모순을 드러낸다는 것을 살펴본 바 있다. 그렇다면 다음 절에서는 합리성이라고 하는 이 괴팍스러운 가정을 한번 해체해보도록 하자.

합리성이라는 환상

1980년대의 보수주의 혁명의 배후에는 강력한 권력을 가진 이익집단들이 숨어 있었다. 그중 중요한 집단 하나가 금융산업으로서, 이들은 전체 금융체제의 고삐를 풀어달라는 로비를 통해 이러한 변화를 만들어나갔다. 하지만 그것만이 아니었다. 그러한 변화들은 이론적 차원에서도 강력한 지지를 받아냈다. 이는 좀 더 자세하게 살펴볼 필요가 있다. 효과적인 개혁을 가져올 대안들을 제시하기 위해서는 금융시장을 이론적으로 이해할 필요가 있기 때문이다. 1930년대의 경제적 정치적 파국을 배경으로 존 메이너드 케인스의 사상과 전통적인 신고전파 사상이 결합해 케인스주의적 타협(이를 신고전파 종합이라고 부른다)이 이루어졌지만 1970년대 이후의 경제학 논쟁에서는 신고전파 사상이 다시 살아나면서 대개 사라져버리고 말았다. 전체 경제를 분석 대상으로 삼는 거시경제학적 접근은 이제 낡은 모자 취급을 당하게 되었고 반면 개개인에게 초점을 맞추는 미시경제학적 접근이 전면에 나서게 된다. 거시적 수준—즉 국민경제—의 여러 상황들이 이러한 미시적 기초에 근거하여 단일의 경제단위에 대한 분석으로부터 추론되어 나온다. 개별 기업 및 개별 가정경제는 암묵적으로 비즈니스 부문 전체 혹은 모든 가정경제의 총합과 동일한 것이라고 여겨진다. 즉 그 개별자들을 단순히 총계한 것일 뿐이라는 것이다. 많은 경제학자들은 거시경제모델을 굳이 별도로 마련하는 것은 더 이상 불필요한 일로 여기게 되었다. 전체 경제의 미시적 기초가 금융시장 분석의 틀을 결정하였으니, 만약 모든 미시적 단위들이 합리적으로 행동하고 또 안정된 것으로 여겨진다면 금융체제 전체에도 똑같은 것이 적용된다는 것이다. 금융시장 규제 또한 미시적 단위들의 안정성에 집중했고 이에 따라 거시적 체제위기는 무시하게 됐다.

1980년대가 되자 경제학의 논쟁은 점차 '합리적 기대 가설' 접근법이 지배하게 되었으니, 이는 루카스(Robert Lucas), 사전트(Thomas

Sargent) 등등으로 그 연원을 추적할 수 있다.* 합리적 기대의 개념은 한 경제 내의 개인들—직원들, 소비자들, 기업가들, 투자가들—이 모든 중요한 경제지표들—주식 가격, 원자재 상품 가격, 이자율, 물가인상률, 실업률, 임금, GDP 등—이 장래에 어떻게 될지를 객관적 확률에 기초하여 계산해낼 수 있으며, 이에 기초하여 자신들의 경제활동들—구매, 취직이나 투자 결정—을 이룬다고 가정한다. 특히 무엇보다도 이러한 목적을 위해서 개인들은 미래에 벌어질 사건들을 모두 알고 있으며 심지어 이 모든 사건들에 대해 정밀한 확률을 부여할 수 있기 때문에 그렇게 부여한 확률들을 모두 합치면 1이 된다고 가정한다. 개개인들은 또 경제가 작동하는 메커니즘의 인과관계를 이해하고 있어야만 한다. 경제행위자들은 따라서 공공지출, 전쟁, 인터넷과 같은 새로운 기술 발전 등 예측할 수 없는 사건들이 터질 때마다 방금 나열했던 경제 변수들이 그 사건들에 정확하게 어떻게 반응하게 될지를 추론할 수 있어야만 한다. 합리적 기대 가설은 개개인이 이렇게 미래를 내다보는 신통력을 가지고 있을 것을 요청하지는 않는다. 개개인들은 이러한 과거의 극심한 가격 등락이라든가 과거의 부도율 등등의 과거 데이터를 활용하여 객관적인 확률을 계산할 수 있다고 가정된다. 이때 과거는 미래에 벌어질 일들에 대한 완벽한 지침으로 여겨진다. 어떤 개개인은 물론 그 계산에서 실수를 저지를 수도 있다. 하지만 다음과 같은 가정이 있다. 그 개개인은 평균적으로는 미래를 정확하게 예측한다는 것이다. 이렇게 사람들이 가지는 기대와 예측이 경제 모델의 실제 결론과 동일해지며 따라서 경제발전에 대해 영향력을 잃

• Lucas 1981 ; Sargent 1979 ; Sargent and Wallace 1976.

게 된다. 따라서 경제모델의 차원에서 보자면 합리적 기대 가설은 문제를 아주 근본적으로 단순화시킨 셈이다.

이러한 접근법은 문제들을 주렁주렁 달고도 이들을 모두 무시해버리고 있다. 우선, 경제전문가들조차도 이 경제가 실제로 어떻게 작동하는지를 놓고 인과관계에 대해서 의견이 분분하다. 서브프라임 위기가 터진 이후 경기후퇴의 깊이와 적절한 정책 대응을 놓고 경제학자들이 공개적 논쟁을 벌이는 모습을 보라. 이는 하나의 경제적 사건이 얼마나 무수한 해석들을 낳을 수 있는지를 보여주기에 충분할 것이다. 이렇게 경제전문가들조차도 경제 현상의 여러 인과관계를 전혀 정밀하게 추산할 수가 없거늘, 노동자, 투자가, 소기업 소유자 들은 오죽하겠는가? 두 번째 문제점으로서, 합리적 기대라는 개념에서는 개개인이 경제의 기본 구조들을 이해하는 데 시간이 전혀 걸리지 않는다고 가정한다. 이 모델에서 개개인은 구조 전체의 변화까지도 즉각적으로 간파하여 자기들의 계산에 즉각 통합시키는 것으로 되어 있다. 셋째, 미래의 사건들은 미지의 것이므로 우리는 과거에 있었던 여러 사건 전개들에 의존할 수밖에 없다. 여기에 암묵적으로 깔려 있는 가정은, 과거를 알면 미래를 알 수 있다는 것이다. 하지만 이는 실상과는 전혀 다른 이야기이다.

금융시장 분석의 영역으로 가보면, 이 합리적 기대 가설에 상응하는 것이 금융시장의 효율성 가설이다. 전통적으로 경제적 자유주의가 지배해온 시카고 대학의 유진 파마(Eugene Fama)는 1970년에 이렇게 주장했다. 자산시장에서 작동하는 것은 합리적인 경제행위자들이며 따라서 자산가격은 구할 수 있는 모든 정보를 반영하고 있는 것이라고. 투자가들이 이른바 기초여건(fundamentals)에 대한 데이터에 기초하여 여러 자산들의 가치를 분석한다면 그들은 합리적이다. 그리고 미래의 현금 흐름에 대한 정보는 당연히 그 자산의 가치에 대한 정보가 되므로, 여기에 새로운 정보가 나타날 때마다 시장은 즉각적으로 반응하여 자산의 시장가격 또한 그 최신 정보를 반영하는 새로운 가격으로 뛰어다닌다는 것이다. 이러한 가정을 떠받치는 논리는 상당히 단순한 것으로, 이를테면 어떤 투자가가 만약 어떤 기업이 새롭게 장래성 높은 발명품을 만들었지만 그것이 아직 그 회사의 주가에 반영되지 않았음을 알게 된다면 그 투자가는 바로 그 기업의 주식을 매입할 것이며 마침내 주가는 다시 그러한 새로운 '기초여건'에 일치하는 가격에 조응하게 될 것이라는 것이다. 만약 반대로 투자가들이 어떤 기업이 여러 문제들에 부딪혔고 이것이 아직 주식 가격에 반영되지 않았다는 것을 알게 된다면 이들은 그 주식을 팔아치울 것이며 마침내 가격은 그 새로운 정보를 반영할 만큼까지 떨어지게 될 것이라는 것이다. 합리적 투자가는 누구든 이렇게 자산가격에 영향을 줄 만한 새로운 정보를 얻으면 이와 똑같은 방식으로 행동할 것이니, 주식 가격은 항상 어떤 투자가이든 접할 수 있는 모든 정보를 반영한 것으로 보인다는 것이다.

개별 경제행위자들이 합리적으로 행동하지 않는다고 해도 이 기본적 모델은 크게 바뀌지 않는다. 비합리적 경제행위자들은 손해를 보게 될 것이고 그 결과 시장에서 무더기로 밀려나게 될 것이니 여러 실수가 있어도 결국은 서로를 상쇄하게 된다는 것이다. 이 모델에 따르면 시장에서 몇 주, 몇 개월, 몇 년에 걸쳐 상향 혹은 하향 운동이 지속될 가능성은 배제된다. 시장 평균을 웃도는 수익률이란 오직 한 투자가가 어떤 기업, 어떤 부문, 혹은 전체 경제의 기초여건 발전에 대해 그 전에 알려지지 않았던 정보를 얻게 됐을 때에만 가능한 일이다. 하지만 그러한 가능성은 배제된다. 모든 투자가들이 새로운 정보에 즉각 반응하게 되기 때문에 자산시장에서는 투기적 이익도 또 자산가격에 거품이 끼는 일도 벌어질 리가 없다는 것이다. 물론 이러한 상황은 경제학 이론가들의 동아리 바깥에서는 다소 터무니없는 것으로 간주될 것이다.

효율적 시장 가설과 합리적 기대 가설은 모두 현실과는 거의 무관하다. 무지와 무식이라는 약을 아주 억세게 들이켜지 않는 한, 모든 시장 행위자들이 경제의 기초여건을 동일한 방식으로 가치평가하고 역사적 데이터에 근거해 미래를 예측하며, 평균적으로 그들의 예측이 현실과 체계적으로 괴리하지 않을 것이라는 가정은 도저히 할 수 없다. 게다가 금융시장에서 투기적 거품이 끼지 않을 것이라는 가정 또한 마찬가지로 현실과 동떨어진 이야기다. 그럼에도 불구하고 수많은 경제학자들은 이 합리적 기대 가설과 효율적 금융시장 가설을 오랫동안 강력하게 옹호하였고, 심지어 오늘날에도 많은 이들이 계속 그 입장을 견지하고 있다.

효율적 자본시장과 합리적 기대라는 개념을 비판하는 이론적 기초는 존 메이너드 케인스가 이미 제공한 바 있다. 그에 따르면 자본주의 경제를 이해함에 있어 결정적인 범주는 불확실성이라는 것이다. 불확실성으로 인해 모든 역사상의 발전은 단 한 번뿐인 사건이 되며, 따라서 미래를 과거로부터 통계적으로 유추하기란 불가능하다는 것이다. 미래의 모든 사건들을 사전에 알 수 있는 것도 아니며, 설령 알려진 사건들이라 해도 그것들이 일어날 확률을 늘 수치로 매길 수 있는 것은 아니라는 것이다. 제아무리 열심히 찾아본들 투자가들은 기초여건에 대한 정보를 좀체 찾을 수 없다. 게다가 그 정보를 찾는다고 해도 경제 행위자들의 기대와 예측은 모두 제각각으로 다르기 마련이다. 특히 생산 설비에 대한 투자라든가 집을 산다든가 하는 가장 중대한 경제적 결정들은 불확실성의 그늘에서 결단을 통해 내려지는 단 한 번뿐인 결정들인 것이다.* 제철회사의 주식에 대한 가치평가를 생각해보자. 어떤 제철회사의 미래 현금 흐름을 향후 40~50년을 두고 추산하는 것은 어려운 일이며, 제아무리 기초여건의 여러 정보들을 열심히 찾아 헤맨다고 해도 모든 경제행위자들이 그로부터 똑같은 숫자로 사정(查定) 평가를 내릴 것이라고 주장하는 것은 실로 어불성설이다. 한마디로, 우리는 그냥 모른다(We simply do not know)—이것이 수많은 의사결정 상황에서 드러나는 바를 케인스가 묘사했던 말이다(Keynes 1937: 214).

케인스의 방향을 따라가보면, 각종 자산시장은 그저 기대와 예측에 의해 추동되는 것으로 여겨진다. 또한 그러한 기대와 예측이 어떤 식으로든 기초여건에 단단히 뿌리박고 있다는 가정 따위는 하지 않게 된다. 무엇보다도 먼저 기초여건에 대한 정보들이라는 것이 무엇인지를 뚜렷이 정하기도 어렵고, 어쩌면 불가능할뿐더러, 설령 정한다 해도 경제행위자마다 그것들을 다르게 평가하게 마련이다. 따라서 사람들의 기대와 예측이라는 것은 그 기초가 대단히 취약하고 위험한 것이다. 게다가 기대와 예측은 경제적 요소들에만 의존하지 않는다. 기대와 예측의 형성에 있어서는 정치적 · 제도적 요인들 또한 중요한 역할을 한다. 수많은 시장 행위자들은 또한 단기적인 시간 지평에서 움

• Shackle 1958.

직이며, 이 경우 경제의 기초여건의 정보를 찾는 수고 따위는 하지 않고 그저 '차트 분석'에 기초해 기계적으로 행동한다. 일반적으로, 사회 전반의 발전 상태를 반영하는 한편 안정성을 띨 수도 있는 보편적 정서가 형성된다. 이를테면 낙관주의의 시대 혹은 비관주의의 시대처럼 말이다. 하지만 정서의 변화는 급속하고도 광범위할 수 있다. 자산시장의 특징이 바로 '떼거리 행태(herd behaviour)'다. 즉 모든 이들이 자기들 떼거리의 지도자(대개 큰 투자펀드이거나 고액 투자가인 경향이 있다) 뒤를 졸졸 따라가는 것이다. 이러한 행태는 누적 과정을 거쳐 비합리적 거품으로 이어지게 되며, 이는 결국 파멸적이고 혹독한 대가를 치러야 하는 형국으로 폭발하고 만다. 케인스, 피셔, 킨들버거, 민스키, 스티글리츠와 그린월드 등은 여기에 묘사된 것과 같은 자산시장의 특징들을 명확하게 이론화한 바 있다(Keynes 1937; Fisher 1933; Kindleberger 1996; Minsky 1975; Stiglitz and Greenwald 2003).

무제한 공급? 신용에 의한 경기순환

금융시장에는 또 하나 중요한 측면이 있다. 근대 금융체제에서 신용 규모는 잠재적으로 무한히 팽창할 수 있다는 점이 그것이다. 오스트리아-미국 경제학자 조지프 슘페터가 말한 바 있듯이, 화폐와 신용은 마법을 부리듯 무(無)에서 만들어낼 수 있으며 또한 거의 바라는 만큼 배가시킬 수 있기 때문이다. 상업은행들은 대출을 받아 간 이들의 계좌에 자신들의 채권에 해당하는 항목을 기입함으로써 신용을 준다. 만약 모든 은행들이 서로 보조를 맞춰 더 많은 대출을 행한다면 개별 은행들에서 금융상 병목이 발생하는 일 없이 은행체제 전체의 균형도 유지될 것이다. 물론 신용이 팽창하려면 중앙은행이 더 많은 자금을 내놓아야 한다는 것은 분명하다. 한편으로는 대출해 가는 이들이 현금을 인출하기 때문이며 또 다른 한편으로는 은행들이 최소한의 준비금 유지 의무가 있기 때문이다. 상업은행들은 자기들이 추가적인 자금을 필요로 하게 되면 중앙은행에서 그것을 얻을 수 있다. 중앙은행은 이들이 이렇게 자금을 계속 융통하는 것을 직접적으로 제한할 수는 없으며 단지 그것에 부과하는 이자율을 변화시킴으로써 은행들의 행태에 간접적으로만 영향을 미칠 수 있다. 금융체제에서 나타나는 신용팽창 그리고 이에 따라 간접적으로 영향을 받는 화폐 공급의 발전 또한 철저하게 자산시장에서 일어나는 가격 변화에 대한 기대와 예측에 의해 결정된다. 기대와 예측이 긍정적일 경우엔 신용팽창이 증가하게 되고 부정적일 경우에는 위험도가 높은 채무자들에 대해 이자율이 올라갈 뿐만 아니라 신용 자체도 수축하는 것이 전형적인 모습이다.

자산시장 인플레이션과 신용은 서로를 강화한다. 자산시장의 인플레이션 시기에는 신용체제 또한 아코디언처럼 부풀어 오르며, 이는 이중의 되먹임 효과를 낳는다. 한편으로 채권자들의 담보물과 채권자들의 자기자본의 가치가 모두 상승하게 된다. 그렇게 되면 채권자들은 더 많은 신용을 기꺼이 공급하겠다는 의사를 갖게 되며 또 다른 한편으로 자산시장 인플레이션의 긍정적 효과로서 채무자들 쪽에서도 신용에 대한 수요를 늘린다. 단기적으로 볼 때 자산시장에서 가격에 대한 공급의 탄력성은 단기적으로 볼 때 매우 낮으며, 장기적으로 보아도 공급은 잘 늘어나지 않는다. 이러한 이유에서 고삐 풀린 신용팽창은 자산가격의 엄청난 증가로 이어질 수 있다. 주식 수요가 상승한다고 해서 새로운 주식이 저절로 발행되는 것이 아니기 때문이다. 부동산 가격이 강력한 상승을 보이면 그 자극으로 건설 호황이 오겠지만 그 덕에 부동산시장에서 공급이 의미 있는 증가를 보이려면 몇 년은 걸릴 것이다. 자산시장의 거품이 터지면 이는 부정적인 되먹임 효과를 낳는다. 아까와는 반대로 자산의 시장가격이 하락하면 담보물들의 가치가 떨어지고 금융기관들의 자기자본 또한 가치가 떨어지게 된다. 이 두 가지 사건 모두 경제 내 신용의 총량을 줄이게 된다. 자산가격이 하락하는 경우 금융기관들은 파산할 수도 있고 체제 차원의 금융시장 위기가 출현하며 사회가 필요로 하는 신용의 배분은 중단된다.

근대 금융체제에서 신용팽창의 가능성은 잠재적으로 아무런 제한이 없으며, 이로 인해 과도한 거품이 생겨나는 것이 가능해진다. 또 그 뒤를 이어 금융체제의 내파(內破)가 벌어질 가능성이 높아 파국적 결과가 나타날 잠재성이 있으므로, 신용을 발행하는 기관들에 대한 철저한 규제는 절대적으로 필요한 것이다. 예를 들자면 이것이 바로 상업은행 부문에서의 신용팽창이 자본 요건, 최소의 준비금 등 여러 조항들로 제한되는 이유이다. 만약 규제받지 않는 방식으로 팽창할 수 있는 금융체제가 나타나서 거품을 만들어내게 된다면, 자산시장에 누적적 과정들이 벌어지면서 결국 그러한 거품이 파괴적인 내파로 이어지는 것은 사실상 이미 예정된 수순이나 마찬가지이다.

효율적인 금융시장이라는 원리와 그 상부구조로 얹힌 합리적 기대가설은 오랜 세월 금융시장의 수많은 행위자들의 행동을 정당화하는 데 복무하였다. '위험감안가치(VaR: value at risk)'를 예로 들어보자. 이는 자산 포트폴리오 쪽에서 위험을 계산하는 방식으로 선호되었던 것이다. VaR이란 위험의 척도로서, 포트폴리오가 일정한 기간 동안 손실을 볼 가능성을 얼마간의 확실성을 갖고 보여준다. 그 계산은 전적으로 과거와 관련된 데이터에 의존한다. 방법론적으로 이와 동일한 것이 금융 세계에 잘 알려져 있는 블랙-숄스 모델(Black-Scholes model)이다. 이는 금융적인 여러 옵션들을 사정 평가하는 데 쓰이는 모델로서 여기에서도 과거의 시장 등락의 데이터가 결정적인 역할을 하게 되어 있다.* 금융체제 내 위험관리는 1970년대 이후 실로 장족의 발전을 해왔을 뿐만 아니라 체제위기를 줄일 수 있는 가능성에 대한 신뢰 또한 증가하였다. 하지만 그러한 모델들이 모두 과거 데이터에 기초하고 있으므로 긍정적인 경제발전이 벌어지는 국면에서는 위험이 아주 낮게 평가되며 부정적인 발전 국면에서는 위험이 반대로 과장되게 되어 있다. 그 결과 이러한 위험관리모델들은 경기순환을 더욱 강화시키는 강한 효과를 갖게 된다. 다른 말로 하자면, 이들은 자산시장에서 거품이 쌓여가는 과정을 더욱 증폭시킬 뿐만 아니라 그 거품이 폭발했을 때에는 그 뒷감당 비용 또한 증폭시키게 된다는 것이다.

1990년대 초부터 회계 조항들에 도입된 변화들 또한 이 효율적 시장이라는 가정에 기초하고 있다. 이는 미국으로부터 뻗어 나온 움직임으로서, 역사적 원가에 기초한 회계 규칙들은 사라지고 그 자리에는 지배적인 시장가치에 조응하는 가치 평가가 들어서게 되었다('공정가치회계'). 만약 어떤 투자펀드가 일정한 가격에 어떤 주식을 샀다면 그 투자펀드의 장부에는 그 주식의 가치가 처음에는 구매 가격으로 기입된다. 그 후에 그 주식의 가치가 오르게 되면 새로운 더 높은 가격

• Black and Scholes 1973 참조.

으로 장부에 기입되며 이것이 그 투자펀드의 이윤을 나타낸다. 전통적인 회계 방식에서는 주식 가격이 상승해도 장부에서 주식 가치는 변하지 않게 되어 있었다. 이 새로운 회계 규칙에 따르면 자산시장 인플레이션 동안에는 자산 가격 상승에 따라 회사의 대차대조표에서 자산과 이윤이 올라가게 된다. 회사의 수익과 지출이 개선되었음이 입증되지 않았는데도 말이다. 이런 변화에 따른 결과는 다음과 같다. 경영진에게 높은 보너스가 지급되며, 주주에게는 높은 배당금이 주어지며, 더 많은 돈을 차입할 만한 동기부여가 주어진다. 여러 나라에서 수많은 기업들이 자사 주식을 매입하는 행태가 관찰되었다. 그 목적은 자사 주식의 값을 밀어올리고 이를 통해 보너스와 배당금을 늘리기 위한 것이라는 것이다.

그런데 이러한 자산들의 가치가 떨어지는 기간 동안에는 이른바 공정가치회계라는 것이 자기자본의 부당한 감소로 이어지게 되며, 심지어 지급 능력의 문제와 생존의 문제까지 나올 지경이 된다. 특히 자산시장 인플레이션의 여파로 각별히 높은 배당금을 지급했던 기업들은 자기자본을 충당하는 데 써야 할 돈을 주주들의 배당금으로 흡혈귀에게 피를 빨리듯 내줬으니, 자기자본 상태가 좋지 못하며 따라서 모종의 위기가 닥쳤을 때에 이에 대처할 준비가 되어 있지 못한 경우가 많다. 만약 자산들의 가격이 여러 기초여건들을 제대로 반영하는 가격이 아니라면 공정가치회계라는 것도 결국 경기순환을 더욱 증폭시키는 경향을 띠지 않을 수 없다. 다른 말로 하자면, 공정가치회계는 사태의 전개를 과도하게 강화시켜, 전체 경제에 가해지는 충격을 크게 증폭시킨다.

이런 추동력은 중심적 문제로 부각되었지만, 지난 몇십 년간 오히려 강력하게 추동되어 왔다. 자산시장에서 행위자들이 점차 위험 요소를 받아들일 각오를 하게 된 것 그리고 회사별 위험관리모델들에 의존하게 된 것도 원인이지만 금융체제를 통제하는 기관들이라 할 신용평가 기관이나 은행규제당국들이 잘못된 가정을 받아들였기 때문이기도 하다. 이들은 시장이 효율적이라는 가정, 그리고 금융시장의 체제위기는 점점 더 복잡한 수학적 위험관리모델들의 도움으로 제어할 수 있다는 믿음에 근거해 움직였다. 그림자은행 체제, 즉 정규 은행체제 뒤에서 작동하면서 거래를 수행하는, 규제 없는 은행체제가 허용되었지만, 그럼에도 불구하고 금융시장이 근본적으로 안정적이라는 명제는 당연한 것으로 여겨졌다. 최근 몇십 년간 규제를 바라보는 지배적 관점은 위험계산모델들을 통하여 체제위기까지 포착하여 회피하는 게 가능하다는 그릇된 믿음에 기초하고 있었다. 미시경제적 단위들을 분석하여 그 결과를 그대로 전체 경제에 외삽할 수 있다는 가정은 경제학의 기본적 원리들과 대치되는 것이다. 미시경제적 위험관리모델들은 한마디로 체제위기를 포착할 수가 없다.

이러한 이유 때문에 1988년 바젤 협정의 자기자본 조약('바젤 I'이라고 부른다)은 소위 표준화된 접근에 기초하고 있었다. 이 접근은 일정한 위험 등급의 자산들—이를테면 국가에 대한 대출이나 기업에 대한 대출—에 대해 고정된 비율의 자본 요건을 제시하는 것이었다. 바젤 I은 은행들로 하여금 자신들의 대출에 대해 일정한 비율의 자기자본을 가지도록 구속하는 최초의 획일적인 국제적 자본 요건 원칙이었다. 1993년 은행 감독 바젤 위원회(Basel Committee on Banking Super-vision)는 이러한 표준화된 접근법을 따르는 규제의 개념을 제시했으며 그것을 더욱 발전시키고자 했다. 그러자 은행 부문은 이에 대해 거칠게 항의했을 뿐만 아니라 금융산업 전체가 엄청난 규모의 로비를 행하였다. 그러한 로비의 결과 위원회가 결국 1996년의 바젤 협정의 틀 안에서 추천했던 바는 상당 부분 은행들의 기업별 맞춤형 위험관리모델에 기초한 것이었고, 이에 은행들은 자체적으로 위험관리모델을 개발하여 여기에 그대로 감독 당국의 승인을 받을 수 있었고 결국 이렇게 스스로가 만든 위험관리모델에 맞추어 자본 요건의 여러 규정을 그려낼 수 있게 되었다.

바젤 II를 둘러싼 제안들은 다음의 논리를 따르고 있다. 현실적으로 말해서 모든 주요 은행들은 자체적인 위험관리모델들을 채택하고 있다. 이들은 특정 회사에 대출을 해줄 경우 그 대출에 자신들의 고유한 위험사정평가를 행하며 그에 맞추어서 특정한 수준의 자본 요건을 마련하게 된다. 또 그 대신 은행들은 외부에서 평가된 등급들을 사용할 수도 있고 그리하여 신용평가기관들의 역할을 더 강화하게 된다(이들이 사용하는 위험관리모델 또한 비슷하다). 만약 어떤 은행이 두 가지 선택 모두를 거부한다면 자본 충족 요건은 아주 높아지게 된다. 여기에서 결정적인 것은, 은행들이 자신의 고유한 위험관리모델을 도입하거나 외부 평가기관의 견해를 따를 경우 은행체제 내에 법적으로 정해진 자본 요건은 예전의 규칙들에 비해 감소한다는 것이다. 사실 이것이야말로 금융산업이 그토록 엄청난 규모의 로비를 행했던 목적 가운데 하나였다. 이에 더하여, 이를 넘어서는 자발적 자본 요건—이는 금융시장이 여러 충격에 빠졌을 때 하나의 완충장치로 기능하게 된다—도 함께 감소하였다. 예를 들어 도이체방크나 UBS 등에서 자기자본비율은 1990년대 초에는 총자산의 10퍼센트 정도였지만 최근까지 이 비율이 2~3퍼센트로 떨어지고 말았다.* 사람들은 자기들의 위험관리모델을 맹신에 가깝게 신뢰하였고, 이로 인해 자기자본비율은 아주 낮아졌으며 동시에 자기자본에 대한 수익률은 전대미문으로 올라갔다.

　이러한 행태와 관행에 있어서 자산시장 규제를 포함하는 근본적인 변화를 가져오지 않는 한, 자산시장의 진정한 구조조정 나아가 경제 전체의 진정한 구조조정은 생각조차 할 수 없다.

● Hellwig 2008, p. 31.

3

불안정성을
부추기는
지구적 불균형

중심적 통화들 사이의 변동환율 체제는 실질적으로는 1973년의 브레튼우즈 체제의 종말과 동시에 생겨났지만, 자유로운 자본이동을 향한 이행은 좀 더 점진적으로 이루어졌다. 브레튼우즈 체제가 붕괴하기 몇 년 전부터 국제적 자본이동에 대한 규제완화의 국면이 이미 시작되었었다. 1973년 이후에도 국제적 자본이동에 대한 규제에 관해서는 1980년대 들어 한참이 지나도록 거의 아무런 변화가 없었다. 사실상 개발도상국들 중에서 자국의 자본 계정을 개방한 나라는 라틴아메리카의 몇 나라에 불과했다. 규제완화의 두 번째 물결은 1990년대가 시작되면서 일어났다. 그 후 불과 10년 동안 선진국뿐만 아니라 대부분의 신흥시장국과 개발도상국 또한 국제적 자본이동에 대해 그동안 지켜왔던 제약들을 급속하게 풀어버렸다.

이론에 입각해, 변동환율제와 자본의 자유로운 이동을 옹호했던 이들은 자기들이 말하는 대로 세상이 바뀔 경우 개별 국가들이 경제정책의 자율성을 좀 더 누릴 수 있게 되는 한편 전 세계의 저축금이 가장 효율적인 방식으로 배분되어 생산성이 가장 높은 곳으로 흘러들어가게 될 것이라고 주장하였다. 게다가 자유로운 자본흐름은 개발도상국들이 좀 더 빠르게 투자를 할 수 있게 만들어주고 이에 따라 경제발전을 개선시켜주도록 도울 것이라는 희망도 있었다.

그런데 실상 벌어진 일은 그 정반대였다. 세계의 기축통화들 간 환율은 거칠게, 변칙적으로 오르내렸다. 그리하여 환율은 세계경제를 안정화시켜줄 수단으로 기능하기는커녕 모종의 충격 메커니즘이 되고 말았다. 한때 아주 경쟁력 있는 산업을 보유했던 나라들, 그리고 수출이 호황을 이루고 있던 나라들이 무역 상대국 통화의 엄청난 가치절하로 아주 단기간에 대규모의 대외무역 문제에 봉착하게 되는 경우가 종종 있었다. 또 반대로 자국 통화의 가치절하를 겪은 나라들은 한동안 거친 물가인상이 지속되면서 생활수준이 감소하는 사태에 직면하게 되었다. 많은 경우 특히 작은 나라에서 갑자기 일국적 차원의 경제정책은 국내 경제의 필요가 아니라 외환시장의 변덕에 종속될 수밖에 없어졌다.

그 두 번째 예언, 즉 장기적으로 지속될 수 없는 무역수지 및 경상수지의 불균형은 저절로 바로잡힐 것이라는 예언 또한 전혀 실현되지 않았다. 그림 3.1은 영국, 미국, 중국, 일본, 독일에서 GDP에 대한 경상수지의 추세를 보여준다. 그림이 보여주는 대로, 1970년대에는 이 나라들 사이에 경상수지 잔고 차이가 비교적 적었지만 오히려 1980년대 이후가 되면 전례 없이 차이가 벌어진다.

2007년에서 2009년까지의 평균을 미국 달러로 계산해봤을 때 전 세계에서 가장 큰 경상수지 적자를 보인 5대 국가는 미국(4,680억 달러), 스페인(1,250억 달러), 오스트레일리아(480억 달러), 그리스(460억 달러),

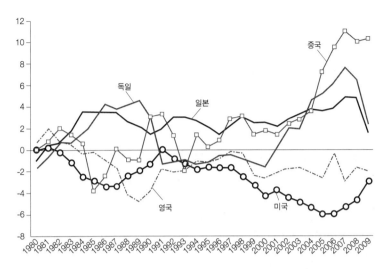

그림 3.1 영국, 미국, 중국, 일본, 독일 경상수지의 GDP에 대한 비율(백분율)
출처: IMF International Financial Statistics 2010.

영국(420억 달러)이며, 가장 큰 경상수지 흑자를 보인 5대 국가는 중국 (4,360억 달러), 독일(1,850억 달러), 일본(1,480억 달러), 사우디아라비아 (760억 달러), 러시아(610억 달러)이며, 그 뒤를 노르웨이(600억 달러)가 따르고 있다. 이 기간 동안 유럽통화연합은 비교적 적은 양인 23억 달러의 적자를 보이면서 비교적 경상수지의 균형을 유지하고 있다.

현재의 금융 및 경제 위기 직전에는 여러 나라들 간의 불균형이 극에 달해 있었다. 미국의 경상수지 적자는 2006년 거의 GDP의 6퍼센트에 달했고 스페인의 적자는 2008년에 GDP의 거의 10퍼센트에 달했으며, 라트비아 등 몇몇 동유럽의 작은 나라들은 심지어 경상수지 적자가 23퍼센트였다. 이와 직접적으로 대조되는 것은 엄청난 흑자를 누렸던 몇몇 나라들이다. 특히 2007년의 경우 독일은 GDP의 7.6퍼센트, 일본은 4.8퍼센트, 중국은 11.3퍼센트의 흑자를 거두어 두각을 나타냈다.

서브프라임 위기의 효과로 이러한 무역 불균형이 바로잡히기도 했지만, 어떤 경우에는 그 속도가 너무 빨라 해당국의 숨통을 단박에 끊어놓는 경우도 있었다. 이를테면 발트해 연안 국가들로 들어오던 자본유입은 급속하게 얼어붙어버렸다. 그 결과, 서브프라임 위기 전에는 아주 높은 수준에 달했던 경상수지 적자는 급속히 제로로 떨어져버렸다. 하지만 이러한 급속한 적자 조정의 대가로, 경제성장률이 10퍼센트 이상 떨어지고 실업률이 세 배로 늘어났다. 오늘날 우리가 발트해 연안 국가들에서 목도하고 있는 것은 고전적인 '거품-붕괴 주기'이며, 이는 1970년대 이후 자본흐름이 규제가 완화되고 난 이후 너무나 많은 나라들에서 관찰된 바 있었던 일이다. 하지만 서브프라임 위기를 거치면서도 핵심적인 흑자국들과 적자국들 간의 불균형은 감소폭이 크지 않으며, 세계경제에서 지속불가능한 불균형에 어떤 해법도 제시하지 못하고 있다.

신흥시장국들과 개발도상국들이 자본이동의 규제를 완화한다면 더 빠른 경제발전을 이룰 것이라는 전망 또한 타당성을 입증받지 못했다. 일군의 극적인 통화, 금융, 부채 위기가 닥친 것은 비단 이 가난한 나라들뿐만이 아니었다. 이를테면 조지프 스티글리츠의 최근 연구가 밝혀낸바로는, 자본운동을 자유화한 나라들이 자유화에 좀 더 조심스러웠던 나라들보다 더 빠르거나 더 나은 경제발전을 이룬 것은 전혀 아니라는 것이다.

국제적 자본이동은
불안정성의 원천

근자에 들어 엄청난 규모의 지구적 불균형이 나타났을 뿐만 아니라 외환시장이 큰 폭으로 등락하게 된 이유는 자본이동을 결정하는 시장 메커니즘 자체에 있다. 전통적 경제학[*]은 변동환율제가 어떻게 해서 국제무역의 불균형을 기초여건의 요소들에 기초한 지속가능한 한도 안으로 유지해주는지 그리고 세계 바깥에서 벌어지는 사건들로 촉발된 잠재적으로 해로울 수 있는 효과들로부터 어떻게 각국을 절연시켜주는지를 기술하는 것으로 이루어진다. 하지만 실제 세계에서는 이러한 기술이라는 게 자본이 자유롭게 들고나는 외환시장을 전혀 제대로 담아내지 못한다.

오히려 외환시장은 마치 자산시장처럼 기능하여 근본적으로 그곳의 행위자들의 기대와 예측으로 결정된다. 예를 들어 독일 투자가가 미국 국채를 매입하는 이유는 그 두 나라의 이자율 차이 때문에 그런 것이라기보다는(최근 들어 그 차이는 상당히 줄어들었다), 미국 달러의 가치가 곧 오를 것이라고 예상하기 때문이다. 따라서 이들은 달러의 가치가 오를 것이라고 믿을 때에 달러를 매입하며, 그 가치가 내릴 것이라고 생각할 때에는 매각한다. 그 결과 변동환율제에서 여러 나라 통화의 가격은 규제가 없는 주식시장이나 부동산시장의 주식이나 부동산 가격과 마찬가지로 불안정하다.

좀 더 정확하게 말하자면, 규제가 없는 국제 자본시장에서 어떤 나

• 그 예로 다음을 보라. Friedman 1953 ; Johnson 1972.

라 통화의 환율은 그 나라 국내의 이자율, 외국의 이자율, 그리고 기대 환율에 의해 결정된다. 다른 것들이 동일하다고 했을 때 미국의 이자율이 오르면 자본이 미국으로 흘러들어가게 될 것이므로 이는 유로의 가치절하로 이어지게 된다. 만약 유로존의 이자율이 오르면 자본이 유로존으로 투자될 것이니까 유로의 가치가 오르게 된다. 미래의 환율에 대한 기대가 변화하게 되면 이 또한 즉각 현행 환율을 모든 자산 시장의 논리에 조응하도록 영향을 미치게 된다. 만약 환가치가 장래에 오를 것이라고 기대되는 상황이라면 자본이 그 나라로 유입되면서 환율을 바꾸어놓게 될 것이다. 만약 미래의 안정성이 의심되는 상황이라면 자금이 흘러나올 것이고 그 나라 통화의 시세 또한 약화될 것이다.

주식시장에서 어떤 기업의 주가가 장래에 어떻게 될지를 그나마 정확하게 알기 위해서는 그 회사의 미래 이윤이 어떻게 될지에 대해 그럴듯한 가정을 마련해야 하지만, 이는 결코 쉬운 일이 아니다. 하지만 환율의 경우에는 훨씬 더 어렵다. 그러한 판단을 하려면 한 나라의 정치적·경제적 상황과 앞으로 그것이 어떻게 전개될지에 대해 전반적으로 사정 평가를 내린다는 엄청난 작업을 요구하기 때문이다.

신고전파 경제학의 접근에서는 자본흐름과 환율은 모두 경제의 기초여건들에 의해 움직이는 것으로 가정된다. 기대를 결정하는 것이 바로 경제의 기초여건들이기 때문이라는 것이다. 널리 활용되고 있는 '합리적 기대'라는 개념에는 평균적으로 볼 때 사람들이 마음에 품는 기대는 곧 경제모델의 예측과 동일하다는 생각이 함축되어 있다(2장을 보라). 환율 변화를 설명하는 가장 유명한 신고전파 모델은 구매력평가설(purchasing power parity theory)이다. 동일한 재화들로 구성된 바구니는 공통 통화로 가치를 표현했을 때 어느 나라에서나 똑같은 가격을 가져야만 한다는 것이 그 내용이다. 그렇지 않다면 그 바구니의 가격이 낮은 나라는 수출에서 흑자를 겪게 될 것이며, 이는 다시 그 나라 통화에 대한 수요를 늘리게 되므로 그 환가치를 올리게 될 것이며 그 결과 다시 그 나라의 바구니 가격 또한 동일해질 것이라는 것이다. 이 이론에 따르자면 환율은 나라 간의 상대적인 물가인상률에 따라 움직인다는 것이다. 만약 유럽통화연합 지역에서 재화 및 서비스의 가격이 5퍼센트 오르고 미국에서는 변동이 없다면, 유로화는 그 즉시 미국 달러에 비해 5퍼센트 절하될 것이라는 것이다. 유럽통화연합 지역에서 가격수준이 오르고 있다는 정보를 개개인이 얻게 되면 그 즉시 그들은 유로화의 가치가 떨어질 것을 예상하기에, 미국으로 자본 유출이 생겨나게 되고 이로 인해 즉시 유로화의 가치하락으로 이어진다는 것이다.*

하지만 유감스럽게도 이러한 구매력평가설은 달러와 유로화 사이의 환율(유로화가 나타나기 전에는 여러 유럽 통화들 간 환율)을 설명할 때면 어김없이 빗나가버린다. 두 통화 지역의 물가인상률 차이는 기껏해야 몇 퍼센트 포인트에 불과한데도, 두 통화 간 환율의 중기적인 등락은 무려 두 자리 숫자로 이어지고 있는 것이다.**

상이한 물가인상률, 경상수지 잔고, 생산성, 경제성장률, 나라마다 상이한 재정정책 등 그 어떤 관련 요소도 환율 등락을 설명하기에는 불충분하다. 돈부시와 프랑켈은 꽤 오래전에 이 문제의 핵심을 정확

• Dornbusch 1976.

•• Krugman and Obstfeld 2006, p.488. 모든 종류의 구매력평가설이 실패할 수밖에 없음을 명확하게 보이고 있다.

히 짚어냈는데, 그들은 수리경제학적 검증을 기초로 했을 때 대부분의 환율 변화는 방금 말한 기초여건들로는 설명할 수 없다는 것을 발견했다(Dornbusch and Frankel 1988: 67). 신고전파 경제학 이론은 특히 환율 결정 과정에 대한 접근에서 가장 근원적이고도 심각한 실패를 드러내는 것이다.

환율 결정에 대해 케인스가 보여주었던 접근이 훨씬 더 그럴듯하다. 존 메이너드 케인스는 기대와 예측의 형성이란 사회적 과정으로서 역사적 상황, 특수한 제도와 해당국의 상황 등 여러 요인들과 상호 연관되어 있음을 강조하였다. 경제행위자들이 제아무리 기초여건들을 성공적으로 찾아낸다고 해도 미래의 환율 변화를 알아낼 수는 없다는 것이다. 첫 번째 문제는 환율을 결정하는 데 결정적으로 중요한 기초여건의 데이터가 어떤 것인지에 대해서조차도 합의가 없는 상태이다. 경제행위자들은 어쩔 때는 가격수준이 장래에 어떻게 변화할 것인가를 바라보지만 또 어쩔 때는 나라마다 생산성 발전이나 경제성장이 어떠한지를 비교한다. 이러한 요소들 무엇으로도, 또 그것들을 어떻게 합산해본다고 해도, 세계의 주요 통화들 사이의 환율 변화를 설명할 수가 없다. 환율에 관한 기대와 예측이 형성되는 데 역할을 하는 요소들은 좁은 의미에서의 경제발전을 훌쩍 넘어선다는 점을 이해하는 것이 결정적으로 중요하다. 특히 환율 변화와 그 전개의 경우, 경제뿐만 아니라 정치적 요소들, 사회적 요소들 심지어 군사적 요소들 또한 중요한 의미를 갖는다. 결국 환율 결정을 알아내기 위해 기초여건들을 확인하고자 하는 경제행위자들은 장기적 기대와 예측을 형성하려면 해당국에 대한 총체적인 연구에 착수해야 한다. 문제가 이 정도로 커지게 되면 심지어 전문가들이라고 해도 견해가 일치하는 법이 거의 없으니, 이는 실로 엄청난 과업이 아닐 수 없다.

지금까지는 경제행위자들이 환율을 결정하기 위해서 여러 장기적 요소들을 감안한다는 가정을 취해왔다. 하지만 외환시장에서의 거래는 여타 자산시장 거래와 마찬가지로 단기적인 기대 및 예측에 심하게 영향을 받으며, 이 단기적 기대 및 예측이라는 것은 장기적 발전에 대한 예측과는 독립적인 것으로서 얼마든지 투기적인 극단으로 치달을 수 있는 것이다. 이를테면 투기꾼들은 장기적으로 볼 때에는 달러가 엄청난 가치하락을 겪을 것이 틀림없다고 믿는다고 해도 중기적으로 달러 가치가 오를 것이라는 관점을 취하면 얼마든지 유로화를 팔아버리고 달러를 매입할 수가 있다. 이 경우 단기적인 투기성 이익을 위해서는 장기적인 가치하락이라는 가정 따위는 무시해버리는 것이 합리적이다. 다른 모든 자산시장에서와 마찬가지로, 이는 상호 강화시키는 요소들이 쌓이고 쌓이는 가운데서 절정에 달한다. 달러 환가치가 단기적으로 올라가게 되면 더 가치가 오를 것이라는 기대를 자극하며, 따라서 미국으로 들어오는 자본유입을 더욱 촉발시킬 수 있고, 이것이 줄줄이 또 다른 달러의 가치상승 과정을 불러일으킨다. 일종의 떼거리식 사고방식이 투자자들 사이에 자리 잡아 투기를 부추기며, 그러다가 마침내 어떤 예측 불능의 사건 때문에 환율 거품이 갑자기 사라지게 되며, 그러면 아마도 또 반대 방향으로 투기가 새로 촉발되기 시작할 것이다.

여러 연구를 볼 때, 외환시장의 거래자들은 장기적 기대 따위는 형성하지 않으며, 오로지 지극히 단기적인 시간 지평의 틀 안에서 움직인다는 것이 밝혀졌다. 이들은 다른 시장 행위자들이 새로운 정보에 어떻게 반응할지를 불과 몇 초 만에 사정 평가하려고 시도하며 그에 따라 매수와 매도의 거래를 행한다. 만약 환율의 전개가 어떤 특정 방향으로 진행되고 있으면 이른바 추세 추종형 트레이딩 시스템(trend-follwing systems)이 가동되기 시작한다. 즉 출현 빈도가 높은 데이터 (예를 들어 10초에 한 번)에 기초하여 컴퓨터의 트레이딩 시스템은 '매수'의 신호를 쏘아내며, 이로 인해 환율은 기존 방향으로 더욱더 동력을 받게 된다. 조금 지나면 기술적으로 이보다 좀 더 천천히 반응하는 모델들이 또다시 더욱더 매수를 촉발시키며, 이로 인해 그때까지 흘러오던 환율 운동의 방향이 더욱더 강화된다. 이러한 모델들은 과거의 환율 추세를 나타낸 차트를 수단으로 반복적인 환율 형성과 전환점의 패턴을 찾아내는 데 쓰인다. 경제학 이론가들은 이러한 기술적 분석을 상당히 미심쩍은 눈으로 본다. 하지만 드높은 불확실성이 지배하는 시대에는 이런 방법들이 최소한 얼마간의 확실성을 띠는 것처럼 행세할 수 있다는 점을 고려해야 한다. 외환 딜러들은 투기적인 이윤을 체계적으로 실현하고 있다는 사실은 얼마든지 증명할 수 있으며, 이는 합리적 기대와 금융시장 효율성 가설에는 완전히 위배되는 것이다.*

요약하자면, 변동환율제는 독이 든 술을 빚어냈다고 할 수 있다. 한편으로는 장기적인 기대가 항상 불안정하여 제대로 형성되는 법이 거의 없기 때문이며, 또 다른 한편으로는 외환시장의 많은 행위자들이 장기적 기대를 자기들 거래의 기초로 삼는 것이 아니라 단기적 투기나 컴퓨터 프로그램을 이용한 트레이딩 시스템, 심지어 신비에 싸인 이런저런 기술적 분석 같은 것에까지 의존하기 때문이다. 변동환율제

---

* Schulmeister 2008.

는 결국 불안정한 국제 자본흐름이 지배하는 혼돈의 체제이며, 국제 무역과 지구적 경제가 작동하기 위한 합리적인 틀을 제공해줄 능력이 없는 체제이다. 하지만 문제는 국내에서 생산된 재화 및 서비스와 해외에서 생산된 재화 및 서비스의 상대가격을 결정하는 것이 환율의 운동이기 때문에 이것이 경제 전체에 심각한 결과를 가져온다는 데 있다. 재화시장, 노동시장, 자산시장 모두가 교란당하지 않을 수 없다. 변동환율제는 국제적인 신용의 흐름을 하나의 복권으로, 심지어 때로는 모양만 다를 뿐 러시안룰렛과 똑같은 것으로 변질시켜버린다.

외환시장 또한 거품-붕괴 주기를 따르게 된다.* 90퍼센트 이상의 국경 간 대출은 달러, 유로, 파운드, 엔, 스위스프랑 등으로 이루어진다. 채권자들이 분명히 충분한 믿음을 가지고 있는 것이 이 통화들뿐이라는 사실로 이를 설명할 수 있다. 특히 개발도상국의 경우 채권자들은 그 나라 국내 통화로 신용을 제공하는 것을 꺼릴 때가 많다. 이러한 나라들은 '원죄'가 있다는 것이다.** 세계의 주도적 통화들은 이러한 '원죄'로부터 면제되는 특권을 누리고 있으며, 그 통화들을 가진 나라들은 자국 통화로 해외 신용을 얻어 올 수 있게 된다. 미국은 그 으뜸가는 예가 될 것이다. 미국은 세계 최대의 순차입국으로서 해외 신용을 대부분 달러로 들여올 수가 있었다.

만약 어떤 나라의 경제적 전망이 좋아 보인다면 국제 투자가들이 밀려들어오게 되고 그 나라 통화도 가치가 올라간다. 만약 어떤 통화가 더욱 가치가 올라갈 것이라고 투자가들이 예측한다면 이들은 그 나라의 시민들과 사업가들에게 더 많이 투자하고 더 많은 신용을 기꺼이

* Williamson 2005.
** Eichengreen and Hausmann 2005.

제공하려 들게 된다. 이 나라 사람들과 사업가들의 이런저런 거래, 이 윤, 부동산 등 모든 것이 그 전보다 갑자기 훨씬 더 가치 있어 보이게 되었기 때문이다. 이러한 상황에서는 그 나라가 세계의 다른 곳들로 부터 널리 신용을 차입해 들여올 수가 있으므로 결국 자기들이 가진 재산보다 훨씬 더 사치스러운 생활을 상당 기간 누릴 수 있게 된다. 하 지만 이러한 상황은 그 나라가 장기적으로 긍정적인 발전을 이룰 수 있는 확률을 줄이게 된다. 자본이 유입되어 들어오면 통화의 가치상 승이 촉발되며, 그렇게 되면 국내산업의 대외 경쟁력이 잠식당한다. 이렇게 국내 산업이 수출시장에서 밀려남에도 불구하고 국내 소비자 들은 국내 제품을 외면하고 수입품을 더 많이 구매한다. 통화가치의 상승으로 외국 제품에 대한 국내 제품의 상대가격이 올라갔기 때문이 다. 그 결과 수입은 늘어나는 가운데 수출은 감소하게 된다.

이러한 시나리오가 1980년대의 전반, 1990년대 전반, 그리고 2000 년대 전체의 기간 동안 미국에서 벌어졌던 상황에 해당한다. 미국 기 업들과 미국 정부는 달러의 강세에 임입어 자기들이 실제로 벌어들인 것보다 훨씬 더 많은 돈을 거두어들이게 된다. 그럼에도 불구하고 국 제투자가들은 미국에 기꺼이 자기들 돈을 또 부어넣었으며, 이로 인 해 엄청난 경상수지 적자가 생겨나게 된다. 이렇게 자본이 계속 밀려 들어오니 달러는 계속해서 강세를 보이며, 이 때문에 미국의 산업은 세계시장에서 점점 설 자리를 잃게 되었다. 2000년대 들어서 수많은 중부 유럽과 동유럽의 나라들도 이와 비슷한 운명을 겪었다. 국제투 자가들은 이 나라들에서 경제발전과 번영이 나타날 것을 예측했기 때 문에 서브프라임 위기 이전까지는 이 나라들에다가 사실상 무제한의 신용을 내준 바 있었다. 이 나라들의 건설 부문과 국내 소비는 호황을 이루었지만 대외 수지는 갈수록 더욱 적자로 빠져들었고 신용 대출에 대한 수요는 계속해서 늘어갔다. 그럼에도 불구하고 외국 나라들은 이 신용 대출의 수요에 즐겁게 응하여 돈을 꾸어주었다.

이러한 과정들은 항상 정반대 방향으로 급반전될 위험을 안고 있다. 만약 투자가들이 정신을 차리면 이 나라 통화의 대외 가치는 하락하게 될 것이라는 기대 때문에 실제로 붕괴될 것이며, 그 나라의 투자자들은 모두 자기들 자산의 가치를 지키려 애쓰는 가운데 그 화폐적 부를 좀 더 안정된 다른 통화로 바꾸려고 들 것이다. 가계나 기업이 종종 외국 통화로 빚을 지는 경우들이 있으므로, 자국 통화의 가치하락은 이러한 부채의 부담을 가중시키게 될 것이다. 그 결과 기업들은 자기들의 투자 계획을 축소하지 않을 수 없게 되고 개개인은 소비를 줄여야 할 것이며, 결국 온 나라가 위기로 빠져들게 된다. 외환시장과 국제적 자본이동은 투자자들의 기대와 예측에 의해 추동되기 때문에, 비록 그 나라 경제의 기초여건들이 기본적으로 건전하다고 해도 그런 소용돌이로 빨려드는 일은 얼마든지 벌어질 수 있다. 이를테면 1997~1998년 동아시아 위기 때 대한민국처럼 기초여건이 튼튼했던 나라들도 투자가들 사이에서 일어난 분위기 변화에 휘말리게 되자 어김없이 위기에 빠졌다.

미국의 경우에는 대외 부채가 거의 전부 자국 통화로 가치가 매겨져 있으니 그런 일이 벌어진다고 해도 거의 아무런 심각한 결과를 낳지 않고서 지나간다. 하지만 신흥시장국과 개발도상국들의 경우에는 순전히 외환시장의 변덕 때문에 무수한 은행들, 기업들, 가정경제들은 물론 심지어 국가예산까지도 지불 능력이 없어지는 심각한 위기에 처할 수 있다. 이런 나라들의 경우 대외 부채는 보통 외국 통화로 변제하게 돼 있지만, 기업의 매상, 노동자의 임금, 정부의 세수 등은 모두 자국 통화로 지불하게 되어 있다. 만약 이제 그 나라 통화의 가치가 떨어지게 되면 부채의 부담은 순식간에 도저히 감당할 수 없는 수준이 돼버리며 지불 불능 사태를 피할 길이 없어진다. 이러한 과정은 또한 '쌍둥이 위기'라고 묘사된 바 있다. 자국 통화의 가치절하로 인하여 국내의 금융체제가 파괴된다. 그러면 그 나라 경제에 대한 신뢰가 더욱 떨어지면서 자본도피가 벌어져 이것이 다시 그 나라 통화가치를 더욱더 떨어뜨리게 되는 것이다.* 쌍둥이 위기는 1997~1989년의 동아시아 위기뿐만 아니라 1990년대 라틴아메리카의 '잃어버린 10년', 1994년 멕시코, 1998년 러시아, 2001년 아르헨티나, 그 밖에도 많은 다른 경우에도 벌어진 바 있다.

미국:
너덜너덜해진 패권 국가

미국 경제와 미국 달러가 세계경제에서 차지하는 특수한 역할들은 경상수지 불균형의 막대한 증가에도 중요한 역할을 수행하였다. 1950년대에서 1970년대 말까지 미국의 경상수지는 비교적 균형을 이루고 있었다. 그러다가 1980년대에 들어오면 최초의 적자 물결이 자라나고 이것이 1990년대와 2000년대가 되면 더욱더 커지게 된다(앞의 그림 3.1 참조). 경상수지에 적자가 발생한다는 것은 그에 상응하는 (순)자본유입이 자본수지에서 발생해줘야 한다는 것은 자명한 일이다. 만약

---

* Kaminsky and Reinhart 1999.

미국으로의 (순)자본유입이 갑자기 제로로 떨어진다면 미국의 경상수지 적자도 사라질 것이다. 제2차 세계대전이 끝난 이래로 미국은 항상 국제적인 자본 유입 및 유출의 허브였다. 1980년대 이후로는 지속적으로 순 자본유입이 높고 이에 걸맞은 높은 경상수지 적자가 발생하는 상황에 직면했다. 지난 수십 년간 미국의 순 국제투자 포지션은 계속 악화돼왔다. 1970년대에는 미국이 대략 10퍼센트를 넘던 순 자산 포지션을 가지고 있었지만, 2008년이 되면 20퍼센트가 넘는 순 채무 포지션을 가지게 된다.*

이렇게 큰 자본유출이 벌어진 이유 가운데 하나는 2차 대전 후 브레튼우즈 체제에서 미국 달러에 특별한 역할을 부여한 이래로 달러가 세계의 기축통화였다는 사실에 있다. 브레튼우즈 체제가 무너진 지 오래임에도 불구하고 달러가 여전히 국제적 기축통화의 위치를 유지하고 있는 것은 관성 그리고 적절한 대체 통화가 없다는 사실로 설명된다. 오늘날에도 미국 밖 전 세계 국가들의 중앙은행이 보유하는 대외 준비금은 60퍼센트가 달러로 되어 있다.

규제가 풀린 국제적 자본흐름이 펼쳐내는 구도에서는 전 세계의 부 가운데 일부는 그 부를 창출한 여러 나라들 바깥 어딘가에 세계 통화로 보존되게 마련이다. 따라서 우리는 전 세계에 걸쳐 개개인들, 기업들 혹은 은행들이 자기들 부 가운데 일정 부분은 미국 달러로 바꾸어 안전한 도피책으로 지니기를 선호할 것이라고 예상할 수 있다. 국제적 자본이동에서 규제가 완화되면 이러한 유형의 자본흐름이 증가하게 된다. 미국의 경상수지 적자가 늘어난 것도 국제적 자본흐름의

* Fed 2010.

규제가 풀린 것과 밀접하게 관련돼 있다. 특히 위기 상황이 벌어질 때마다 미국은 엄청난 자본유입에 직면하게 된다. 미국 자본시장과 미국 통화가 일종의 안전한 도피처로 간주되기 때문이다. 역설적인 일이지만, 심지어 미국 서브프라임 위기가 벌어진 기간에도 그러했다. 브라질이나 대한민국 등의 나라에서 빠져나온 자본이 미국을 향해 움직인 것이다. 미국이 바로 그 위기가 발원한 곳이었음에도 불구하고.

여러 정부 기관의 활동들 또한 미국의 자본 수입에 일조한다. 1997년 동아시아 위기가 터지고 그것이 여러 신흥시장국들로 확산된 이후, 많은 개발도상국들의 중앙은행들은 자국 통화의 가치상승과 경상수지 적자를 막기 위해 외환시장에 개입하기 시작했다(일본도 이 시점부터 이러한 개발도상국들의 움직임에 동참했다). 2004년에서 2008년에 이르는 기간 동안 미국의 경상수지 적자 총액을 같은 기간 동안 미국 바깥 나라들의 중앙은행들이 보유한 공식 준비금의 증가와 비교해보면, 그리고 그 증가분의 약 60퍼센트가 미국 달러로 보유된다고 가정하면, 미국 경상수지 적자의 70퍼센트 이상은 각국 중앙은행이 자국 통화가치 상승을 막기 위해 이렇게 외환시장에 개입한 결과 자금이 융통된 것임을 볼 수 있다. 이 시기에, 중국의 중앙은행인 중국인민은행은 미국 경상수지 적자의 40퍼센트 이상을 공급했다.* 각국 중앙은행의 개입이 없었다면 미국의 경상수지 적자도 훨씬 적었을 것이다.

아시아 위기 이후로 국제적으로 각국이 보유한 준비금은 폭발적으로 늘어났으며 특히 자국 통화를 미국 달러에 일정 환율로 고정시켜

• 출처로는 IMF COFER 2010; IMF 2010.

놓은 나라들에서 그러했다. 이에 따라 이제 브레튼우즈 체제가 부활하여 세계경제가 암암리에 그 체제로 되돌아가는 것이 아니냐는 추측도 나왔다.* 이 주변부 나라들이 미국 달러에 자국 통화를 고정하든가 최소한 달러에 대한 자국 통화의 환율이 크게 변동하는 것을 미리 막으면서 동시에 경상수지 흑자를 밀어붙인다는 것이다. 미국은 이에 수동적으로 떠밀려 높은 경상수지 적자를 기록하고 전 세계 다른 나라들의 생산물을 수요를 담당함으로써 그 나라들의 성장을 부추기는 엔진이 된다. 이러한 새로운 체제는 서로에게 혜택을 줄 뿐만 아니라 몇십 년이나 지속이 가능해, 주변부 나라들은 수출 주도 성장을 이룩할 수 있어 좋고 미국은 또 과평가된 달러 덕분에 높은 후생을 실현할 수 있어 좋다는 것이다.

미국 입장에서 이러한 체제를 축복이라고 할 수만은 없다. 이를 통해 미국 내 실질소비가 늘어나는 것은 명확하지만, 이 체제가 내수 경제성장과 일자리를 감소시킨다는 것도 명확하다. 미국에서 1980년대 이후 죽 계속돼 특히 2000년대에 전개된 상황을 볼 때 미국산 제품에 대한 수요가 안정된 장기적 성장을 이루기는 힘들었다. 높은 경상수지 적자의 결과로서 국내에서 생산된 제품에 대한 수요는 구조적으로 낮았고 이 때문에 실업률이 상승하는 영구적인 위협이 나타나게 되었다.

미국은 딜레마에 빠졌다. 미국의 정책 입안자들은 이러한 국내 제품에 대한 수요 취약성에 대해 두 가지 선택지를 가지고 있었다. 실업률 상승을 받아들이든가 아니면 통화정책과 재정정책을 팽창 기조

• Dolley, Folkerts-Landau and Garber 2003.

로 전환하여 미국 제품과 서비스에 대한 수요 취약성에 균형을 맞출 것을 시도하든가. 미국 연방준비은행은 그것을 설치한 법령상 물가 안정성을 확보한다는 과제 외에도 가능한 한 높은 고용과 적당한 장기 이자율을 유지한다는 것도 임무로 삼고 있다. 그리고 연방준비은행은 실제로 이 후자의 목적들을 추구한다. 그런데 대외무역과 국내의 소득 변화 모두가 국내에서 생산된 재화들에 대한 수요의 성장을 둔화시키는지라 연방준비은행으로서는 별 도리 없이 이자율을 오래도록 아주 낮은 수준으로 유지할 수밖에 없었다. 앨런 그린스펀이 총장으로 있는 동안 연방준비은행이 서브프라임 및 자산 유동화 붐을 받아들였다는 사실 또한 이 논리로 설명할 수 있다. 이 붐이 없었다면 고용 침체가 더 심해졌을 것이고 아마도 중기적으로는 임금하락과 디플레이션을 촉발했을 가능성이 높다. 따라서 연방준비은행으로서는 부동산 거품이 생겨나고 그에 따라 어마어마한 신용팽창이 수반되는 것도 기꺼이 감수할 준비가 돼 있었다.[*] 따라서 서브프라임 위기에 대한 주된 비난은 규제완화라는 전반적 정책, 특히 국내 및 국제 금융체제의 규제완화와 그 체제들의 자가 증폭 효과에 초점이 맞춰져야 한다.[**]

이렇게 미국의 적자를 중심으로 한 세계적인 경상수지 불균형은 몇 가지 점에서 큰 위험을 안고 있다. 첫째, 최근 몇십 년간 미국은 전 세계 제품에 대한 수요 엔진의 기능을 맡아왔고 세계 여러 나라가 취하고 있는 중상주의적 전략의 해로운 결과들을 완화시켜왔다. 미국이 앞으로는 이러한 기능을 충족할 수 없게 될 가능성이 높고, 만약 그럴

[*] UN 2009; Stiglitz 2006.

[**] Krugman 2007.

경우 너무 많은 나라들이 저마다 중상주의 전략을 추구하면서 갈등을 일으킬 수 있으며, 이에 따라 세계경제의 불안정성은 더욱 심화될 것이다. 두 번째, 세계경제의 수요 엔진으로서 미국이 너무 빠르게 붕괴할 경우엔 이것이 세계경제에 막대한 결과를 초래할 것이다. 셋째, 미국의 엄청난 경상수지 적자와 이미 올라갈 대로 올라간 대외 부채의 부담은 미국 달러의 앞날에 대한 여러 가지 사실을 함축하고 있다. 미국의 대외 부채는 주로 미국의 국내 통화인 달러로 가치가 매겨져 있다. 따라서 다른 신흥시장국들처럼 대외 부채가 있다고 해서 이것이 곧 부채위기로 이어지지는 않을 것이다. 하지만 부채의 규모 자체가 미국 달러의 안정성과 국제적 평판에 위협을 가하고 있는 실정이다. 미국의 국제투자 포지션이 마이너스이므로 미국의 경상수지 또한 해외 이자 지불과 이윤 이전으로 압박을 받게 될 것이며 결국 미국 달러의 미래 가치에 대한 부정적 기대와 예측을 촉발시킬 것이기 때문이다.

미국 달러의 미래는 예측하기 어렵다.[*] 하지만 1950년대와 1960년대에 누렸던 절대적 지배력을 되찾을 수 없다는 것만은 분명해 보인다. 브레튼우즈 체제가 다시 부활한 것이 아니냐는 가설이 그다지 설득력 있게 들리지 않는 이유는 그러한 형세가 국제적 조약에 기초한 것이 아니라 미국 달러의 환율을 안정시키기 위한 사적인 카르텔에 불과하기 때문이다. 이 부활한 브레튼우즈 체제에 유로는 참여하지 않고 있다. 만에 하나 미국 달러의 대외 가치가 무너지는 일이라도 벌어지면, 중앙은행들 가운데 그 준비금을 미국 달러에서 유로나 다른

● 포괄적인 논쟁으로는 Helleiner and Kirshner 2009.

통화로 가장 먼저 옮겨가는 첫 번째 중앙은행만이 손실을 면할 수 있을 것이다. 이 부활한 브레튼우즈 체제는 참여국 수도 많기 때문에, 상대적으로 작은 중앙은행들뿐만 아니라 더 중요한 중앙은행들까지 달러 보유량을 줄이기 시작하면 언제라도 이 카르텔은 곧바로 무너질 수 있다. 이렇게 부활한 브레튼우즈 체제라는 것은 아주 파괴적인 방식으로 무너질 수 있으며 전 세계에 드리워진 환율 불안정성을 가중시킬 위험이 있는 것이다.

국제통화체제의 미래로서 가장 가능성이 높은 시나리오는 벤저민 코언도 예견한 바 있듯이(Cohen 2009), 지도자가 없는 통화체제로 나아가는 것이다. 가까운 미래에는 물론 미국 달러가 가장 중요한 역할을 할 것이며 유로가 그 뒤를 따를 것이다. 엔은 그 국제적 중요성을 상실했다. 일본이 1990~1991년의 부동산 및 주식 시장 거품의 종말 이후 그 번영과 성장은 벼랑 끝으로 내몰렸기 때문이다. 중국의 위안은 최소한 가까운 미래에는 국제적 기능을 떠맡을 역량이 없다. 영국의 파운드 또한 중요한 국제적 역할을 할 능력이 없으며 스위스 통화도 마찬가지이다. 이 두 나라 모두 틈새 역할 이상을 맡기에는 너무 작다. 이는 곧 향후 10년간은 미국 달러와 유로 사이의 경쟁이 세계통화체제의 핵심을 차지하게 될 것임을 뜻한다. 장기적으로는 세계 권력 구조상의 지정학적 이동에 따라 더 많은 통화들이 국제적 기능을 맡게 될 가능성이 아주 크다. 또 가까운 장래에는 미국 달러에 통화를 고정시키고자 하는 통화의 수도 줄어들 것이며, 만약 아시아 내 경제적 통합이 심화될 경우에는 더욱 그러하다.

통화 간 경쟁이 격렬해질수록 불안정성이 증가할 가능성도 높다.[*]

• Herr 1997.

각국 정부와 중앙은행들은 자신들의 일국 통화가 지도적인 국제적 지위를 점할 수 있도록 적극적으로 경쟁을 벌일 수도 있다. 이를 달성할 수 있는 결정적인 경제적 수단은, 부의 소유자들 그리고 정치적·군사적 지배력을 가진 자들의 이익에 맞게 고안된 정책들이다. 하지만 그러한 정책 외에도 부의 소유자들, 상업은행과 투자은행들, 연금기금, 기업들이 통화 간 경쟁을 창출할 수 있다. 국제적 준비금으로 쓰이는 통화를 발행하는 나라가 있다고 하자. 이 나라는 일정 수준의 가격 안정성을 유지할 것으로 기대되지만, 만약 그 나라가 그러한 기준을 지키지 않거나 혹은 통화 안정성을 강력하게 증진시키고 부 소유자들의 이익을 보호할 만한 정책들을 취하지 않는다면, 자본은 그 나라에서 빠져나가 그 나라 통화와 경쟁 관계에 있는 다른 통화 발행국에 둥지를 틀 것이다.

통화들 간에 경쟁이 격렬해지면 높은 수준의 불안정성이 생겨난다. 그리고 가치하락의 위험에 처한 통화가 있을 때 그 통화를 가장 먼저 떠나는 이들만이 자기들의 부를 지킬 수 있게 된다. 이러한 시나리오에서라면 부의 소유자들은 한 통화에서 다른 통화로 갈아탈 결정적 시점을 놓치지 않기 위해서 신경을 바짝 곤두세우고 있어야 한다. 따라서 통화 간 경쟁은 이렇게 잠재적으로 거대한 규모를 가진 자금들이 주기적으로 통화와 통화 사이를 옮겨가는 것을 아예 그 특징으로 삼는다. 미국 달러와 유로(이전에는 독일의 마르크) 간 환율 변동은 여기에 묘사된 시나리오와 아주 긴밀히 닮아 있다. 현재 우리가 처한 세계 통화의 세력 배치 상황은 독특한 문제에 봉착해 있다. 미국 달러도 유로도 모두 준비금 통화로서는 만족스럽지 못하다는 것이다. 미국 달러는 대외적 안정성을 상실했다. 대외 부채도 많은데다 경상수지 적자가 누적되고 있다. 게다가 GDP, 국제무역, 기술적 지도력과 정치적 지배력 등에서도 미국의 지위가 계속 하락하고 있어서 이 모든 것이 합쳐져 미국 달러의 역할을 약화시키게 될 것이다. 유로 사용 지역은 경제적 크기로 보자면 미국과 비슷하지만 유로는 아주 깊고도 해결되지 않는 내부적 문제들을 안고 있다(아래에서 다시 논의할 것이다). 지금 우리 눈앞에서 두 거인이 씨름을 벌이고 있지만 그 둘 다 신체가 온전치 못하다. 그리고 그로 인해 국제적 자본흐름의 불안정성은 더욱더 증가할 확률이 높다.

중국식
중상주의

지구적 불균형을 증가시키는 또 하나 중요한 요인은 중국의 부상이었다. 1978~2010년 사이에 중국 경제의 연간 성장률은 평균적으로 실질 GDP가 (거의) 10퍼센트, 1인당 GDP 또한 8퍼센트 이상이라는 환상적인 수치를 보여준 바 있다. 그 와중에 중국 내 소득분배의 불평등은 가공할 수준이었고 또 갈수록 증대되고 있지만, 그럼에도 절대적 빈곤 탈출의 최저 기준을 하루에 1달러라고 잡았을 때 중국은 지난 몇십 년간 전 세계에서 절대적 빈곤의 감소가 가장 크게 나타난 나라였다. 중국이 선택한 것은 광범위한 정부 개입을 수반하는 점진적이고도 전반적인 전략이었다. 즉 IMF와 워싱턴에 자리 잡은 기구들이 밀어붙이는, 이른바 워싱턴 컨센서스의 전통에서 나온 여러 정책 제안들을 중국은 따르지 않은 것이다. 하지만 중국이 경제적으로 전반적인 성공을 거둘 수 있었던 것은 필시 바로 이러한 사실 때문이었을 것이다.*

　중국은 포괄적인 자본 통제 체제를 시행했으며, 비록 지난 몇 년간 완화하기는 했으나 그 정도는 극히 미미한 수준이다. 이 자본 통제 체제의 논리는 간단하다. 해외직접투자(FDI)의 유입만을 예외로 하고 모든 유형의 자본흐름은 통제를 받는다. 하지만 자본유입은 해외직접투자에 지배돼 왔으며 자본유출은 중앙은행의 외환시장 개입으로 지배돼 왔다. 중국은 상당한 수준까지 자본흐름의 구조를 자국 이익에 맞게 짜나갈 수 있었으며, 더 나아가 전반적으로 낮은 실질금리로 내수지향적인 통화정책까지 추구할 수가 있었다.

　중국의 경제발전을 추동한 것은 두 개의 성장 엔진이었다. 첫째, 투자가 항시 과열 상태였고, 높은 해외직접투자 유입에도 불구하고, 이 투자를 주로 추동했던 것은 고도로 규제된 금융체제였다. 둘째, 중국은 경상수지 적자가 지속되는 것을 결코 용납하지 않았다. 1990년대 말 이후로 중국의 경상수지 흑자는 폭발하기 시작하였고 금세 세계 최대의 흑자국 중 하나가 되었다. 오늘날 최대의 무역 불균형은 중국과 미국 사이에 존재하고 있다. 이렇게 중국이 거두는 흑자는 명백히 정치적으로 추동되고 강화된 것이며, 2000년을 시작으로 중국이 경상수지 흑자를 축적할 목적으로 공격적인 중상주의 전략을 따르고 있음을 여실히 드러내고 있다.

　1994년 중국은 큰 폭의 통화가치 하락을 경험하였고, 그 후로 중국은 중국산 제품이 국제적으로 경쟁력을 가질 수 있는 수준에서 자국 통화 환율을 미국 달러에 고정하였다. 이렇게 고정된 환율을 중국은

* Naughton 2007 ; Herr 2008 ; Herr 2010.

2005년까지 성공적으로 고수할 수 있었다. 2005년 이후에는 위안을 일종의 통화 바구니에 고정시키기 시작했으며, 이로 인해 나타난 모종의 연동환율 제도(crawling peg regime)는 미국 달러에 대한 위안의 가치를 아주 조금씩만 상승하게 만들었다. 중국인민은행(People's Bank of China)은 외환시장에 꾸준히 개입하여 중국 위안의 가치상승을 막거나 속도를 늦추었다. 2000년대에 들어서 행한 여러 차례 개입은 아주 강력한 것이었고 결국 2009년 말이 되면 중국은 2조4,000억 달러 정도로 세계 최대 규모의 준비금을 보유한 나라가 된다.[*] 1990년대 말 이래로 중국은 엄청난 규모의 이중 흑자를 긁어모으게 된다. 하나는 그 경상수지상의 흑자였고, 또 다른 하나는 이보다 더 큰 규모의 자본수지 흑자로서 이는 해외직접투자 유입, 그리고 부분적으로는 여타 합법·비합법적 자본유입에서 생겨난 것이었다. 중국인민은행이 외환시장에 개입하지 않았다면, 그리고 자본흐름을 변화시키지 않았다면 중국은 아마도 엄청난 경상수지 적자국의 지위로 밀려났을 것이다.

  하지만 중국의 정책을 이해하기 위해서는, 다른 나라들에서 폭넓은 금융시장 개방과 변동환율제에 기초한 발전 전략이 때때로 실패했다는 점을 상기하는 것이 중요하다. 게다가 1997~1998년의 아시아 위기 때 다른 아시아 국가들이 경상수지 적자도 제법 낮았음에도 불구한 지구적 금융시장의 위기로 말려들어가는 동안에도 중국 정부는 정신을 바싹 차리고 상황을 계속 주시해야 했다. 이러한 경험을 지켜본 나라이니, 지구적 자본흐름의 변덕으로부터 가능한 한 자신을 보호하

---

[*] CIA 2010.

려 한다는 것은 너무나 당연한 귀결이었다. 중국은 경상수지 흑자를 축적함으로써 외국으로부터 차입을 해야 하는 상황을 피할 수 있었으며 따라서 외환시장의 딜러들과 국제투자가들의 변덕에 좌지우지되지 않고 스스로의 길을 걸어갈 수가 있었다. 이러한 전략을 추구하기 위해서는 또한 위안의 환가치를 낮게 유지하여 수출이 수입을 초과하도록 만드는 것이 중요했다. 따라서 중국이 축적해온 수출 흑자는 개발도상국들을 엉망으로 만들어놓는 지구적 통화체제에 맞서 스스로를 지키기 위한 자기방어 체제라고 해석할 수 있는 것이다. 만약 우리가 세계 금융체제를 좀 더 안정적인 것으로 대체할 수 있었더라면 중국의 이처럼 완고한 전략도 보다 완화할 수 있었을 것이다.

하지만 중국의 경상수지 흑자가 다른 나라들의 경제성장에 해가 된다는 것은 의심의 여지가 없으며, 이는 독일과 일본의 높은 흑자 또한 마찬가지다. 앞서 주장했듯이, 이러한 과도한 흑자는 세계경제의 불안정성을 증대시킬 뿐만 아니라 다른 나라들의 총수요 관리에 여러 가지 문제들을 낳게 마련이다. 또한 중국이 추구하는 전략에는 얼마간 비합리성이 존재한다. 이 점은 만약 미국 달러의 가치가 하락할 경우 중국인민은행이 보유한 자산 가운데 미국 달러로 가치가 매겨진 자산 또한 화폐적 가치를 잃을 수밖에 없다는 점에서 명확하게 드러난다. 우리는 개발도상국들과 신흥시장국들이 경상수지 적자 회피 전략을 활용하는 것을 지지하며, 또 그러한 전략을 실행에 옮기기 위해 자본 통제와 각종 중앙은행 개입을 활용하는 것을 지지한다. 또한 중국 같은 나라들이 자국 통화의 환율을 세계적 통화들 중 하나 혹은 여러 통화의 바구니에 고정하는 것은 현명한 전략이다. 하지만 지금 중국이 쌓아두고 있는 경상수지 흑자는 너무나 크다. 또한 GDP에서 수출이 차지하는 비중 또한 너무나 높아서 중국은 세계시장의 발전 상황에 심하게 의존하게 되며 특히 중국 수출의 주된 활로인 미국 내 상황 전개에 심각하게 의존하게 된다.

우리가 추천하고자 하는 정책은 위안의 가치를 적당히 하락시키며 동시에 국내의 수요 구조를 좀 더 균형 있게 만들어서 GDP에서 소비가 차지하는 비중을 늘리도록 하는 정책을 결합하라는 것이다. 그리고 아시아에서 중상주의 전략을 추구하는 나라는 중국만이 아니기 때문에 환율 조정은 아시아 차원에서 여러 나라들과 협력하는 방식으로 이뤄질 필요가 있다. 중국의 국내 수요를 진작시키는 정책은 또 중국 내 소득 불평등을 감소시키는 정책과 결합이 가능하다.

유럽통화연합 내 불균형으로 불안정성이 증가한다

하나의 전체로서 유럽이 지구적 불균형에 큰 원인을 제공한 것은 아니지만, 이 지구적 불균형의 문제가 유럽 차원에서 고스란히 드러나고 있음은 분명하다. 유럽 내부에서 어떻게 불균형의 문제가 자라났는지를 이해하려면 유럽 통합의 역사를 한번 살펴보지 않으면 안 된다. 유럽의 경제정책 입안자들은 이미 브레튼우즈 체제가 무너졌을 때부터 시장의 변덕에 따라 자국 통화들이 극단적인 가치절상과 가치절하를 겪는 것을 용인할 생각이 없었다. 따라서 유럽 6개국(벨기에, 덴마크, 프랑스, 독일, 룩셈부르크, 네덜란드)은 1973년부터 자기들끼리 환율 변동을 좁은 폭으로 제한하고자 했다. 처음에는 독일 마르크를 기축통화로 삼는 '통화 뱀(currency snake)'의 틀 안으로 환율 변동을 제한하는 방법을 사용하였다. 그러다가 1979년에는 유럽인들이 유럽통화체제(European Currency System)를 도입하였으니, 이는 지도적 통화를 제도적으로 정해놓지 않았다는 것만 빼면 내용상으로는 작은 브레튼우즈 체제였다. 그리고 1999년에는 심지어 각국 통화를 유로로 대체하는 실험까지 하게 되었다.

이렇게 하여 유럽통화연합(EMU) 내에서 환율 위험으로부터 해방될 수는 있었지만, 그 대가로 이에 참여하는 개별 유럽 국가들 사이에는 지속적으로 엄청난 크기의 경상수지 흑자와 적자가 축적됐다. EMU가 나타난 이래로 독일은 경상수지 적자국의 위치에서 벗어나 역사상 최대의 흑자를 쌓아나갔고, 룩셈부르크, 오스트리아, 핀란드, 네덜란드 등도 모두 마찬가지였다. 독일은 유럽 최대의 경제국이기 때문에 이 나라가 높은 흑자를 거둔다는 것은 각별한 문제를 일으키게 된다. EMU 내 다른 모든 나라들의 경상수지 적자는 유로가 등장한 이래로 갈수록 악화돼갔다. 그리스, 포르투갈, 스페인의 적자가 특히 높아서 GDP에 대한 퍼센트로 보면 두 자리 숫자가 되었다. 지구적 차원의 불균형과 마찬가지로 유럽의 경우에도 경상수지 적자와 흑자는 위기 직전의 몇 년 동안 주로 나타났다. 그리고 지구적 경제위기와 마찬가지로 유럽의 위기 또한 부분적으로 스페인, 그리스, 아일랜드 등에서 나타난 부동산시장의 과도한 팽창으로 설명될 수 있다. 하지만 지구적 불균형과 대조되는 점도 있다. 지구적 불균형이 지구적 금융시장의 변덕스러운 불안정성과 관련이 있던 것에 비해 유럽의 불균형은 유로존 내부의 경제정책과 더욱 관련이 깊다. 우선 EMU는 최적통화지역(optimal currency area)이 아니며, 그 통합은 본질적으로 정치적 기획이다. 하지만 이 또한 지구적 경제의 변칙적인 환율 변동으로 빚어진 여러 불안정성에 대한 대응으로 이해할 수도 있다.

하지만 이러한 일국 차원의 흑자와 적자만 보면 중요한 사실이 은폐된다. EMU 내부에서 나라들 사이에 수요 그리고 비용의 추세에서 서로 다른 방향으로 갈라지는 강력한 경향이 존재했다는 점이 그것이다. 근래 아일랜드나 스페인 같은 나라에서는 수요를 추동한 으뜸가는 요인이 국내 소비와 건설 붐이었던 반면, 독일의 경제성장은 거의 전적으로 강력한 수출 성장 그리고 수출 부문에 대한 기업 투자에 기초하고 있었던 것이다. 임금 비용으로 보자면 1999~2010년에 독일에서는 아주 최소한의 인상만이 나타났고 게다가 2004~2006년에는 오히려 하락하기까지 했다. 이와는 대조적으로 이탈리아와 스페인에서는 노동비용이 급속하게 증가했다. 프랑스는 EMU 평균보다 약간 높은 정도였다.

전체적으로 보아, 임금 비용의 차이가 엄청나게 벌어졌다. 스페인, 포르투갈, 그리스, 이탈리아에서는 EMU가 생겨난 이래로 임금 비용이 20퍼센트 이상 증가하였으며, 프랑스에서는 독일과는 달리 15퍼센트는 족히 증가하였다.[*] 한 나라의 임금이 EMU 내 다른 나라들보다 더 강력하게 인상됐다면 이는 두 가지를 의미한다. 이 나라는 수출에서 가격 경쟁력을 잃는 한편, 비(非)교역 재화 및 서비스의 생산 비용도 상승하고 생산자들이 이 비용 상승을 소비자들에게 전가하면서 국내의 물가인상률도 오를 것이다. 유럽중앙은행이 EMU 지역 전체에 획일적인 명목이자율을 고정하게 되므로 일국적으로 물가인상률이 높은 나라에서는 실질이자율이 낮아지게 된다. 물론 실질이자율이 낮

● Dullien and Fritsche 2009 ; Herr and Kazandziska 2007.

아지면 투자의 매력이 커지는 경향이 있다. 하지만 이러한 효과가 대외무역 부문에서 나타난다고 해도 이는 역시 인플레이션으로 나타나는 가격 경쟁력의 상실로 상쇄되고 만다. 따라서 실질이자율이 낮아지면 그 주된 효과는 부동산시장과 건설 부문을 자극하는 것으로 나타난다. 이런 식으로 부동산 호황이 촉발될 경우, 물가인상이 주택담보대출 이자율을 뛰어넘을 경우 호황은 더욱 강화된다. 이 시점에 이르면 부동산 거래의 매력이 증가하여 투기꾼들까지 시장에 들어서게 된다. 더욱이 그러한 호황기 동안에는 소비 또한 유로존의 다른 나라들보다 더 빨리 늘어나게 된다. 한편으로는 강력한 임금증가로 가처분 소득이 늘어나기 때문이며 다른 한편으로 부동산 가격이 오르면서 소유자들이 더 부자가 되었다고 생각하기 때문이다.

EMU 안의 나라들은 외환 리스크가 없다는 장점이 있으므로 경상수지 적자가 발생해도 유럽의 은행체제와 자본시장을 통하여 쉽게 자금을 융통할 수 있다. 하지만 경상수지 적자국들의 거시경제적 채무의 추이가 이러한 측면을 갖는다는 점은 잘 지적되지 않았다. 최소한 얼마 동안은 이 나라들의 신용도에 대한 암묵적인 신뢰가 있었던 것이다. 부동산 호황에는 이러한 나라들의 부동산 담보가치 또한 올라갔으므로 EMU 내 다른 나라의 은행들 또한 이 호황이 계속되도록 대출기간을 연장해가면서 자금 융통을 도와줄 용의가 있었다. 심지어 이나라들이 빚더미에 올라앉아 자기들이 가진 것보다 더 많은 돈을 써가면서 살아가는 상황에서도 이런 상태는 지속되었다.

그러다가 서브프라임 위기가 터지면서 이러한 부동산 호황은 종말을 맞이했다. 부동산 호황을 누렸던 나라들은 경쟁력을 대폭 상실했고, 여기에 이 나라들의 수출 부문이 가진 취약성 때문에 문제가 더 커졌으며 결국 이 나라들을 깊고도 아주 장기화될 위기로 몰아넣고 말았다. 건설 부문이 정상적인 크기로 다시 축소되면서 일자리 손실이 생겨났다. 이러한 충격을 받은 나라들은 잃어버린 경쟁력을 되찾기 위한 궁여지책으로 유로존 평균보다 낮은 임금수준에서 협상 주기를 연장하는 수밖에 없을 것이다. 이 주기 동안 이 나라들의 국내 물가상승률은 현재 EMU 평균보다 낮은 상태이며, 따라서 국내 실질이자율은 EMU 평균보다 높은 상태이다. 이러한 요인들은 부동산시장 붕괴를 더 심화시킬 뿐이며, 더 나아가 임금증가 속도의 정체 혹은 심지어 임금하락이 벌어진다면 디플레이션의 위협이 현실화될 수 있으며 그렇게 된다면 국내 수요도 더 줄어들고 금융체제상의 문제도 더욱 심각해진다. 다시 말해, 임금수준과 물가수준의 하락으로 일부 서비스업종, 수공업, 그 밖의 국지적 생산 형태들은 아주 부정적인 타격을 입게 될 것이다.

법적으로 그런 것은 아니지만 현실적으로는 EMU의 기준임금은 독일이 정한다. 독일은 유로존에서 가장 큰 경제국일 뿐만 아니라 임금 비용의 증가율이 가장 낮은 나라이기도 하다. 이렇게 임금 비용 증가율이 낮은 것은 생산성 증가율이 아주 높아서가 아니라 화폐임금수준율이 아주 낮은 데서 기인한다. 만약 독일의 임금수준 추이가 지금까지의 추세로 계속 나아간다면, 이전에 독일보다 임금 비용 증가율이 더 높았던 나라들은 경쟁력을 회복하려면 상당한 임금삭감을 감수하지 않을 수 없을 것이다. 이 나라들에서 생산성 증가가 독일보다 상당히 높게 나타나서 경쟁력을 회복할 것이라는 희망은 환상에 지나지 않아 보인다. 게다가 EMU 내에서 이렇게 경쟁력을 상실한 부분들에서 명목임금을 크게 삭감하는 것도, 이에 통상적으로 노동자들과 노조가 반대하기 때문에, 과연 가능할지 의문이다. 서브프라임 위기가 발발한 이후로 독일과 여타 EMU의 흑자국들에서 임금이 크게 오르지 않는 한 그리스, 이탈리아, 포르투갈, 스페인 등의 나라는 아주 황당한 딜레마에 직면하게 된다. EMU 내 경쟁력 결핍과 부동산 거품의 붕괴로 인한 경기침체를 감수할 것이냐 아니면 임금삭감으로 인한 디플레이션을 받아들일 것이냐. 후자의 경우에는 일부 기업과 인구의 일정 부분은 실질 부채의 부담이 증가할 것이며 또 국내 수요는 가라앉을 것이다. 서브프라임 위기가 확산되기 시작하자 EMU의 남부 국가들은 처음에는 팽창적인 재정정책들을 통해 자국 경제의 안정화를 꾀하였다. 하지만 이런 시도는 오래갈 수가 없었다. 시장 분위기가 이 나라들에게 적대적으로 돌아섰고 투자자들이 요구하는 위험프리미엄은 계속 치솟아 국가파산의 위협으로 이 나라들을 몰아넣었기에 이 정책들은 금세 중단될 수밖에 없었다. 2010년 그리스는 명백한 국가부채 위기에 빠진 첫 번째 나라가 되어 IMF에 도움을 요청해야만 했다. 이 글을 쓰고 있는 현시점에도 시장은 아일랜드와 스페인에 여전히 강한 압박을 가하고 있다. 아일랜드와 스페인은 위기 전에는 재정 상태가 제법 탄탄해 보인 나라라는 점에서 특히 많은 교훈을 주고 있다. 이 나라들은 2007년까지는 심지어 재정 흑자를 보인 나라들이었다. 그러던 이 나라들이 하루아침에 높은 적자와 치솟는 위험프리미엄과 힘차게 치솟는 공공부채의 악순환에 접어들게 된 것은 조세 수입이 무너져버린 데다 실업수당이나 위기에 필연적으로 따르는 은행 구제금융 패키지 등과 같은 경기침체 관련 지출이 급증했다는 것 말고 다른 이유를 찾을 수 없다.

물론 이 남부 EMU 나라들의 임금인상 폭이 종종 지나치게 높았다는 것은 분명하다. 하지만 EMU 내에 현재 진행 중인 왜곡들의 책임을 이 나라들에 돌리는 것은 잘못된 일로, 이 왜곡들은 근본적인 정책 전환을 하지 않는 한 미래에도 악화일로로 치달을 것이다. 독일의 임금 및 물가 인상률은 독일 경제를 거시경제학적으로 보았을 때 또 EMU 전체의 균형을 생각했을 때 적당하다고 기대할 수 있는 수준보다 너무 낮았으며, 그 결과 한편으로는 독일의 실질이자율이 평균을 넘는 높은 수준이 되었고 다른 한편으로는 EMU 내 다른 거의 모든 나라들에 대하여 갈수록 강력한 경상수지 흑자를 축적하게 됐다. EMU의 응집이라는 관점에서 본다면 독일 내 임금 변화의 추세는 평균을 훨씬 웃도는 임금협상을 기록했던 스페인, 포르투갈 등의 나라들과 똑같이 문제를 낳는 원인이었다. 독일을 거의 디플레이션 직전에 이르도록 몰고 갔던 이 과도하게 낮은 임금 및 물가 인상률은, 한편으로 수출 지향적 발전으로 높은 경상수지 흑자를 내는 것을 선호하는 독일의 전통적인 중상주의 정책에 기인하는 것으로서, 이를 지지하는 많은 주요 이익집단들에는 일부 노동조합까지 포함된다. 또 다른 한편으로는 독일의 높은 실업률과 노동시장의 여러 제도들이 침식당한 것 또한 이러한 낮은 임금인상률에 한 원인이 되었다(4장을 보라). 의도적이었건 아니었건, 독일 그리고 독일만큼은 아니더라도 흑자를 본 나라들은 정도는 달라도 EMU 내에서 사실상 임금 덤핑을 촉발한 셈이며 그 수출의 성공을 통하여 실업도 함께 수출한 셈이다. 물론 이러한 상황 전개에도 불구하고 독일이 경제성장과 고용에서 이득을 보지는 못하였다. 임금 덤핑이 벌어지면서 이에 따라 국내 수요 또한 낮아졌기 때문이다. 그럼에도 독일과 다른 흑자국들이 실업을 수출했다는 지적은 여전히 옳다.

이에 대한 개혁의 선택지들은 너무나 분명하지만, 그것의 실행에 따르는 정치적 어려움 또한 너무나 분명하다. 일단 필수적인 조치들을 들자면 EMU 차원의 임금수준 조정과 이를 현실화할 수 있는 제도들의 도입 그리고 EMU에 재정정책을 중앙화시키는 것 등이다. 이러한 개혁 조치들이 없다면 EMU는 경제에 여러 심한 왜곡들이 나타나면서 수많은 문제를 떠안게 될 것이다. 특히 독일은 임금인상률을 더 높일 필요가 있으며, 독일은 EMU 최대 경제국답게 종래의 공격적인 중상주의 전략을 포기해야만 한다.

4

시장은 노동에
어떤 결과를
가져왔는가

이 장의 목적은 임금의 역할을 좀 더 자세히 살펴보는 것이다. 그리하여 임금이 우리 일상생활은 물론이고 국가 수준, 나아가 세계 수준에서도 얼마나 결정적인 역할을 맡고 있는가를 좀 더 폭넓게 이해해보는 것이다. 지난 20~30년 동안 임금이 보여준 추세는 그 기간 동안 무엇이 잘못되었는가, 그리고 어째서 오늘날 우리가 겪는 경제적 재앙이 얼마든지 예측 가능한 것이었는가를 이해하는 데 근본적으로 중요하다. 임금이 맡는 역할에 대한 전체 그림을 잡기 위해서 다음의 몇 가지 단계를 밟아나가도록 하자. 첫째, 지나치게 학술적인 용어는 피하겠지만 경제학의 학문적 맥락에서 임금 문제를 한번 살펴보도록 하자. 이를 위해서는, 세계가 어떻게 작동하는지를 더 잘 설명하기 위해 끊임없이 경합하는 다양한 경제학 패러다임 안에서 임금이 맡는 역할을 좀 더 깊게 파고들 필요가 있다. 그다음에는 이보다 훨씬 실제적인 문제로 돌아가서 시장자유화 혁명이 벌어진 기간 동안 노동시장의 여러 제도들이 어떻게 침식당했는가를 살펴보도록 하자. 우리의 경제가 갈수록 더 위기에 취약하게 된 이유를 이해하기 위한 열쇠는 지난 몇 십 년간 일어난 소득분배의 변화들을 냉철히 짚어보는 데 있다. 그리고 이 영역에서 벌어진 사태는 금융시장 내 여러 과도한 행태와 긴밀히 연관돼 있다. 이 장 말미에서는 몇 개의 짤막한 사례 연구들을 중심으로, 시장이 노동에 구체적으로 어떤 결과를 가져왔는지를 명확히 제시하겠다.

경제학의 여러 패러다임에서 노동의 위치

1980년대의 시장자유화 혁명 이후로 금융시장의 규제완화가 시행됐고, 이와 나란히 노동시장의 규제를 완화하라는 압력도 거세게 밀어닥쳤다. 신고전파 경제학에서는 본래 거시경제학 자체가 따로 존재하지 않지만 19세기 말경 거시경제학이라고 할 만한 변종이 발전한 바 있었다. 그러한 신고전파 거시경제모델은 출현 당시부터 지나치게 높은 임금과 경직된 노동시장 규제가 실업의 주된 원인이라고 간주하였다. 제2차 세계대전이 끝난 뒤 특수한 갈래의 케인스주의 사상이 대중적 인기를 얻게 었는데, 이 독특한 사상은 임금과 고용의 관계를 강조하였다. 그리고 또 한편으로는 경제 혼란의 원인을 재화에 대한 수요의 불충분으로 소급하면서, 이를 타개하기 위한 수단으로 통화정책뿐 아니라, 무엇보다도 재정정책을 써야 함을 역설했다. 이 독특한 종의 케인스주의는 신고전파 종합(neoclassical synthesis)이라는 이름으로 불린다. 그 기본적 사상은, 장기적으로 신고전파 모델이 유효하며, 노동시장의 탄력성에 대한 요구도 합당하다는 것이다. 하지만 단기적으로 보면, 재화 수요의 부족과 같은 형태로 '케인스적' 혼란이 벌어질 수 있다고 본다. 이러한 독특한 케인스주의는 사실상 신고전파 경제 사상의 핵심을 그대로 간직한 것으로서 혹자는 이를 '사생아 케인스주의(bastard Keynesianism)'라고 부른다.

　최근의 경제위기에서 그리고 한 걸음 나아가 자본주의 일반에서 노동시장이 맡는 역할을 이해하려면, 노동시장에 대한 여러 경제 이론들을 조금 더 깊게 파고들 필요가 있다. 1970년대에는 신고전파 종합 이론이 깊은 위기에 봉착하고 말았다. 이 이론이 제시하는 모델에 내재한 중심적인 난점은 그 모델로는 인플레이션의 문제를 제대로 파악할 수 없다는 데 있었다. 이 관점에 따르면 물가인상률이 오르면 고용도 증가세로 이어져야만 했다. 하지만 1970년대의 현실은 물가인상률과 실업률이 동시에 치솟는 것이었으니, 이 모델과는 정반대였다. 그러자 이러한 문제점 때문에 통화주의의 시대가 개막되었다. 통화주의의 가장 유명한 대표자는 밀턴 프리드먼으로서, 그는 그보다 훨씬 전부터 이미 스스로 신고전파 종합을 끝장내고야 말겠다고 선언한 바 있다. 1960년대 말 이래로 프리드먼이 경제정책에 끼치는 영향력이 증가하기 시작했다. 프리드먼의 관점은 불순물이 전혀 섞이지 않은 순수한 신고전파 모델에 근거하고 있었다. 이에 따르면 통화정책은 오로지 가격안정 유지만을 임무로 삼아야 하며, 고용이 높은 수준으로 유지되도록 보장하는 것은 통화정책이 아닌 노동시장의 임무라는 것이다. 임금형성 메커니즘이 자유시장의 작동이 아니라 노동조합과 사용자 연합 등에 지배당하는 형태가 나타나고 노동의 수요와 공급에서 지역적 불균형 및 직종 간 불균형이 생겨나는 등 노동시장이 교란당하는 것이 실업의 원인―그렇게 나타나는 실업률을 '자연적' 실업률이라고 프리드먼은 불렀다—이라는 것이다. 이 관점에서 경제정책에 접근하면 실업과 싸울 수 있는 가장 효과적인 수단은 노동시장의 규제완화가 된다. 통화정책과 재정정책은 고용 증대라는 목적에 적합한 수단이 아니다. 왜냐하면 이런 것들은 그 효과가 단기적일 뿐만 아니라, 그 효과의 정도를 평가하기도 어렵기 때문이다. 국가의 예산은 항상 균형을 유지하기 위해 노력해야 하며 중앙은행은 통화 공급을 늘릴 때 그 비율을 일정하게 고정해야만 한다는 것이다.*

학문적 영역에서 프리드먼이 거둔 승리는 오래가지 않았지만 그의 정치적 영향력은 그보다 오래갔다. 1970년대에는 프리드먼보다 더욱 근본적으로 신고전파 사상을 견지하는 변종이 발전하여 학계의 논쟁을 지배하기에 이르렀다. 시카고 대학에서 프리드먼의 제자였던 로버트 루카스는 이 신고전학파(New Classical School)를 정초한 가장 중요한 인물 가운데 하나다. 이 학파는 노동시장이 실업의 원인일 뿐만 아니라 경제성장률과 고용에도 중심적인 중요성을 가진다는 점을 강조하였다. 프리드먼과 루카스에 따르면 각 가정경제가 내놓는 노동력의 노동시간은, 추가적인 노동시간을 내놓음으로써 얻게 되는 추가적 소득의 효용이 그 추가적 노동시간에서 생겨나는 비효용(disutility)을 상쇄하는 지점에서 결정된다고 한다. 가정경제로서는 실질임금, 즉 한 시간 노동으로 벌어들일 수 있는 재화의 바구니가 더 커진다면 노동 공급을 증가시키는 것이 보통일 것이다. 또 기업의 노동에 대한 수요는 노동자 한 사람이 생산하는 물질적 산출이 그 실질임금과 일치하는 한도까지 계속될 것이다. 노동자 한 사람이 한 시간에 받는 임금이

• Friedman 1968.

곡식 5킬로그램이라고 가정해보자. 그렇다면 자본가는 그 노동자가 생산해내는 것이 최소한 곡식 5킬로그램보다는 많아야 그 사람을 고용하려 할 것이다. 그리고 또 노동자를 한 사람씩 추가로 고용할 때마다 그 새로 고용된 노동자가 생산해내는 산출은 줄어든다고 가정된다. 이런 식으로 분석을 해나가다 보면 결론은 노동수요를 증가시키는 방법은 실질임금을 떨어뜨리는 것밖에는 없다는 결론이 나온다. 임금이 탄력적이라면 노동공급이 노동수요와 일치하는 지점에서 임금수준도 결정될 것이라는 것이다. 이러한 모델에서 실업이란 항상 자발적인 것이며, 따라서 근절도 가능하다. 실제로 신고전학파는 여러 시장이 아주 신속하게 조정되기에 노동시장은 항상 균형 상태에 있다고 주장하기까지 한다.[*]

방법론적으로 보자면 이러한 접근법은 거시경제학의 미시적 기초를 따르고 있다. 이는 복잡하게 들리겠지만 사실 아주 단순한 이야기이다. 미시적 기초란 합리적으로 행동하는 개별 가정경제나 개별 기업의 행태를 살펴본다는 말이며, 그렇게 해서 나온 결과를 그대로 거시경제 수준에 외삽한다는 말일 뿐이다. 개개인의 합리적 행위가 거시 수준으로 가면 의도치 않은 결과를 낳을 수 있다는 생각 자체가 경제사상에서 완전히 사라졌기에 이제는 아무 역할도 하지 못한다. 하지만 다음의 단순한 예만 보아도 이는 자명하다는 것을 알 수 있다. 극장에서 누군가 한 사람이 무대를 더 잘 보기 위하여 일어선다면 이는 그 개인의 입장에서는 합리적인 행위일 것이다. 하지만 모든 청중이 그 사람을 따라 한다면 개인 차원에서는 합리적인 행동을 한 것임에도

● Lucas 1981.

모두가 더 잘 관람하는 결과를 얻을 수는 없다. 이 경우에서 보듯 미시적 수준에서 합리적으로 내린 결정이 전체에는 더 나쁜 결과로 이어지는 일은 얼마든지 있을 수 있다. 이런 식으로 노동시장을 분석하는 것은 상당히 설득력 있어 보이기 때문에 정치적으로도 아주 강력한 힘을 갖게 된다. 이 예를 경제로 가져오면 약간 더 복잡할 수 있지만 기본은 동일하다. 어느 개별 기업이 임금을 깎았다면 이는 분명히 그 기업의 경쟁력을 올리게 될 것이며 또한 더 많은 수의 노동자를 고용할 수도 있게 될 것이다. 하지만 만약 모든 기업들이 임금을 줄이게 된다면 그 결과는 아주 달라질 것이다.

이러한 신고전학파의 등장에 대응하여 1990년대에는 새케인스학파(New Keynesian School)가 발전하였다. 새케인스학파는 신고전학파로부터 미시적 기초라는 개념을 받아들이지만 노동시장의 임금 경직성과 그 여파로 벌어지는 실업 장기화가 미시적 수준에서 합리적 근거를 갖는다는 결론을 연역해낸다.[*] 비록 새케인스주의자들도 실업의 근본적 문제는 노동시장 메커니즘에 있다고 생각하지만, 이러한 결론을 연역해낸 덕에 통화정책과 재정정책이 효과를 가질 수 있는 여지를 다시 한 번 만들어내게 된다. 이를테면 이른바 효율임금 모델(efficiency-wage models)이라는 것이 나오게 되는데, 이에 따르면 노동자들은 일하면서 최선을 다하지 않고 빈둥거리면서 시간을 때우는 것으로 되어 있다. 하지만 어떤 회사가 임금을 올리면 노동자들은 빈둥거리다가 잡혀서 해고될 경우 높은 임금을 잃어야 한다는 위험을 안게 되기 때문에 열심히 일하려 들 것이며 이에 따라 생산성이 올라간

• 특히 Layard, Nickell and Jackman 1991.

다는 이야기이다. 그런데 모든 회사들이 생산성을 올리기 위해서 이러한 논리를 따라 행동할 경우 임금은 지나치게 인상될 것이며 그 결과 실업이 나타나게 된다. 또 다른 예로 소위 내부자-외부자 문제(insider-outsider problem)라는 것이 있다. 노동자들을 조직하는 노동조합은 그 성원들에게 높은 임금을 획득해주는 내부자이지만, 그렇게 해서 임금이 너무 높이 올라가면 노동시장에는 외부자들이 생겨난다. 그리고 임금은 임금협상 제도에 근거해 고정되므로 외부자들이 억지로 끌어내릴 수 있는 것이 아니게 된다는 것이다.

전통적인 신고전파 경제사상에서와 마찬가지로, 오늘날 재림한 신고전파 경제학자들의 입장에서도 노동조합, 최저임금, 급성장하는 복지국가 등은 대단히 나쁜 것이다. 이런 것들이 있으면 실업이 생겨나도 임금을 끌어내리기 어렵게 되거나 혹은 가정경제들이 일을 하기보다는 사회복지 수당을 타먹는 쪽을 선호하도록 조장할 수 있기 때문이라는 것이다. 시장 메커니즘은 안정적인 것이라고 이들은 생각하며, 이를 사회적 후생과 조화를 발생시키는 기적의 기계라고 간주한다. 그리하여 이들은 이 시장 메커니즘이 지배하는 세상이 되도록 우리 모두 힘써야 한다고 주장한다. 이러한 시장자유주의자들의 관점에서 보자면 규제완화야말로 경제발전에 다시 활력을 불어넣고 긍정적인 고용 효과를 낳을 수 있는 첩경이 된다. 따라서 전통적인 신고전파를 신봉하는 대부분의 경제학자들과 경제고문들은 물론이고 새케인스주의적 접근을 신봉하는 이들마저도 노동시장의 규제완화와 임금 삭감을 실업 극복 대책으로 추천하는 것은 놀라운 일이 아니다. 심지어 독일의 게르하르트 슈뢰더(Gerhard Schröder) 시절 사민당-녹색당 연합 정부처럼 원리상 노동 친화적인 정권들조차도 이러한 생각을 자신들 정책의 기초로 삼았었다.

그런데 케인스가 문제를 보았던 방식은 지금까지 언급한 어떤 경제학파와도 달랐다. 그의 1936년 노작인 『고용, 이자, 화폐에 관한 일반이론』은 1930년대의 지구적 경제위기의 그림자 속에서 집필되었거니와, 여기에서 케인스는 노동시장의 역할과 의미를 재화시장에 대한 총수요라는 맥락 속에서 해석한다. 재화에 대한 수요야말로 생산 총량 그리고 경제 전체의 고용 및 실업을 결정하는 주된 요소이다. 케인스의 관점에서 보자면 노동시장은 여러 시장들로 이루어진 위계 서열에서 가장 낮은 위치에 있으며 자산시장과 재화시장의 지배를 받게된다. 투자수요는 자산시장에서 결정되며, 그 결정 요소는 이자율 그리고 미래의 이윤 창출에 대한 기업들의 기대와 예측의 수준이다. 그리고 소비수요 또한 자산시장의 전개에 의존하게 된다. 가계 대출의 비용과 가능성 그리고 주식 가격과 부동산 가격 등의 경우가 그 예가될 것이다. 만약 경제가 그 생산 역량의 최대치로 작동하고 있지 않아 실업이 존재하는 상태에서라면 생산 총량과 고용 및 소득의 양을 결정하는 것은 투자수요와 소비수요를 합친 것 그리고 여기에 다시 국가 수요와 외국인들의 수요를 합친 것이 된다. 경제의 작동이 생산 역량의 최대치를 넘도록 과열되고 그래서 물질적으로 생산수단을 구할수 없다는 게 생산 총량과 고용 및 소득의 양을 제한하는 요인이 되는 상황은 극히 드물다는 것이다.

일반적으로 말하자면, 자본주의의 역동성은 화폐의 선납이 어느 수준에서 이루어졌는가—즉 사업가들이 생산과정을 수행하고 투자에 필요한 재화들과 중간재와 노동 등등을 구입하는 데 쓴 총액—에 따라 결정된다. 비록 케인스는 마르크스와 여러 지점에서 의견이 갈렸지만, 이 점을 설명하기 위하여 케인스가 내놓았던 자본의 보편적 도식만큼은 마르크스의 자본순환 도식과 여러 면에서 일치한다(Marx 1867). 화폐가 선납되어 생산수단과 노동을 구입하고, 이것으로 여러 재화를 생산하면 이 재화들이 판매된다. 판매를 통해 얻은 수입 총액은 처음에 선납한 화폐보다 많아야 한다. 이윤이 남지 않으면 이 사업 전체가 무의미하기 때문이다. 생산 과정에서 자금을 융통하는 방법은 자기 소유의 화폐를 통하는 방법만 있는 것은 아니며, 생산적 목적에 투자되는 화폐가 얼마나 되는가를 결정하는 데 절대적 역할을 하는 것은 신용이 된다.

이러한 관점에서 결정적인 역할을 맡는 것은 사람들의 기대와 예측이다. 케인스는 '모험기업(enterprises)'과 '야성적 충동(animal spirits)'을 이야기했고 조셉 슘페터는 '기업가정신(entrepreneurship)'을 이야기했던 바(Keynes 1936; Schumpeter 1926), 그 핵심은 기업들의 투자 결정은 엄밀하게 경제적 논리만으로 설명할 수 있는 것이 아니며 미래에 대한 전 방위적인 무수한 기대와 예측 사항들에 또한 의존한다는 것이다. 두말할 것도 없이 기업가들에게 결정적으로 중요한 것은 자사 생산물의 수요에 대한 예측이다. 하지만 이를 확실하게 예측하는 것은 불가능하기 때문에 결국 전반적인 투자 분위기가 또한 중요한 역할을 하게 된다. 투자 불충분이라는 문제의 원인은 다른 것일 수도 있다. 이를테면 기업들이 자금원을 찾을 수 없다면 투자 부족이 벌어질 수 있다. 따라서 대출 가능 범위와 자금 조달 비용 또한 경제성장 과정에서 핵심적 역할을 하게 된다. 여러 금융기관과 부유한 재력 가문들도 의사결정을 할 때 확고한 근거 없이 미래에 대한 기대와 예측에 기초하기는 매한가지이다. 예를 들어 금융체제에 혼란이 벌어져서 기업들이 충분한 돈을 얻을 수 없게 되면 경제성장과 고용수준 또한 낮아질 것이다. 기업들이 미래에 대해 부정적인 예측을 하고 이에 따라 투자 목적의 자금을 대출하고 싶어 하지 않을 때 이런 일은 비일비재하게 벌어진다. 이렇게 투자는 파동처럼 움직인다. 경험적으로 보자면 이러한 투자의 여러 파동은 투자활동, 경제성장, 고용 등이 보여주는 끊임없는 상승과 하락으로 드러나며, 이런 것들이야말로 자본주의가 출현한 이래로 경제적 역동성의 특징을 이루던 요소였다. 궁극적으로 보았을 때 중앙은행 또한 엄격한 통화정책을 수단 삼아 경제에서 생산적인 소득 창출 활동에 투자되는 화폐의 총량을 줄일 수가 있다. 중앙은행은 인플레이션과 싸우기 위해서 이자율을 올리고 이를 통해 투자활동을 줄이는 경우가 많다. 생산과 소득 창출을 제한하는 요소들은 방금 열거한 것들 중 하나이며, 사용할 수 있는 물질적인 생산수단과 노동이 얼마나 있는가로 생산과 소득 창출이 제한당하는 것은 아니다.

자본주의경제에서 생산성은 기술적 개선과 조직적 개선을 반영하면서 비교적 안정적인 경로를 따라 상승한다. 시장경제에서는 기업들이 남들을 뛰어넘는 가외 이윤을 추구하고자 하며, 이로 인해 영구적으로 그리고 연속적으로 갖가지 혁신이 일어나게 된다. 그리고 이러한 과정을 앞서서 선취해나가지 못하는 기업들은 침몰의 위험을 안게 된다. 존 메이너드 케인스뿐만 아니라 조셉 슘페터와 카를 마르크스 등 수많은 경제학자들이 자본주의경제의 이러한 힘을 강조한 바 있었다.

결국 노동에 대한 수요는 기본적으로 생산에 의해 결정되며, 여기에 따로 고려할 요소로서 생산성 발전이라는 것이 추가된다. 생산성의 발전보다 생산량의 증가가 더욱 강력하게 벌어질 경우에는 항상 중기적으로 고용이 증가하게 마련이다. 이를테면 경제의 생산량이 5퍼센트 증가했는데 생산성 증가가 2퍼센트였다면 고용 증가는 3퍼센트가 된다. 경제성장과 생산성을 이렇게 함께 고려하여 나온 노동수요보다 현재 일자리를 찾고 있는 사람들의 수가 더 많다면 실업이 나타나게 된다. 따라서 신고전파 모델을 채택한 여러 학파의 주장과는 달리, 노동의 수요는 그 어떤 직접적인 방식으로도 임금에 의해 결정되지 않는다. 노동공급도 인구 성장률 그리고 얼마나 많은 이들이 노동시장에 참가하는가에 따라 결정되며, 임금의 역할은 노동의 공급을 설명하는 데도 그저 종속적인 요소에 불과하다. 노동시장에서 어려운 상황들이 벌어지는 것은 대개 장기적으로 보아 생산량의 증가가 생산성 증가에 뒤처지는 경우이다.

이러한 분석이 함축하는 바는, 임금이 직접적으로 고용수준을 결정하는 게 아니라는 것이다. 하지만 임금은 한 경제의 물가수준을 결정하는 데는 핵심적인 중요성을 띤다. 존 메이너드 케인스는 임금협상의 단위가 그 나라의 국내 통화이며, 따라서 미국에서는 달러로 영국에서는 파운드로 협상이 이뤄진다는 점을 지적한다. 즉 어느 나라에서건 여러 재화를 섞어 담은 바구니를 두고 임금협상을 벌이지는 않는다는 것이다. 최소한 폐쇄경제를 가정할 경우 그 나라의 통화로 표현한 임금 비용은 그 나라의 물가수준과 함수관계를 맺게 된다. 케인스는 1930년에 출간한 『화폐에 대한 논고Treatise on Money』에서 이러한 접근법을 발전시켰다. 이 저서는 케인스주의에 있어서 『일반이론』과 동일한 중요성을 갖지만 인플레이션과 디플레이션 과정에 대해서는 아무런 이야기도 하고 있지 않다.

가격수준이 어떻게 되는지는 무엇보다도 생산 비용에 의해 결정된다. 폐쇄경제를 가정해본다면, 단위임금비용은 곧 가장 중요한 비용 요소를 표현하며 가격수준의 명목적 기준이 된다.* 만약 단위임금비용이 오른다면 가격수준 또한 상승하며, 단위임금비용이 내린다면 디플레이션의 전개가 뒤따라오게 된다. 단위임금비용은 두 가지 요소로 구성된다. 하나는 화폐임금으로서 이것이 오르면 단위임금비용도 함께 오른다. 다른 하나는 노동생산성으로서, 이것이 오르면 임금 비용은 줄어든다. 그림 4.1을 보면 단위임금비용이 여러 나라에서 어떻게 전개되었는지 나타나 있다. 독일은 1995년 이후 단위임금비용과 물가수준 모두 아주 낮게 증가하는 특징을 보여준다. 미국과 영국에서는 단위임금비용이 1970년대에 들어 상당히 증가했지만 1990년대와 2000년대에 이르면 비교적 안정된 모습을 보인다. 일본의 상황은 단위임금비용도 하락할 수 있음을 보여준다. 경험적으로 보았을 때 단위임금비용과 가격수준의 변화가 맺는 관계는 놀랄 만큼 긴밀하고 안정적이다.

하지만 이렇게 가격수준 결정에 임금이 막대한 역할을 하지만, 다른 요소들의 역할이 전혀 없는 것은 아니다. 이를테면 원자재 상품 가격이 오르거나 부가가치세가 오르면 물가수준도 함께 오르는 결과가 나타난다. 환율 변동도 수입품 가격에 변화를 가져오며 국내 생산 비용에도 등락을 가져와 물가수준에 영향을 끼친다. 특히 수입 할당량이 많은 작은 나라들의 경우 환율은 임금 비용과 함께 가격수준을 결정하는 두 번째 축이 될 수 있다. 이렇게 물가수준의 결정에 영향을 주는

● Keynes 1930; Herr 2009.

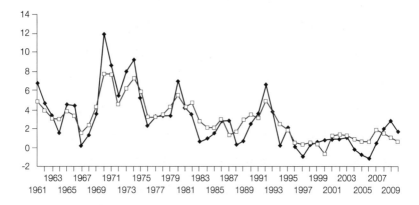

독일

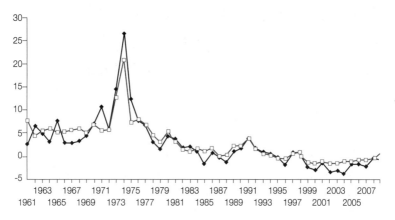

일본

그림 4.1 독일, 미국, 일본, 영국의 단위임금비용과 물가인상률(그전 1년간의 증감분을 백분율로 나타
냄)

출처: Ameco(2010).

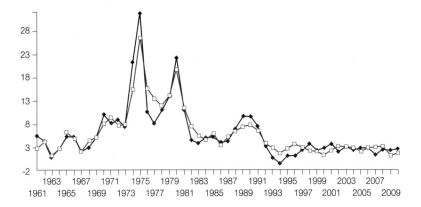

영국

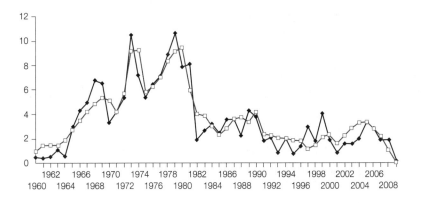

미국

──◆── 명목단위노동비용

──□── GDP 디플레이터

비용 요소들은 다양하지만 그들이 갖는 한 가지 공통점은 이들 모두 '가격-가격 효과(price-price effect)'를 통해서 작용한다는 것이다. 이렇게 여러 비용을 상승시키는 시장수요가 있으면 가격수준도 올라가게 된다. 마지막으로, 재화시장에서의 수요와 공급 사이에 불균형이 나타나는 것 또한 가격수준을 결정하는 데 결정적인 역할을 하고 수요인플레이션 혹은 수요디플레이션으로 이어질 수 있다.

지금까지 노동이 상이한 경제학 패러다임들에서 차지하는 역할을 간략하게나마 살펴보았다. 이를 통해 노동을 바라보는 관점에서 서로 간에 커다란 차이를 보인다는 사실은 드러났을 것이라고 믿는다. 노동은 모든 경제학 패러다임에서 결정적인 지위를 갖지만, 특히 일부 모델들, 이를테면 케인스가 발전시킨 모델에서는 한층 더 결정적인 지위를 갖는 것이 분명해 보인다.

노동시장의 제도들이 침식당하다

1970년대에 거의 모든 OECD 국가들에서 실업 관련 수치들이 치솟는 동시에 물가인상률도 높게 올라가는 사태가 벌어졌다. 신고전파의 경제 분석이 승리를 거두게 된 데는 여러 이유가 있지만, 이 역시 그 이유 가운데 하나였다. 1950년대와 1960년대의 경제적 사유를 지배했던 신고전파 종합은 이렇게 물가인상률이 오르는 동시에 실업률이 증가하는 사태를 설명할 수가 없었다. 물론 케인스 자신은 그러한 스태그플레이션을 아주 쉽게 설명할 수 있었을 것이다. 생산 과정에서 화폐로 이뤄지는 선금 투자는 물론 GDP 성장률도 너무 낮아서 모두에게 일자리를 제공하기란 불가능했으며 또 이와 동시에 각종 생산 비용(1970년대에는 특히 임금과 석유 가격)이 증가하여 비용 압박 인플레이션으로 이어졌다는 설명이다. 하지만 1970년대에는 신고전파 패러다임이 경제사상을 지배하기 시작했고 그 옹호자들은 실업을 퇴치하기 위해서는 노동시장의 규제완화만이 살길이라며 이를 강력히 촉구하기 시작했다. 노동시장을 보다 탄력적으로 만들자는 캠페인들이 결정적인 영향을 미쳤다는 사실에는 의심의 여지가 없으며, 대부분의 경제학자들은 지칠 줄 모르고 유연화의 여러 미덕을 찬양해댔다.

이러한 패러다임을 밀어붙이는 데는 보수파 정치집단들이 주요한 역할을 했다. 노동조합의 세력화와 노동자의 권익 보호 따위는 이들에게 항상 눈엣가시 같은 것이었다. 기업 내 권력관계가 재편성되어 직원들은 이제 경영진의 결정을 수동적으로 받아들이지 않을 수 없게 되었다. 정치적으로 보자면 노동시장 정책에서 결정적 단절이 생겨난 것은 마거릿 대처와 로널드 레이건의 선거 승리 이후였다. 1980년대에 들어서 이 두 나라 모두에서 노동조합을 노골적으로 적대시하며 노동시장 규제를 해체할 것을 지지하는 정책들이 시행되었다. 일례로 영국에서 광산 노동자들의 파업이 1984~1985년에 걸쳐 1년 동안이나 지속된 적이 있었다. 하지만 결국 광산 노동자들은 패배하고 말았으며 이에 노동조합 관련 법률의 개혁으로 가는 길을 닦게 된다. 대부분의 서방 국가들도 약간의 시차를 두고 미국과 영국이 갔던 길을 따랐다. 심지어 사회민주주의 정부가 들어선 나라들도 마찬가지였다. 결과적으로, 1970년대에 누적된 노동시장의 여러 문제들을, 규제완화라는 방법에 기대지 않고 해결할 수 있다는 희망을 계속 유지한 나라는 몇몇 스칸디나비아반도의 나라들에 불과했다.

경제발전이 이루어지면서 피고용자들에 대한 압력은 심화되었고 이와 동시에 노동조합은 약화되었다. 대부분 OECD 국가들에서 실업 관련 수치들은 더욱더 치솟았다. 특히 독일이 이러한 변화를 한눈에 보여주는 예가 될 것이다. 독일의 실업률은 1960년대만 해도 1퍼센트 미만이었지만 2000~2008년에는 9퍼센트에 육박했다. 게다가 고용이 되었다고 해도 실제로 고용 불안정을 겪는 이들의 비율은 이 숫자로 나타난 실업률보다 훨씬 크다는 사실에 주목해야 한다.

이 보수적 혁명에서 생겨난 세계화 모델은 여러 차례 경제적 충격을 계속해서 만들어내는 경향이 있었다. 환율의 등락으로 한 나라의 경제 전체의 경쟁력이 하룻밤 만에 뒤바뀌는 일도 벌어졌다. 게다가 국제적 노동 분업으로 새로운 중요 국가들이 밀고 들어와서 자신들의 몫을 요구하였다. 여기에는 들어가는 것은 중국만이 아니다. 옛날 소비에트 블록에 있던 여러 나라들과 인도나 베트남 같은 나라도 들어간다. 수많은 나라들이 스스로 저지른 잘못도 없이 이렇듯 충격의 연속인 세계화 모델의 발전 과정에 들어서는 바람에 전 산업의 경쟁력을 모조리 박탈당하기도 했다. 지구 전체에 걸쳐 다국적기업들 사이의 공급 고리가 계속 이동하고 또 인수·합병의 물결이 나타나게 되자 기업 부문의 재구조화는 이전보다 훨씬 더 중요한 문제가 되었다. 그리고 갈수록 선진국에서는 고숙련의 산업 일자리가 사라져가고 있었다. 게다가 지난 몇십 년간의 기술 변화로 인하여 제조업에서 미숙련 일자리가 차지하는 범위는 점차 줄어들고 있었다. 또 규제차익(regulation arbitration)의 '논리'를 노리고, 높은 봉급과 강력한 노조가 있는 기업에서 저임금에다가 노조도 없고 일자리 보장성도 취약한 부문이나 지역으로 아웃소싱이 벌어지는 일도 종종 있었다. 기업들의 생존 전망이 절망적으로 보이는 때가 종종 있었고, 기업들의 생존률을 높이기 위해 시장자유주의적 세계화의 방식으로 노동자들이 임금 삭감과 유연화를 받아들이라는 압박이 높아져만 갔다. 그래도 노동자들이 말을 듣지 않을 경우 생산 지역의 이전으로 해결했으며, 때로는 그렇게 하겠다는 협박만으로도 충분했다.

노동시장의 규제완화 과정은 사회보장제도의 해체로 더욱 격화되는 경우가 많은 나라에서 벌어졌다. 많은 나라에서 기존의 사회보장제도는 실업률이 워낙 높아 예산 압박을 받지 않을 수 없었으며, 게다가 기존에는 고용자 측에서 피고용자들을 고용할 때 그들을 위해 사회보험료 일부를 내야 했지만 이제는 그렇게 할 책임이 없는 고용 관계들이 창출되게 되었다. 여기에 인구학적 변화까지 겹치면서 많은 나라들의 사회보장제도는 큰 압박에 시달리게 되었다.

1970년대 이래 또 다른 중요한 상황이 벌어졌으니, 많은 나라에서 중앙 차원으로 이루어지던 임금협상이 기업 차원의 협상으로 이동한 것이다. 임금협상이 기업 수준에서 벌어지게 되면서 노동조합은 약화되었고, 이제 노조는 기업 수준에서 요구되는 온갖 종류의 특수 조항들을 모두 받아들일 수밖에 없게 되었다. 기업 수준에서는 경영진과 피고용자들이 바로 협상자로 얼굴을 맞대게 되지만 피고용자들은 경영진에 의존하는 존재가 아닐 수 없다. 또한 전국이나 산별이 아닌 기업별 노조는 기업 수준의 임금동결과 유연화를 수단으로 기업 경쟁력을 올리려드는 경영진의 전략에 동조하는 경향이 있다.[*] 하지만 앞에서 말했듯이 임금삭감 정책은 미시경제학적으로는 합리적 정책일 수

---

* Soskice 1990.

있으나 거시경제 수준에서는 디플레이션으로 이어지며 그리하여 경제 내 모든 기업들을 난관에 빠뜨릴 수 있다.

물론 이러한 일반적 경향에 어긋나는 예외 사례들도 있다. 예를 들어 포르투갈과 스페인의 임금협상은 기업 수준에서 산별 수준으로 이동하였다. 하지만 이것이 저절로 임금 형성과정에서의 조정을 더 강화하거나 거시경제적 필요를 단체협상에 포함시키는 등의 결과를 가져오는 것은 아니라는 점을 주목해야 한다. 개별 산업의 임금결정 추세라는 것은 그 산업의 특정한 조건들만 반영하여 결국 전국 차원에서 보자면 임금결정에 해로운 결과를 미치는 것이 될 수도 있다.

산업 생산에는 전통적으로 노동조합 조직률이 높았지만 갈수록 선진국에서는 바깥 세계로 공장 이전이 벌어지는 한편으로 또 전통적으로 노동조합 조직률이 낮은 서비스업과 같은 직종이 중요성을 더해가고 있다. 많은 나라에서 노동조합은 이미지 관리에 있어서 심각한 문제를 안고 있다. 심지어 좌파 운동 진영 내부에서조차도 노동조합은 이제 흘러간 시대의 공룡 화석 정도로 간주되는 경우가 많다. 이러한 상황 전개는 노조 조직률의 하락에 반영되고 있으니 이러한 현상이 특히 두드러진 나라는 미국, 영국, 일본, 프랑스, 네덜란드, 독일 등이다. 하지만 이는 결코 불가항력의 경향성은 아니다. 벨기에, 덴마크, 핀란드 등과 같은 수많은 나라에서는 노조 조직률이 안정되어 있거나 심지어 오르기까지 하였다.* 또 한편으로는 사용자들 조직의 위상이 침식당하는 일도 함께 벌어져왔다.

대부분의 선진국에서는 기간제 계약, 임시 고용직, 파트타임 노동,

---

* OECD 2009b.

사회보험 가입이 안 되며 형편없는 고용 보호 등을 특징으로 삼는 불안정 고용의 증가가 벌어진 바 있다. 물론 이러한 추세는 고등교육이나 연구직과 같은 고임금군에서도 목도된 바 있지만, 불안정 고용이 대개 집중되어 있는 곳은 저임금 부문이다. 전체적으로 보아 우리는 이렇게 말할 수 있다. 실업 증가에 대한 빗나간 대응에다가 노동시장의 규제완화 바람까지 불어닥치는 통에, 인구 중 상당수의 생활 및 노동 조건이 훨씬 더 불안해졌다고.

불평등이
계속 증가하다

지난 10년간 소득분배에서 중대한 변화가 나타났으며, 이는 시장자유주의적 세계화 모델의 핵심적인 특징이다. 소득과 자산의 분배가 나날이 불평등해졌으며, 이에 따라 기회균등의 원칙 또한 나날이 무너지게 되었다. 이러한 관점에서 볼 때 자본주의는 괜찮은 형태에서 야수적 형태로 이행해왔으며, 이는 이념적인 색안경을 낀 사람들 눈에도 똑똑히 보일 만큼 명확하다. 이제부터 이 변화의 다양한 차원들을 제시하고 설명하도록 하자.

우선 이른바 기능별 소득분배(functional income distribution)라고 불리는 것에서 시작해보자. 거의 모든 나라에서 임금몫(wage share)—전체 소득에서 임금 소득이 차지하는 몫을 뜻한다—은 최고치에 달했던 1970년대보다 크게 하락하였다. 1970년대와 비교해보아 임금몫이 급격하게 떨어진 나라들을 보면 오스트리아, 핀란드, 프랑스, 독일, 영국, 그리스, 아일랜드, 이탈리아, 일본, 스페인 등이다.[*]

이러한 변화는 무엇보다도 금융 부문의 권력이 증대된 것으로 설명할 수 있으니, 금융 부문은 상대적으로 그 이윤 마크업을 더 높게 올릴 수 있었다. 이와 관련해서 보자면 이자율은 가장 낮은 이윤율이라고 보아야 한다. 장기적으로 보아 그 어떤 기업도 이자율보다 낮은 이윤율을 받아들이지는 않을 것이기 때문이다. 하지만 이자율이 높다고 해서, 이로써 임금몫의 하락을 설명할 수는 없는 노릇이다. 무언가 다른 메커니즘이 작동하고 있었다고 보아야 할 것이며, 투자은행, 연금기금, 헤지펀드, 사모펀드 등과 같은 기관투자가들이 기업들에게 더 높은 수익을 내놓으라고 압력을 올렸던 것을 생각해볼 수 있다. 금융기관들 중에서 높은 위험을 기꺼이 감수하는 종류의 기관들이 차지하는 비중도 증가하였고, 이에 따라 금융산업 전체는 물론이고 경제 전체에 걸쳐서 수익에 대한 요구 또한 증가하게 되었다. 이러한 금융체제의 변화와 맞물려 있는 주주가치 원리가 도처에서 승승장구해 경영진은 오로지 주주들의 이해만을 좇아서 가장 단기적인 시간 지평에서 가장 높은 수익을 내도록 압력을 받았던 바, 이것이 앞에서 말한 여러 경향들에 더욱 힘을 실어주게 되었다.

재화시장에서 나타나는 독점화 수준 또한 결정적으로 중요하다. 공급자들이 다수인 시장보다 과점 및 독점 시장에서 더 높은 이윤율 달성이 가능하기 때문이다.[**] 다국적기업의 문제를 예로 들 수 있다. 비록 세계화로 인해 재화시장에서 경쟁 압박이 늘어난 것은 사실이지만 다국적기업들의 중요성이 지난 몇십 년간 분명히 증대하였으며 이것이 이 세계화로 인한 재화시장 내 경쟁 증가를 상당히 늦추고 있다. 하

● AMECO 2010: European Commission 2007.

●● 이러한 주장에 대해서는 특히 Kalecki 1969; 이를 재정식화한 것으로는 Hein 2008.

지만 우리는 이것이 금융 부문에서 벌어진 여러 변화들에 비교하면 그 중요성이 덜하다고 믿는다.*

임금격차에 나타난 변화의 문제로 가보자. 많은 나라들이 실업과 싸우는 데 저임금 부문에 노골적으로 의존하기도 하고 또 그런 부문이 발전하는 것을 수동적으로 용인하기도 하였다. 그리하여 법정 최저임금제를 이용하여 저임금 부문의 발전을 예방하는 일은 벌어지지 않았다. 강력한 노동조합이 있으면 이렇게 대규모의 저임금 부문이 발전하는 것을 항상 미연에 방지하게 된다. 하지만 앞서 말한 바 있듯이 많은 나라들에서 노동조합은 그 힘을 크게 잃고 말았다.

가장 강력한 임금격차의 확대가 벌어진 곳은 미국이며, 그 뒤를 캐나다, 영국, 아일랜드 등이 따르고 있다. 임금격차 확대가 가장 적은 곳은 스칸디나비아 반도의 나라들, 오스트리아, 프랑스, 독일, 스페인 등이며, 일본 또한 중간 어디쯤에 놓여 있다.

대부분의 OECD 국가들에서 임금구조의 불평등성은 괄목할 만큼 증가하였다. 1990년대 중반 이후의 사태 추이를 비교해보면 대략 세 가지 시나리오가 떠오른다. 첫째, '바닥이 무너지는(collapsing floor)' 경우로서 임금이 한없이 하락하면서 빠르게 확장되는 저임금 부문이 형성되는 경우이다. 이렇게 지나치게 빠른 저임금 부문의 발전이 이루어진 가장 극단적인 경우가 독일이다. 둘째는 '천장이 올라가는(rising ceiling)' 경우로서, 고소득자들의 임금이 치솟아 오르는 경우이다. 1990년대 이후의 캐나다, 독일, 영국, 아일랜드, 미국 등이 이러한

---

* Sraffa 1960. 이 저서는 소득의 기능에 따른 분배를 설명할 때, 이윤율이 주어지면 케인스주의적 방식으로, 임금이 주어지면 고전파 방식으로 설명될 수 있다는 것을 명확히 보여준다.

시나리오에 들어맞는다. 하지만 여기에서 또한 강조해야 할 점이 있다. 앵글로·색슨 국가들에서 이 저임금 부문이 1980년대에 강력하게 성장하였지만 1990년대에 들어오면 국가가 정한 최저임금을 올리는 정책을 통해서 최소한 부분적으로는 그 발전이 가로막혔다는 점이다. 셋째, 이와는 대조적으로 임금격차를 줄일 수 있었던 나라들이 있었다. 가장 성공적이었던 나라는 스페인이지만 프랑스에서도 이 현상이 발견된다.*

개인 소득분배에 있어서는 국가 또한 사회보장제도, 조세 및 사회보험료 제도, 국가 지출 등을 방법으로 삼아 분명하게 개입한다. 지난 몇십 년간 많은 나라에서 정부는 고소득 집단들에게 특혜를 주는 조세 및 여러 정책들을 행하였다. 2005년을 기준으로 보았을 때 스칸디나비아 국가들, 오스트리아, 벨기에, 네덜란드, 프랑스 등은 비교적 평등한 소득분배를 보였다. 가처분 소득으로 보았을 때 선진국들 가운데서 가장 불평등한 소득분배를 보인 나라는 미국이었지만, 캐나다, 영국, 그리스, 아일랜드, 이탈리아, 포르투갈, 스페인 등도 비교적 급격한 불평등의 증가를 특징으로 보였다. 독일은 중간으로서 OECD 평균에 근접해 있다. 1985년과 2005년을 비교해보면 분배는 많은 나라에서 불평등해졌다. 특히 세계적으로 경제적 지배력이 큰 나라들에서 이러한 일이 벌어졌지만, 가처분 가계소득으로 보아 불평등을 줄였던 나라들도 많다. 벨기에, 프랑스, 그리스, 아일랜드, 스페인 등이 여기에 들어간다(그리스, 아일랜드, 스페인은 개인 소득분배로 보아 전통적으로 불평등이 아주 심하다는 특징을 가진 나라들이었다).**

* ILO 2008.
** 여기에서는 지니계수를 사용한다(OECD Glance 2009 참조).

GDP 성장률을 분배와 단순하게 비교해보았을 때, 가장 평등한 소득분배를 보였던 나라들이라고 해서 경제성장률이 나쁜 게 아니었음이 명확히 나타난다. 오히려 그 반대다. 이 나라들은 비교적 성장률도 높고 실업률 수치도 낮게 나타난다. 이것이 특히 두드러지게 나타나는 곳이 스칸디나비아 국가들이다. 따라서 소득 불평등을 증가시키는 정책은 그렇게 하면 성장률이 더 높아진다든가 일자리가 더 많이 생긴다든가 하는 논리로 정당화될 수 없다는 것이다. 물론 2000년과 2008년 사이에는 소득 불평등이 큰 나라들 또한 강력한 성장을 보인 바 있으니, 영국, 스페인, 미국 등이 그 예다. 하지만 이 세 나라에서 성장의 동력이 되었던 것은 강력한 신용팽창, 특히 주택 부문의 신용팽창이었으며, 이는 서브프라임 위기가 발발하면서 지속가능하지 않다는 것이 입증된 바 있다.

미국, 독일, 중국의 상황

미국의 노동시장은 유럽 대륙만큼 철저하게 규제된 적이 결코 없었던 고로 규제완화에서도 근본적인 법률적 변화가 필요했던 것은 아니었다. 미국에서 1950년대와 1960년대에 노동자들을 보호하는 장치는 상대적으로 강력했던 노동조합이었으며 이것이 핵심 산업에서의 임금상승의 기준을 확립하면 이것이 다시 전체 경제로 확산되는 식이었고, 여기에 추가적으로 최저임금정책을 실정에 맞게 조정하는 능동적 정책이 있었다. 1980년대가 되면 여기에 큰 변화가 일어난다. 피고용자의 하층 10퍼센트는 1980년대 초 실질임금의 가혹한 삭감을 받아들여야만 했다. 1990년대의 호황에 들어서야 실질임금이 다시 오르기 시작해 2000년대 초가 되어서야 옛날의 시간당 실질임금을 회복할 수 있었지만 2000년대에는 다시 1970년대 말 정도 수준에서 임금이 정체되는 일이 벌어졌다. 전체 피고용자의 50퍼센트가 1970년대에서 1990년대 중반까지 실질임금의 정체를 받아들여야만 했다. 그리고 이 기간 동안 이들의 시간당 실질임금은 10퍼센트가량 증가했으나 오늘날 다시금 정체 상태에 빠졌다. 국민소득의 최상위 1퍼센트는 1930년대 말에서 1970년대 말에 이르는 기간 동안 국민소득의 약 10퍼센트 정도를 취하였다. 그런데 2005년이 되면 이들의 몫은 자본소득을 빼면 약 18퍼센트, 자본소득까지 포함하면 23퍼센트에 달하게 된다.*

미국 내 임금 불평등을 설명하는 핵심 요인들 중 하나는 노동조합의 약화이다. 노조 조직률은 1980년 전체 노동력의 22.3퍼센트에서 2007년에는 11.6퍼센트로 떨어졌으며, 민간부문 내 조직률만 따져보면 이보다 훨씬 더 크게 하락했다.** 로널드 레이건 대통령은 보수주의 혁명의 중요한 요소로서 노동조합을 적대시하는 것을 근본적인 이념적 정책으로 삼았다. 1981년 8월 항공관제사노조(Professional Air Traffic Controllers Organization)가 노동조건 개선과 임금인상을 요구하며 파업에 들어갔다. 정부는 최후통첩을 보냈으며 그 후 파업에 참가한 조종사들은 모두 일자리를 잃었고, 노조 지도자들은 투옥됐으며 노동조합 자체가 불법화되었다. 미국에서 1980년대에 다른 산업에서 있었던 노사쟁의들도 비슷한 파국을 맞고 말았다. 이와 동시에, 디트로이트 조약이라고 불리던 것도 무너지고 말았다. 이 '조약'은 제2차

* Piketty and Saez 2006.
** OECD Glance 2009.

세계대전 직후 미국의 3대 자동차 회사와 미국자동차노조(United Auto Workers) 사이의 협상까지 거슬러 올라간다. 이 조약은 중기적으로 안정적인 임금인상, 광범위한 의료보험과 실업보험과 연금수당, 유급휴가의 연장 등을 노동에 부여하고 있다. 이러한 협정은 다른 산업들에서도 하나의 본보기 역할을 했다. 자동차산업에서의 임금 및 기타 협상들은 다른 거의 모든 산업들에 기준점이 되었고 미국 내 모든 지역과 직종에서 비교적 평등한 임금인상을 보장하는 역할을 수행했다.[*]

보수주의 혁명 이후, 저임금 부문의 팽창을 방지하기 위한 최저임금 관련 정책들은 중단되었다. 2006년 미국 달러로 통일해 비교해보면, 법정 최저임금은 1979년에는 약 7.50달러였지만 2006년에는 5달러를 약간 넘는 정도로 하락하였다. 1990년대와 2000년대의 연방 최저임금의 절대 수준은 물가인상을 고려했을 때 1960년대의 3분의 2 정도까지 하락하였다. 하지만 2007년에는 연방 최저임금이 7.25달러로 다시 올랐다.[**]

미국에서 앨런 블라인더와 재닛 옐런(Alan Blinder and Janet Yellen) 등은 노동자들이 일자리를 잃을 위협에 항시적으로 시달리고 있으며 생활 여건의 불안정성이라는 트라우마를 안게 되었다고 주장하고 있는데, 이는 놀라운 일이 아니다.[***] 생활수준을 그나마 유지할 수 있는 방법은 가계부채를 늘리는 것뿐인 경우가 많다.

독일로 가보자. 이곳에서는 2차 대전 이후 확립되어 1990년대 초까지 유지됐던 예전의 임금결정 모델과, 그 후에 발전된 새 모델을 구별

• Levy and Temin 2010.

•• Reich 2010.

••• Blinder and Yellen 2001 : 35ff.

할 필요가 있다. 예전 모델에서는 임금협상이 거시경제적으로 가져올 효과들을 임금협상 과정에서 고려하였으며 따라서 그 협상은 당사자들 간의 대결보다는 조정에 크게 기대고 있었다. 전통적으로 매해의 임금협상 기간은 금속산업의 요새라고 할 바덴-뷔르템베르크(Baden-Würtemberg)에서 시작되었다. 이미 1950년대부터 거시경제의 안정을 해치지 않는 임금협상을 위하여 생산성 지향의 임금인상이 하나의 지침이 되어 있었다. 이 협상 과정에서 독일 기업들의 국제경쟁력을 유지할 필요 또한 중요한 고려 사항이 되었다. 그리하여 바덴-뷔르템베르크의 협상 결과는 전체 독일의 금속산업은 물론 다른 모든 산업에서도 몇 가지 약간의 수정을 거쳐서 거의 자동적으로 채택되곤 했다. 스칸디나비아반도의 국가들과 마찬가지로 독일도 최저임금을 법으로 정해놓지는 않았지만 임금협상 메커니즘을 통해 저임금 부문이 확장하는 것을 방지하였다.

이러한 전통적인 임금체제가 침식당하고 독일에 이중적 임금협상체제가 등장한 것은 1990년대에 나타난 일련의 변화에 직면했을 때였다. 이 새로운 체제의 핵심 요소 중 하나는, 금속산업에서 체결된 협상이 다른 모든 지역의 모든 산업에서 벤치마크가 되는 관행이 무너졌다는 것이다. 예전 체제의 침식은 두 번의 물결로 나뉘어 찾아왔다. 첫 번째 물결은 1990년의 독일 통일에서 비롯되었는데, 이때 서독의 임금결정 메커니즘을 동독에 확립하는 게 불가능하다는 것이 밝혀졌다. 통일이 된 이후로는 서비스업 등 일부 산업에서는 심지어 협상을 거치고도 임금인상이 서독에서나 동독에서나 아주 낮아졌다. 둘째, 게르하르트 슈뢰더가 이끄는 사민당-녹색당 연립정부 시절 노동시장 개혁이 이뤄졌지만, 법정 최저임금제도도, 노조를 독려하거나 임금협상을 강화하는 정책도 도입하지 않았기에 결국 이러한 제도적 맹점을 해결하는 데 실패했다. 그저 노동시장을 시장자유주의적 방식으로 개혁했을 뿐이었다. 무엇보다도, 2000년대 초가 되면 실직자들의 마땅한 권리인 실업수당마저 삭감되었고, 장기 복지수당과 사회부조는 단일 비율로 통일됐다. 또 수당을 받으려면 자신이 그만큼 가난하다는 것을 입증해야 하는 자산조사(means-test) 제도가 도입되었을 뿐 아니라 실업자들이 일자리를 까다롭게 고르는 대신 구인 제안이 왔을 때 곧 받아들여야 한다는 요건이 강화되었다.[*]

금속산업, 화학산업, 공공부문 등에서는 예전의 임금협상 제도가 여전히 존재하고 있다. 하지만 산업 전체 차원에서 타결된 협상을 개별 기업들이 수정할 수 있도록 할 재량권이 더 많이 주어졌다. 여기에다가 비행기 조종사, 종합병원 의사, 철도 기관사 등의 소수집단들 및 직종들에서 독립 노조들이 나타나 힘을 얻게 되었고 평균을 상회하는 임금인상을 따내기도 했다. 전통적으로 존재해온 임금 부문에서 비록 낮은 비율이지만 임금은 계속 인상되었다. 하지만 앞에서 보았듯이 다른 모든 부문들에 대한 벤치마크가 되는 효과는 이미 깨져버렸다.

1998년에는 서독의 모든 피고용자들의 76퍼센트가 단체협상의 대상자들이었지만, 2007년이 되면 이 수치는 63퍼센트로 감소한다.[**] 법정 최저임금이 존재하지 않으므로 임금은 마침내 아주 낮은 사회부조 수준으로까지 떨어지기 시작했다. 1995~2006년 사이에 가장 임금이 낮은 25퍼센트 노동자들의 시간당 실질임금은 13.7퍼센트 하락하였고, 그보다 상위 의 25퍼센트도 3.2퍼센트의 실질임금 하락을 받

• Streeck 2009.

•• Bispinck and Schulten 2009 : 203.

아들여야 했다.[*] 그러니 독일에서 소비수요가 침체를 보였던 것 또한 전혀 놀라운 일이 아니다.

독일의 임금인상률이 이렇게 낮은 것은 EMU 내의 다른 나라들에게 는 재난이었다. 이로 인해 독일이 다른 나라들에 비해 엄청난 경쟁력 을 가지게 되기 때문이다. 이 나라들에서는 독일과 달리 임금인상이 거시경제적인 필요와 훨씬 더 잘 조응하도록 이루어졌지만, 낮은 임 금 비용을 무기로 달려드는 독일의 경쟁력 앞에서는 큰 스트레스를 받지 않을 수 없었다.

중국의 노동시장을 보자. 이 나라에서 노동시장 메커니즘이 작동하 기 시작한 것은 1970년대 말 개혁이 시작된 이후이다.[**] 이후로는 대 개 규제가 되지 않고 있으며 불투명한 노동시장이 발전해오고 있다. 노동조합은 물론 존재하지만 이들은 대개 중국공산당의 통제 아래에 있으며 임금협상은 허용되지 않는다. 중국 경제는 공식부문과 비공식 부문으로 나뉘어 있다. 공식부문에서는 국가공무원들 그리고 국유기 업 및 (부분적으로) 외국인 소유의 기업들과 대규모 및 중규모 민간기 업들에 채용된 피고용자들이 들어간다. 비공식부문은 주로 소규모 민 간기업들의 노동자들로 이루어져 있으며 이들은 보통 노조도 없고 심 지어 문서로 된 개별 근로계약서조차 없는 것이 보통이다. 이 부문은 극도로 열악한 노동조건과 종종 아주 낮은 저임금이 결합된 '맨체스 터' 식 노동시장을 가지고 있다. 공식부문에서도 기업들은 미숙련노동 에 대해 아주 낮은 임금을 지불하며 문서화된 근로계약서도 내놓지 않는 경우가 허다하다. 농촌 지역에서 올라온 이주 노동자들은 노동

● Bosch, Kalina and Weinkopf 2008: 425.
●● Naughton 2007; Zenglein 2008.

시장의 이 양쪽 부문 모두에서 발견할 수 있다. 법정 최저임금이 있기는 하지만 아주 낮다. 물론 법정 최저임금의 추이는 비공식부문 등 저임금 분야에서 임금결정에 있어서 모종의 벤치마크가 되기는 하지만, 전체 경제에서 임금 추세를 조정할 수 있을 만큼 충분한 도구는 못 된다. 기업 수준에서조차 단체협상이 거의 존재하지 않으므로 개별 노동자들의 근로계약이 상황을 지배한다. 이 때문에 거래비용이 아주 높아진다. 이를테면 숙련노동자들은 지금 일하고 있는 회사의 경쟁사에서 더 높은 임금을 주겠다고 하면 즉시 다니던 회사를 그만둔다. 따라서 기업들은 자격을 갖춘 구성원들을 키우고 발전시키기보다는 예측 불능인 노동시장의 변화들을 계속 살피면서 능력 있는 구성원들을 잃지 않도록 노심초사하는 수밖에 없다. 최근 들어 정부는 노동조합에 새로운 역할을 부여하였다. 기업 내에서 노동법을 통제하고 또 기업 수준에서 임금협상을 실험해보라는 것이었다. 하지만 노동조합이 정치적으로 공산당에 의존하는 상태에서는 노동자들이 이를 자기들 이익의 정당한 대변자라고 진지하게 간주하지 않을 것이다. 노사쟁의가 터져 나오는 일이 잦아지고 있지만, 이는 대부분의 경우 공식적 노동조합이 조직한 것은 아니다.

중국의 노동시장을 이루는 제도들은 몇 가지 점에서 문제를 안고 있다. 첫째, 임금의 추이는 안정적인 중심축 없이 대개 미시경제적인 논리에 따라서만 움직인다. 숙련노동이 부족한 경우엔 임금이 빠르게 올라서 인플레이션으로 이어지는 반면 침체기에는 임금이 급격하게 떨어져서 디플레이션으로 이어진다. 예를 들어 1990년대 초 중국은 20퍼센트가 넘는 인플레이션을 겪었고, 그다음 1997년의 아시아 위기가 터지고 GDP 성장이 둔화된 뒤로는 몇 년간 디플레이션을 겪어야 했다. 둘째, 진정한 노동조합이 없어 임금격차가 위험한 수준까지 이르렀고, 여기에다 종합적인 사회보장제도가 없는 상태가 겹쳐 국내 소비수요 증가가 상대적으로 저조해지는 핵심 요인이 되었다. 그리고 이렇게 국내 소비수요가 저조하다 보니 이것이 다시 중국인들로 하여 금 수출을 통해 높은 경상수지 흑자를 내 GDP 성장을 유지하도록 애 쓰지 않을 수 없게 만든다. 셋째, 경영자들의 연합체가 약하거나 아 예 존재하지 않기 때문에 기업 부문 전체의 공통 이해를 표출할 수 있는 기관도 없으며, 기업 차원에서 직원들의 자질을 개선하기 위한 직업훈련이나 여타 조치를 취하도록 할 유인책도 없다(이는 미국도 마 찬가지다).

5
위기의
다음 단계

민간부채에서
국가부채로

우리가 이 책의 원고를 인쇄소에 넘기려 하는 지금, 전 세계의 전반적 경제 상황은 금융 및 경제 위기가 저점에 달했을 때와 비교하면 크게 개선되었다. 리먼브라더스가 파산한 뒤 몇 개월 동안 은행 간 화폐시장은 완전히 동결됐고 전 세계의 무역 총량도 완전히 자유낙하로 들어갔으며, 수많은 관찰자들은 미국의 서브프라임 위기가 1920년대 말과 1930년대 초의 대공황과 비슷한 상황으로 변할 수 있다고 경고했다. 2010년 초가 되자 전 지구적으로 각종 선행 지수들이 상승세로 돌아섰고, 미국의 고용도 다시 늘고 있으며 중국 및 여타 아시아 나라들은 실로 경기과열이 되는 게 아니냐는 새로운 두려움을 놓고서 논쟁을 벌이고 있다. 2008~2009년 겨울의 공황은 이제 서서히 망각 속에 사라져가는 지난날의 악몽인 듯하다. 세계경제, 특히 OECD 나라들의 경제가 얼마나 빠르게 회복할 것인가에 대해서는 여전히 약간의 논쟁이 있었지만, 경기침체가 장기화될 것이라든가 더블딥을 거쳐 다시 경기후퇴로 되돌아갈 것이라는 공포는 잠시나마 거의 사라졌다.

하지만 2010년 5월이 되자 세계경제가 그렇게 튼튼하게 잘 굴러가고 있는 게 아니라는 불편한 진실이 우리를 확 깨게 만들었다. 그해 7월, 미국 연방준위원장 벤 버냉키는 상원 청문회에서 미국 경제의 전망이 "비상하게 불확실하다"고 경고했다.[•] 그해 말쯤이 되면 2011년에는 성장률이 극히 낮아질 것이라는 두려움이 여러 나라를 엄습했다. 그 시작은 그리스 정부가 자신이 최근의 예산 데이터를 조작했음을 시인한 것이었다. 그리하여 새로 업데이트된 수치로 다시 살펴보니 그리스의 공공부문 부채는 그 전에 생각했던 것보다 많다는 것이 밝혀졌다. 이러한 정정이 결코 극적인 것은 아니었지만 투자자들의 관심을 그리스의 예산 상황으로 끌어들이기에는 충분하였다. 그리스 정부의 예산 적자는 2009년 GDP의 13퍼센트가 넘는데다가 GDP에 대한 공공부채 비율은 약 120퍼센트였고, 게다가 그리스 경제는 심각하게 위축되고 있었으니 투자자들은 패닉을 일으키고 그리스 국채를 매도하기 시작했다. 2차 유통시장에서 그리스 국채의 수익률은 하늘로 치솟았고 아테네 정부는 과연 앞으로 얼마 동안이나 자신들이 차입을 계속할 수 있을지 또 원리금을 갚을 수 있을지에 대해 갈수록 불안해하기 시작했다. 다른 유럽 나라들의 정책 결정자들은 리먼브라더스의 파산이 세계 금융시장을 공황 상태로 몰아넣었던 기억이 아직도 생생한지라 그리스가 그냥 파산으로 가도록 내버려두려고 하지 않았

• Guardian, Thursday 22, July.

다. 특히 이미 자기자본이 크게 줄어든 독일과 프랑스의 은행들이 그리스 정부와 그리스 기업들에 많은 돈이 물려 있다는 사실로 인해 그리스에 대한 구제금융 패키지를 서둘러 짜려는 노력이 시작되었다.

그런데 유럽연합 조약의 법적 조항들 게다가 유럽연합 회원국들의 이해타산으로 상황은 더욱 복잡해졌다. 유럽연합 조약에는 구제금융 불가 조항이 있어서, "회원국들은 중앙정부, 지역정부, 지방정부, 혹은 그 밖의 다른 공공기관, 공법으로 통치되는 다른 단체, 혹은 다른 회원국의 공공사업 등에 대해서 책임을 지거나 책임을 약속해서는 안된다"(리스본 조약 Lisbon Treaty on the Function of the European Union 125조)고 명시돼 있다. 따라서 유럽연합 전체 혹은 회원국들이 구제금융 패키지를 마련한다는 아이디어를 수많은 정치가들과 경제학자들이 거부하였다. 이들의 주장에 따르면 도움을 청하기에 합당한 기관은 IMF라는 것이다. 하지만 IMF는 바로 몇 달 뒤에 그리스 국채 앞으로 돌아오는 채무를 갚기 위해 필요한 엄청난 양의 돈을 제공할 능력이 없었다. 여러 나라에서는 그리스와 그 밖의 다른 남부 유럽 국가들을 위해 구제금융 패키지를 마련하는 데 강력한 저항이 있었고 특히 독일에서 그러했다. 독일에서는 그리스가 스스로 해야 할 바를 알아서 해야지 독일 납세자들의 돈을 가져다가 방탕한 생활을 해온 남부 유럽 나라들을 구제하는 데 써서는 안 된다는 정서가 팽배해 있었다. 따라서 그리스를 어떻게 도울 것인가에 대한 논의는 금세 답이 나오지 않았고 몇 주를 질질 끌었다.

이렇게 문제를 질질 끈 것이 금융시장에는 독약이었음이 드러나고 말았다. 유럽연합이 마침내 그리스에 대한 구제금융 패키지를 최종 승인하고 각국 의회에서 이를 위해 필요한 표결을 모으고 있었지만,

이제는 그리스뿐만 아니라 다른 유럽연합 국가들의 국채시장까지 바싹 말라붙기 시작했다. 나중에 독일연방은행 총재인 악셀 베버(Axel Weber)가 의회 청문회에서 설명한 바 있듯이, 투자자들은 이제 프랑스 같은 유럽의 핵심 국가들의 국채까지도 회피하였고 어떤 시점에서는 그나마 정부 공채의 발행이 가능한 정부는 오직 독일뿐인 때도 있었다.

설상가상으로 이제는 그리스 정부만이 아니라 스페인, 포르투갈, 아일랜드는 물론 심지어 이탈리아까지 다른 유럽연합 국가들이 줄줄이 채무 이행 불능을 선언할 가능성이 구체적으로 떠오르게 되었다. 그리스는 경제 규모도 작으니까 그 정도의 파산은 세계경제와 전 지구적 은행체제로 쉽게 버텨낼 수 있을 것이라고 주장하는 경제학자들도 있었지만, 이 여러 OECD 국가들이 동시에 채무 이행 불능에 빠질 경우 이로부터 생겨날 충격은 훨씬 더 클 것이며 전 지구적 은행체제가 결코 버텨낼 수 있는 것이 아님은 분명하다.

아주 짧은 기간 동안 유럽연합의 지도자들이 함께 모여 훨씬 큰 구제금융 패키지를 짜낼 수 있었고, 모든 유로존 국가들이 위기를 맞게 되면 여기에 의존할 수 있게 하기로 했다. 새로운 특수목적회사를 룩셈부르크에 세우고 여기에 IMF의 돈까지 동원해 7,500억 유로의 구제 패키지를 만들어낸 것이다. 이 엄청난 크기에 금융시장도 반응하여 차분히 가라앉게 되었다.

하지만 그리스 사태는 금방 사방으로 연쇄반응을 일으켜가고 있었다. 이 위기를 통하여 서방 세계의 여러 나라 정부재정이 지난 몇 년 새 급격하게 악화되었음이 명확히 드러났다. 영국에서는 2010년 5월 총선거 이후 여러 정치가들이 그리스 정부가 처한 운명을 언급하면서 엄격한 재정 삭감이 필요하다는 것을 마구 강조하게 되었다. 미국에서도 대서양 건너편에서 벌어진 사건들을 통하여 정부의 채무 부담이 위기가 엄습한 이래로 급격하게 늘어났다는 사실에 주의가 환기되었다.

어쩌다가 이 지경이 되고 말았을까? 스페인은 세계 9위의 경제 규모를 자랑하는 나라로서 그동안 계속해서 국가재정의 건전성으로 찬양받아온 나라였다. 그런데 어쩌다 이런 나라가 어느 날 갑자기 정부 파산의 지경에까지 이르게 된 것일까? 서방 국가들의 정부재정이 빠져 있는 이 서글픈 상태를 이해하려면 우리는 2009년 파멸 직전에서 어떻게 간신히 살아났는지를 돌이켜 살펴볼 필요가 있다.

우리가 낭떠러지에서
구출된 방식

2008년 가을 경제위기의 최초 신호가 터져 나왔을 때 처음에는 경제붕괴를 충분히 막을 수 있는 경제정책 대응이 존재하지 것처럼 보였다. 경제학 이론은 이런 상황이 벌어졌을 때 무엇을 해야 하는지에 대해서 대단히 명확한 입장을 가지고 있었다. 하지만 민간투자가 기록적인 속도로 줄어들고 사람들은 수백만 명씩 일자리를 잃고 있으며 지구적 무역은 거의 중단 상태에 이르게 되자, 대개 신고전파 패러다임을 따르던 경제학자들조차도 기꺼이 케인스적인 해결책에 의존하고자 했다. 케인스는 자신의 이론이 '일반이론'이며 결코 특별한 상황에만 적용되는 이론이 아님을 항상 강조했지만 수많은 경제학자들이 케인스가 만든 이론은 '공황기의 이론'일 뿐이라고 주장해왔다. 아무럼 어떤가. 지금이야말로 재정 적자를 무릅쓴 조세감면, 지출 프로그램, 이자율의 적극적 인하 등을 실행에 옮겨야 할 공황 상황이 아닌가.

미국은 재정 지출을 통한 경기부양을 해온 오랜 전통이 있어온 데다가 아주 적극적인 공개 논의까지 거치며 재빠르게 행동에 들어갔다. 미국 경제는 이미 2007년 말 경기후퇴로 진입하고 있었으며 미국의 정책 결정자들 또한 이미 2007년 말부터 첫 번째 경기부양 패키지를 발동하기 시작했다. 2008년 들어 상황이 더욱 악화되자 당시 선거운동에 나섰던 정치가들은 더 많은 경기부양 조치들을 바쁘게 의제로 올리고 있었다.

하지만 경기하락의 모멘텀이 워낙 강했기 때문에 미국 정부의 여러 정책들은 아마도 세계경제를 안정화시킬 수 있을 만큼은 되지 못했던 듯하다. 그리고 참으로 유감스럽게도 서방 세계의 두 번째 경제행위자인 유럽은 공동 행동이라는 주제에 있어서 처음에는 분열이 극심하여 2008년 대부분의 기간 동안 아무것도 하지 못했다. 당시에는 경기부양 패키지를 마련할 여력이 있는 나라는 무엇보다도 독일이었다. 독일은 재정 적자도 적었던 데다 공공채무 수준도 높지 않았고 또 경상수지 흑자가 컸기 때문이다. 하지만 유럽의 다른 나라들이 아무리 경제 안정화를 위한 여러 제안들을 해도 독일은 요지부동으로 꼼짝도 하지 않았다. 한 예로 2008년 늦여름 독일의 재무 장관이던 페르 슈타인브뤽(Peer Steinbrück)은 당시의 위기가 미국 문제일 뿐이며 따라서 독일은 경기부양 패키지를 마련할 필요가 없다는 관점을 표출했다. 프랑스 대통령 니콜라 사르코지와 영국 총리 고든 브라운은 유럽 차원의 지출 프로그램이나 조세감면이 필요하다고 요청했지만, 당시에는 슈타인브뤼크뿐만 아니라 독일의 총리 앙겔라 메르켈까지 나서서 이를 거부하였다. 이에 대한 대응으로 사르코지와 브라운은 런던에서 메르켈을 빼고 자기들끼리 만나 경제위기에 대한 대책을 논의하기도 하였다. 그러다가 미국 투자은행 리먼브라더스가 2008년 9월 파산을 맞게 되었고 그 바로 며칠 후 독일 의회에서는 이듬해 예산을 놓고 논쟁이 있었다. 여기에서도 슈타인브뤼크 장관은 독일은 경기후퇴의 위험이 없으며 독일 경제가 그다음 해에도 1퍼센트 이상 성장할 것이라고 선언하였다.

지금은 우리 모두 알고 있다. 이러한 짐작은 빗나갔다(설령 리먼브라더스가 파산하지 않았더라도 빗나갔을 것이다). 독일 GDP는 분기별로 측정해봤을 때 이미 2008년 봄부터 감소하기 시작했다. 경기후퇴에 대한 표준적인 정의에 따르더라도, 슈타인브뤼크 장관이 아무 문제 없다고 연설하던 당시에 이미 독일 경제는 6개월간 경기후퇴 상태에 있었던 셈이다. 독일이 고집했던 입장으로 인해 위기에 대한 유럽의 대응은 거의 완전히 파탄을 맞고 말았다. 그 배경의 하나는 독일의 정치가들과 경제학자들이 케인스주의적 경제정책에 대해 지적인 혐오감을 가지고 있었던 것도 있었지만 또 하나는 균형재정을 달성하겠다는 슈타인브뤼크 장관의 개인적 목표였다(물론 이 목표는 경제위기로 완전히 산산조각 나버렸다). 이 위기 상황에서도 독일은 아무 책임도 지지 않고 그저 수출만 부양하는 무임승차자의 입장을 취하면 위기를 극복할 수 있을 것이라는 희망을 품었던 것이 뻔하다.

독일 정부가 이렇게 전혀 건설적이지 못한 입장을 가지고 있었기에 불과 몇 주 뒤 180도로 정책을 전환하여 2009년 1월 벽두에 스스로 대규모 경기부양 패키지를 어설프게 짜깁어 내놓자 전반적인 분위기는 놀라움이었다. 그 협상 과정에 참여했던 이들의 보고에 따르면, 리먼브라더스의 파산 이후 상황이 악화되자 대규모 산업기업들은 물론 노동조합의 대표자들도 정권을 구성하는 정당들과 대화를 추진해 경제 질서와 생산의 붕괴가 얼마나 심각한지를 경고해야 한다고 결정하였다고 한다. 당시 앙겔라 메르켈 총리가 이끄는 '대연정(grand coalition)'을 구성했던 사회민주당과 기독교민주당 모두가 재정정책을 동원하여 경기를 부양하기로 결정하였다.

독일의 경기부양책이 통과되자 2009년 봄 모든 주요 선진국들은 자체적으로 엄청난 크기의 경기부양 패키지를 채택하였다. OECD의 추산에 의하면 이 각국의 경기부양 패키지들은 평균적으로 각국 GDP의 3퍼센트가 넘었다고 한다(OECD 2009). 비록 개별 부양책들을 보면 세부적으로는 차이가 나지만 비슷한 점들도 많았다. 예를 들어 사실상 모든 나라의 경기부양책에 사회 기간시설을 확장한다는 요소가 들어 있었다. 비록 이런 것들이 급박한 생태적 필요들을 충분히 감안한 것은 아니었지만 말이다. 또 많은 나라들에서는 낡은 자동차를 폐차시키고 새 차를 구매하는 것에 보조금을 지급하였을 뿐만 아니라 조세감면도 광범위하게 행했다. 몇몇 나라에서는 이런 조치들 중 일부가 이미 2008년에 발효되었지만 이런 프로그램들의 압도적 다수는 2009년에 새로 시행된 것들이었다. 하지만 이러한 경기부양책이 일정한 효과를 거둔 것은 독일과 같은 소수의 예외적 나라들뿐이었고, 그나마 그 효과의 기미가 미세하게 나타난 것은 2010년이 되어서였다. 헝가리, 아이슬란드, 아일랜드 등의 나라들에서는 정부가 세금을 올리거나 지출을 삭감할 수밖에 없었으며 이로 인해 이 나라들의 경제문제들이 더 악화되었음에는 의심의 여지가 없다.

대형 신흥시장국들 또한 전례 없는 방식으로 이 안정화 정책 붐에 합류했다. 중국, 인도, 브라질 등의 나라들은 위기가 닥친 시점에 재정과 경상수지 모두 탄탄한 상태였으므로 경기하락에 맞서기 위한 팽창적인 재정 및 통화 정책들을 사용할 수 있었다. 게다가 베트남처럼 경제적 상황이 더 불안했던 나라들조차도 대규모 경기부양 패키지를 밀어붙였다. 중국은 2008년 말 무려 5,850억 달러에 달하는 아찔한 규모의 경기부양 계획을 발표하였다. 이는 이 시점에서 미국 정부가 발표한 경기부양책의 액수에 근접하는 것이었지만, 중국이 미국 경제 규모의 3분의 2밖에 되지 않는다는 점을 감안하면 대단히 큰 액수였다. 물론 이 정책을 통해 배분된 돈이 모두 새롭게 편성된 지출예산은 아니었다. 일부 금액은 그저 이미 예산안에 들어있던 항목들을 옮겨온 것에 불과했다. 하지만 이런 점들을 감안한다고 해도 이 경기부양 계획은 중국 경제의 규모로 보나 또 다른 나라들과 절대적 액수로 비교해보나 상당히 큰 것이었다. 브라질과 인도도 경기하락에 맞서기 위해서 정부 지출을 증가시켰다.

각국 경기부양책들의 세부 사항들로 들어가면 물론 논쟁점들이 없는 것은 아니었다. 이를테면 지출 증가와 조세 삭감 사이의 상대적 비중을 어떻게 할 것인가 같은 문제들이 있었다. 하지만 대체로 보자면 주요한 선진국들, 대부분의 유럽연합 국가들, 더 나아가 가장 큰 신흥시장국들까지 재정정책으로 반응했던 것은 공황 시기에 마땅히 해야 할 바를 행했던 것으로 볼 수 있다. 더욱이 유로존에서나 또 G20 차원에서나 경제정책을 효과적으로 서로 조정할 수 있는 공식적 기관들이 결여된 상태였기 때문에 이러한 결과는 많은 이들로부터 긍정적인 평가와 놀라움을 얻어냈다.

유럽의 각국 정부들 및 여타 OECD 국가들은 노동시장 정책들과 관련해서도 칭찬받을 만한 일들을 행했다. 근자에 벌어졌던 다른 경제 위기들, 이를테면 2001년 이후 독일에서 있었던 장기간의 저성장의 경우 등과는 대조적으로, 이 나라 정부들은 요번에는 평균임금을 하락시킬 만한 조치들을 삼갔으며, 오히려 그 반대로 위기에 들어서자 많은 나라들은 심지어 실업보험을 넘어서는 수준으로 사회보장을 확장하기까지 했다.* 예를 들어 핀란드와 프랑스에서는 피고용자가 실업수당을 받을 자격을 얻기 위해 채워야 하는 재직 기간을 단축하였다. 미국에서는 실업수당을 받을 수 있는 기간이 연장되었다.

독일을 포함한 여러 나라에서는, 주문이 줄어드는 상황에서도 직원을 해고하지 않고 고용을 유지하는 기업들에게는 금융적 인센티브가 주어졌다. 예를 들어 오스트리아, 체코공화국, 독일, 이탈리아 등에서는 일자리 나누기가 가능하도록 일정 기간 동안 노동시간 단축에 대한 규칙들이 자유화되기도 했다. 몇몇 더 작은 나라들에서는 처음으로 그러한 규칙들이 도입되기도 했다.

이 모든 것들의 결과로 프랑스, 이탈리아 독일을 포함한 많은 나라에서 실업률의 증가 속도는 그 이전 여러 위기의 경험에 근거하여 예측되었던 것보다 훨씬 느렸다. 더욱이 실업수당 또한 수요를 떠받치는 역할을 했다. 전체적으로 보았을 때 노동조합으로 하여금 명목임금 삭감에 동의하라는 압력도 이런 방식을 통하여 상당히 완화되었다. 하지만 이러한 정책들에도 불구하고, 미국이나 스웨덴 같은 일부 나라에서 실업률이 기록적인 수준으로 올라가는 것을 막을 수는 없었다.

• 각국이 취했던 조치들의 개괄로는 OECD 2009a.

각국의 중앙은행들 또한 대응 방식에 있어서 마땅히 일정한 상찬을 들을 만했다. 유럽중앙은행은 위기가 분명해진 2008년 7월까지도 이 자율을 인상하여 경기하락을 한 번 더 강화시킨 점에서 비난받을 만했다(Dullien 2008). 하지만 그다음에는 올바른 접근 방식을 취하였다. 2009년 중반에는 이자율을 크게 낮추었을 뿐만 아니라 여러 민간은행들을 도울 수 있는 새로운 도구들과 자금줄을 도입하여 이들에게 유동성을 공급하였다. 미국 연방준비위원회는 종종 심지어 은행 부문을 우회하여 기업들로부터 직접 상업어음을 매입하기까지 했던 바, 이러한 행동들은 경제 상황의 안정화로 가는 긍정적인 발걸음으로 간주되어야 한다. 신흥시장국들의 중앙은행들 또한 이자율을 급격하게 낮추고 대규모의 지구적 경기부양을 제공하는 데 도움을 주었다.

전 세계적으로 각국의 정부들은 위기 기간 전체에 걸쳐 재정 및 통화의 부양 정책뿐만 아니라 은행 부문을 돕지 않을 수 없는 처지에 몰렸다. 독일, 프랑스, 스위스, 영국 등과 같은 선진국에서는 대형 금융기관들이 미국 서브프라임 시장에 심하게 물려 있는 처지였다. 은행들 중 일부는 미국 부동산담보대출로 뒷받침되는 부채담보부증권들(CDOs)에 직접투자한 상태였다. 다른 은행들은 아예 자기들 스스로 특수목적회사를 설립하고 '대출 후 판매(originate and distribute)' 사업에 참여하여, 미국 은행들과 주택담보대출 조합체들로부터 주택담보대출을 매입해서 이를 부채담보부증권들로 나누어 다른 투자자들에게 판매할 것을 시도하기까지 하였다. 위기가 터지고 하룻밤 사이에 이러한 자산들이 유동성을 잃거나 심할 경우 휴지장이 되어버렸을 때 각국 정부는 자국의 은행들로부터 이 문제투성이 자산들을 사주든가 보증을 제공해 주든가 아니면 이 중병에 걸린 은행 부문 전체에 대출,

심지어 자본까지 투입하지 않을 수 없게 되었다. 미국과 독일 같은 나라들에서는 정부가 처음에는 이념적인 이유 때문에 은행들에 자기자본을 투입한다든가 국유화한다든가 하는 일을 극히 꺼렸다. 이런 것들은 자유시장 원칙을 포기하는 것으로 봤기 때문이다. 하지만 결국에 가면 대부분 나라에서 정부가 불과 몇 개의 은행들을 위해 이렇게 무지막지한 선택을 도입하게 된다.

신흥시장국의 은행들도 미국 서브프라임 주택담보대출에 돈이 물려 있었지만, 그 정도는 부자 나라의 은행만큼은 아니었다. 신흥시장국의 금융기관들은 광란적인 외국 투자에 손을 대지는 않았기 때문이다. 하지만 OECD 나라들의 은행 부문에서 생겨난 문제들은 개발도상국과 신흥시장국에도 충격을 주었다. 대형 금융기관들이 갑자기 큰 손실을 겪게 되자 위험도가 크다고 여겨지는 투자에서 돈을 빼내기 시작한 것이다. 브라질과 대한민국 같은 나라에서 자본이 빠져나오게 되었고 이 나라들의 환가치는 심하게 하락하였다. 이렇게 개발도상국과 신흥시장국의 은행들은 갑자기 부자 세계로부터의 자금줄이 끊어져버리는 상황에 처하게 되었다. 신흥시장국들은 대개 기초여건이 튼튼하기 때문에 대부분의 경우 이러한 환율의 급작스러운 변동이 완전한 경제위기까지 낳지는 않았다. 하지만 그럼에도 불구하고 각국 정부는 무언가 행동을 취하지 않을 수 없었고, 정부나 중앙은행은 신용의 흐름을 유지하기 위하여 국내의 금융기관들에게 대출을 확장하였다. 이 독특한 국면에서는 어떤 나라이건 그 나라의 일국적 금융체제가 세계 금융체제와 통합된 정도가 클수록 상황이 더 나빴다. 중국과 인도의 경우에는 각종 자본 통제와 자본 규제가 행해지고 있었기 때문에 선진국 세계에서 금융체제가 붕괴해도 그 안정성이 심하게 흔들리지는 않았고 실물경제의 여러 활동들에 대한 자금 융통을 계속할 수가 있었다. 게다가 중국, 인도, 베트남 같은 나라에서는 은행 부문이 대개 국가 소유이기 때문에 정부가 은행을 사용하여 수요를 안정시키는 보조적 방법으로 쓰는 것이 가능하였다.

구제하는 이들은 누가 구제해줄까?

이 모든 조치들이 당시에는 마땅히 취해야 할 조치들이었다. 비록 모든 정치가들이 이 조치들에 깔려 있는 논리를 이해한 것은 아니었지만, 이러한 조치들을 취한 덕분에 미국 서브프라임 위기와 그 위기의 세계로의 확산으로 생겨난 여러 문제들을 최소한 일시적으로나마 바로잡을 수 있었다.

은행들에게 자본을 주입해준다든가 은행 부문으로부터 '독성 자산'을 매입한다는 것은 곧 민간부문으로부터 부채를 떠안는다는 말이며, 이를 통해 미국, 영국, 스페인 같은 나라들의 과도한 부채를 짊어진 가계와 기업들의 문제를 해결하는 데 도움을 준다는 말이다. 은행 부문이 떠고 있는 민간부문의 채무는 신용 파산과 압류의 과정에서 그 가치가 대폭 하향 조정되었다. 은행 부문을 구출하기 위해서 정부는 그 스스로의 부채를 늘려서 은행의 대차대조표의 격차를 메꾸어주었다. 이러한 과정은 법적으로는 몰라도 실정상으로는 많은 나라에서 국내 민간부문의 부채 부담을 국내 공공부문으로 떠넘기는 것으로 이어졌으며, 또 미국처럼 이전에 주택담보대출 붐을 경험했던 나라들의 민간부문으로부터 독일이나 네덜란드처럼 다른 나라에 돈을 꿔주었던 나라들의 공공부문으로 부채 부담을 떠넘기는 것으로도 이어졌다.

또 민간부문이 갑작스레 신용팽창에 더 이상 의존할 수 없게 되면서 수요를 더 증가시킬 수 없게 되었을 때 각국 정부는 이로 인해 벌어진 불충분한 수요 문제의 해결에도 도움을 주었다. 미국, 영국, 스페인의 가정경제가 소비 및 주택 건설에 대한 지출을 줄여야 했으며 특히 미국의 가정경제는 세계경제에서 '최종적으로 의지할 소비자(consumer of last resort)'로서 수요를 떠받치는 역할을 했기에 그 타격은 더욱 컸다. 하지만 바로 그때에 각국 정부는 공공 기간시설 투자 프로젝트와 신차 구입 보조금을 손에 들고서 상황에 뛰어들었다. 자칫하면 경제 전체가 새로운 대량 실업으로 소비의 대폭 감소가 나타나고 이것이 다시 더 많은 대량 실업을 낳는 악순환으로 빠져드는 사태를 바로 이러한 정부의 노력이 막아준 것이다.

이러한 조치들이 모두 합쳐져서 세계경제가 나락으로 떨어지는 것을 막아냈다는 것은 의문의 여지가 없다. 하지만 이 모든 조치들에는 하나의 공통적인 결점이 있었다. 경기부양 패키지를 실행하든 아니면 금융체제를 안정화시키기 위해 은행들을 살려주든 어느 쪽이나 우선 정부가 돈이 있어야 가능하다는 것이다. 여기에 더하여 전 세계 경제활동의 거친 하락은 정부의 세금 수입에도 큰 타격을 주었기 때문에 정부의 예산에 더 구멍이 날 수밖에 없었다. 물론 세계경제가 1930년 대에 견줄 만한 심각한 공황으로 빠져드는 것도 큰 비용을 초래하겠지만, 이런 사태를 피해가는 데 드는 비용도 만만치 않다는 것이 밝혀졌다. 2009년 선진국 세계의 재정 적자는 그 전 몇십 년간 전혀 들어볼 수 없었던 수준으로까지 올라갔다. 스페인의 정부 차입은 GDP의 11.2퍼센트에 달했고 영국은 11.3퍼센트에 이르렀으며, 미국 정부는

GDP의 11퍼센트에 달하는 예산 구멍을 틀어막아야 했다. 모든 주요한 OECD 국가들 가운데서 공공부채 수준은 2008년 위기가 엄습하던 무렵부터 2010년까지 크게 올랐으며, 예산 적자라는 것이 단기간에 크게 바로잡을 수 있는 것이 아닌 고로 당분간 계속 증가할 수밖에 없는 상태에 놓여 있다. OECD 전체로 보면 GDP에 대한 부채의 비율은 위기 이전인 2007년에는 73퍼센트였지만 그 이후로 쭉 증가하여 2011년 말에는 100퍼센트에 달하고 있다. 절대적 수치로 보자면 이는 부자 집단에 해당하는 나라들의 정부 부채가 불과 5년도 되지 않아 미국 1년 총생산의 약 80퍼센트 정도에 해당하는 10조 달러 정도로 증가했다는 말이 된다.

저성장이 장기간
계속될 위험

이렇게 큰 정부 부채와 재정 적자의 문제를 어떻게 풀어야 할지는 전혀 분명하지 않다. 각국 정부가 행동을 취한 덕에 세계경제를 단기적으로 안정시켰던 것은 분명하지만, 세계경제의 근본적인 구조적 문제들까지 해결해준 것은 아니다. 앞의 여러 장에서 기술한 바 있듯이, 이 위기를 낳은 부채 증가의 전반적 추세는 자본과 노동 사이 또 노동계급 내부의 소득분배에 근본적인 변화가 있었기 때문이기도 하며, 또 금융시장의 규제완화라는 더 폭넓은 계획의 일환으로 파생된 결과이기도 하다.

각국 정부는 경제적 행위자로서의 역할을 받아들였고 경제를 계속 성장하게 만들 방법으로서 스스로 부채를 늘리는 방법도 서슴지 않았

다. 투자자들도 실로 오래전부터 이러한 정부 부채 증가에 그다지 괘
념치 않았다. 실제로 2010년이 되어도 정부 부채를 하나의 안전한 투
자 수단으로 보아 이를 원하는 수요가 아주 높았으며, 이는 미국이나
독일의 10년물 공채의 수익률이 아주 낮았다는 점에서도 잘 드러나고
있다. 하지만 일정한 시점이 되자 금융시장의 참가자들이 최소한 그
리스, 스페인, 아일랜드, 포르투갈 같은 일부 나라들에 대해서는 신경
을 곤두세우게 되었다. 미국이나 영국처럼 중앙은행도 있고 또 자기
나라 통화로 국채를 발행할 수 있는 나라들의 국채는 지금까지 시장
에서 패닉을 불러일으키는 사태는 면할 수 있었다. 하지만 그리스 위
기를 지나면서 공공부채가 높다는 것이 문제라는 점을 정치가들은 더
많이 의식하게 되었다. 물론 국가는 민간 가정경제보다는 자신의 수
입을 늘이기 위해 취할 수 있는 선택지가 더 많다(이를테면 세금을 올릴
수 있다). 하지만 정부가 감당할 수 있는 부채의 크기에도 한계가 있음
은 분명하다. 어느 지점에 이르면 이자 지불에만도 도저히 용납할 수
없을 정도로 조세 수입의 너무나 큰 부분이 투입되며, 특히 이자율이
라도 더 오르게 되면 더욱 그렇게 된다. 따라서 각국 정부가 2009년
같은 수준으로 계속 차입을 해댈 수는 없는 일이다.

  그런데 다른 한편으로 최근의 팽창적 재정정책에서 후퇴하는 것도
결코 쉬운 일은 아닐 수 있다. 정부가 이렇게 급작스럽게 지출을 삭감
하게 될 경우 그 여파가 경제에 미치게 될 것이며, 그럼에도 경제 회복
이 계속되려면 민간부문에서 수요가 다시 늘어나줘야 한다. 문제는
지금 시점에서 민간부문의 소득 추세가 소비자 지출이 신속하게 회복
될 만한 기초 여건을 제공해주지 못한다는 데 있다. 경제 대국들 중 많
은 나라에서 실업률이 급격하게 증가하여 임금을 하락시키는 압력으

로 작용하고 있다. 독일처럼 비교적 실업률이 안정되어 있는 나라에서조차 위기의 기간 동안 기업 부문의 채산성이 크게 떨어져서 의미 있는 임금상승을 이루지 못하게 하고 있다. 오직 중국과 브라질 같은 일부 신흥시장국들에서만 상황이 다른 것으로 보인다. 여기에서는 민간수요의 성장이 실제로 가속도를 내고 있기 때문이다. 비록 중국과 브라질이 세계경제에서 차지하는 중요성이 지난 세월 크게 증가한 게 사실이지만, 이들 나라에서의 소비자 지출로는 세계경제를 지금과 같은 침체 상태에서 끌어내기에 아직 충분하지 못하다.* 또한 성장률이 높은 나라들 일부에서는 심상치 않은 사태 전개가 나타나고 있다. 중국과 여타 개발도상국들은 위험한 부동산 거품의 문제를 겪고 있으며 아마도 조만간 공격적인 중상주의 정책들을 삼갈 수밖에 없게 될 수 있다.

다음 십 년 정도는 가정경제와 기업들이 지출 확장을 삼가게 될 가능성이 아주 크다. OECD의 거의 모든 나라들에서 기업부채나 민간의 가계부채나 역사상 기록적인 수준에 도달한 상태이다. 이런 상황에서는 채권자들이나 채무자들이나 더 이상 대출을 만들기를 꺼리게 된다. 미국 같은 나라에서 부동산 가격은 아직 더 떨어질 가능성이 있으며, 많은 OECD 나라들에서는 부동산 부문에 과잉설비가 남아 있어서 건설 부문을 오랫동안 불황으로 몰아넣을 가능성이 아주 크다. 2010년에 시작된 주식시장 붐 또한 결점을 안고 있는 것으로 보인다. 더욱이 국제적인 불균형과 채무가 아직 구조적으로 시정되지 않은 상태다. 급작스러운 환율 조정도 벌어질 수 있고 여기에 수반될 여러 결

---

* 브라질과 중국의 경제 규모를 합친다 해도 미국 경제 GDP의 절반 정도에 불과하다. 게다가 소비가 GDP에서 차지하는 비율을 보면 특히 중국의 경우 미국을 한참 밑돈다.

과들로 안정성이 파괴되는 결과가 초래될 가능성도 배제할 수 없다. 대부분의 OECD 나라들의 경제성장의 기조가 저성장과 불안정으로 이행하는 것이 현실적인 시나리오이며, 이는 곧 노동시장에서도 무슨 극적인 구원 같은 것이 없을 것을 의미한다. 1980년대의 부동산시장 및 주식시장의 거품이 꺼진 뒤 일본 경제를 지배했던 것과 유사한 종류의 불황 시나리오가 광범위하게 회자되고 있거니와, 이 또한 비현실적인 이야기라고는 전혀 말할 수 없다.* 거의 모든 OECD 국가들에서 또 새로운 금융위기가 터진다든가 하여 다음번 경기하락이 찾아오게 되면 이는 아주 쉽게 체제 전체를 치명적인 상황으로 몰아넣을 수 있다. 대부분의 OECD 국가들에서 노동시장의 규제가 완화돼 있고, 노동조합과 사회민주당 모두가 상당히 약화되어 있다. 실업률이 높고 임금이 떨어지는 상황에서는 심각한 디플레이션으로 사태가 치달을 가능성도 배제할 수 없다. 이런 의미에서 볼 때, 이 글을 쓰고 있는 시점(2010년 겨울)에 1930년대에 비견할 만한 불황이 나타나게 될 시나리오도 배제할 수가 없다.

이러한 여러 위험들을 생각해볼 때, 지금은 세계경제에 일종의 근본적인 방향 전환이 절실한 순간이다. 다음의 여러 장들에서는, 지난 몇십 년간의 오류를 막을 수 있는 세계경제의 상이 어떤 것인가를 개략적으로 그려보도록 하겠다.

* 일본의 경우에 대해서는 Herr and Kazandziska 2010.

Decent Capitalism

2부

괜찮은 자본주의로 가는 길

6

새로운 모델이
갖춰야 할
특징들

지속가능한 경제모델로서의 괜찮은 자본주의는 서로 연관된 세 가지 차원을 품고 있어야 한다. 첫째, 이 모델은 생태적으로 지속가능해야 한다. 지구온난화를 방지하고, 에너지의 기초를 재생에너지 쪽으로 돌려야 하며, 그 밖에도 생태다양성의 감소와 같은 여러 문제적인 상황 전개를 예방할 수 있어야 한다. 둘째, 이 모델은 스스로 목표로 설정한 성장 과정이 자산시장 인플레이션 혹은 뒤따라오는 디플레이션으로(호황-불황 주기를 생각해보라) 위협받지 않으면서도, 개별 부문들이나 전체 경제에 과도한 채무를 지게 해 필연적으로 또 다른 위기를 발생시키는 일이 없도록 해야 한다. 동시에 이 모델은 혁신을 장려해야 하며 따라서 생태 문제들을 해결하는 데 필요한 기술발전뿐만 아니라, 중·장기적으로는 노동생산성을 올리고 또 만인의 물질적 번영 가능성을 증대시키는 기술발전 또한 장려해야 한다. 셋째, 우리의 관점에서 볼 때 모든 인구 집단들이 사회 진보에 참여하고 또 그 혜택을 얻을 수 있어야 한다. 소득 및 부 분배의 불평등에는 정치·사회적으로 받아들일 수 있는 일정한 한계가 있어야만 한다. 모든 이들이 마땅히 괜찮은 삶을 누릴 수 있어야 한다.

다음부터 나오는 절들에서 우리는 괜찮은 경제모델의 형성에 대한 몇 가지 기본적인 생각들을 제시하고자 한다.

수요와 녹색 성장에 초점을 둘 것

우선 성장을 추동하는 것이 무엇인지를 들여다보도록 하자. 한 사회의 생산 총량은 궁극적으로 그 사회의 수요 수준에 따라 결정된다. 이 수요의 수준은 투자수요, 소비수요, 정부수요, 수출에서 수입을 뺀 해외수요로 구성된다. 만약 소비와 생산의 총량이 증가하는 속도가 생산성 증가의 속도를 따라잡지 못한다면 실업률이 올라갈 것이다. 상황이 이러한데도 노동시간과 노동자 참여에 변화가 없다면 또한 실업률이 올라가게 될 것이다. 경제발전이 지속적일 수 있으려면 수요 총량은 충분한 속도로 안정되게 증가해야만 한다. 이는 수요의 여러 구성 요소들 사이에 일정한 비례를 요구한다. 예를 들면 소비와 여타 수요 요소들이 너무 약하여 생산 설비를 완전히 가동할 수가 없는 상황에서 또 많은 투자를 퍼부어 생산 설비를 건설하는 것은 비합리적이다. 수요에서 소비 요소가 가장 큰 비중을 차지하므로(보통 GDP의 60~70퍼센트) 소비수요가 가정경제의 소득에 기초해 정규적으로 확장되도록 하는 것이 중요하다.

말할 것도 없이 으뜸가는 중요성을 가진 것은 투자수요이다. 이는 민간투자자를 출처로 삼지만 또 '공공가계(public households)' (즉 중앙

정부 및 지방정부의 각종 기관들과 모든 수준의 정부)에서도 나온다. 투자는 수요를 창출하기만 하는 것이 아니다. 투자재는 새로운 기술을 현실화하고 장차 경제성장이 지속되게끔 하는 데 사활이 걸려 있는 문제이다.

민간가계 쪽에서 충분히 수요가 성장하도록 하게 하려면 무엇보다도 먼저 임금이 GDP 성장률과 동일한 속도로 증가해야 한다. 궁극적으로 따져보면 이윤 소득도 민간가계로 흘러들어가는 것이 사실이다. 하지만 대부분의 가계에서 소득의 압도적인 대부분을 차지하는 것은 임금 소득이며 이들의 소비 가능성을 결정하는 것도 임금 소득이다. 게다가 경험상 소비율은 이윤보다 임금 쪽이 훨씬 더 높다. 이윤의 증가 그리고 저축률이 높은 가정경제에서 이윤을 통한 소득 증대는 그에 상응하는 전반적 소득 증대가 없다면 수요의 원동력으로서 충분치 못하다. 이러한 시나리오에서는 임금 소득에 의존하는 가계가 소비를 충분히 늘릴 수 있는 길은 오로지 부채를 더 많이 얻는 것뿐이다. 하지만 이렇게 주로 신용대출로 추동되는 소비수요는 지속가능한 것이 아니며 지극히 위험한 것이다. 서브프라임 위기는 바로 이 점을 명확히 보여주었다.

정부수요 또한 중요하다. 여러 정부는 교육이나 의료 등과 같은 중요한 공공재 다수를 제공하며, 그를 통하여 사회 내 소비의 구조를 적극적인 방식으로 형성해낸다. 여러 정부는 또 생태적으로 지속가능한 성장뿐만 아니라 사회간접자본을 조달하는 데서도 핵심적 중요성을 갖는다. 세계의 가장 성공적인 나라들 다수는 GDP에서 공공지출이 차지하는 비중이 높으며, 스칸디나비아반도 나라들이 그 예가 될 것이다. 만약 여러 정부가 중요한 공공재를 공급하면서, 또 시장이 내놓는 소득분배가 용납되기 힘든 것일 경우 이것까지 바꾸고자 한다면, 공공가계경제를 '군살 없이' 만들 수는 없을 것이다.

또 수출에 초점을 두어 무역수지 및 경상수지 흑자를 노림으로서 수요를 자극할 수도 있다. 하지만 이러한 수출 주도 성장은 당연히 제로 섬게임이 될 수밖에 없다. 한 나라의 잉여 수출은 곧 다른 나라들의 잉여 수입이 되기 때문이다. 따라서 한 나라가 과도한 수출 주도 성장 전략을 지속적으로 활용하게 되면 다른 나라들에게 전반적인 해를 입히게 되는 고로 지구적인 규제를 통해 제한할 필요가 있다.

우리는 현재의 생산 및 소비 방법과 생태적 필요 사이에 근본적인 갈등이 있음을 목도하고 있다. 만약 생태적 문제들에 대한 처리를 신속하게 시작하지 못한다면 세계 인구의 많은 부분들이 생존 자체에 위협을 겪게 될 것이며, 사람이 거주하고 일할 수 있는 지역을 놓고, 물과 식량을 놓고, 마지막으로 하지만 꼭 중요한 것으로 석유와 같은 천연자원을 놓고 극단적인 갈등이 벌어질 것이다. 오늘날 우리는 시장 메커니즘이 경제성장과 생태적 필요를 결합하는 일에서 엄청난 실패를 경험하고 있으며, 치명적인 결과가 생겨나고 있음을 목도하고 있다. 이는 단순히 현재의 생산 및 소비 방법만의 문제가 아니다. 이는 또 지난 두 세기 동안 이루어져왔던 기술발전의 유형의 문제이기도 하다. 이러한 기술발전은 개별 기업과 소비자들의 잘못은 아니다. 이는 지난 몇 세기 동안 기술발전, 생산, 소비에 잘못된 신호를 발생시켜온 가격체제의 잘못이다. 하지만 이러한 사실에도 불구하고 우리는 경제성장 자체가, 지구온난화를 방지하거나 재생불능 자원을 고갈시키지 않을 생산 및 소비 방법을 찾는 등의 생태적 필요와 근본적인 갈등 관계에 있다고 보지 않는다. 생산과 소비와 기술발전의 구조를 근본적으로 변화시키면서 생태적으로 부정적인 효과를 낳지 않는 녹색 성장이 가능하다고 보기 때문이다. 물론 이는 우리의 삶의 방식에 깊숙하게 영향을 미치게 될 것이다. 우리는 경제성장이 영원히 필요하다고 보지 않는다. 일단 경제발전이 일정한 단계에 도달하여 어느 정도의 생활수준을 달성한 사회라면, 기술적 발전에 기초한 부의 증대가 더 많은 소비의 형태를 취할 것인가 아니면 더 많은 여가의 형태를 취할 것인가라는 질문을 스스로에게 던져야 할 것이다.

시장자유주의에 근간한 세계화 프로젝트는 많은 부문에서 지속불가능한 부채의 축적과 불가분으로 얽혀 있었다. 예를 들어 설령 민간가계 부문이 전체로 보면 채권자 위치에 있다고 해도 그 상당한 비율이 지극히 높은 부채를 진 상태라면 경제 전체의 안정성에는 해가 된다. 또 지방정부들 전체가 높은 부채를 안게 되면서 각국 정부 또한 그렇게 되었다. 부채를 안고 있는 것이 어느 부문이냐 또한 중요한 차이점을 만들어낸다. 이를테면 기업 부문은 생산에 종사하며 시장에서 가치를 창출하는 부문이기 때문에 민간가계보다 훨씬 더 큰 정도까지 부채를 안을 수 있다. 하지만 시장자유주의 시대에 들어서 기업과 금융기관들조차도 자기자본을 충분히 증가시키는 과제를 무시해버린 바 있다.

움직일 수 없는 사실은 이러하다. 아무리 다른 부문들에서 잉여가 축적된다고 해도 어느 한 부문에서 과도한 부채가 계속 쌓여간다면 수요의 증가는 지속적인 기조를 유지할 수가 없다는 것이다. 이는 지구적 차원에서 볼 때, 개별 국가의 관계에도 똑같이 적용된다. 개인 경제행위자들, 개별 경제 부문들, 개별 국가 경제들의 대차대조표가 모두 똑같은 모습일 필요는 없으며, 만일 그렇게 된다면 사실 이는 지극히 해로운 상황이다. 하지만 어느 부문들 혹은 한 부문 내에서 여러 단위들이 과도한 부채를 떠안게 되는 결과를 피하기 위해서는 부채의 정도(항상 GDP에 대한 백분율로 측정된다)는 일정한 한도 내로 유지해야 한다.*

자유방임체제에서는 소비수요와 투자수요가 꼭 경제발전이 안정적이고 지속가능하게 이루어지는 방식으로 자동적으로 발전해가지 않는다. 존 메이너드 케인스는 이미 오래전에 이를 분명히 한 바 있다. '물론 이 불편한 결론은, 소비 성향과 투자율이 사회적 이익을 심사숙고해 통제되는 것이 아니라 주로 자유방임의 영향에 내맡겨져 있다는 전제에 기초해 있다'(Keynes 1936: 219). 여기에서 필요한 것은 경제와 사회 전체의 이익이라는 견지에서 소비수요와 투자수요에 대한 장악을 조화되게 조정하는 일이다. 부채가 계속 증가하는 위험한 경향들을 발생시키지 않은 상태에서 만족할 만한 수요 증가를 꾸준히 달성하기 위해서는 국가가 일정한 틀을 강제해야 할 뿐만 아니라 경제에 개입해야만 한다. 이 제도적 틀은 소득의 상대적 평등을 낳을 뿐만 아니라 저소득층에게 심한 해를 입히도록 작동하는 현재의 재분배 기조를 반대로 뒤집는 방식으로 고안되어야만 한다. 또 동시에 정부의 개입을 통하여 투자를 안정화해야 한다. 여기에서 중요한 역할을 하는 것이 사회간접자본 투자 그리고 민간 및 공공 부문의 협력이며, 또 공기업 부문도 중요한 역할을 할 수가 있다.

* 성장 중인 경제에서는 상당한 흑자든 상당한 적자든 이것과 얼마든지 양립할 수 있다. 명목 GDP가 5퍼센트로 성장하고 있을 때 어떤 한 부문이 자금 흐름 표에서 GDP의 3퍼센트에 해당하는 적자를 계속 끌고 가면서도 순 채무를 GDP의 60퍼센트 이상으로 절대 오르지 않게 할 수 있다.

우리는 또 생산과 소비를 생태적으로 지속가능한 방식으로 바꿔야
한다. 그러기 위해서는 에너지가 생산되는 방식, 사람들의 이동을 조
직하는 방식, 주택을 건설하는 방식 등에서 모두 주요한 변화가 있어
야만 한다. 그렇게 근간 가체를 뒤바꿀 정도의 변화라면 엄청난 양의
신규 투자 물결과 결합되는 것을 피하려야 피할 수가 없다. 10장에서
보겠으나, 앞으로 다가올 몇십 년간 만약 근본적인 생태 변화가 벌어
지게 된다면 이는 새로운 민간 및 공공 투자 그리고 GDP 성장으로 이
어지게 될 것이다.

성장과 혁신을 위한
금융체제

금융체제란 경제체제의 두뇌와도 같은 것이라고 말할 수 있다. 금융
체제는 경제를 파멸로 몰고 갈 수도 있지만 또 역동적 발전을 만들어
나가는 데도 결정적인 중요성을 갖는다. 잘 작동하는 금융체제라면
마땅히 다음의 네 가지 과제들을 꼭 이루어야 하며, 이는 오늘날의 경
제를 지속가능한 성장으로 유지하기 위해 반드시 필요하다.[*]

첫째, 신용 창출을 수단으로 기업들—특히 혁신적 기업들—로 하
여금 투자도 하고 생산도 할 수 있게 만들어준다. 신용체제는 사전에
저축된 돈을 굳이 필요로 하지 않으면서도 그야말로 무에서 유를 창
조하는 식으로 화폐와 신용을 창출할 수 있다. 이 자금은 혁신 기업가
들이 가져다 쓰게 할 수 있으며, 이들은 이 돈을 사용하여 생산에 필요

---

[*] 금융체제의 이 기능 그리고 여타 기능들에 대해 좀 더 자세한 기술은 Priewe and Herr
2005 : 140ff.

한 자재와 기계 등을 구입한다. 개별 기업은 투자를 통해 자본 스톡을 증대시키고 이를 통해 경제 전체의 생산적 잠재력을 늘릴 뿐만 아니라 소득과 저축을 창출하여 새로 투자할 자금의 공급이 가능하도록 만들어주지만, 이는 거의 항상 사후적으로 일어나는 일임을 기억해야 한다. 이러한 과정은 간혹 혁신을 수반하기 때문에 금융체제는 한 경제에서 생산성이 발전되는 것을 결정적 지점에서 지지하는 것이라고 볼 수 있다.

금융체제의 두 번째 중심적 과제는 위험을 재분배하는 것이다. 비록 서브프라임 위기의 여파로 이러한 기능이 좀 안 좋은 평판을 얻게 된 것은 사실이지만, 여러 상이한 경제단위들 사이에서 위험을 재분배하는 것은 금융체제의 중요한 기능이라는 것은 변함없는 사실이다. 개별 프로젝트에 이루어지는 투자는 위험이 어마어마하여 거의 완전한 실패로 돌아갈 가능성까지 안고 있는 경우가 종종 있다. 따라서 개인들로서는 그러한 큰 위험을 혼자서 감당하기를 꺼리게 되거나 아니면 상당한 수익의 가능성이 있을 때에만 그렇게 하려고 들 것이다. 하지만 금융체제는 수많은 투자자들 사이에 위험을 얇게 확산시키는 것을 가능케 한다. 게다가 개개인들은 금융체제 덕분에 꼭 자기 전 자산을 걸지 않아도 되게 되므로, 그러한 위험이 큰 프로젝트에 투자를 할 개개인의 의사의 총합은 크게 늘어나게 된다.

은행은 또 신용 배당의 기능도 수행하며 이는 금융체제의 유동성과 위험 전환의 중요한 일부를 이룬다. 은행체제는 일반 대중의 단기 예금을 긁어모으는 한편 투자를 행하는 기업들에게는 장기 대출을 내준다. 주식시장 또한 이 기능을 수행할 수 있게 되는데, 주주들은 주식의 형태로 장기적 투자를 매입하지만 또 이를 2차 유통시장에서 원하면 언제든 매도할 수 있기 때문이다. 투자은행처럼 은행이 아닌 금융기관들은 보통 좀 더 고위험·고수익을 쫓는 경향이 있으며 또 위험이 큰 경제활동에도 자금을 대는 역할을 하므로, 경제성장을 지지하는 한 축이 될 수 있다(제대로 규제를 받기만 한다면). 금융 부문이 더 많은 유동성과 위험 전환을 제공해준다면 그 사회는 그러한 금융 부문을 갖지 못한 사회보다 더 많은 자본 스톡을 가지게 될 것이며, 이를 통해 더 높은 노동생산성과 더 많은 물질적 번영을 누리게 될 것이다.

금융 부문의 세 번째 임무는, 가장 유망한 투자 프로젝트를 내놓는 부문들과 기업들에 자본과 신용을 쓸 수 있도록 만들어주는 일이다. 정보의 조달에 있어서도 규모의 경제가 작동하므로 금융체제는 이를 이용하여 어떤 프로젝트가 결실을 맺을 수 있을지 판단할 때 개별 투자자보다 더 나은 판단을 하는 경향이 있다. 금융 자원을 가장 효율적인 지원자에게 분배하는 메커니즘은 또 전반적으로 낮은 수익률과 양립 불가능한 것이 아니다. 이 경우 전반적인 수익률은 거의 제로로 떨어뜨리면서 오직 혁신적 기업들을 위한 기술에서 나오는 소득만이 수익의 근간이 되어 이 기업들에게 더 높은 수익을 안겨줄 수 있다.*

금융체제의 네 번째 기능은 소규모 투자자들의 자산을 축적하여 훨씬 더 큰 투자를 가능케 하는 데 있다.

이를 염두에 두고 본다면 금융체제가 없는 혹은 개별 부문에 부채가 없는 경제질서를 만들려 애쓰는 것은 있을 수 없는 일임을 알 수 있다. 문제는 다른 곳에 있다. 지나간 몇십 년간 이러한 기능들을 수행하지 않거나 혹은 오직 불안정성을 낳는 형태로만 수행하는 금융체제가 출

---

* 이를 강조한 것은 Keynes 1936.

현했다는 것이 그것이다. 우리의 관점에서 보았을 때 이 금융체제를 개혁하기 위해 필수적인 규제에는 근본적으로 다섯 차원이 있다. 9장에 이 문제를 깊게 논의하는 부분이 있으니 여기에서는 그 다섯 가지 논점만 제시하겠다.

첫째, 투자은행과 헤지펀드같이 위험을 떠안는 것을 업으로 하는 비(非)은행 금융기관들은 예금을 받는 상업은행과 분리되어야 한다. 상업은행은 또 비은행 금융기관들에게 대출이 허용되어서는 안 되며 또 자기계정거래(proprietary trading) 또한 해서는 안 된다. 이는 예전에 미국 연방준비위원회 의장을 맡았던 폴 볼커(Paul Volcker)가 제안한 것이기도 하다. 이러한 틀을 취하더라도 지금보다 더 위험이 큰 모험 사업들에 대해서도 충분한 자본을 제공할 수 있을 것이다.

둘째, 그림자은행 체제의 발전을 허용하는 것은 더 이상 용납될 수 없다. 그림자은행 체제는 규제의 구멍을 최대한 이용해 금융체제에서 규제가 덜한 지역 혹은 규제가 아주 빈약한 나라로 계속해서 활동을 옮김으로써 규제가 이루어지는 금융체제로부터 체계적으로 빠져나간다. 모든 금융기관들은 규제를 받아야 한다. 금융기관들은 지금까지 점점 더 많은 부채를 내 영업을 해왔을 뿐만 아니라 점점 더 위험이 크고 더 단기적이고 더 투기적이며 더 수익에 집착하는 방식으로 영업해왔으며, 이에 수익에 대한 기대는 비합리적일 정도까지 치솟아버리고 말았다. 전처럼 금융기관들이 자기자본비율을 끊임없이 감소시키도록 허용하는 것도 마찬가지로 더는 용납할 수 없는 일이다. 그 결과, 막상 위기의 충격이 닥쳤을 때 충격을 흡수해줄 자기자본은 거의 없었다는 결과가 나온 바 있다.

세 번째 차원은, 거시경제 전반의 통치에 있어서 경기순환에 맞서는

(anti-cyclical) 도구들을 창출하는 것이며 특히 그런 것들을 금융체제에서 만들어내는 것이다. 특히 금융시장에서는 설령 최고의 규제를 갖추고 있다고 해도 무절제하고 과도한 행동들이 번번이 벌어지며, 이는 국가의 개입이 없다면 나머지 경제 전체의 안정성을 해칠 잠재적 위험을 가지고 있다. 게다가 규제 감독의 틀(이른바 바젤 II)과 회계제도 개혁의 방향이 잘못되는 바람에 이러한 금융시장의 경향은 오히려 더욱 강화된 바 있다. 따라서 금융시장의 게임 규칙은 금융체제가 다시금 경제에서 그 중요한 기능들을 수행할 수 있도록 내용상 크게 재정비되어야만 한다.

경기순환에 맞서는 정책들의 틀 안으로 들어가면 국가의 재무부뿐만 아니라 중앙은행 또한 금융에서 핵심적 위치를 얻게 된다. 부동산 거품의 경우에서 본 것처럼 상황이 생각했던 흐름에서 이탈하는 것으로 보이는 경우에는 행정적 수단을 통해 이에 맞서는 것이 가능해야만 한다. 거품을 막기 위해 금리를 상승시키는 것은 충분치 못할 뿐만 아니라 전체 경제에 해를 끼칠 잠재적 가능성이 높다. 일정한 거시경제적 실수를 바로잡기 위해서는 금리 상승 이외의 다른 정책들 또한 좀 더 탄탄하게 배치할 필요가 있다. 예를 들어 부동산시장과 주식시장에서 벌어지는 과도한 행위들을 근절하기 위해서는 투기적 이윤에 세금을 늘리는 식의 조세정책을 사용하는 것이 가능하다.

네 번째, 모든 금융상품들, 특히 모든 유형의 파생상품들은 시장에 나오기 전에 감독 당국의 승인을 받아야 한다. 거래는 오직 조직된 시장에서만 이루어져야 한다. 이러한 규칙들은 위험을 분산(헤지)하기 위한 충분한 기회를 허용할 것이며 어떤 식으로든 기업들에게 비용 상승을 가져오지는 않을 것이다. 국제회계기준을 규정하는 기관들은 물론 신용등급 기관들 또한 공공당국의 감독을 받아야 한다.

다섯째, 국제적 자본이동 또한 문제가 되고 있다. 각국의 중앙은행들은 금리정책으로 아주 조금은 영향을 줄 수 있지만, 국제적 자본이동은 엄청난 규모의 경상수지 불균형을 낳고 환율의 혼란으로 안정성을 파괴할 수 있다. 여기에서도 중앙은행들은 국제 자본이동에 개입할 능력을 갖추기 위한 도구들을 더 필요로 한다. 전체적으로 보았을 때 최근 몇십 년의 전개는 방향이 잘못된 것으로 보인다. 중앙은행들이 재량껏 쓸 수 있는 도구들이 점점 줄어들어서 마침내 이제는 금리정책 하나만 달랑 남은 상태가 되었기 때문이다. 중앙은행에게 국내 자산시장 거품과 불안정한 국제 자본흐름과 적극적으로 맞싸울 수 있는 도구들을 다시 한 번 손에 쥐어줄 필요가 있다. 이러한 도구들은 중앙은행이 항시 사용할 수 있는 연장통의 일부로 들어가야만 한다.

소득분배를
좀 더 공평하게

최근 몇십 년 동안 소득분배와 관련하여 실로 괄목할 만한 불평등이 점점 더 증가하였다. 이는 여러 나라의 사회·정치적 응집력을 위험에 빠뜨린다. 더 나아가 지나치게 불균형한 소득분배는 거시경제적으로도 불안정성을 낳게 된다. 가정경제 소비의 주된 근간이 소득이라는 점을 염두에 둔다면, 소득분배의 불평등이 증가하는 것은 곧 소비자 수요에 해로운 결과를 가져옴을 알 수 있다. 소득이 높은 이들은 저축률도 높기 때문이다. 독일과 일본은 이러한 분배의 큰 변화로 생활

조건의 위험성이 늘어나자 소비수요가 더욱 위축되어버렸던 전형적인 예들이다. 다른 나라들, 이를테면 미국이나 영국의 경우, 소득 불평등이 증가한 것은 마찬가지였지만 민간 가계부채가 늘어나면서 가정경제 소비가 유지되었다. 미국과 영국은 1990년대부터 서브프라임 위기가 터질 때까지는 경제성장률의 증가를 경험하였지만, 이는 금융의 불안정성이 계속 축적되는 문제를 수반하였다. 이 모델은 장기적으로는 유지될 수 없다. 인구의 여러 부문들이 과도한 부채를 떠안도록 만들기 때문이다.

괜찮은 자본주의의 모델이라면, 이러한 소득분배의 부정적 변화를 역전시켜 모든 인구 집단들에게 사회에서 창출된 부에서 충분한 몫을 가져갈 수 있도록 해야 한다. 2차 대전 이후의 규제된 자본주의가 성공을 거두었던 비결 가운데 하나는 소득 증대와 비교적 평등한 소득분배를 통해 노동자들의 집단적 구매력을 증가시킨 데 있다. 이제 그옛날 모델을 다시 혁신적으로 재생시켜야 함이 분명해지고 있다.

소득분배는 세 가지 중요한 구성요소들을 가지고 있다. 첫째는 임금과 이윤이라는 기능적 소득분배이며, 둘째는 임금 총액 및 이윤 총액 각각의 내부에서 이뤄지는 분배이며 셋째는 국가의 재분배정책이다. 임금이 차지하는 몫이 줄어드는 것은 이윤 마크업이 더 많아진 결과이다. 우리의 분석에 따르면, 이윤 마크업이 올라가는 것은 규제완화를 기초로 가능해지며, 특히 금융 부문의 권력이 증대되고 더 높은 수익을 위해 기꺼이 위험을 감내하겠다는 의사가 충만한 것이 원인이된다. 주주자본주의식 접근과 기관투자가들의 역할이 갈수록 증대된것 등이 기업들로 하여금 더 높은 이윤 마크업을 추구하도록 밀어붙인 것이다. 따라서 금융 부문에서의 게임의 규칙과 구조도 이윤 마크업이 다시 낮아질 수 있는 방식으로 바뀌어야 한다.

이윤 마크업은 또한 재화시장의 독점도와 권력 구조에 달려 있다. 공정 거래법의 임무는 개별 시장에서의 독점화를 방지하는 것이다. 시장 권력의 증대는 독점 혹은 과점 이윤의 증대를 수반하게 되어 있고 이는 다시 소득 불평등을 두드러지게 하며 전체 경제에서 꾸준한 수요 증대에 문제를 낳게 되기 때문이다. 시장자유주의는 한편으로 세계화를 통하여 재화시장의 경쟁을 격화시켰지만 또 다른 한편으로는 다국적기업들이 성장과 인수 · 합병 등으로 항상 계속 크기를 키워가고 있기 때문에 경쟁의 수위를 낮추기도 한다. 많은 경우에서 자연적 독점체들—이를테면 에너지와 상하수도 공급 혹은 철도—은 사유화되었지만 충분한 경쟁이 창출된 것도 아니었기에 그 결과 이 부문들에서 이윤만 엄청난 수준에 달하게 되었다. 이러한 영역에서는 사유화를 진행할 하등의 이유를 찾을 수가 없다. 이렇게 자연적 독점을 특징으로 삼는 부문들에서 생산과 서비스 조달의 과업을 국가조직들이 떠맡게 된다면 이윤이 가져가는 몫을 줄일 수 있게 될 것이다.

최근 몇십 년간 두드러진 특징은 임금격차가 심하게 벌어졌다는 것이다. 전 세계 거의 모든 나라에서 불안정 고용과 비공식 부문뿐만 아니라 저임금 부문 또한 크게 증가했고 특히 국제무역이 이루어지지 않는 재화 및 서비스 부문에서 이러한 현상이 크게 나타났다. 따라서 세계화의 경향들로 이러한 부문들의 출현을 직접적으로 설명할 수는 없다. 이러한 현상은 노동시장의 규제완화가 빚어낸 결과이다. 이렇게, 임금노동자들 간의 정당화될 수 없는 소득 불평등은 노동시장 개혁을 통해 반드시 제거해야 한다. 단체협상체제를 강화하고 이를 다른 노동시장 제도들로 강력히 지지하여 국제노동기구(ILO)도 강조한 바 있는 괜찮은 노동조건들을 이룩해내야 한다. 국가가 보장하는 최저임금과 사회보장 역시 여기에서 결정적 역할을 하게 된다.

엄격한 규제를 도입한다고 해도 시장에서는 정치적으로 받아들일 만한 소득분배가 나오지 않는다. 여기에다가 시장에 있는 이들 모두가 동등한 기회를 누리는 것도 아니라는 점까지 생각해보라. 신체장애, 연령, 인종, 성별, 육아 의무 등을 이유로 수많은 이들이 시장에서 불리한 위치에 처하게 되며, 이들은 소득을 아예 박탈당하거나 기껏해야 부족한 소득을 얻게 될 뿐이다. 궁극적으로 보자면 모든 소득이 개인적 성취에 기초해 획득되는 것은 결코 아니다. 예를 들어 거액의 상속을 생각해보라. 이는 본질적으로 자본주의와는 이질적인 요소이다. 소득분배가 사회적으로 받아들여질 수 있는 방식으로 조직될 수 있도록 조세 관련 법률과 사회제도를 재조정해야만 한다. 따라서 조세 관련 법률에서는 재분배적 요소가 명시적으로 포함될 필요가 있으며, 무엇보다 시장의 결과에 의존해서는 불평등만 가중될 것이 분명한 만큼 그렇게 해야 할 필요는 더욱 두드러지게 된다. 이러한 점들을 염두에 둔다면, 누진적 조세체제가 각별히 중요할 뿐만 아니라 무엇보다도 자본에서 나오는 소득에 적절하고 충분한 과세가 이루어지도록 보장하는 각종 규제가 필요하다. 예를 들어 조세 회피 따위의 행태는 역외금융 중심지를 '털어서(drain)'라도, 또 그 밖의 조치들을 취해서라도 맞서 싸워야 한다. 또한 공공지출도 소득 불평등을 줄이는 데 사용할 수 있다. 교육, 의료, 대중교통 등의 공공재를 제공하는 것이 그 방법이다. 이는 또 국가의 이전 지출(state transfer payment)과 사회보장제도 등에도 적용되는 바로서, 이런 것들은 명시적으로 재분배적 구성 요소들을 담고 있는 것이다.

국가예산의
건전한 자금 조달

우리는 앞에서 경제의 각 부문이 항시적으로 부채 비율의 증가를 보여서는 안 된다고 말한 바 있다. 이는 국가예산에도 적용된다. 공공부채의 저량(stock)을 GDP에 대한 비율로 측정했을 때 이것이 아주 높다면 무수한 부정적 결과가 나올 수밖에 없다. 첫째, 공공부채 수준이 높아지면 재분배에도 부정적 결과가 나오게 된다. 예를 들어 국가가 부채에 대해 지불하는 이자소득은 소득이 높은 집단에 흘러들어가며, 반면에 이 돈의 원천이 되는 조세는 중위 혹은 하위 소득자들이 내는 돈이다. 둘째, 공공부채가 높은 수준이 되면 고금리 시기가 나타나게 되는데, 이렇게 금리가 올라가면 다시 예산 적자가 눈덩이처럼 불어나서 마침내 예산 자금을 더 조달하기 어려운 지경이 될 수 있다. 셋째, 국가예산이 지나치게 부채를 안게 되면 신용시장에서 아예 퇴출당할 수 있다. 이는 특히 부채가 외화로 표시되어 있을 때 전형적으로 일어나는 현상으로서 개발이 덜 된 나라들의 경우 최근 몇십 년간 이 때문에 통화위기를 겪은 경우가 허다하다. 현재 그리스 및 EMU의 다른 나라들이 겪고 있는 부채 위기도 그 예이다. 공공부채 수준이 매우 높아지게 되면 결국은 정부가 이리저리 변통해볼 수 있는 여지가 사라지게 된다. 또 이렇게 되면 통화개혁을 요구하거나 공공부채를 줄일 수 있는 다른 방법들을 요구하는 목소리가 나올 수밖에 없어지며, 이는 뜨거운 정치적 저항을 불러일으켜 사회 전체의 안정성을 해칠 수 있다.

우리는 여기에서 국가예산에서 부채가 차지하는 비율이 얼마가 되어야 한다고 못 박을 것을 요구하지도 않으며, 또 신규 차입의 비율을 고정하는 것은 더더욱 요구하지 않는다. 심각한 경제위기가 진행 중일 때에는 단기적으로 그 비율을 유지할 수 없다. 더욱이 현재의 경제 상황에서는 그렇게 억지로 그 비율을 유지하려는 것이 해롭기까지 하다. 예를 들어 넉넉한 재정정책을 요구하는 경제 상황임에도 불구하고, 재정 적자를 얼마로 고정시켜 유지해야 한다는 규제가 붙어 있어 이것이 가로막히는 상황을 생각해보라. 우리가 주장하는 바는 공공 예산을 소비 예산과 자본 예산으로 나누어야 하며, 자본 예산은 공공 투자에 쓰여야 한다는 것이다. 소비 예산은 중기적인 시간 지평에서 균형을 이루어야 하며, 일반적으로 조세와 기부 등으로 자금을 조달한다. 공공투자에 관한 한 공공부채도 정당화될 수 있다. 특히 공공투자에 의한 수입의 형태로 무시할 수 없는 규모의 수익을 기대할 수 있다면 더욱 그러하다. 하지만 장기적으로 보자면 GDP에 대한 공공부채의 비율을 일정하게 유지하는 것이 달성되어야 한다. 한편 단기적으로는 재정 흑자와 재정 적자를 아주 큰 폭으로 오가는 적극적인 재정정책도 얼마든지 펼 수 있다.

이 지점에서 자본 예산과 경상 예산을 구별하는 것이 도움이 될 것이다. 경상 예산(current budget)에는 국가의 소비지출이 들어가며 중기적인 시간 지평에서 균형을 이루어야 한다. 반면 공공투자는 자본 예산으로 들어가며, 이는 장기적 신용을 통하여 자금을 조달할 수 있다. 경제 전반의 수요를 안정화하기 위해서는 무엇보다도 먼저 공공투자를 경제 상황에 맞추어 미리 앞당겨 오거나 연기할 수 있도록 자본 예산을 배치해야 한다. 하지만 경상 예산에서는 경기순환에 기인하는 조세수입과 공공지출의 변화를 자동적인 안정 장치로서 받아들여야 한다. 경상 예산의 균형은 중기적인 시간 지평에서만 달성하면 되니까.

다양한 수준에서 규제가 필요하다

과거 몇십 년 동안 횡행해온 세계화 모델의 근본적 문제점은, 경제는 세계화돼가고 있건만 규제는 여전히 대부분 일국적 차원에 머무는 비대칭성에 있다. 경제적 과정들은 이미 오래전부터 전 세계 차원에서 벌어져왔건만 세계경제의 규제와 협치를 맡아보는 지금의 구조들은 너무나 빈약하거나 너무나 반경이 좁다. 이는 좁은 의미의 경제에만 국한되는 이야기가 아니라 환경문제 같은 다른 영역들도 포괄하는 이야기이다. 지구적인 협치가 결핍되어 있다는 것은 지구온난화 심화 방지, 전 세계 차원의 경제정책상 협력 조정, 또는 안정된 국제 결제수단의 공급 등과 같은 국제적 공공재의 생산이 부족하다는 사실에서도 명확히 드러난다.[*] 지구적 협치(global governance)가 수행하는 기능 하나는 좀 더 안정된 국제 환율체제 그리고 과도한 경상수지 불균형이 나라들 간에 생겨나는 것을 방지해줄 메커니즘을 확립하는 것이다. 국제적 자본흐름에 일정 정도 통제를 행사하지 않고서는 그러한 체제는 확립할 수 없다. 워싱턴 컨센서스의 주창자들의 주장에도 불

---

[*] 경제사가 킨들버거는 이점에 대해 설득력 있는 설명을 내놓고 있다. Kindleberger 1986.

구하고, 자유로운 자본흐름이 그 자체로 추구해야 할 가치가 아니라는 점은 명확하다. 많은 경우에 이는 일촉즉발의 불안정성만 가중시켰고 통화 위기 및 충격을 조장했으며, 경제성장과 효율성을 증진시킨 것은 분명코 아니었다.[*]

모든 것을 초국가적 수준에서 규제하고 협치하는 것은 가능하지도 않거니와 바람직하지도 않다. 많은 문제들의 규제와 협치는 일국 수준으로 남아야 한다. 어떤 조치들을 어떤 정치적 수준에서 조율할 것인가는 사안별로 결정되어야 한다. 요컨대, 일국 경제와 지구적 경제의 안정성, 더 나아가 심지어 인류의 미래까지 위협하고 있는 시장경제의 행보를 제대로 통제하고 교정할 수 있으려면, 경제정책을 다루는 기구들이 거시경제적 협치 메커니즘을 갖춰야 한다는 것이다. 지난 몇십 년간 소실돼버린 것들을 복구하든가 아니면 새로운 것들을 도입하든가 해서 말이다.

시장은 자유의 일부이기도 하며 또 자유를 담는 꾸러미이기도 하다

오해를 피하기 위해 말해두자면, 우리의 제안은 국가의 개입과 규제라면 종류 불문하고 모조리 끌어안자는 것이 아니다. 모든 형태의 국가 개입이 안정된 경제성장을 증진하거나 소득과 수요의 꾸준한 증가를 가져올 수 있는 것도 아니며, 그에 적합한 것도 아니다. 중·장기적으로 해를 끼치는 형태의 국가 개입도 많다. 국가를 전제로 하면서도

• 워싱턴 컨센서스의 내부 사정에 대한 분석으로는 Kellermann 2006.

6 · 새로운 모델이 갖춰야 할 특징들 **207**

아울러 생태적 필요들까지 고려한 틀에서라면 생산물과 서비스에 대한 시장을 자유화하는 것이 혁신의 원동력이 되어 생산성과 생활수준을 향상시키게 될 것이다. 최근 몇십 년간 원거리 통신으로 인해 혁신에 엄청난 추동력이 생겨난 바 있지만, 만약 시장의 진입 장벽을 낮추고 무거운 규제를 상당히 덜어내지 않았더라면 이는 불가능한 일이었을 것이다.

따라서 국가 개입이 초래할 비용을 항상 그것이 제공할 편익과 비교해봐야만 한다. 무엇보다도 확실히 해야 할 점은, 시장경제의 여러 요소들 가운데서 더 높은 생산성 또 더 높은 생활수준을 가져오는 종류의 생산물이나 과정 혁신 등이 벌어질 수 있도록 해주는 요소들이 뭉개지는 일이 없도록 보장하는 것이다. 조지프 슘페터와 카를 마르크스가 보여준 바 있듯이, 기업 간 경쟁, 그리고 기술혁신을 통해 평균 이상의 수익을 얻을 수 있는 가능성은 경제의 생산력을 발전시키는 원동력이다. 시장에서 성공을 거둘 가능성은 물론 실패를 맞을 가능성이야말로 경제적 역동성을 낳는 중심적 요소이다. 중앙경제계획을 시도했던 여러 경제를 시장경제가 누를 수 있었던 우위의 근간에 있는 것이 바로 이 메커니즘이다.

게다가 시장은 그 수많은 부정적 요소들에도 불구하고 개인들이 선호하는 노동 방식과 소비를 결정할 여지를 늘려주었다는 점에서 해방적인 성취로서 간주되어야 한다. 예를 들어 우리는 행복에 대한 연구를 통하여 자영업자들이 일상의 노동과정을 거의 스스로 결정할 수 있기 때문에 삶에 대한 만족도가 더 높다는 것을 알고 있다. 일자리를 잃는 바람에 경제적 압력에 떠밀려 억지로 자영업을 하게 되었다든가 또 자영업을 하면서 계속해서 노동조건이 악화되고 있다든가 하는 경우가 아니라면, 스스로 사업을 시작할 수 있는 기회가 있다는 것은 자유의 긍정적인 예로서 간주되어야만 한다. 불필요한 금지 조항이나 규제 등을 최대한 철폐하여 시장을 넓게 개방하면 더 많은 사람들이 삶의 방식을 스스로 선택하는 것이 가능해진다. 이것이 자유시장이 중요한 이유이다.

또 규제적 성격의 옛 경제체제(예를 들면 1960년대나 1970년대)를 옮겨 심는 것 역시 불가능하다. 우리가 할 일은 새로운 틀과 새로운 국가 개입 방식을 마련하는 것이다. 이때 원칙이 되어야 할 것은, 지난 몇십 년간 새로 등장한 자유화의 해방적 요소들은 유지하면서도 규제완화 때문에 나타난 안정성을 해치는 요소들을 다시금 통제하로 되돌려놓는 것이다.

다시 한 번, 우리는 케인스와 같은 의견이다.

내 입장을 말하자면, 지혜롭게 관리되기만 한다면 자본주의야말로 우리가 알고 있는 그 어떤 대안적 체제보다도 경제적 목적들을 달성하기에 효율적인 체제가 될 수 있다고 믿는다. 하지만 자본주의 자체는 여러모로 지극히 반감을 살 만하다는 것 역시 나의 믿음이다. 우리가 해결해야 할 문제는, 우리가 생각하는 바의 만족스러운 생활 방식을 해치지 않는 범위 안에서 최대의 효율성을 가진 조직을 고안해내는 것이다.[*]

오늘날 우리가 알고 있는 자본주의가 향후 몇 세기 동안 계속해서 존속할 수 있을까? 우리는 그럴 가능성이 지극히 낮다고 본다. 답이

* Keynes 1926: 116.

뭐든 상관없다. 이런 질문 자체가 현재 당면한 문제들과 목전의 가까운 미래에 대처하는 것과는 무관하기 때문이다. 개혁과 개선을 위해서는 현존하는 경제 · 사회적 구성체를 출발점으로 삼는 것이 필수적이며, 또 이는 우리를 현실에 묶어두는 역할도 한다.

7
공공부문을
다시 일으켜 세우자

우리가 살고 있는 현실에서는 정부의 수입과 지출이 어떠한 구조를 갖고 있느냐가 경제에 결정적인 요소가 되는 것이 불가피하다. 정부는 시장자유주의적 세계화의 논리 아래에 있던 옛날에 비해 훨씬 더 강력하고 능동적인 모습을 다시 회복해야만 한다. 공공부문의 여러 활동이야말로 정책이 경제에다 가장 지속적이면서도 속속들이 파고 드는 영향력을 행사할 수 있는 영역이다. 단순히 규제에 국한될 것이 아니라 조세와 지출 또한 소득과 부의 분배에 중심적인 역할을 한다는 사실을 명심해야 한다. 정부는 교육이나 연구 · 개발에 투자함으로써 공공재를 공급해야만 한다. 나아가 이런저런 규칙과 법적 금지, 조세와 지출 등은 생태적 필요와 관련하여 우리가 생산하고 소비하는 방식과 기술들을 근본적으로 바꾸는 데 중대한 역할을 한다. 이러한 요소들은 여기에서 제시하는 경제모델의 틀, 즉 총산출이 안정적이면서도 생태적으로나 사회적으로나 지속가능하고 또 생산 설비의 풀가동과 완전고용에 최대한 근접하는 경제를 보장하는 데 중요한 의미를 갖는다. 중·장기적인 시간 지평에서 지출과 조세 정책의 가장 중요한 임무는 한편으로 교육과 사회기반시설에 충분한 투자를 함으로써 생태친화적인 생산성 성장을 계속할 수 있는 틀을 제공하는 것이며, 다른 한 편으로는 조세와 지출 정책을 수단으로 다양한 집단들 사이에 소득격차가 벌어지는 것을 방지하는 것이다.

우리는 이 문제를 크게 세 단계를 거쳐서 접근하고자 한다. 첫째, 우리는 어떤 부문이 오늘날 공공부문을 위한 전략적 활동 영역이 될 것인가를 묻고자 한다. 그다음 두 번째 단계에서는 이렇게 역할이 증대되는 공공부문을 운영할 자금을 어떻게 마련해야 하는가를 물을 것이다. 이 자금은 경제적으로 효과적이면서도 또 조세의 공정성을 충족시키며 또 친환경 기술을 활용한 녹색 성장의 방향을 취하도록 조달되어야 한다. 마지막으로 우리는 경제위기의 시대에 공공가계가 소위 '자동안정장치'의 역할을 맡아야 한다는 점을 볼 것이다. 경기 변동은 때로는 단순히 주기적인 것이어서 곧 회복되기도 하며 또 때로는 아주 심각한 위기의 불황기로 이어지기도 한다. 우리의 경제가 이를 뚫고 나가도록 정부가 방향을 잡고 영향을 행사하는 데 쓸 수 있는 다른 수단들이 있는지도 고찰할 것이다.

정부의
전략적 지출

경제에서 공공부문이 맡는 역할을 설명하기 위한 첫 번째 단계로서, 먼저 공공지출의 목적은 무엇인가 그 자금은 어떻게 획득할 것인가 또 경제에서 공공부문이 차지하는 부분은 얼마나 커야 하는가 등의 문제를 고찰해보기로 한다. 이 질문은 좁은 의미의 재정정책에 대한 질문, 즉 정부가 자신의 지출과 수입을 다양하게 변화시킴으로써 어떻게 경기의 순환에 영향을 줄 수 있는가라는 질문과는 독립적인 질문이다. 하지만 재정정책만 본다고 해도 소득분배가 구조적으로 끼치는 효과와 충격을 고려하지 않을 수 없음은 물론이다.

만사를 시장에 맡겨놓기만 한다면 공공재의 공급은 불충분해진다 (아예 전혀 공급되지 않을 때도 간혹 있다). 이 점 하나만으로도 녹색 성장과 사회복지를 만들어내는 메커니즘을 시장에만 의존해서는 안 될 충분한 이유가 된다. 공공재란 여러 다른 사람들 혹은 기업들이 사용하면서도 그 어떤 사용자에게도 불이익을 가져다주지 않는 재화이다. 공공재의 소비는 막을 도리가 없는 경우도 종종 있다. 우리의 목적에 알맞게, 재화의 생산과 사용과 관련한 시장의 실패에 초점을 맞추는 이론적 개념이 또 하나 있다. 소위 '외부성(externalities)'이라는 것으로서, 외부성이 존재하면 시장의 여러 가격들이 부족과 잉여의 신호로서 제대로 기능하지 못하게 된다는 것이다. 이제 우리가 제시하는 모델에서 공공부문의 역할에 결정적으로 중요한 두 가지 예를 들어보자. 교육과 사회기반시설이다.

교육과 사회기반시설에 대한 투자

장기적 중기적으로 볼 때 한 경제의 생활수준을 증대시키는 가장 중요한 결정 요소들은 사회적·생태적 경제 내에서 이뤄지는 기술 진보와 생산성 성장이다. 교육에 대한 공공지출뿐만 아니라 사회기반시설, 연구·개발에 대한 투자, 전망이 밝은 영역에 기업들이 투자하도록 지원해주는 것은 생산성 증대를 끌어내는 데 중심적인 것들이며,

따라서 생활수준을 올리는 데도 중요한 것들이다. 교육과 연구기관·개발은 민간부문에서는 충분히 생산되지 않는 공공재들이다. 기업들은 높은 교육 수준과 훌륭한 사회기반시설로부터 혜택을 보며 또 긍정적인 시너지를 일으키기 때문에, 교육과 연구·개발은 '플러스의 외부성'을 발생시킨다고 할 수 있다.

하지만 교육은 또 다른 중요한 기능을 가지고 있으니, 교육이 사회에 널리 행해지게 되면 중·장기적으로 불평등한 소득분배를 막는 데 도움을 준다. 만약 어떤 사회에서 가장 자격이 낮은 이들은 그저 가장 단순한 조립라인 작업을 하고 있으며 가장 자격이 높은 이들은 그 조립라인을 대체해버릴 수 있는 아주 복잡한 기계를 개발해낸다고 해보자. 이런 사회에서 노동시장까지 아무 통제가 없다면 소득의 차이는 어마어마하게 벌어질 것이다. 최저임금제나 산별 차원에서의 임금협상과 같은 소득정책 도구들로 이러한 사태의 진전 속도를 늦출 수는 있지만 임금격차가 벌어지는 것을 완전히 막아내기는 어렵다.

따라서 교육이 결정적인 출발점이 된다. 가장 자격이 낮은 이들도 교육 수준을 높인다면 사회에서 좋은 일자리를 가질 기회를 증대시킬 수 있으며 직장 생활을 해나가면서 소득을 상승시킬 가능성도 늘어나며, 이는 다시 소득격차가 심하게 벌어지는 것에 제동을 걸게 된다. 여기에 더하여 한 사회의 생산성 수준 또한 상승하게 된다. 하지만 지금까지는 교육 수준이 상승함에도 불구하고 용납될 수 없을 정도의 임금격차가 존재해왔거니와, 이는 노동시장에 대한 각종 규제, 예컨대 법정 최저임금을 수단으로 억제할 수 있다.

공교육 또한 빈곤을 퇴치하고 더 많은 소득 평등을 가져오는 데 핵심적 역할을 할 수 있다. 특히 교육이라는 공공재 생산뿐만 아니라 어

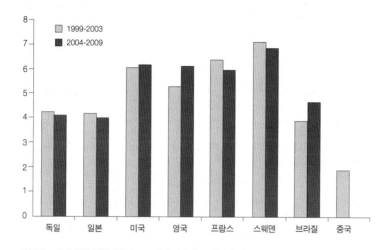

8
7 ☐ 1999-2003
   ■ 2004-2009
6
5
4
3
2
1
0
독일   일본   미국   영국   프랑스   스웨덴   브라질   중국

그림 7.1 교육에 대한 정부지출이 GDP에서 차지하는 비율(백분율).

출처: OECD Stat 2010 http://stats.oecd.org/index.aspx; UNESCO Data Centre 2010
    http://stats.uis.unesco.org/unesco/TableViewer/tableView.aspx; 자체 계산.

린이집이나 각종 학교 등을 무료로 만든다면 이는 곧 가난한 사회계
층이 기본적 교육에 더 접근성을 올릴 수 있다는 것을 뜻한다. 일반적
으로 빈민들에게 각종 수당을 통한 소득 이전을 해주는 것보다 공교
육이 차라리 더욱 적극적인 효과를 내는 경향이 있다.

어린이집에서 대학까지 통틀어 교육에 어느 정도의 공공지출이 이
루어지는지는 나라마다 상당한 차이가 있다(그림 7.1).

교육에 이루어진 공공투자를 GDP에 대한 백분율로 측량해보았을
때, 스웨덴과 프랑스도 대략 6퍼센트를 오가지만 그보다 보통 좀 더
시장지향적인 나라로 여겨지는 미국과 영국도 비슷한 수치를 보인다.
독일과 일본 정부는 GDP의 4퍼센트만을 교육에 쓰고 있다. 브라질이
교육에 지출하는 양도 GDP의 4퍼센트 정도이며, 중국의 지출은 그보
다 낮다. 하지만 이 두 나라는 대부분의 OECD 나라들보다 정부 지출

이 GDP에서 차지하는 비율이 낮다. 특히 중국은 인적 자원의 개발을 지원하는 정책을 추구하는 가운데 정부 지출을 교육 쪽으로 돌리기 위해 상당한 노력을 기울이고 있다.

사회기반시설에 대한 정부의 투자 또한 지속가능한 경제발전을 위해 중심적인 중요성을 가지고 있다. 제아무리 출중한 기능을 갖춘 기계공학자가 있다고 해도 지방의 자동차 도로와 철도 사정이 아주 나빠서 현장에 한 번 나갈 때마다 도로에 길게 늘어선 자동차 행렬에 갇혀 온 시간을 보내야 한다면 그 생산성의 잠재력을 충분히 발휘할 수 없게 된다. 이 사회기반시설에 대한 투자에서도 얼마만큼 공공투자가 벌어지는지는 나라마다 상당한 사이가 있다. 그림 7.2에 나타난 GDP에 대한 총고정자본투자로 볼 때, 중국이 선두를 달리고 그 뒤를 브라질이 따르고 있다. 이는 이 나라들이 경제성장을 자극하고 자국의 사회기반시설을 발전시키기 위해 얼마만큼의 노력을 기울이고 있는지를 잘 보여주고 있다. 일본 또한 GDP의 많은 몫을 공공투자에 쓰고 있으며, 그 뒤를 프랑스와 스웨덴이 따르고 있다. 영국과 미국은 이 지표로 볼 때 좀 '실적이 부진하다'. 이는 이 두 나라의 공공 간접 기간시설이 상대적으로 좋지 못한 상태에 있음을 반영한다. 독일의 총정부투자는 놀랄 정도로 낮다. 공공 순고정자본투자를 보게 된다면 이러한 나라별 차이는 더욱더 두드러지게 된다. 예를 들어 공공도로와 건물의 황폐화와 마모까지 넣어서 감가상각 부분을 빼고 계산해보면 독일의 경우 이 기간 동안 오히려 투자가 줄어들었음을 알 수 있다.

교육과 사회기반시설에 대해서 반드시 공공부문만 투자를 늘릴 이유는 없으며 민간부문이 이를 떠맡을 수도 있다는 주장을 종종 듣게 된다. 하지만 이는 대단히 의심스러운 논리이다. 교육과 사회기반시

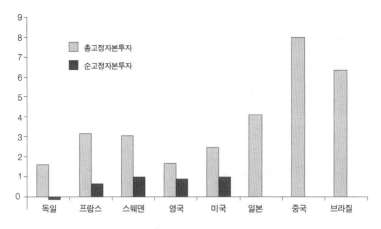

그림 7.2 정부 고정자본투자의 GDP에 대한 비율(백분율, 1999~2008년).
출처: Ameco 2010; IMF World Economic Outlook April 2010; 자체 계산.

설은 그 속성상 민간으로 해결하려고 했다가는 공급부족이 일어날 가
능성이 아주 높아지는 온갖 특징들을 가진 분야이다. 첫째, 비록 이러
한 외부성은 정확하게 어디에서 기인하는 것인지를 정밀하게 찾아낼
수는 없지만, 이 두 분야에 대한 투자는 보통 전체 경제에 긍정적인 효
과를 낳게 된다. 만약 교통과 통신의 연결 상태가 양호한 덕에 경제 전
체의 생산성이 올라간다면 그 혜택은 만인에게 돌아가게 된다. 국가
경제발전의 성과에서 모두 한 몫씩 얻을 수 있도록 소득분배 메커니
즘이 짜여 있다면 말이다.

교육과 사회기반시설에 대한 투자와 관련된 또 다른 문제는 그 계획
의 시간 지평이 장기적이라는 것이다. 철도나 자동차 도로에 대한 투
자 그리고 교육은 모두 그 혜택이 40년은 족히 지속되는 것인 바, 이
렇게 긴 시간의 미래를 놓고서 어느 만큼의 투자가 어느 만큼의 편익
을 낳는지를 정확히 수량화하는 것은 대단히 어려운 일이다. 민간투

자가들은 이런 투자들에 대해 겁을 집어먹고 도망가게 되어 있으며 이런 투자를 놓고서 유리한 조건으로 자금을 얻어낼 수가 없다. 반면 공공부문은 그렇게 길게 확장된 시간 지평에서 짜여진 계획을 감당할 수 있다. 한편으로 여러 정부는 장기적으로 유리한 조건에서 자금을 조달할 수 있는 위치에 있다. 다른 한편으로 여러 정부는 또 이미 무수한 교육과 사회기반시설 프로젝트를 추구하고 있다. 비록 그중 몇 개 프로젝트에서 아무런 편익이 나오지 않게 된다고 해도 다른 많은 프로젝트들의 성공을 통해 쉽게 보상될 가능성이 높다.

공공재와 사회기반시설의 영역은 또 자연적 독점의 영역일 경우가 많다. 1980년대 시장자유주의적 세계화가 시작되기 전에는 공공재와 사회기반시설의 생산과 서비스에 대해서 정부가 책임을 맡는 것은 검증할 필요도 없이 자명한 것으로 여겼다. 그런데 영국을 기점으로 이데올로기 공세를 통해 이 영역들도 사유화돼야 한다는 생각이 나타나기 시작한 것이다. 하지만 겨의 모든 경우 그 결과는 나쁘게 나왔다. 사유화를 통해 비용 절감의 이점이 있다고들 하지만 이는 주로 임금 삭감과 불안정 일자리 증가에 기초한 것으로서 실질적인 효율성은 개선되지 않았으며 장기적 투자는 충분하지 못했고 소비자가격은 대개 상승했고 정부는 이 영역에 들어선 민간기업들을 통제하기 위해 행정 규모를 그대로 유지하거나 심지어 더 확장해야 했다. 이제 공공서비스 요금은 서비스를 맡은 민간기업의 소득과 작업 조건이 보편적 사회적 기준과 조응하도록 해주는 수준으로 정해져야만 했다. 이렇게 그 결과가 모든 면에서 재난이 되어버리자 여러 정부들은 사유화를 거꾸로 되돌려야만 하는 경우가 많았다. 잘 알려진 경우로는 영국, 뉴질랜드, 캘리포니아 등에서 전력 사유화를 했다가 전기료는 한없이 치솟고 수시로 정전 사태가 벌어진 사례가 있으며, 영국의 철도 사유화의 실패 사례 또한 잊을 수 없다.[*]

전기, 상하수도, 철도, 도로, 지방의 대중교통 등 기초적 사회기반시설 영역에서는 공공재, 외부효과, 자연적 독점 등이 모두 작용하기 때문에, 다양한 수준의 정부가 소유한 국유기업이야말로 최상의 법적 형태이다(비록 이 기업들을 운영하는 조직들은 법적으로 주식회사의 형태를 띨 수 있다). 또 민관협동(public-private partnership)의 여러 모델들 또한 최소한 민간 협력업체가 이윤의 보장을 얻고 공공부문이 위험을 떠맡는 경우라면 마찬가지로 문제가 많다. 큰 규모의 공기업 부문은 핵심적인 기술상의 결정들을 강제적으로 집행할 수가 있기 때문에 사회기반시설을 녹색 발전에 유리한 방식으로 바꾸는 데도 중요한 역할을 하게 된다.

정부수입의 원천을
든든하게

사회 내부의 불평등이 증가하는 것을 막기 위해서는 누진적 소득세 제도를 통해서 고소득자들이 얻는 추가적 소득에 대해 더 높은 세율을 매기는 것이 반드시 필요하다. 일반적으로 말해서 이러한 종류의 누진세는 이미 전 세계 대부분 나라의 조세 시스템에 특징으로 자리 잡았다. 사람들 사이의 소득격차가 점점 더 벌어지는 것을 막으려면 모든 형태의 소득을 똑같은 방식으로 포함하여 조세를 매기는 것이

• Funnell, Jupe and Andrew 2009.

결정적으로 중요하다. 나아가 탈세나 외국으로의 조세 회피 등에 대해서는 단호한 조치를 취해야 한다. 최상층 소득 구간, 즉 50퍼센트보다 한참 위에 있는 이들의 소득세율을 시장자유주의적 세계화가 시작되기 이전에 존재했던 수준으로 되돌리라는 정치적 압력이 높아지고 있음은 분명하다. 그림 7.3을 보면 최상층 구간의 소득세율이 1980년대 시장자유주의적 세계화가 시작된 이후 줄어들었음이 명확히 드러난다. 먼저 세금을 깎는다. 그다음에 이로 인해 예산 적자가 나타나면 이를 명분으로 삼아 지출을 또 삭감하는 것이 보수당 정권들이 자주 사용하는 전략이다. 1980년대 미국에서 로널드 레이건 정권의 조세정책이 여기에 꼭 들어맞는다. 또한 지구적으로 조세감면 경쟁이 벌어지면서 이로 인해 최상층 구간의 소득세율 인하 경쟁이 촉발되었다. 보편적으로 보아 조세수입은 경기순환에 따라 늘고 줄었지만, 대부분의 OECD 국가들에서 1980년대 이후 GDP에 대한 공공부채의 증가를 막을 만큼 충분하지는 못했다.

우리가 선호하는 미국의 조세 법률에 따르면 미국 시민들은 외국에 나가 산다고 해도 미국에 세금을 낼 의무가 있다. 이러한 규칙 아래에서는 모든 시민들이 모국에 살고 있든 아니든 자기들이 전 세계에서 얻는 모든 소득에 대해서 모국 정부에 세금을 내야 한다. 만약 그 사람이 이미 해외에서 세금을 냈다면 이는 국내에 내야할 세액에서 공제를 받을 수 있다.

누진적인 소득세 이외에도 상속에 대한 정규적 조세 또한 불평등의 증대를 막기 위해 꼭 필요하다. 최소한 각자의 성취 및 업적에 따라 보상이 주어진다는 원칙을 공언하는 사회라면, 사람들이 스스로 아무 노력도 하지 않고서 엄청난 양의 자산을 상속받고 아무것도 상속받지

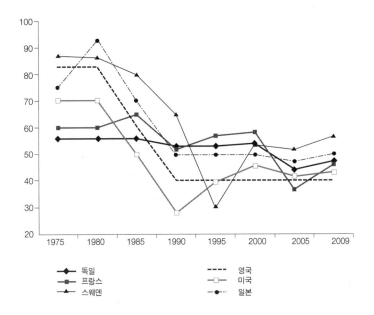

100
90
80
70
60
50
40
30
20
1975   1980   1985   1990   1995   2000   2005   2009

◆ 독일   ---- 영국
■ 프랑스   □ 미국
▲ 스웨덴   ●·· 일본

그림 7.3 최고구간의 개인 소득세율, 1975~2009년

프랑스: 1979~1987년은 결혼한 부부에 대한 세금 최고구간이며 1984~1991년에는 여러 다른 소득 수준에서의 조세 의무의 개략을 나타낸 표로부터 최고한계세율을 계산하였다.

독 일: 1981~1996년은 결혼한 부부에 대한 세금 최고구간이다.

일 본: 이 세율에는 국세만 포함되어 있지만 1979~1982년의 기간에는 국세와 지방세가 모두 들어 있다. 최대 미지급세금(tax payable, 국세+지방세) 한계의 과세소득 백분율: 1975: 80%, 1984: 80%, 1985~1987: 78%.

스웨덴: 1976, 1979: 이 세율은 국세와 지방소득세를 모두 포함함. 지방소득에의 평균세율: 1976: 26%, 1979: 28.5%, 1984~1990: 이 세율은 기초 국세와 특별부과국세율을 모두 포함, 1991~1996: 이 세율은 근로소득에 대한 국세만을 포함.

영국: 1971~1987: 이는 결혼한 부부의 최상의 소득구간.

미국: 여기에 나타난 최상위 한계세율은 함께 신고한 결혼한 부부에 적용됨. 이 최상위 세율에는 개인 면세나 항목화된 세액공제(itemised deductions)를 점차 폐지한 여러 효과들은 포함하지 않는다.

출처: OECD 자료. 각국에 대한 통계는 URL: http//www.taxpolicycenter.org/taxfacts/Content/Excel/oecd_historical_toprate.xls(28 September 2010).

못한 이들보다 훨씬 더 좋은 삶의 기회를 얻도록 허용해서는 안 된다. 거의 모든 나라에서 상속세의 증대는 꼭 필요하다.

상속세가 너무 높으면 중간 크기의 기업들은 파산하게 될 것이라고 주장하는 이들도 있다. 그 기업 소유자가 죽으면 상속자들이 그 기업의 유동성 자금을 세금 납부에다가 너무 많이 써버려야 하기 때문이라는 것이다. 이렇게 상속자들이 상속세를 즉각 납부할 능력이 없는 기업들의 경우 정부가 사업에 일체 참견하지 않는 무명의 동업자(sleeping partner)가 되는 것도 일책이다. 이렇게 되면 정부는 상속이 이루어지는 시점부터 기업 이윤의 일정한 몫을 보유하게 되지만, 상속자들은 돈이 생기게 되면 그 즉시 정부로부터 그 주식을 매입할 수 있는 권리를 가지게 만드는 것이다. 이런 방식을 쓰면 기업의 정상적 영업활동은 교란되는 일이 없을 것이다. 게다가 이러한 부분에서는 관대한 세금 공제를 적용할 수도 있다.

소득과 자산의 불평등의 증가에 맞서서 모든 형태의 소득에 동등하게 누진적 소득세를 매기고 그리고 여기에 정규적인 상속세까지 배치한다면, 기업 이윤에 대한 조세는 그 중요성이 줄어든다. 원리상으로 보자면 기업 이윤은 소유자들에게 배당될 때 혹은 그 소유자들이 자기 지분을 팔거나 유증할 때 세금이 매겨지게 된다. 이러한 체제에서는 법인세를 낮춘다고 해도 이것이 꼭 공공부문의 자금 불균형을 낳거나 사람들의 소득 및 자산 불균형이 위험할 정도로 증가하는 결과를 낳는 것은 아니다. 법인세를 낮추면 또한 기업 부문의 자본 기초를 강화하는 데도 도움이 되어 기업들이 부채에 의존하는 것을 줄일 수 있다.

법인 기업들에 대한 조세를 보자면, 그 으뜸가는 목적은 투자를 장려하는 시스템을 조직하는 것이어야 한다. 더욱이 사회와 경제에서 혁신이 일어나는 방식은 보통 새로운 자본재의 형태로 찾아온다는 사실을 생각해보면 이러한 시스템을 마련하는 것은 더욱더 중요해진다. 만약 기업들이 세금 의무를 탕감받을 기회를 풍부하게 받는다면 투자도 상당한 탄력을 받게 될 것이다. 이러한 조치들을 도구로 사용하여, 지속가능한 성장이 허용될 만한 영역에서는 녹색 기술 및 녹색 성장을 자극할 수가 있을 것이다.

최근 기업들은 외국의 모회사나 자회사들과의 거래에서 이전가격 책정(transfer pricing)을 둘러싸고 여러 기발한 방식을 동원해 자국 내 과세이윤을 줄이는 짓을 하고 있으니, 이를 방지하는 것 또한 조세에서 중요한 문제이다. 이러한 소위 이전가격 책정을 남용하는 관행을 방지하는 데 도움이 되도록 OECD는 여러 제안들을 내놓은 바 있다.* 다른 모델들도 잘 살펴볼 필요가 있다. 예를 들어 미국의 조세 당국은 이윤의 이전에 한계를 정함으로써 그 높은 세율에도 불구하고 자신들의 조세 기반을 그럭저럭 상당히 지켜온 바 있다.

세금을 피하여 외국으로 도망가는 것에 대처하기 위한 중요한 도구 하나는 회사 명의의 사용이나 그 밖의 권리에 대한 로열티 지불뿐만 아니라 자금 차입비용에 대해서도 세액 공제를 금지하는 것이다.** 이런 대처법은 각종 절세 혹은 세금회피 전략을 행동에 옮기는 것을 더 어렵게 만들 것이며, 세금을 줄이기 위해서 국내 기업들의 자기자본을 줄이고 대신 이를 차입 자본으로 대체하는 사모펀드의 여러 전략

---

* OECD 2001.

** 이 점을 잘 보여주는 예 하나가 가구점인 이케아(IKEA)이다. 각국에 있는 이케아 매점들은 이케아라는 이름과 비즈니스 모델을 사용하도록 해준 대가로 외국에 있는 모회사 이케아에 일정한 수수료를 지불하는 것이 보통이다. 이런 식으로 해서 이케아는 이윤을 줄여서 보고할 수 있고 이에 따라 세금 의무도 줄어든다.

도 실행하기 어렵게 만들 것이다. 이러한 조치로 작은 회사들과 창립자들이 부당하게 너무 큰 불이익을 당하는 일이 없도록 하려면 기업들로 하여금 대출 자금을 신규 투자에 쓴다는 조건하에 소액의 자금을 차입비용으로 떼어두는 것을 허락할 수 있다.

이 책에서 우리가 제안하고자 하는 경제모델은 여러 다른 인구 집단들 사이에 균형 잡힌 소득의 성장을 일구어내는 것에 크게 기대고 있다. 이러한 이상적 상태에서 시장이 너무 멀리 이탈하게 되면 언제든 정부가 개입하여 조세를 수단으로 재분배 정책을 실행한다. 여기에서 중요한 요소는, 정부가 과연 모든 소득 즉 통상적인 임금 및 봉급과 프리랜서들의 소득뿐만 아니라 자본 및 임대 소득까지도 모두 효과적으로 조세를 매길 능력을 가지고 있느냐하는 점이다. 최근 몇십 년간 이렇게 할 수 있는 국민국가의 능력이 갈수록 침식되어 왔다.

조세정책은 여러 기업들로 하여금 자신들의 본부를 세금이 더 적은 나라로 옮기고 투자까지 옮겨가도록 추동하는 핵심적 요소가 되었다. 이 점에서 볼 때 조세 경쟁은 기업들로 하여금 최대한 비용 부담을 줄여주기 위해서 어떻게 할 것인가라는 논리에 따라 이루어져왔다. 많은 나라들이 직접투자와 생산 입지를 놓고 벌어지는 경쟁에서 뒤처지지 않으려면 기업에 대한 조세를 하락 추세에 맞추는 수밖에 없을 것이라고 두려워한다. 실제로 경험적 연구를 보면 법인세와 입지 선정 사이에는 모종의 연관이 있음이 확인되고 있다.[*] 국제적인 조세 인하 경쟁의 주된 장은 금융 영역과 기업 부문에 대한 조세 행정이다.

* Buetner and Ruf 2007 ; Oestreicher and Spengel 2003.

이와는 또 다른 문제가 있으니, 별일이 없는 한 이윤에 대한 과세가 가능한 한 가장 가볍게 이루어지도록 회계를 조직하는 방식의 문제이다. 사모펀드 등과 같은 금융기관들과 다국적기업들은 계약서와 대차대조표를 작성할 때 법률상의 맹점을 최대한 활용하고 또 사업구조까지도 세금을 피하기에 가장 유리한 방식으로 조정해나가는 방법을 활용하여 납세 의무를 최소화할 수 있다. 또 다국적기업들은 자기들 내부의 기업들끼리 대출을 해주거나 신용거래를 하는 등의 방식으로도 조세를 회피할 수 있다.* 그리고 그렇게 해서 발생한 여러 이윤은 조세 회피처에 자리 잡은 지주회사나 금융사들로 이전될 수 있다.

이러한 조세 회피 전략이 성행하면서 무엇보다도 중요하게 나타난 효과가 있다. 사회기반시설이 고도로 발달된 나라들은 조세 부담이 높을 수밖에 없으며 이는 또 정당화될 수 있는 일이다. 하지만 이제 이런 나라들의 과세 기반이 외국으로 빠져나가게 된 것이다. 특히 발전된 선진국들은 이러한 조세 회피의 여러 방법들에 큰 영향을 받아 세수를 크게 잃었다. 국제적인 세율 낮추기 경쟁으로 인해 조세의 구조 또한 변화되었다. 그 결과 이윤과 이자 소득자들에 대한 조세 부담은 낮아지고 노동자들에게는 더 무거운 부담이 지워졌으며, 부가가치세 등과 같은 간접세의 방향으로 구조가 재편되기에 이르렀다. 현실에서 이것이 의미하는 바는 중소기업들과, 특히 노동자들을 희생시켜서 대규모 다국적기업들의 조세 부담을 경감시켜주는 것이었다. 전체적으로 보았을 때 조세 경쟁은 복지국가의 자금 조달 구조를 전복시키는

• Weichenrieder 2007.

효과를 가져왔고, 그리하여 괜찮은 자본주의의 여러 모델들 또한 전복시키는 효과를 가져왔다.[*]

여러 나라들이 자본의 입지 선정을 놓고서 경쟁을 벌이게 되면 결국은 모든 나라들이 다 피해를 입게 되지만, 서로 조정을 통하여 이 문제를 풀게 되면 모두 다 이익을 볼 수 있다. 하지만 나라마다 이해관계가 엇갈리게 마련이므로 이 나라들이 법인세율을 놓고서 공동의 협정을 맺는다는 것은 지극히 가능성이 희박한 일이다.

한 가지 가능한 타협안은 최소한 주요 선진국들 내에서라도 자본과 기업들에 대해 최소한의 세율을 강제하는 것이다. 이렇게 최소 세율을 정해두면 모든 나라들에 행해왔던 마구잡이식 세금 깎아주기 또한 그 존재 이유가 상당 부분 사라지게 될 것이다. 이러한 협정에 참여하지 않는 나라들이 있을 수 있으니 어떤 나라에 원조라든가 다른 특권을 줄 때에는 그 결정을 세금 문제에 협조할지 여부와 연계시켜야 한다. 이 최소 법인세율이 현실성을 가지려면 당연히 그에 관련된 과세 표준을 여러 나라들이 조율해야 한다. 그러지 않는다면 최소 법인세율을 적용해봤자 경쟁이 사라지는 게 아니라, 그저 세율 대신 면세와 세금 탕감(write-off)으로 경쟁의 항목만 바뀌는 결과가 나올 것이다.

역외금융 중심지들과 높은 수준의 은행 기밀을 제공하는 법적 관할권 지역들은 조세 피난처로 기능하고 있을 뿐만 아니라 돈세탁 및 온갖 종류의 범죄 활동의 온상이 되고 있다. 이러한 중심지들은 버진아일랜드, 바하마 제도, 모나코, 저지(Jersey) 등에 자리 잡고 있으며 그

* Kellermann, Rixen and Uhl 2007.

밖에도 도처에 널려 있다. 이들 때문에 여러 나라들은 실로 엄청난 세수의 손실을 강제당하고 있다. 이 지역들로 세금 회피로 자본이 빠져나가게 되면 비단 그 나라뿐 아니라 유럽연합의 모든 회원국들이 피해를 보게 되므로, 이런 곳들에서의 조세정책은 유럽 차원의 수준에서 다루는 것이 이상적이다. 한 예로 G20처럼 큰 산업국들이 함께 모이게 되면 그 집단적인 정치적·경제적 비중이 상당해지게 되므로, 다른 나라들에게도 투명성과 조세 공정성의 글로벌 스탠더드를 놓고 압력을 가할 수 있게 될 것이다.[*] 또 다른 예로, 여기에 협조하지 않는 역외금융 중심지들이 있다면 개별 국가들이 이런 곳들과의 금융거래를 제한하거나 심지어 금지하는 것도 생각해볼 수 있다. 미국 정부는 2008년 스위스 은행 UBS에 대해 행동을 취하는 가운데 스위스 같은 나라들과 또 UBS 같은 금융기관들에 대해 어떻게 압력을 행사할 수 있는지를 잘 보여준 적이 있다. 이 은행은 200억 달러 액수에 해당하는 유령 계좌들을 열어 미국 자본의 탈세를 돕고 선동했던 바, 미국이 이에 대해 행동을 취한 후 UBS는 7억8,000만 달러의 벌금을 물고 또 미국 고객들에 대한 비밀 정보를 미국 정부에 제공하기로 합의하였다.

조세를 통해 가격 구조를 바꾼다

각종 외부효과가 힘을 발휘하게 될 때마다 상품들의 가격은 소비자들과 생산자들에게 정확한 신호를 보낼 수 없게 된다. 각종 외부효과를 국제화시키는 것이 생산, 소비, 기술발전의 구조를 변화시키는 데 필

---

[*] Kellermann and Kammer 2009.

요한 정책들 중의 하나이다. 이때 국제화라는 말의 뜻은, 환경을 오염시키거나 재생불능 자원을 고갈시켜버리는 모든 활동들에 대해 높은 세금을 매긴다는 것이다. 예를 들어 석유와 등유 그리고 재생불능 자원에서 나오는 전기 등에 대해서는 세금을 크게 올려서 사람들이 행태를 바꾸도록 장려책을 제공할 필요가 있다. 각종 외부효과를 측량하는 객관적인 방법은 없으므로, 그러한 각종 세금의 구조와 요율은 정치적으로 결정되어야 한다.

각종 환경세는 실행이 비교적 쉽다는 장점을 가지고 있다. 단점은 그것들이 환경에 미치는 영향을 판단하기가 어렵다는 것이다. 예를 들어 세금을 올려 석유를 좀 더 비싸게 만들었을 때 민간의 자동차 사용이 그것 때문에 감소하는 양이 정확히 어느 만큼일 것인가? 오염권 혹은 일정한 자원들에 대한 사용권을 거래하게 되면 이는 최대한의 소비 혹은 오염량을 고정시켜 놓을 수 있다는 장점을 가지고 있다. 한 예로 탄소배출권을 거래하게 되면 정부는 허용할 수 있는 이산화탄소 및 여타 온실효과를 낳는 기체들 배출량의 최대치를 정해놓게 되며, 이러한 기체들을 배출하는 이들은 누구든 경매를 통하여 배출 자격증을 구매해야 한다. 이를 통해 고정된 양 안에서 배출을 허용하게 된다. 오염권이 마치 주식처럼 2차 유통시장에서 거래되는 것이다. 문제는 그러한 오염권의 가격이 몹시 등락이 심하여 경제 전체를 교란시킬 수 있다는 것이다. 그리고 그 밖에도 탄소배출권을 거래한다는 것은 괜찮은 자본주의의 개념과 양립할 수 없는 여러 다른 문제들을 안고 있다. 탄소배출권 시장이란 순수하게 양적 차원에서 작동하는 메커니즘이므로 구식의 생산 시설을 질적으로 변화시키는 것으로 이어지지 못하며, 나아가 산업이 발전한 나라들과 한창 발전하고 있는 나라들을 적대적으로 만들고 또 탄소배출 관련 산업과 그렇지 않은 산업 사이에 비용 절감 경쟁을 격화시켜서 양쪽 부문의 노동자들이 서로 적대시하도록 만드는 결과를 낳는다.

가뜩이나 실패한 시장을 그렇게 결함이 많은 시장을 수단으로 하여 바로잡겠다는 시도는 이미 실패가 예정된 것일 수밖에 없다. 우리는 근본적이고도 질적인 변화를 가져오기 위해서는 여러 환경 관련 세, 규칙, 금지, 요건 등을 공공 사회기반시설 투자 그리고 기술발전에 대한 핵심적 결정들과 모두 결합시킨 꾸러미가 필요하다고 확신하게 되었다. 환경세와 오염권 양쪽에서 정부가 수입을 거두어들여 이것을 '녹색' 사회기반시설에 투자하거나 혹은 지속가능한 기술들을 지원하는 데 쓸 수가 있다.

조세는 다른 영역에서도 사람들의 행태를 바꾸는 데 사용할 수 있다. 주식시장의 주식거래세(stock-market-turnover tax)를 비교적 높게 책정한다면 주식시장에서의 단기적 투기를 좀 더 어렵게 만들 것이며 마땅히 도입되어야 한다. 우리는 또 종합적인 금융거래세(financial transaction tax)를 도입하여 모든 금융거래에 세금을 매기는 정책을 지지한다. 금융시장을 다루는 장에서 보겠거니와, 금융거래세는 세수를 늘리는 데 중요한 기능을 하기는 하지만 그것 자체로는 금융시장을 안정화하는 데 충분하지는 않다.

정부는 얼마나 커야 하는가?

공공부문의 크기가 정확히 얼마나 되어야 하는가에 대해서는 많은 토론이 이루어지고 있다. 시장자유주의의 세계화 프로젝트라는 틀에서는 정부지출비율(GDP에 대한 공공지출의 비율로 측정)을 줄여서 조세

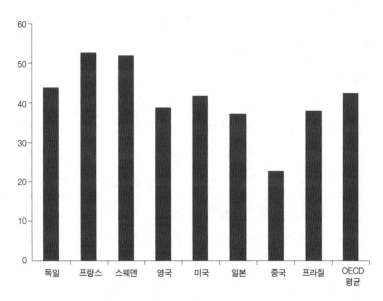

그림 7.4 GDP에 대한 정부지출의 비율(백분율. 2009년의 깊은 경기후퇴가 찾아오기 이전인 2008
년의 수치를 취하였다. 2009년 데이터는 경기부양책과 GDP 축소의 결과로 이 수치들이
훨씬 더 높게 나타날 것이다. OECD 평균은 이스라엘과 멕시코를 뺀 수치이다).

출처: World Factbook (2010); OECD Factbook (2010); AMECO (2010).

부담률을, 이를테면 '40퍼센트 미만'으로 만들 것을 요구하는 게 유행
한 적이 있다. 이런 식의 요구는 그저 슬쩍만 검토해봐도 실로 멋대로
나온 숫자이며 정당화될 수 없다는 것이 분명해진다. 여러 나라들을
국제적으로 비교해보면 스칸디나비아의 여러 나라들처럼 정부 지출
비율이 50퍼센트를 넘는데도 경제가 대단히 성공적인 나라들이 있는
가하면, 정부 지출 비율이 40퍼센트가 되지 않는데도 항시적으로 경
제위기에 휩싸여 있는 나라들이 있다. 미국과 영국처럼 비교적 시장
지향적인 접근을 취하는 나라들이 오히려 정부 지출 비율이 상대적으
로 더 높다는 것 또한 주목해야 할 만한 일이다. 개발도상국들 중에는

브라질이 비교적 GDP에 대한 공공지출의 비중이 높은 편이다(그림 7.4). 중국에서는 이 숫자가 상당히 더 낮다. 하지만 우리는 중국이 그림 7.4에 나온 모든 나라들 가운데서 1인당 GDP가 현저한 폭으로 가장 낮다는 점을 기억해야 한다. 가난한 개발도상국들은 공공자원 자체가 부족하여 고통을 겪고 있다.

올바른 정부 지출 비율은 공공부문이 어떠한 과제들을 수행할 것을 요구받고 있는가 그리고 그를 위한 자금을 조달하기 위해서 필요한 것은 무엇인가 등으로 결정되는 것이 옳다. 여기에서 결정적인 것은 공공부문이 민간부문보다 더 잘 수행할 수 있는 과제들이 어떤 것들인가라는 질문이다. 앞에서도 서술한 바 있지만, 사회에는 공공재의 성격을 띠는 수많은 활동들이 존재한다. 그러한 과제들 중에서 많은 것들은 민간부문보다 공공부문에 의해 더 잘 수행될 수 있다. 또한 전기, 상수도, 철도 등 같은 네트워크산업들에 관한 한, 민간기업으로 운영하는 것이 국가 소유로 운영하는 것보다 합리적이라고 말하는 것은 분명한 진리가 아니다. 과거에 이루어졌던 무수한 사유화의 사례들은 경제적인 고려가 아니라 이데올로기에 의해 추동된 것들이었다. 게다가 그렇게 치고 들어온 민간기업이 비용 효율성을 올리는 방법이랍시고 선택하는 것이 직원들의 임금을 깎고 노동조건을 열악하게 만드는 것뿐이라면 사유화의 사회적 가치 자체가 의심받지 않을 수 없다.

특히 만약 우리처럼 공공부문이 공공재를 공급함으로써 중·장기적으로 안정적이고도 생태적으로 지속가능한 성장을 마련하고, 사회기반시설 투자를 통해 기술의 가이드라인을 정하고, 세금 수입과 지출을 수단으로 경기순환을 안정시키는 중요한 역할을 수행함은 물론 가시적인 재분배 효과를 낳기 위해 경제에 개입해야 한다는 관점을 취한다면, 정부 지출 비율이 기껏 GDP 대비 40퍼센트라는 수치는 너무 적은 것으로 느껴질 수밖에 없다. 시민들 다수의 이익을 위하여 생태적으로나 사회적으로나 지속가능한 발전을 추구하는 성숙한 선진국들에서는 GDP에서 정부 지출 그리고 조세수입이 차지하는 비율이 높을 뿐만 아니라 심지어 증가하는 경향이 있다. 하지만 앞에서 이미 주장한 바 있듯이 정부 지출 비율이 구체적으로 얼마가 되어야 하느냐는 그 자체로 목적이 될 수는 없으며, 공공부문이 완수해야 할 과제들이 어떤 것들인가를 먼저 정하고 난 뒤 그 결과로서 결정되는 것이 옳다.

'자동안정장치'로 머물러서는 안 된다

사회보장제도가 제대로 작동하는 것 역시 경제성장이 안정적으로 이루어지려면 반드시 필요하다. 만약 사람들이 자신들 인생에서 맞게 될 주요한 경제적 위험들을 더 이상 두려워하지 않아도 된다면, 이들의 소비 증가 추세도 더욱 탄탄하게 지탱될 것이다. 또 사람들이 생계에 대해 너무 걱정하지 않아도 된다면, 회사를 세운다든가 직장을 옮긴다든가 하는 금융적 위험을 더 과감히 받아들일 것으로 기대할 수 있다. 이러한 효과들은 역동적인 경제와 경제발전에 기여한다. 제대로 작동하는 사회보장제도를 통해 이렇게 경제적 안전을 '생산' 하는 것 또한 하나의 공공재로 간주되어야만 하며, 이 생산은 민간부문이 제대로 공급할 수 있는 것으로 보이지 않는다. 따라서 질병,

실업, 노후의 빈곤 등은 국가가 담당해야 할 기본적 위험에 포함되어야 한다.

설령 더 안정된 금융체제가 마련된다고 해도, 사회보장제도의 기초를 금융시장에 둔다는 생각은 아주 조심스럽게 접근할 필요가 있다. 이 점에서 특히 중요한 것이 연금보험이다. 연금보험은 그 덩치가 어마어마하다는 것 하나만으로도 금융산업이 군침을 흘리는 대상이 되고 있다. 적립방식(capital funding) 연금보험이란, 젊은 세대가 집단적으로든 개인적으로든 자산을 축적해두었다가 이를 노령에 들어서서 소비하는 방식이다. 연금기금으로 인하여 은행들과 기관투자가들은 기금 운용자로서의 역할이 엄청나게 중요해졌다. 적립방식의 연금 조달이 항상 존재했던 미국만 보더라도 이러한 흐름은 명확하게 보인다. 미국에서 기관투자가들은 금융 부문의 주요 행위자들로서 경제 전체에 주요한 영향을 미치며 특히 기업지배구조에 결정적인 영향력을 가진다.

독일은 19세기 비스마르크의 여러 개혁에서 이미 사회보험을 개척하는 중요한 역할을 수행한 바 있다. 독일 모델은 노령, 보건, 산업재해와 연관된 각종 위험은 국가의 법령으로 정한 사회보험으로 완충되어야만 한다는 통찰을 기초로 세워진 모델이다. 자금은 적립방식이 아니라 오로지 부과방식(pay-as-you-go)으로만 조달하게 되어 있다. 즉 젊은 세대가 지불하는 기여금(contribution)을 자금 삼아 현재의 노인들에게 연금을 지불하는 체제이다. 이러한 체제가 마련되던 당시에는 세대 간의 계약을 통하여 자라나는 젊은 세대가 늙어가는 위 세대들에게 계속 자금을 공급하리라는 그림을 그렸던 것이다. 실제로 독일의 이러한 체제는 1차 대전과 이후 1923년의 극심한 인플레이션

(hyperinflation), 제2차 세계대전과 이후 1948년의 통화개혁까지도 모두 버텨내면서 너끈히 살아남았다. 이 계약은 오직 피고용자들만 이 체제에 적용되며 기여 납부금도 임금과 연계됨을 구체적으로 명시하고 있지만, 이렇게 세대 간 계약을 전제로 한 독일식 체제는 만약 실업과 고용 불안정이 증가해 정규직의 고용 관계가 침식당해 사회보장제도에 돈을 납부하는 인구 부분이 감소하면 문제에 봉착할 가능성이 있다. 독일도 스위스나 스칸디나비아반도의 나라들처럼 연금보험의 의무 가입자 범위를 확장해야만 한다.

우리는 한 나라 안에서 소득을 얻는 이들이라면 모두 다 의무적으로 연금제도에 가입해야 하며, 어떤 형태이든 납부의 기초로 삼아야 한다고 제안한다. 기여금 납부에 있어서는 소득 상한선을 두는 것이 현명하다. 납부를 마친 이들은 노령에 들어가면 국가 법령에 의거한 연금보험체제에서 연금을 받게 된다. 이 체제는 재분배의 요소를 포함할 수도 있다. 일생 동안 일을 했다면 최저 수준의 연금도 노후의 빈곤을 방지하기에 충분한 액수가 되어야 한다. 전체 인구 중 연금 수령자의 비율이 증가함에 따라 납부 기여금과 연금 수준 사이에 타협을 분명히 이루어낼 수 있다. 인구학적 변화에서 기인하는 연금체제의 자금 조달 문제는 이를 통해서 합리적으로 해결할 수 있을 것이다.

연금보험은 일하고 있을 때의 생활수준에 최대한 근접하게 살 수 있도록 해줘야 한다. 이것이 꼭 연금 액수가 직장을 다닐 때 받던 소득만큼 높아야 한다는 것을 뜻하지는 않는다. 연금 수령자들은 직장을 다니는 이들보다 지출비용이 낮다. 예컨대 출장비나 출근용 의상 구입비 등이 들지 않기 때문이다. 더욱이 노령에 도달했을 때에는 자녀들도 보통 성인이 되어 있기 때문에 교육비도 더 이상 들지 않게 된다.

따라서 연금은 한편으로는 빈곤을 막고 생활수준을 유지할 수 있어야 하지만 다른 한편으로는 자기가 납부한 기여금에 비례해야 한다. 우리는 민간보험을 추가로 들어야만 생활수준을 유지하는 것을 목표로 삼는 모델에 찬성하지 않는다. 지금 말한 원칙들은 표준적 경력을 가진 피고용자들뿐만이 아니라 자영업자, 육아와 실업 때문에 그러한 경력을 갖지 못한 이들에게도 적용되어야 한다.

시장자유주의의 관점에서 보았을 때 적립방식의 연금체제가 갖는 매력은 그 적립된 돈을 운용하는 가운데 각종 자산시장들이 혜택을 보게 되며, 동시에 낮은 소득 구간에 있는 이들도 금융시장에 이해관계를 가지게 된다는 것에 있다. 누구나 자기 자신의 운명을 개척할 수 있다는 것 또한 큰 매력이 될 것이다. 하지만 경제활동 연령 동안 전혀 쌓아둔 것이 없는 이들은 노후에 소득보조(income support) 말고는 아무것도 기대할 수가 없다. 경제위기 따위로 혹여 자산을 날리기라도 하면 '자산 선택을 좀 더 현명하게 할 걸.' 하면서 재수를 탓하는 수밖에 없다. 적립방식 연금체제 채택 시 초래되는 결과 중 하나는 젊은 세대와 나이 든 세대 사이에 자원을 어떻게 분배해야 하는가라는 논쟁을 정치적 과정에서 제거해, 분배 문제를 시장의 힘에 떠넘기게 된다는 것이다. 우리는 연금보험 문제를 모든 사회에서 근본적인 중요성을 띠는 문제로 여기며, 그토록 중요한 문제를 몰인격적인 시장의 해법에 내맡기는 짓은 심히 반사회적이며 옳지 못하다고 생각한다. 젊은 세대와 나이 든 세대 사이의 분배는 정치적 논쟁의 주제가 되어야 하며, 그 논쟁 과정을 통해 의사결정이 이루어져야 한다. 그러므로 적립방식이 아닌, 부과방식이 우리의 목적에 가장 적합하며 마땅히 선호되어야 한고 생각한다.

폐쇄경제라면 늘 젊은 세대가 나이 든 세대를 전적으로 책임져야 한다. 어느 시대든 사회에는 젊은 세대와 나이 든 세대 사이에 분배되어야 할 일정량의 사회적 생산물이 생겨나게 마련이다. 이는 적립방식 체제와 부과방식 체제 모두에 해당되는 현실이다. 적립방식은 이러한 단순한 현실에 대처하지 못한다. 하지만 적립방식을 지지하는 이들이 품는 희망이 있다면, 이미 완숙기에 접어든 서구의 나라들은 출산율이 낮은 만큼 그들의 자산을 개발도상국의 가난하고 출산율이 높은 사회에 투자할 수 있다는 것이다. 이렇게 되면 개발도상국 사람들이 선진국의 노인들의 연금 자금을 대며, 이에 부자 나라의 젊은이들은 자기들 나라의 노인들을 부양할 의무에서 풀려나게 된다는 것이 이들의 주장이다. 첫째, 이러한 효과가 과연 얼마나 근거가 탄탄한 것이며 안정적으로 유지될 수 있을지는 심히 의심스럽다. 우선 가장 성공적인 개발도상국인 중국과 같은 경우에는 인구학적 문제가 적어도 독일 못지않게 심각하다. 하지만 더 중요한 문제가 있다. 앞으로 30년 혹은 40년 후에도 개발도상국들이 돈을 댈 능력이나 의사가 있으리라고 보장할 수 없다는 사실이다. 예를 들어 아르헨티나는 2001년 대외 채무에 대한 지불 거부를 선언한 바 있었다.

우리는 적립방식 체제는 반사회적일 뿐더러 아주 위험하다고 생각한다. 여기서 연금 수입은 금융시장에 벌어지는 갖은 돌발적인 변화들에 전적으로 좌지우지된다. 더욱이 장래에 엄청난 경제적·정치적 격변이 벌어지지 않을 것이라고 가정하는 것은 심하게 낙관적이라고 할 수밖에 없다. 어느 시점에 이르러 극심한 인플레이션이나 통화개혁 따위가 벌어질 가능성을 어떻게 배제할 수 있단 말인가? 이러한 미래의 불확실성을 생각해볼 때, 적립방식 연금제도는 안정된 노후 보장 보험으로 기능하기에는 한마디로 너무도 위험투성이라고 할 수밖에 없다.

　위기의 불확실성 외에도, 부과방식 체제는—만약 그것이 최소한 일시적인 적자와 흑자를 허용한다면—경제위기가 닥쳤을 때 경기를 안정시키는 효과를 낼 수 있다. 그러한 체제는 위기 시 그 충격으로부터 사람들을 지켜주고 그들의 구매력을 유지해준다는 점에서 자동적인 재정 안정장치의 범주에 들어간다. 자유주의 모델은 민간부문에 자금 조달의 초점을 두기 때문에 경기순환과 함께 가면서 그 진폭을 더 크게 만드는 부작용을 갖는다. 만약 자산가격과 자산수입이 감소하게 되면 자산시장을 통해 연금을 얻는 연금 수령자들은 재화에 대한 자신들의 수요를 줄이는 것밖에는 달리 방도가 없게 된다.

　유럽 대륙의 나라들은 대개 부과방식 체제를 택하고 있는 만큼, 이 나라들에게는 그 체제를 고수하면서 이를 스칸디나비아 나라들의 방식으로 더욱 확장할 것을 강력하게 권고하고 싶다. 적립방식을 택한 미국과 다른 나라들은 급작스럽게 부과방식 체제로 전환하기에는 여러 어려움이 따를 것이다. 그럴 경우에는 연금기금들을 엄격하게 규제하고 투자 결정에도 제한을 두어야 한다. 중국과 같은 개발도상국들의 경우 적립방식 체제는 지극히 위험하다. 이 나라들은 선진국들보다도 온갖 유형의 경제적 충격으로부터 훨씬 더 큰 영향을 받을 가능성이 높기 때문이다. 단순하고도 투명한 부과방식 체제를 택하는 것이 최선의 선택이다.

　건강보험은 질병 발생 시 필요해지는 모든 비용들을 감당하도록 보장성을 높여야 하며, 일종의 개인 기여도 얼마든지 생각할 수 있다. 연금보험의 경우와 마찬가지로 여기에서도 우리는 모두 의무적으로 가입해야 하는 법정 건강보험을 요구한다. 건강보험은 한 나라 안에 있는 모든 이들에게 보험을 제공해야 하며, 이는 소득을 얻는 이라면 모두 다 법정 건강보험 기금에 돈을 내야 한다는 것을 뜻한다. 이러한 방식으로 모든 형태의 소득은 건강보험의 자금을 조달하는 기초가 되어야 한다. 물론 납부 기여금에는 소득 상한선이 있어야 하겠지만, 여기에서도 재분배의 요소를 건강보험 안에 넣을 수가 있다. 또 의무 가입에 기초한 모델이라고 해도 일정 영역들에서는 추가적으로 민간보험을 들 여지를 남겨둘 수 있다. 몇 가지 규칙들을 확립한 상태에서 이 규칙들에 따라 다양한 법정 건강보험 기금들이 서로 경쟁하는 경우도 있을 수 있다. 하지만 의료보험 부문에서는 경쟁을 통해 얻을 수 있는 혜택에 한계가 있다는 점을 기억해야 한다. 만약 경쟁을 행하는 방법이 보장성의 정도를 변화시키는 식이라면, 역선택 이론에 따라서 경쟁이 다음과 같은 결과를 낳을 것을 예견할 수 있다. 즉 보험 계약에서 일정한 조건에 해당하는 치료의 보장성이 갈수록 사라져 마침내 그 치료를 확실하게 필요로 하는 이들만이 그 치료를 보장해주는 보험을 구매하게 될 것이며, 이렇게 되면 그 의료보험은 아주 비싸지게 될 것이다. 더욱이 보험회사들은 이윤을 극대화하기 위해서 치료비를 낮추고 운영비를 줄이거나 더 좋은 서비스를 제공하는 대신, 가장 건강한 '고객들'을 가입시키려고 경쟁을 벌일 위험이 항상 존재한다. 따라서 공공이 운영하는 건강보험 체제를 두고 제한된 숫자의 규모가 큰 보험사들이 운영되도록 하는 것이 다수의 민간 보험회사들 사이에 경쟁을 붙이는 것보다는 더욱 효율적으로 보편적 건강보험을 조달하는 것으로 보인다.

세계에서 가장 공업화된 나라들은 이미 이러한 노선에 따라 건강보험을 조달하고 있다. 오랜 기간 그 주요한 예외는 미국이었다. 인구의 대략 20퍼센트가 건강보험이 없는 상태였지만, 2010년 '의료보험의무가입법(Patient Protection and Affordable Care Act)'가 통과되었다. 이 법은 2014년까지 단계적으로 실행될 예정이며, 현재까지 아무 보험도 없었던 약 3,000만 미국 시민에게 보험을 확장해주게 된다.

2010년에 통과된 미국의 건강보험 개혁은 분명한 진보라고 할 수 있으며, 특히 보장을 받는 개인들의 숫자를 늘린 점에서 그렇게 말할 수 있다. 하지만 몇 가지 결함이 있다. 아직도 2,000만 명 정도가 보험을 받지 못하게 내버려져 있다. 이는 또 과도하게 복잡한 건강보험 규제시스템을 낳았으며, 많은 숫자의 보험회사들이 경쟁하는 분절화된 시장을 그대로 보호하고 있다. 보험회사들이 과도한 경쟁으로 마케팅 비용을 올리거나 건강한 이들을 꾀어 들이고자 하면서 병약한 이들은 보험 계약에서 밀어내려 드는 식으로 행동하는 것을 방지할 수 있는 장치가 전혀 없으며, 또 좋은 의도로 만든 규제를 보험회사들이 빠져나가서 피보험자들을 희생시켜 이윤을 올리는 짓을 제한하려는 시도도 전혀 하고 있지 않다. 여기에 '공공영역을 선택할 가능성'을 포함시켰더라면 좋았을 것이다. 즉 정부가 제공하는 건강보험 계획을 두고 이것이 디폴트 옵션으로 작동할 수 있게 하는 것이다. 또 사적으로 매매되는 건강보험에 대해 일정액을 징수하여 이 체제 내의 만성질환자들과 가난한 이들을 보장하기 위한 자금으로 쓰는 것도 좋은 아이디어였을 것이다.

또 다른 중요한 '안정장치'로서 실업보험을 들 수 있다. 이는 일시적인 실업에 대한 사람들의 공포를 덜어줄 수 있어야 한다. 우리는 실업보험으로 받는 돈이 일을 해서 먹고 사는 사람들보다 생활수준을 높게 유지할 만큼으로 만드는 것은 지혜롭지 않다고 생각한다. 그렇게 되면 체제의 정당성 자체가 금방 의심받게 될 것이며, 이는 장기적으로 정치적 역풍을 가져와 사회보장의 내구성을 잠식하고 말 것이다. 실업보험은 일정한 생활수준을 보장할 수 있어야 하며 후하게 시행할 수도 있지만 합리적 한계 내에서 그렇게 해야 한다. 분명하게 피해야 할 것은, 경기침체가 장기화되는 중에 수많은 사람들을 정규적인 실업보험 밖으로 밀어내 빈곤과 불안정의 위협으로 내모는 짓이다. 이러한 위험을 경감하기 위해서는 실업수당을 지불하는 기간을 지속시키는 방법이 있다.

또 경기후퇴기에는 실업수당을 받을 수 있는 기간을 확장하는 것도 이를 피할 수 있는 방법이며, 이는 미국에서 관습이 되어 있다. 미국은 비록 사회보장이 그렇게 후하지 못한 나라이지만, 이 나라의 실업보험은 몇 가지 대단히 지혜로운 특징들을 가지고 있다. 한편으로 이렇게 경기후퇴기에 실업수당을 연장하는 것은 자동적인 규칙에 따라 실행되는데다가 또 다른 한편으로 1970년대 이후로는 경기후퇴가 벌어질 때마다 의회가 나서서 실업부조 지속 기간을 법으로 늘이기도 했다. 중국은 다른 거의 모든 개발도상국들과 마찬가지로 실업보험이 아직 초보적 단계에 머물고 있다. 중국에 있어서는 경제의 공식부문에 있는 모든 피고용자들에게 기본적인 실업보험을 제공하고 또 비공식부문을 줄이도록 하는 것이 가장 좋은 전략이 될 것이다. 유럽연합에서는 유럽 차원의 실업보험을 권고할 만하다.[*] 이러한 체제 아래에서는 모든 유럽 노동자들이 기본적인 보험 계획을 보장받고 여기에

[*] Dullien 2008.

돈을 붓게 될 것이다. 실업을 당한 개인들은 자기들의 예전 소득에 기초하여 유럽연합 중앙으로부터 실업부조금을 받게 될 것이다. 이러한 기본적 보험에 더하여 각국은 추가적인 보험을 제공할 수 있을 것이다. 이러한 체제는 경기순환의 진폭이 커지지 않게 제동을 거는 데 도움이 될 것이다. 만약 한 나라의 경제가 호황이라면 더 많은 돈이 유럽연합 중앙으로 흘러들 것이며 또 여기를 거쳐서 경제가 그다지 좋지 못한 다른 나라로 흘러들 것이다. 이는 또한 경제성장이 미약하여 정부예산이 금융 압박을 받고 있는 시기에도 각국이 실업보험을 삭감하지 않도록 보장하게 될 것이다. 마지막으로, 이러한 기본적 유럽 보험이 있다면 실업에 대한 최소한의 보험이 제공될 것이며 따라서 사회적 보호와 관련한 '하향평준화 경쟁(race to bottom)'도 방지하게 될 것이다. 유럽 실업보조 체제는 처음에는 오직 EMU 나라들에게만 도입되겠지만 유럽통합에도 큰 기여가 될 것이다.

'자동안정장치'를 넘어서 목적에 맞춘 조치들로

단기적으로 보면, 여러 정부는 보통의 경기하락 시기에는 거시경제의 수요를 떠받치기 위해 적극적인 재정정책을 사용할 수 있으며, 천재지변과 같은 예견불능의 사태에 대해서는 더욱더 그렇게 할 수 있다. 경기가 하락하는 국면에서는 지출을 늘리고 조세는 줄인다. 물론 이에 따라오게 되는 적자는 경기상승기에 다시 줄여나가야 한다. 공공예산은 필히 중기적으로 균형이 맞아야 하기 때문이다. 정부 소비로 인해 GDP에 대한 공공부채 수준이 영구적으로 늘어나는 것은 지속가능하지도 않으며 또 바람직하지도 않다. 하지만 정부가 투자하여 직접적인 현금 흐름을 창출할 수 있는 경우라면 그 목적으로 정부가 신용 차입을 하는 것에 반대할 논리는 성립되지 않는다. 고전적인 예로, 정부가 교량 건설에 공공투자를 하고서 그 다리를 건너는 이들에게 통행세를 매기는 경우일 것이다. 일반적으로 공공투자는 정확한 측정이 어렵고 또 뚜렷하게 수익(return)을 논하기도 어려우며 그 수익은 또 아주 장기적인 시간 지평으로 보아야 한다. 정부가 운영하는 공립학교 같은 경우가 그 예가 될 것이다. 이러한 유형의 투자들은 가치 평가가 어려우므로, 조세에서 자금을 조달하여야 한다.*

일반적으로 많은 나라에서 정부 부채가 크게 증가하였다. 미국에서는 총 공공부채가 1970년대 초에는 평균 45퍼센트 정도였지만 2010년에는 90퍼센트 이상이 된다(순부채는 65퍼센트 이상). 같은 기간 동안 독일에서의 공공부채는 20퍼센트 정도에서 80퍼센트 이상이 되었으며(순부채는 70퍼센트 이상), 일본은 40퍼센트에서 거의 230퍼센트로 치솟았고(순부채는 120퍼센트 이상), 영국은 70퍼센트 약간 못 미치는 수치에서 80퍼센트 약간 못 미치는 수준으로 올랐다(순부채는 70퍼센트를 살짝 넘음). EMU의 총 공공부채는 2010년에는 거의 85퍼센트였다(순부채는 거의 75퍼센트).** 이러한 숫자들을 볼 때 시장자유주의가 득세하던 시대 동안 이데올로기적으로는 그토록 균형재정을 외치는 경향이 지배했음에도 불구하고 실제로는 공공의 살림살이를 건전한 방식으로 운영하지 못했다는 것이 확연히 드러난다. 이는 1970년대 이후 경험했던 경제적 불안정과 관련이 있으며, 또 경기순환을 극

* 다음의 여러 문단들의 내용에 대해서는 Herr and Kazandziska 2011.
** IMF 2010; AMECO 2010.

복하기 위한 지출을 충당할 만큼 세금을 올리는 일을 정치적으로 주저했던 것과 관련이 있다.

중국의 총 공공부채는 20퍼센트 미만이다. 하지만 중국의 경우에는 경기부양에 들어간 재정정책 자금을 국유은행체제에서 조달한다는 사실 그리고 선진국에서는 정부가 떠맡는 과제들을 이 국유은행체제가 떠맡는다는 사실을 기억할 필요가 있다. 예를 들어 중국에서는 기업 단위에 기초를 두었던 사회보장제도가 그 후 장기간에 걸쳐 은행체제에 자금을 의존해온 점을 생각해보라. 중국 은행체제의 문제로 논의되는 그동안 축적된 악성 부채는 사실상 재정 적자에 준하는 것으로 간주할 수 있다.

서브프라임 위기 때, 특히 2009년과 2010년에 걸쳐 미국과 일본뿐 아니라 중국까지도 자국 경제를 안정시키기 위해 예산 적자를 크게 증가시켰다(GDP의 8~10퍼센트 이상). 독일은 큰 규모의 경상수지 흑자를 거두는 나라이므로 내적으로나 외적으로나 경기부양 재정 패키지를 더 크게 마련할 수 있는 능력을 가지고 있었으며 또 유럽의 경제발전을 안정시키고 EMU 내 경상수지 불균형을 조정하는 데 도움을 줄 능력도 있었건만, 그 예산 적자 증가의 비중은 크게 못 미쳤다(예산 적자 증가분은 GDP의 4퍼센트 미만).* 2011년과 그 이후에는 독일뿐만 아니라 많은 선진국들이 예산 적자를 줄이려고 노력하게 될 것이다. 이는 서브프라임 위기에서 회복된 상태를 지속가능한 것으로 떠받쳐야 하는 과제를 생각해볼 때 너무 이른 것으로 보인다. 지난 10년간 재정정책상 저지른 실수를 벌충하기 위하여 GDP에 대한 공공부채의

● AMECO 2010 ; IMF 2010.

양을 줄이려고 드는 것은 현재로서는 방향을 잘못 잡은 정책으로 보인다.

GDP에 대한 공공부채의 비율이 어느 수준이면 너무 높은 것이라고 말할 수 있는, 분명한 한계는 없다. 그럼에도 불구하고 공공부채의 비율이 높으면 몇 가지 부정적인 효과들이 생겨난다. 첫째, 소득분배가 더욱 불평등해질 수 있다. 만약 조세체제가 시장의 소득분배에 상당한 비중으로 개입하지 않는데 공공부채가 높다면, 이는 가난한 이들로부터 부자들로 부를 재분배하는 결과를 낳을 수 있다. 둘째, 공공부채의 이자 지불과 예산 적자는 계속 누적되었다가, 금리가 급격히 상승하고 GDP에 대한 공공부채의 비율이 아주 높은 상황에서 폭발할 수 있다. GDP에 대한 공공부채의 비율이 영구적으로 상승하고 있다면 정부가 무언가 해볼 수 있는 여지는 분명히 줄어든다. 셋째, GDP에 대한 공공부채 비율이 높다면 이는 정부가 과연 이자와 원금 상환을 감당해낼 수 있을지에 대한 신뢰를 떨어뜨릴 수 있다. 그렇게 되면 국채에 대한 위험 프리미엄이 폭발적으로 치솟거나, 심하면 그 나라 정부에 신규 신용을 제공하기를 거부하는 사태까지 벌어질 수 있다. 2010년 그리스와 다른 EMU 국가들이 바로 이러한 시나리오 때문에 고통을 겪은 바 있다. 넷째, 민간투자가 계속해서 침체를 면치 못한다면 재정정책 또한 결국에는 장기적으로 경기부양을 할 수 없게 된다. 케인스는 장기적 침체를 극복하는 데 핵심적 중요성을 갖는 것은 재정정책이 아니라 공공 및 민간 투자의 통제라고 주장했으며, 이는 전통적인 재정정책의 범위를 크게 넘어서는 것이다.*

• *더욱이 이자율에 대한 은행정책의 영향력이 최적의 투자율을 결정할 만큼 그 자체로 충분할 것 같지는 않다. 따라서 나는 완전고용에 근접하도록 보장하는 유일의 수단은 투자를 상

마지막으로, 공공부채가 높으면 이는 심각한 정치적 문제로 부상할 수 있다. 국가가 시장에서 자금을 차입하는 것이 거부당하는 사태가 벌어지는 것은 국가 지도자들로서는 도저히 용납하기 힘든 일이다. 그렇게 되면 정부의 절대적인 기능들이 무너질 우려가 있기 때문이다. 이런 상황이 되면 정부로서는 중앙은행에게 정부에 직접 신용을 제공하도록 강제하게 될 것이며 또 그럴 수밖에 없다(또는 중앙은행으로부터 자금을 공급받는 상업은행들에게 그렇게 하도록 강제하게 될 것이다). 그런데 이렇게 돈을 찍어서 경제에 뿌려대는 짓을 하게 되면 그 나라 통화의 안정성이 쉽게 무너질 수 있다. 공공부채로 등뼈가 부러질 지경이 되었을 때, 부채를 제거할 수 있는 또 다른 정치적 수단으로는 통화개혁 그리고 화폐적 부에 대한 대단히 높은 조세 등이 있다. 우리는 이러한 사태 전개가 불가피한 것이라고 주장하는 것이 아니다. 단, 공공부채가 폭발 지경에 달한다면, 정치적 이유들로 인해 사태가 그렇게 전개될 가능성을 배제할 수 없다는 것이다.

재정 적자가 늘거나 공공부채 비율이 증가하는 것을 방지하기 위한 제도적 노력이 몇 가지 있었다. 가장 야심적이고도 광범위한 규제는 1992년의 마스트리히트조약이 있으며, 재정 적자의 확대를 방지하기 위해 1997년에 채택된 안정과 성장 협정(Stability and Growth Pact)은 더욱더 야심적이고 범위가 넓은 것이다. 특히 이 안정과 성장 협정은 EMU 회원국들의 재정정책 규제에 있어서 초석이 되었다. 이 협정의 본질은 모든 나라들이 심한 경기후퇴나 천재지변과 같은 예외적 상황

당히 포괄적으로 사회화하는 것밖에는 없다고 생각한다. 물론 그렇다고 해서 공공당국이 민간자본가의 자주적인 창의성과 협조할 수 있는 모든 도구와 타협의 방식들을 모조리 배제할 이유는 없다.' Keynes 1936: 378.

에 처하지 않는 이상, 예산 적자가 GDP의 3퍼센트를 넘는 것을 허용하지 않는다는 것이다. 또 동시에 GDP에 대한 총 공공부채가 60퍼센트를 넘지 않아야 한다. 만에 하나 어떤 나라가 이러한 협정의 규칙들을 준수하지 않는 경우가 있다면 벌금 형태의 제재를 통해 다시 그 규칙들을 준수하도록 강제하게 된다. 2005년 이 규칙들은 좀 완화되기는 했지만 협정의 내용 자체는 변하지 않았다.

1980년대 로널드 레이건 정권 아래에서 예산 적자가 폭발하는 일을 겪은 미국에서도 그 결과 이와 비슷한 정신에서 균형예산을 위한 비상적자 통제법(Gramm-Rudman-Hollings Emergency Deficit Control Act of 1985)과 예산 및 비상적자 통제 재확인법(Budget and Emergency Deficit Control Reaffirmation Act of 1987)이 통과되어 균형예산 달성을 목표로 내걸었다. 이 법률들은 재정 적자가 적자 목표치를 초과하게 되면 자동적으로 지출을 삭감하도록 정해놓고 있다. 하지만 1986년에는 그런 식의 예산 삭감이 위헌이라는 판결을 받았고 1987년에는 이에 따라 개정되었다.

이 법률들은 지켜지지 않았다. 유럽에서나 미국에서나 이런 규제 사항들을 충족할 만큼 충분히 예산 적자가 삭감되지 않았던 것이다. 이 법령들의 문제 중 하나는, 경제가 호황일 동안은 각국 정부가 예산 적자를—이를테면 유럽의 안정 및 성장 협약에서처럼 3퍼센트보다 한참 아래로까지—줄이도록 강제하지는 않는다는 것이다. 그러니 성장률이 낮은 기간이 되면 예산 적자가 3퍼센트를 훌쩍 넘겨버리고 만다. 이 협정들은 또 정부가 쉽사리 통제할 수도 없는 목표를 각국 정부에게 충족시키도록 하고 있다는 결함이 있다. 예산 적자는 상당 정도 경제발전의 추이에 따라 결정된다. 경제적인 침체 기간이 오면 과세 기반 자체가 줄어들게 되니까 세수가 줄어들게 되며 또 동시에 실업수당과 여타 조치들을 위한 지출은 늘어나게 된다. 내생적인 예산 흑자는 줄어들게 되며, 전형적인 경우에 내생적인 예산 적자는 늘어나게 되는 것이다. 이론적으로 보자면 이런 상황이 찾아왔을 때는 세금 관련 법률을 바꾸어 정부 세수를 늘이는 방법 또는 정부 지출을 바꾸는 방법 등을 써서 예산 적자를 줄일 수가 있다. 하지만 그런 정책은 그 비용이 지극히 크고 바람직한 것이 못 된다. 예산 적자를 줄이는 정책들은 총수요도 줄이게 되며, 이에 경제발전은 더욱 악화되어 다시 세수가 줄어들면서 예산에 또 새로운 구멍을 내고야 만다. 따라서 경제 위기가 찾아온 맥락에서 공공예산을 균형으로 꽉 맞추겠다고 드는 것은 그다지 현명한 정책이 아니다.

예산 적자를 묶어두는 여러 법령들로 부정적 경험들이 있었음에도 불구하고, 독일은 이런 방향을 고집하면서 새로운 시도를 시작하였다. 2009년 독일 헌법에는 균형예산 법률이 추가되었다. 이 법대로 하면, 2016년 이후에는 경기순환에 대해서 정부가 GDP의 0.35퍼센트 이상의 예산 적자를 편성하는 것이 불법화되며, 2020년부터 독일 '지방정부(Länder)' 예산은 경기순환에 대해 완전히 균형예산을 취해야 한다. 즉 적자가 전혀 허용되지 않는 것이다. 이 법은 안정 및 성장 협약보다 훨씬 더 엄격하여, 중기적으로 예산 적자를 0으로 감소시킬 것을 목표로 하는 미국의 비상 적자 통제법에 더 가까운 것으로 보인다. 별로 상상력을 동원하지 않더라도, 이 독일판 균형예산법 또한 실패할 확률이 크다고 예견하는 것은 어려운 일이 아니다.

미국에서는 1980년대에 만들어진 재정 관련법들이 실패로 돌아가자 예산 강화법(Budget Enforcement Act, 이는 1990년에 통과되었고 2002년에 시효가 끝났다)이 그 자리를 차지한 바 있었다. 이 법은 이제 예산 적자를 제한하는 대신 공공지출을 통제하는 것으로 목표를 바꾸었다. 그리고 법적 제약을 받는 지출과 재량적 지출 사이에 구별이 이루어졌다. 이 법에 따르면 정부 재량에 의한 지출은 엄격한 규칙에 따라서만 이루어지게 되어 있다. 재량적 지출 혹은 세금 감면이 이루어질 때는 항상 그에 상응하는 재원 조달도 함께 마련되어야 했다.* 예산 강화법에서의 재량적 지출은 안정화 효과를 가지고 있어서 경기순환에 맞서는 재정정책을 가능케 하였다. 이 법에서는 경기후퇴 기간 동안에도 재정지출이 꼭 목표한 예산균형을 맞추기 위해서 삭감될 필요가 없었다. 재정 적자에 대해 정해진 한계가 없기 때문이다. 따라서 경기후퇴 때 정부는 높은 적자를 편성할 수 있지만 반면 경제성장의 국면이 되어 세수가 늘어난다고 해도 그해에 지출하기로 한 예산 상한선을 지켜야 하기 때문에 이것이 지출 증가로 이어지지는 않는다. 그렇지만 지출에 관련된 규칙들은 천재지변의 경우뿐만 아니라 심한 경기후퇴로 총수요를 안정시키는 것이 필요한 경우에도 예외를 인정하여 추가적 지출을 허용한다.

총수요를 안정시키고 또 경제발전을 안정시키기 위해서는 통화정책뿐만 아니라 재정정책 또한 재량적인 방식으로 경제 상황에 반응할 수 있어야 한다. 특히 예산 적자를 일정한 통제하에 묶어두는 규칙들은 역사적인 상황 전개에 반응하지 못하게 만드는 너무 경직된 것이라고 판단할 수밖에 없으며 따라서 최적의 정책에 도달하는 것을 방해할 수 있다. 만약 어떤 나라가 재정 규칙 같은 것을 정 강제하고 싶

* Blinder and Yellen 2001.

어 한다면, 재량적 지출의 목표를 경기순환과 무관하게 매년 일정하게 몇 퍼센트씩이라도 꾸준히 증가하도록 허용하는 것이 가장 좋을 것이다. 그렇게 한다면 예산 적자가 내생적으로 등락할 수 있는 여지가 생기게 되기 때문이다. 중앙정부보다 낮은 수준의 정부에서는 지출에 대한 규칙들이 바람직한 것으로 보이지만, 중앙정부에게 그러한 조치를 강제했다가는 재정정책에 용납할 수 없는 여러 제약들이 생겨날 수 있기 때문에 중앙정부에 대해서는 권유할 만한 것이 아니다.

유럽의 재정정책은 특히 적당하지 못하다. 이 문제에 대해서는 수많은 다른 접근법들이 존재한다. 그중 선택지 하나는 유럽 수준에서 훨씬 더 큰 예산과 그 스스로의 독자적 조세수입 그리고 실질적으로 더 많은 기능들과 자격들을 부여하는 것이다. 그렇게 하여 유럽연합 차원의 여러 제도들—그보다 작은 규모의 해결책으로서는 EMU 차원의 제도들—이 중앙 예산으로부터 조세수입이나 공공지출을 통하여 개별 지역의 수요에 중요한 영향을 끼칠 수 있게 된다. 이렇게 되면 한 국민국가 내부에서 이뤄지는 재정을 통한 재분배와 마찬가지로 유럽이라는 지역적 차원에서도 재정 재분배가 확고하게 뿌리내릴 것이다. 이렇게 중앙예산이 작동하게 되면 개별 국민국가 차원의 경기등락에 제동을 걸어줄 것을 희망할 수 있다. 이러한 방식을 통해서 유로존의 작동은 미국 같은 전통적인 연방국들에 좀 더 근접하는 모습을 띠게 될 것이다.

장기적 관점에서 보면 이러한 방향의 점진적인 변화가 반드시 필요하다. 하지만 현행 유럽 경제정책 구조에서 해결책을 찾아내는 것은 불가능한 것까지는 아니어도 대단히 어려운 것이 사실이다. 서브프라임 위기가 재차 입증해준 바 있지만, 단일화된 유럽 국가가 부재한 상태에서 경기가 극적으로 하락하기 시작할 때는 개별 국민국가들이 이에 맞서기 위해 자국 금융정책을 배치할 권한을 갖도록 하는 것은 대단히 중요한 일이다. 아울러, 개별 국가들의 자금 조달은 다른 회원국들도 깊은 관심을 가져야 할 문제라는 점 또한 명백해졌다. 유로를 사용하는 나라의 국가 하나가 파산하게 되면 그 충격파는 전체 유럽통화연합의 은행체제 전반으로 퍼져나가게 된다. 마스트리히트조약에는 이른바 '구제금융금지 조항(no-bail-out clause)'이란 것이 있어서, 한 회원국의 빚을 다른 유럽연합 국가들이 떠안지 못하게 되어 있다. 하지만 유럽 내 여러 나라의 경제는 서로 긴밀하게 엮여 있기 때문에, 비상시에는 이러한 현실 앞에서 이 조항이 흔들리게 될 것이다. 이 점은 2010년 봄 유럽의 정책 입안자들이 그리스를 위해 마련한 구제 노력에서도 또 유럽재정안정기금(European System of Financial Supervisors: ESFS)이 그리스 말고도 압력에 시달리고 있는 여타 유로존 국가들을 위해 고안한 유동성 공급 장치 등에서 충분히 명확해진 바 있다. 현존하는 안정과 성장 협정(Stability and Growth Pact: SGP)은 예산 적자를 GDP의 3퍼센트 내로 제한하는 것으로 되어 있지만 이것으로는 아일랜드와 스페인 등과 같은 나라들에서 재정 문제가 터지는 것을 방지하지 못했으며 또 그렇게 할 수도 없었을 것이다. 이 두 나라 모두 위기가 시작되기 전 몇 해 동안 정부재정이 탄탄했고 정부예산은 오히려 흑자를 보이고 있었다. 이 나라들이 GDP에 대한 부채 비율이 극적인 증가세로 접어들기 시작한 것은 오직 위기가 터지고 난 뒤, 이로 인해 정부 세수가 줄어들고 은행 부문을 구제해야 할 필요가 제기된 이후에야 비로소 벌어진 일이다. 문제는 이 기존의 안정과 성장 협정이라는 것이 민간부문의 부채는 완전히 무시하고 있다는 것이다.

경제위기에는 이 민간부문의 부채를 결국 공공부문이 떠안을 수밖에 없는데도 말이다.

EMU가 번영은 고사하고 생존이라도 할 수 있으려면, 강력한 중앙 정부를 가진 진정한 연방체제로 실질적인 통합을 심화해나가야 하며 개별 국민국가들은 그 연방정부 산하의 지방자치주로 전환해야만 할 것이다. 루비니와 미흄이 말한 바 있듯이(Roubini and Mihm 2010: 282) '재정적·정치적 통일을 이루지 않고서는 그 어떤 통화 연합도 살아 남은 적이 없었다'. 재정정책, 조세와 사회기반시설 정책, 임금협상 기 구들, 최저임금 등 거의 모든 분야에서 모두 통합이 요청되고 있다. 하 지만 이렇게 거의 모든 정치적 권한을 유럽연합이나 EMU 차원으로 집중시키는 과업은 여러 민주주의 제도들을 개혁하지 않고서는 상상 조차 할 수 없다. 그러한 프로젝트는 유럽의회가 제대로 된 단일의 유 럽 정부를 선출할 것을 필요로 할 것이다. 일부 유럽연합 국가들은 현 재 아직도 통합을 심화하는 것을 주저하고 있으며 심지어 EMU 차원 에서도 여전히 강력한 저항이 남아 있는 상태이므로, 그러한 프로젝 트는 성사되려면 몇십 년은 족히 걸릴 것이다. 유럽 통합을 신속하게 밀고 나갈 수 있는, 유일한 현실적 해결책은 여러 나라들이 각각 다른 속도로 통합에 가담하도록 하는 것이다. 예를 들어 EMU의 핵심 국가 들은 유럽연합 전체의 통합에 앞서서 미리 정치적·경제적 통합을 이 룰 수 있다.

요약하자면, 지난 20년간 선진국 세계 대부분의 정부가 스스로의 역 할을 축소한 결과, 개별 나라의 경제뿐만 아니라 세계경제 자체가 실 질적으로 안정성의 파괴를 겪어야 했다. 한 국가의 정부가 맡아야 할 적절한 역할은 규칙과 규제를 정하는 것에 제한되지 않는다. 공공의 경제활동은 이것보다 분명히 더 영역을 넓혀야 한다. 공적인 개입 없이는 주요한 재화와 서비스의 공급이 불충분한 시장이 무수히 많다. 이때 정부가 규칙을 제정하거나 영역 한계를 정하는 정도가 아니라 직접 시장에 개입하거나 적극적 재분배 정책을 펼쳐야 문제가 제대로 풀리게 되는 경우가 많다. 정부 또한 공공부채의 수준이 계속 늘어나는 경로를 걸어갈 수는 없기 때문에 이러한 여러 활동들은 조세와 그 밖의 안정된 정부수입을 통해 탄탄하게 자금 조달을 해나갈 필요가 있다. 그런데 서구의 많은 민주주의 국가들은 지난 몇십 년간 증세 이야기만 나오면 무슨 파블로프의 개나 된 것처럼 즉각적으로 회피하는 태도로 일관해왔다. 정부의 적극적 역할을 가능케 하려면 이러한 태도를 과감하게 벗어던져야만 한다. 강력하고 경제를 안정시킬 수 있는 정부는 튼튼한 수입을 필요로 하며, 이 수입은 오로지 광범위한 조세와 누진적 소득세 체제로 최고 구간 한계세율이 50퍼센트에 근접하거나 그를 훌쩍 넘도록 만들어야만 제대로 보장될 수 있다. 그러한 조세체제는 경제성장의 숨통을 막을 것이라고 주장하는 일부 경제학자들이 있지만, 지구상 어느 곳의 경험적 데이터도 그러한 주장을 뒷받침해주지 않는다. 만약 정부가 경제에서 차지하는 비중을 사용하여 경기하락과 경제위기가 스스로 증폭되는 것을 방지하고 교육과 연구·개발에 대한 투자를 장려한다면, 그 결과 장기적으로 성장과 후생은 더 늘어나면 늘어났지 결코 줄어들지 않을 것이다.

하지만 정부의 활동이 이렇게 경제에 직접적인 충격을 주는 것에만 있는 것은 아니다. 우리는 노동시장이나 금융시장처럼 경제에서 핵심적 위치를 차지하는 개별 시장들에 대한 규제를 통해 영향을 줄 수 있다는 점을 과소평가해서는 안 된다. 다음 두 장에서는 그러한 특정 시장들을 살펴보면서, 더 폭넓은 계층의 더 많은 사람들에게 경제적 안녕과 복지를 개선해줄 괜찮은 자본주의를 달성하기 위해서는 그런 시장 내부에서 작동하는 여러 힘들에 어떻게 고삐를 채워야 할지 설명할 것이다.

8

노동과 임금의
가치를
다시 매기자

시장자유주의 혁명의 여파로 지난 몇십 년간 많은 나라의 노동시장은 철저한 규제완화를 겪었다. 대부분의 선진국에서 이는 임금격차의 확대, 소득분배의 불평등 증가, 불안정 고용의 증가 그리고 명목임금의 표준이 정체되는 등의 결과로 이어졌다. 우리의 관점에서 볼 때, 높은 실업의 주원인이 노동시장의 경직성에 있다는 분석은 틀린 것이다. 우리는 높은 실업, 그리고 이에 충분히 제대로 대처하지 못한 원인은 다른 무엇보다도 재화시장의 수요 문제에 있다고 본다. 시장자유주의적 세계화의 결과, 노동시장에는 장기적으로 긴장이 계속될 위험이 존재한다.

실업의 원인이 되는 네 가지 요소가 중요한데, 이들은 모두 상호작용한다. 첫 번째는 많은 선진국에서 민간가계, 공공부문, 기업 모두가 큰 부채를 짊어진 데서 온 충격이다. 기업들의 투자 행태는 더욱 조심스러워졌고 또 많은 경우 금융기관들은 더욱더 위험 지향적인 행태를 보이는 등의 변화까지 겹쳐 있다. 이런 요소들은 가뜩이나 묵은 악성 부채와 새로 발생하는 악성 부채로 고생하던 금융체제를 붕괴 직전까지 몰아갔으며, 미래에도 생산적 자본에 대한 투자를 억제하도록 작용할 가능성이 높다. 두 번째로는, 대부분의 선진국에서 생활 조건의 불확실성과 소득분배의 불평등으로 인해, 소득 가운데 소비로 지출되는 비중은 앞으로도 낮게 한정될 것이라는 점이다. 아울러, 신용대출로 소비를 추동하는 일은 이제 전보다 더 어려워질 것이다. 셋째, 여러 나라들의 경상수지 불균형을 시장이 스스로 해결하는 움직임 따위는 존재하지 않는다는 점이다. 마지막으로 아주 중요한 요소가 있으니, 지구적 차원의 녹색 뉴딜로 나아가는 첫걸음을 조속히 시작하지 않는다면 지구온난화와 자원 부족은 GDP 성장에 무거운 부담을 가져올 것이라는 점이다.

우리는 먼저 임금상승이 필요한 거시경제적 이유에 초점을 맞춰보겠다. 그다음으로는 노동시장의 여러 제도들을 어떻게 강화할 수 있을지를 논의하도록 한다. 마지막으로 미국, 유럽, 중국의 노동시장을 개혁하기 위한 조치의 여러 단계를 개략적으로 제시하도록 한다.

임금상승이 필요한 거시경제적 이유

비록 노동시장은 스스로 고용을 창출하는 것은 아니지만 경제의 성장, 안정, 고용에 대해 중요한 역할을 맡고 있다. 무엇보다 소득분배는 임금구조의 변화에 영향을 받으며, 이에 따라 소비수요도 그에 영향을 받게 된다. 다른 한편으로는 인플레이션이나 디플레이션 그 어느 쪽을 촉진하는 자극도 노동시장에서 생겨나도록 둬서는 안 된다. 이는 경제를 불안정하게 만들며, 통화 및 금융 정책으로 안정적인 경제 성장을 도모하는 것을 막아버리기 때문이다.

이 두 번째 논점부터 시작해보자. 4장에서 우리는 임금비용의 추세가 어떻게 되는가가 가격수준을 확립하는 데 으뜸가는 중요성을 가지고 있다는 점을 보았다. 임금이 가격수준에 대한 명목기준이 되려면, 임금수준이 중기적인 생산성에다가 중앙은행의 목표 물가인상률을 더한 것에 따라 상승해야 한다. 그러면 임금비용은 중앙은행의 목표 물가인상률과 동일한 비율로 증가하게 된다. 이 수치를 척도로 중기적인 생산성 상승을 포착해야 한다. 통계적으로 생산성은 경기순환에 영향을 받기 때문이다. 경기후퇴기에는 기업들이 GDP가 줄어드는 속도만큼 빠르게 고용을 줄일 수가 없거나 또 원하지도 않는 탓에 생산성이 줄어들게 된다. 경기후퇴가 끝나고 GDP가 늘어나면 기업들은 당분간은 노동 투입을 늘리지 않고도 산출을 늘릴 수 있다. 세계의 그 어떤 중앙은행도 디플레이션을 원하지는 않으며, 낮은 증가율의 인플레이션을 실현시키고자 모두 애쓰고 있다. 통화정책은 비대칭적이다. 중앙은행은 과도한 임금증가에는 긴축통화정책으로 실업을 조장해 맞설 수 있으며 실제로 그렇게 했다. 이렇게 되면 결국에는 임금증가 폭도 줄어들 수밖에 없다. 하지만 만약 임금비용이 줄어들게 되면 중앙은행으로서도 디플레이션을 막기 어렵다. 1990년대와 2000년대의 일본은 그 훌륭한 예가 될 것이다.

임금격차가 너무 심하게 벌어지면 이는 공정성이라는 점에서도 용납할 수 없으며 또 경제적으로도 권유할 만한 상황이 아니다. 그런 경우에는 임금인상분에서 불비례로 큰 몫이 고소득자들에게 돌아가며, 이들이 이중에서 소비로 지출하는 비율은 저소득층의 소비지출 비율보다 더 낮다. 경제성장은 분배가 더 공정하게 이루어질 것을 요구하며, 소득이 낮은 이들에게 더 높은 임금을 통하여 소비를 늘리도록 해주는 분배를 요한다. 그렇지 않고서 소비수요를 충분히 성장시키려면 일부 임금노동자들이 점점 더 많은 부채를 지는 수밖에 없을 것이다. 하지만 이는 미국과 여러 나라에서 서브프라임 위기를 겪은 이후, 명백히 막아야 할 사태임이 분명해졌다. 또 다른 고려 사항이 있다. 사람들의 일자리와 소득이 불확실해질수록 가정경제 면에서는 미래에 대비할 필요가 있기 때문에 당장의 소비수요는 더 낮아질 것이라는 점이다. 지난 몇십 년간 많은 나라에서 벌어진 높은 실업률과 복지국가 개편 등은 이러한 이유로 재화시장 내 수요를 억누르는 결과를 낳은 바 있다.

소득분배는 또한 국민소득에서 임금이 차지하는 몫에 달려 있는데, 이것이 최근 몇십 년간 세계의 거의 모든 나라에서 하락한 바 있다. 이 사실은 다른 무엇보다도 금융체제의 권력이 점점 커져서 더 높은 이윤 마크업을 강제할 수 있었다는 점을 반영한다. 만약 안정된 성장을 얻고자 한다면 임금이 차지하는 몫을 다시 올려야만 하며, 이는 다른 무엇보다도 금융시장의 개혁을 통하여 이뤄져야 한다. 좀 더 공평한 소득분배를 창출하기 위해서 정부 또한 조세체제와 공공지출에 관련하여 여러 정책을 활용해야 한다.

임금협상과 최저임금을
강화할 것

노동시장에서 순수한 시장 메커니즘은 실패하기 마련이다. 만약 노동시장 내의 가격 결정을 순전히 수요와 공급에만 맡겨둔다면 임금수준 하락과 디플레이션이 나타날 것이다. 임금수준이 탄력적으로 움직이면 인플레이션과 디플레이션의 물결이 번갈아 나타나고, 이에 더하여 극단적인 임금격차까지 나타나게 된다. 바로 이것이 전 세계 어느 나라에서도 노동시장을 완전히 시장의 힘에 맡겨놓지 않는 이유이다.

노동시장의 제도들은 임금이 대략 중기적인 생산성 성장률에 목표 물가인상률을 더한 것만큼 오르도록 보장해야 한다. 노사 양측 모두가 막강한 힘을 갖춘 단체협상의 주체로 나서야만, 앞서 말한 임금 지침에 맞게 기능적인 임금정책이 실현될 가능성을 가장 확실하게 높일 수 있다. 아울러, 노사 양측은 자신의 계산에 거시경제적 필요조건들도 포함시켜야 할 것이다. 강력한 노동조합에 대해서는 비조합원들을 희생시킨 대가로 임금인상을 뜯어낸다는 주장이 종종 제기되며, 또 가입률이 높은 노조에 대해서는 실업자들을 희생시킨다는 주장도 나온다. 이러한 주장들은 이론적으로나 경험적으로나 잘못된 것이다. 사실을 보자면, 전국적 수준에서 임금협상을 수행하는 강력한 노동조합이라면 경제성장의 안정에 걸맞은 임금 협정을 협상으로 얻어내는 것에 지대한 관심을 보인다. 노동조합은 임금인상이 과도해 인플레이션이 벌어질 경우에는 중앙은행이 이자율을 올릴 것이며 이 때문에 고용과 경제성장이 희생되고 결국 자기네 조직원의 소득도 희생된다는 것을 알기 때문에 과도한 요구를 할 이유가 없다. 또 디플레이션으로 귀결될 만큼 임금인상이 적은 협상에 그치는 것도 마찬가지로 받아들일 수 없는 일이다. 만약 강력한 노동조합들이 강력한 사용자 단체들과 임금협상을 벌이게 된다면, 기업의 이익이 제대로 고려되도록 할 것이다.

일정한 조건이 충족된다면, 산업 차원의 임금협상도 거시경제 차원의 임금 변화를 안정화하는 결과를 낳을 수 있다. 예컨대 한 산업이 모든 노동조합과 모든 사용자 단체에 대한 대표성을 띠고서 거시경제 차원의 필요까지 고려해 시험적인 협상 타결을 이뤄낸다면, 이어서 다른 모든 산업들이 이를 비공식적으로 받아들일 것이다. 비록 산업 전체 차원의 협상과 타결이 없다고 해도 그 산업의 핵심 기업들에서 이루어지는 단체협상의 결과는 전체 경제에 일종의 벤치마크 효과를 낼 수 있으며, 만약 그 협상이 거시경제적 조건들까지 고려할 경우에는 경제의 안정을 지향하는 임금인상을 낳을 수 있다.•

각국 정부는 여러 노동시장에서 임금이 서로 조정되는 것에 도움이 되는 제도라면 어떤 제도든 지지할 필요가 있다. 국제노동기구(ILO)는 그들 스스로가 내건 괜찮은 일자리 의제(Decent Work Agenda)의 일부로서 노동조합, 사용자 단체, 정부가 전국 차원에서 임금 지침과 여타 노사 관계의 중요 문제들을 논의하는 삼자 협의 체제를 권한다.

산별 차원의 단체협상을 강제하기 위한 방법으로 고려해볼 만한 튼튼한 도구로서 모든 기업들이 단일한 사용자 단체에 의무적으로 가입하게 만드는 것을 들 수 있다. 각 부문에서 획일적 임금을 강제하게 되면 노동시장이 노동자들을 착취하는 장이 아니라 기업들끼리 평등하게 경쟁하는 장을 마련하게 되며 이는 공공재에 해당하는 일이다. 경영자들이 자사 직원들의 임금을 깎아 비용을 절감하려는 데 대부분의 정력을 쏟는다는 것은 결코 건설적인 일이 못 된다. 그런데 한 산업에

• Soskice 1990.

서 모든 기업들에게 똑같은 임금수준을 강제한다면 경영자들은 임금 삭감을 단념하고, 대신에 신제품을 개발하거나 고객 관리를 개선하거나 생산과정의 개선을 도입하는 데 노력을 쏟게 될 것이다. 하지만 기업들의 사용자 단체 가입을 자발적인 의사에 맡긴 결과, 산업 전체에서 획일적인 임금수준이 확보되지 않았다. 따라서 기업의 사용자 단체 가입을 의무화하는 것이 사용자들 측이 일관된 입장을 가지도록 보장하는 정당한 방법이다. 여기에 더하여 사용자 단체들은 다른 중요한 기능들도 가지고 있으니, 직업 훈련과 숙련을 제공하는 것이 그 예이며 이 또한 공공재의 성격을 가진 것이다. 의무적 가입을 시행하면 임금 협약은 자동적으로 모든 기업들에 확실하게 적용될 것이다. 오스트리아는 경제회의소(economic chamber)의 형태로 이 모델을 꽤 성공적으로 실현한 예로서, 기업들의 거의 100퍼센트가 단체협상의 적용 대상이다.

또 다른 접근법으로는 단체협상을 보편적 구속력을 가지도록 만드는 방법이 있다. 많은 유럽 나라들에서 단체협상의 적용 범위—즉 모든 피고용자들 중에서 단체협상이 적용되는 노동자의 백분율—가 확장된 것은 그 협상이 보편적인 구속력을 가진다고 자주 천명했던 덕이다.

지금도 많은 나라에서 노동시장의 규제를 완화하고 그를 통해 전일제 정규직 고용 및 파트타임 고용 형태를 해체해나가는 추세가 수그러들 줄 모르고 계속되고 있다. 이러한 고용 관계는 법으로 정해진 사회보장제도를 잠식하고 있다. 이제 노동자들 전부가 사회보험 기금에 정기적으로 돈을 납부하는 것이 아니게 되었기 때문이다. 게다가 전일제 정규직과 파트타임이라는 고용 형태가 해체됨에 따라 노후 빈곤의 위험은 더욱더 심화되었다. 전일제 정규직과 파트타임이라는 고용 형태는 마땅히 정상적인 규범으로서 여겨져야 하며, 그 밖의 고용 형태는 오직 예외적인 상황에서만 허용하는 모든 종류의 정책들을 지지할 필요가 있다.

우리가 보기에는 같은 지역 내의 동종 산업에서 동일 노동에 대해 기업마다 다른 임금을 지불한다는 것은 경제적으로 이치에 닿지 않는다. 이는 기업 간 경쟁을 왜곡할 뿐만 아니라 경제적으로도 정당화될 수 없다. 특정한 부문들에서는 일부 회사들이 평균 이하의 임금을 수단으로 삼아 생산성을 떨어뜨림으로써 제한된 범위 내에서나마 고용을 증대시킬 수 있다는 것은 사실이다. 하지만 동일 부문 내의 임금 차별에 따른 부정적 결과들은 이렇게 전체 생산성을 낮춰서 얻게 되는 어떤 이익도 압도할 만큼 크다. 만약 정말로 개별 기업들을 지원해야 할 충분한 이유가 있다면, 이는 국가가 떠맡아야 할 과제이다.

최저임금제 또한 중요한 노동시장 메커니즘의 하나다. 첫째, 최저임금은 디플레이션 위험을 막아주는 댐으로 기능할 수 있다. 중기적으로, 심지어 장기적으로 보아도 실업이 높은 수준으로 유지될 위험은 분명히 존재한다. 게다가 많은 나라에서 노동조합과 각종 임금협상 메커니즘은 크게 약화되어 임금수준의 하락과 디플레이션을 방지해주기에는 무리가 되었다. 그렇다면 디플레이션의 여러 경향성과 싸우는 데는 최저임금정책이 일정하게 중요한 역할을 수행해야 한다. 둘째, 법정 최저임금은 임금구조를 바꿀 수 있으며 따라서 소득분배 또한 바꿀 수 있다. 최저임금은 해당국의 생산성 발전 추세에 목표 물가 인상률을 더한 만큼에 따라 해마다 새롭게 조정되어야 한다. 이러한 방식으로 최저임금은 디플레이션 상황에서도 명목임금의 중심축을 떠받치는 데 도움이 된다. 만약 한 나라의 평균임금이 임금표준(wage norm)보다 빠르게 상승한다면 최저임금은 평균임금의 상승에 맞추어 조정되어야 한다. 인플레이션과 싸워야 한다는 명분으로 공평한 분배가 희생되는 일이 있어서는 안 되기 때문이다. 만약 한 나라 안의 임금 구조가 변화되어야 한다면 최저임금은 평균임금보다 더 빠르게도 더 느리게도 변할 수 있어야 한다. 이는 정치적인 결정이 된다. 미국의 경우 최저임금 수준을 결정하는 문제를 놓고 생활임금운동(Living Wage Campaign)이 일어났고, 이 덕분에 여러 지역적 혹은 국제적 수준의 법정 최저임금이 전국적 수준의 법정 최저임금보다 상당히 높은 수준에서 정해지게 되었다.* 마지막으로, 법정 최저임금과 임금부조(wage support) 사이에는 충분한 차이가 있어야 한다. 우리의 관점에서 볼 때 만약 부조에 의존하여 살아갈 때 전일 노동을 하는 것과 똑같은 혹은 심지어 더 많은 가처분 소득을 얻게 된다면 이는 공정하지 못한 일일 뿐만 아니라 노동 동기를 해치는 일이 될 것이기 때문이다.

영국에서는 1999년 토니 블레어의 노동당 정부 아래에서 법정 최저임금제가 대단히 성공적으로 도입되었거니와, 이는 최저임금을 해마다 조정하는 하나의 모델을 제시하고 있다. 최저임금 조정에 관한 권고를 마련하는 과제는 독립단체인 저임금위원회(Low Pay Commission)에 위촉된다. 이 위원회는 노동조합과 사용자 측 각각의 대표자들, 그리고 논의에 전문성을 더하는 한편 위원회 내에서 중재적 영향력을 행사하는 독립적 전문가들로 이루어진다. 정부는 이에 대해 비록 최종적인 결정권을 가지기는 하지만 현실적으로는 이 위원회의

• Pollin, Brenner and Wicks-Lim 2008.

권고 사항들을 받아들인다.

　법정 최저임금에 반대하는 관습적인 반론은 이 제도를 도입하거나 최저임금을 인상하게 되면 저임금 부문에서 엄청난 규모의 일자리 소멸이 나타날 것이라는 것이다. 경험적으로 이러한 주장은 정당화되지 않는다.[*] 법정 최저임금의 증가는 고소득 집단들이 손해를 보는 대신 저소득층의 소득을 올리는 효과를 낳으며, 따라서 재화시장의 총수요를 증대시킨다고 가정할 수 있다. 저임금 가정경제의 소비 성향이 고임금 가정경제보다 더 크다는 것은 객관적 사실이다. 바로 이 이유로 인해 법정 최저임금의 도입과 증가로부터 일자리 창출의 효과까지 기대할 수 있게 된다.

사례 연구:
미국, 유럽, 중국

미국

다시 한 번 미국으로 가보도록 하자. 1980년대 이후로 미국에서의 임금수준은 그럭저럭 추세적 생산성 향상에다가 3퍼센트 정도의 물가인상률을 더한 것에 따라 움직였다. 이는 통화정책에는 아주 도움이 되는 것으로서 1990년대 초부터 서브프라임 위기까지 미국 경제의 성장률이 비교적 괜찮았던 원인을 부분적으로 설명해준다. 하지만 이러한 임금수준의 변화는 조정된 임금협상 메커니즘의 결과가 아니라 그저 행운이었을 뿐이다. 미국에 절실하게 필요한 것은 조정된 임금협상

---

[*] 최저임금에 대한 이론적 경험적 논쟁의 개괄로는 Card and Krüger 1995; Herr, Kazandziska and Mahnkopf-Preprotnik 2009.

메커니즘을 허용하는 여러 제도들을 재건하는 것이다. 물론 단순히 예전의 디트로이트협정(Treaty of Detroit)으로 되돌아가는 것은 불가능하다. 하지만 정부도 지지하는 이러한 방향으로 개혁을 시도하는 것은 그 첫걸음이 될 수 있다.

시장자유주의 혁명이 시작된 이후 임금격차가 벌어져온 것은 하나의 재난이었다. 미국에 지금 시급하게 필요한 것은 저임금 부문의 규모를 줄이기 위한 정책이다. 이 집단에 속하는 노동자들의 임금을 실질적으로 상당히 올려주는 것이 미국 내의 대단히 불평등한 임금분배—이는 시장자유주의적 유형의 자본주의 사회가 갖는 사회·경제적 문제들 가운데 핵심적인 것 하나다—를 변화시키는 데 중요한 요소이다. 중앙정부가 적극적인 최저임금정책을 시행하고 이를 다시 주정부, 그리고 더 나아가 각 도시 차원의 최저임금정책으로 보조할 수 있다면 아주 큰 도움이 될 것이다.

소득이 아주 높은 집단, 즉 금융이나 기타 영역의 '슈퍼스타들' 중 상당수가 그런 지위를 얻게 된 것은 보통 재수가 좋았던 덕분이다.* 레이건 대통령이 1980년대 초 조세개혁을 하기 이전에 존재했던 것과 비슷하게 높은 한계 소득세율을 회복하는 것이 마땅히 해야 할 일이다.

유럽통화연합

EMU는 노동시장에서 대단히 복잡한 상황에 직면하고 있다. 임금은 추세적 생산성 변화에 중앙은행의 목표 물가인상률을 더한 것과 일치하도록 움직여야 한다. 이러한 규범은 EMU 전체로 보자면 어느 정도

● Taleb 2005.

실현된 바 있다. 하지만 EMU 내부의 회원국들 사이에 중기적 생산성 변화의 차이는 엄청나며 이 차이는 줄어들 경향도 보이지 않는다. 유럽연합 15개국에서 1999년과 2008년 사이의 연간 평균 생산성 증가율은 1.3퍼센트 정도였다. 이탈리아는 0.4퍼센트였고 포르투갈도 그 정도로 낮았으며 스페인은 더 낮았다. 반면 핀란드, 그리스, 아일랜드 등에서는 대조적으로 추세적 생산성 증가가 유럽연합 15개국보다 상당히 더 높았다. 오스트리아, 프랑스, 독일, 네덜란드의 생산성 증가는 평균 정도였다.* 생산성 증가율에 이렇게 나라마다 큰 차이가 있었다는 점을 생각해볼 때 모든 EMU 회원국들 내부의 임금수준은 일정한 추세적 생산성에다 유럽중앙은행의 목표 물가인상률을 더한 것에 따라서 상승되어야 했다. 만약 EMU 국가들이 이러한 규범을 따랐다면 EMU 내부에서 지역에 따라 가격 경쟁력이 차이가 나는 일도 벌어지지 않았을 것이다. 하지만 임금의 변화는 이러한 규범을 따르지 않았다. 독일의 임금상승은 너무 낮았고, 스페인이나 포르투갈은 생산성 증가가 형편없었는데도 임금은 독일보다 훨씬 더 빠르게 올랐다.

무엇보다도 필수적인 것은 우선 독일의 임금인상률을 올리는 것이다. 독일은 앞으로도 여러 해에 걸쳐서, 앞에서 말한 임금 표준으로 산정되는 것보다 더 빠르게 인상할 필요가 있다. 그리스, 포르투갈, 스페인처럼 경상수지 적자가 높은 EMU 나라들에서는 명목임금을 당분간 크게 올리지 말아야 한다. EMU 내에서 부분적인 디플레이션이 나타나는 것을 막으려면 경상수지 적자가 많은 나라에서 단위임금비용을 줄이려 들 것이 아니라 경상수지 흑자가 많은 나라들에서 비교적 큰

● OECD : Stat 2009.

임금상승을 해야 한다.

유럽 특히 EMU에서 지금 필요한 것은 제도의 구축이다. EMU에서 더욱 포괄적인 통합이 벌어지지 않는다면 통화 동맹의 존속 자체가 위협을 맞게 된다. 더욱 포괄적인 통합에는 많은 것들이 포함되어야 하지만 그중에서도 EMU 차원의 단일한 재정정책과 임금 조정 방안을 발전시키는 것이 포함되어야 한다. 현재 EMU 전체 차원의 노동조합 혹은 사용자 단체는 존재하지 않는다. 하지만 임금협상을 최소한 특정 분야에서만큼은 EMU 차원으로 이동시킬 필요가 있다. 이러한 방향의 발전이 일각에서 존재해왔지만 아직 충분치 않다. 이는 아주 위험한 상황이며 새로운 제도들을 창출함으로써 타개해야 할 상황이다.

단기적으로 EMU 내부의 임금 변화를 달성하기는 쉽지 않다. 미국에서와 마찬가지로 여기에서도 최저임금정책이 중요한 역할을 맡게 된다. EMU 차원에서 잘 조정된 최저임금정책은 독일과 같은 나라들에서 임금인상을 촉진할 수 있을 것이다. 독일에는 보편적인 법정 최저임금이 아직 없다. 산업국들 가운데서 충분히 높은 최저임금을 도입하는 것이 독일만큼 시급한 나라도 없다.

중국

중국은 노동시장의 여러 제도들을 개선할 필요가 있다. 기업 차원에서라도 임금협상이 즉각 시작되어야 하며, 이렇게 되면 기존에 있었던 노동조합이 새로운 기능을 얻게 될 것이다. 최저임금정책 또한 적극적으로 활용될 수 있다. 이 두 정책 모두가 중국의 지극히 불평등한 소득분배를 바꿀 수 있을 것이다. 중기적으로 산업별 차원의 노사 협상이 가능할 수 있는 조건을 확립하기 위해서는 사용자 단체들 또한 지지할 필요가 있다. 국유기업들은 사내유보이윤의 일부를 직원들의 상여금 지급에 사용해야 한다. 노동조합, 사용자 단체, 정부로 구성되는 독립적인 삼자 협의체가 전국적 차원의 임금 지침을 제시해야 한다.

9

지구적 금융은
지구적 관리를
필요로 한다

통화정책을 포함하여 금융체제 전반을 개혁하는 것이야말로 괜찮은 자본주의에서 본질적인 지점이다. 자본주의적 생산은 금융체제라는 연료를 제공받아 엄청난 역동성을 가지게 되며, 이는 다른 종류의 생산 방식이 견줄 수 있는 바가 못 된다. 하지만 이는 또 경제적 안정성에 위험이 생겨나는 주된 원천이기도 하다. 이 점은 자본주의가 탄생한 이래로 있어왔던 일련의 무수한 금융 및 통화 위기들에서 충분히 증명된 바 있으며, 최근의 서브프라임 위기는 최근 엄청난 언론의 관심을 받기는 했지만 그 오래된 위기들 중 하나에 불과할 뿐이다. 하지만 금융체제의 제반 조건과 규제의 접근법이 구체적으로 어떠했는가에 따라서 상대적으로 안정성이 높았던 기간도 있었고(이를테면 제2차 세계대전 이후의 20년간) 불안정성이 높았던 기간도 있었다(이를테면 1980년대 이후의 시장자유주의적 세계화). 자본주의의 미래에 대한 논쟁은 따라서 필연적으로 경제의 이 금융이라는 영역을 그 논의의 출발점으로 삼을 수밖에 없다. 여기에서 여러 다른 측면들을 다루어야만 한다.

은행 및 여타 금융기관들에 대한 감독이 협소했다는 것뿐만 아니라 환율, 지구적 자본흐름, 금융시장의 기업지배구조에 대한 영향 등과 같은 요소들도 다루어야만 한다. 이 금융이라는 영역에서 올바른 영점 조정이 이루어져야만 괜찮은 자본주의를 향해 의미 있는 첫걸음을 떼어놓을 수 있게 된다.

금융체제의 구조를 다시 짜자

위기가 터진 이후로 이 금융체제 개혁이라는 문제가 가장 뜨거운 논쟁 주제였고 또 장래의 경제위기를 막기 위한 가장 큰 정치적 진전이 이루어진 곳이기는 하지만, 이는 좁은 의미에서의 금융체제 개혁을 뜻하는 것이었다. 하이만 민스키, 로버트 쉴러, 조지프 스티글리츠, 누리엘 루비니 등 수많은 경제학자들이 금융체제에 충분한 규제가 없으면 주식 및 부동산 시장에 거품현상이 정기적으로 되풀이될 것이며, 신용팽창으로 불안정성이 증가하며 그 후에는 신용 경색이 찾아올 뿐만 아니라 국제적으로는 나라들 간에 어마어마한 규모의 경상수지 불균형과, 체제 자체를 위협하는 세계 규모의 금융시장 위기 등이 나타날 것이라고 주장한 지 오래지만, 경제학자들은 이러한 비판자들을 줄곧 괴짜들로 여기며 무시해왔다. 규제가 충분치 못한 금융시장이 어떤 문제들을 낳는가라는 점을 (학문적 주류에서는 몰라도) 정치적 주류에서 절실하게 받아들이는 데는 미국 서브프라임 위기가 있어야만 했다. 지난 몇십 년간의 금융시장 위기 때문에 실물경제가 치러야 했던 비용은 엄청난 것이었으며, 이는 서브프라임 위기를 경유하며 기록을 경신하면서 비극의 절정에 달했다. 금융체제를 근본적으로 개혁하지 않는 한 괜찮은 자본주의는 불가능하다. 이 점에서 볼 때, 안정적인 금융체제는 공공재라고 볼 수 있으며, 국가는 규제를 수단으로 하여 이를 공공의 이익으로서 공급할 의무가 있다.

  정치가들은 이미 금융에 제약을 가하기 위해 큰 노력을 기울인 바 있다. 2010년 미국에서는 도드-프랭크 법(Dodd-Frank Wall Street Reform and Consumer Protection Act)이 통과되었고, 그해 말에는 EU에서 헤지펀드 규제와 금융시장 감독에 대한 명령이 내려졌다. 하지만 이렇게 새로 도입되고 개정된 각종 규제의 세부 사항들에 대해 판단을 내리기 위해서는, 먼저 금융체제가 더 이상 무지막지한 충격의 원천이 아니라 전체 경제에 유용한 서비스 제공자가 되도록 지속적인 변형을 달성하는 데 무엇이 필요한가를 확실히 해야 한다.

금융시장 규제의 거시경제적 차원들

지난 몇십 년간 금융시장 규제의 개혁에는 하나의 근본적인 문제가 도사리고 있었다. 대부분의 경제학자들과 마찬가지로 규제 당국조차 효율적 시장이라는 가설에 대한 신앙을 끈질기게 붙잡고 있었다는 것이다. 그래서 대부분의 경우 규제는 불필요한 것으로 간주되었다. 물론 극소수의 경우에는 시장이 모든 것을 알고 있는 존재이며 스스로에게 완벽한 기율을 강제할 수 있는 존재라는 생각을 전적으로 받아들일 수 없으며 규제를 남겨둘 수밖에 없다고 인정했지만, 그때에도 그 바탕에는 여러 금융기관들의 미시적 안정성이 자동적으로 체제 전체의 거시적 안정성을 낳게 된다는 믿음이 도사리고 있었다. 이러한 잘못된 판단의 결과, 자산시장 거품, 부채 비율 증가로 인한 전체 체제의 취약성 증가, 경제의 모든 부문들과 여러 나라들의 과도한 부채 등 등의 문제들은 철저하게 무시되었다.

금융체제를 개선하기 위한 첫 번째 단계는 먼저 규제의 철학을 바꾸어 거시경제적 차원에서 관심을 기울여야 할 문제들을 다시 의제에 올리는 것이다. 거시경제 차원으로 방향을 돌린다는 것은 또한 금융체제가 기업을 지원하는 방식으로 규제가 이루어져야 한다는 것을 필요로 한다. 여러 금융기관들의 건전성을 평가하기 위해서는 감독 당국이 이 기관들의 비즈니스 모델들을 검토해야 하며, 따라서 해당 금융기관들은 스스로 자신들의 모델들을 밝혀야 한다. 이 과정에서 만약 투기적 활동에 지배적으로 혹은 전적으로 의존하는 비즈니스 모델들이 있다면 이것들에 대해서 규제 당국은 훨씬 더 높은 자기자본비율을 갖추도록 강제해야만 하며, 극단적인 경우에는 즉시 그 모델을 금지해야만 한다. 경영진이 과도하게 높은 위험을 안고 지나치게 단기적인 전략을 쓰도록 장려하는 동기부여 체제가 있다면 이 또한 금지하거나 더 많은 자기자본비율 요건을 적용해야 한다.[*]

감독 당국은 장차 구성원은 물론 자금 면에서 훨씬 더 양질의 많은 자원을 갖추어야 한다. 금융체제 안에서 벌어지는 복잡한 사건들을 충분히 꼼꼼하게 살펴보고 또 필요할 경우에는 개선안까지 제시할 수 있으려면, 자격을 갖춘 일원들이 꼭 필요함은 물론이다. 이와 관련하여 당국은 또 법 조항을 글자 그대로 위반했을 경우만이 아니라, 엄격히 말하면 여러 요건들을 충족한다고 해도 규제의 정신을 위반

---

[*] 경영자들에 대한 상여금 지불을 영업비용으로 간주하여 세액공제 대상으로 간주해서는 안 된다. 스톡옵션 또한 그 현행 가치에 따라, 행사되는 시점에서 소득으로 간주하여 조세를 매겨야 한다.

한 것으로 보이는 거래들에 대해서는 탐문과 조회를 할 수 있는 자유가 주어져야 한다. 이러한 목적에서 볼 때 감독 당국은 미시경제 지향의 조사관들만이 아니라 더 많은 거시경제학자들을 고용할 필요가 있다.

그림자은행 체제를 종결시킨다

좀 더 안정적인 금융시장을 향한 두 번째 중요한 발자국은 금융시장에 대한 동등한 대우와 포괄적인 규제를 폭넓게 적용하는 것이다. 여러 경제적 기능들은 그것을 담지하고 있는 기관이나 지역이 어떠하든 동일한 규제의 적용을 받아야만 한다. 만약 그렇지 못하게 되면 규제 차익(regulatory arbitrage)이 생겨나서 규제의 기반이 무너지게 된다. 이렇게 되면 은행들과 여타 금융시장 행위자들은 당연히 가장 규제가 가벼운 법체제나 장소로 활동 거점을 옮긴다. 이것이 바로 우리가 '그림자은행 체제'라는 것이 생겨난 이래 지난 몇십 년간 목도해온 바이다. 그림자은행 체제는 여러 나라의 내부로부터 생겨나기도 하지만, 한편으로는 전반적으로 규제 수준이 낮은 나라로 여러 거래를 이전함으로써 생겨나기 때문이다. 비교적 엄격한 규제를 받는 상업은행들은 좀 더 위험 부담이 큰 활동들을 그저 규제가 덜한 기관들, 이를테면 특수목적회사나 기금 따위로 아웃소싱을 해버리면 그만이며, 그중 일부는 역외금융 중심지에 자리 잡고 있다. 그 결과 전통적 은행들의 중요성은 줄어들게 되며, 투자은행, 투자펀드, 여타 비(非)은행 금융기관들과 같이 비교적 규제가 덜하거나 아예 규제를 받지 않는 기관들이 영토를 넓히게 된다. 이렇게 금융시장은 본질적으로 안정적이라는 잘못된 판단에 부추김을 받아, 규제 없는 그림자은행 체제가 이런 방식으로 급속하게 성장했다.

이로 인해 빚어진 여러 문제들을 생각해볼 때, 금융시장의 개혁은 한편으로는 이 그림자은행 체제를 종결하는 것을 목표로 삼아야 하며 또 다른 한편으로는 모든 금융기관들이 소속된 영역을 넘어서는 포괄적인 규제에 적용받을 것을 목표로 삼아야 한다. 앞서 강조한 바 있듯이, 기본적으로 이 기관이 어떤 유형의 금융기관이냐가 아니라 어떤 경제적 기능을 수행하고 있느냐에 따라서 규제를 받아야 한다는 것이다. 예를 들어 상업은행들에 자기자본비율을 강제한다고 해도 특수목적회사들이 아무 세금도 내지 않는다면 여기에서는 규제 차익이 발생하며 아무런 긍정적인 효과도 얻을 수 없게 된다. 이 목적을 달성할 수 있는 방법 하나는 특수목적회사나 그 밖에도 규제를 따돌리기 위해서 은행체제가 설립한 여타 기관들(규제가 한결 느슨한 법적 구역에서 설립하는 것을 선호한다)의 활동을 금지하는 것이다. 이러한 금지 조치 대신 쓸 수 있는 것은 한 금융기관의 모든 활동들을 단일한 연결대차대조표에 포함시켜 이를 규제의 기초로 삼는 방법이 있다. 또한 투자은행들과 특수목적회사들을 포함한 모든 금융기관들의 자금 차입에 한계를 두기 위하여 이들에게도 구체적인 자기자본비율을 적용해야 한다.

이것과 나란히 헤지펀드, 사모펀드, 그 밖의 유사한 비은행 금융중개기관들에 대한 투명성 조항들 또한 손보아야 한다. 이들의 소유 구조와 투자자들은 물론 그 비즈니스 모델과 일상적인 영업활동들 또한 규제 당국과 공중에게 공개되어야 한다.

국내의 금융기관들이 규제가 닿지 않는 역외금융 중심지들과 거래하는 것은 원천적으로 금지해야 한다. 이러한 금지 조치는 각국이 독자적으로도 얼마든지 내릴 수 있다. 미국이나 유럽연합 혹은 EMU나 역외금융 중심지들과의 거래를 금지하는 것은 행정적으로 어려운 일도 아니며 경제적으로 해를 가져오는 일도 아니다. 오로지 그렇게 할 정치적 의지가 있는가의 문제일 뿐이다.＊

　마지막으로, 금융에서 좀 더 투기적인 부분들에 잠재된 여러 문제들로부터 상업은행업을 분리시키기 위해 노력해야 한다. 이러한 관점에서 보면 버락 오바마 대통령의 자문인 전임 연방준비위원회 의장인 폴 볼커의 활약은 인정해줄 만하다. 볼커는 상업은행들이 자기계정 파생상품거래(proprietary derivative trading)나 헤지펀드들을 후원하거나 투자하는 활동들을 금지할 것을 제안하였지만, 이것을 여러 번 희석시킨 법안이 앞서 말한 도드-프랭크 법(Wall Street Reform Act)에 포함되었다. 하지만 본래의 볼커 준칙 자체도 금융에서 상업은행들 사이에 만연한 투기적 활동의 여러 문제들을 방지하는 데는 충분히 엄격한 것이 못 된다고 보아야 할 것이다. 상업은행들이 여전히 투기적인 금융기관들에게 대출을 해주는 한 대형 헤지펀드나 투자은행들이 지급 능력에 문제를 일으킬 경우 상업은행 전체가 무너지면서 금융위기를 발생시킬 수가 있다. 따라서 상업은행 체제와 비은행 금융중개기관들 사이에 존재하는 긴밀한 연관은 단호하게 끊어내야 한다. 한 가지 선택지는, 상업은행들로 하여금 투자펀드, 사모펀드, 헤지펀드 등과 같이 규제가 덜하며 위험이 높은 기관들에 대출을 해줄 경우 이

＊ 전(前) 독일 총리이며 경제학자이기도 한 헬무트 슈미트(Helmut Schmidt)는 결코 급진주의자가 아니었지만 이러한 제안이 보여주는 가능성과 의의에 동의한다. '조세와 규제를 피하는 도피처에 법적으로 등록된 기업들과 개인들에게 이익을 주는 금융투자와 금융적 신용은 금지(되어야 한다)'(Schmidt 2009).

에 대해 자기자본을 훨씬 더 많은 양으로 보유하도록 정해놓는 것이다. 이렇게 되면 이러한 기관들에 대한 대출에는 훨씬 더 많은 비용이 따르게 될 것이다. 보다 근본적인 해결책은 비은행 금융중개기관들로 하여금 오직 개별 투자가들로부터 자신들이 모은 돈으로만 자금을 충당할 것이며 상업은행들은 비은행 금융기관들에게 대출할 수 없도록 금지하는 것이다. 어떻든 간에 상업은행들은 비은행 금융기관들을 소유하지 않을 것이며 또 상업은행업과 투자은행업 양쪽을 겸한 금융기관들은 분리하는 것이 바람직하다. 이는 금융기관들이 너무 커져서 구제금융을 해주지 않을 수 없는, 소위 대마불사(too big to fail)의 문제를 해결하는 데 도움이 될 것이다.

경기순환을 증폭시키는 과정들을 미리 막는다

금융체제들은 자체 내에 경기순환과 함께 등락하면서 그것을 더 증폭시키는 누적 과정들을 지향하는 경향이 있다. 자산시장 인플레이션은 대출의 팽창과 동시에 일어나며, 그와 반대로 자산시장 디플레이션은 신용 경색과 함께 벌어지는 것이 일반적이기 때문이다. 이러한 체제상의 경기순환 증폭성은 등락 중 어느 방향으로건 스스로를 강화하는 경향을 가지며, 오늘날의 여러 준칙이나 규제로는 결정적으로 끊어낼 수가 없다.

은행들이 각자 자체적으로 가지고 있는 위험관리 모델들은 역사적 데이터에 기초한 것일 수밖에 없으니 경기상승기에는 낮은 위험을 나타내게 되어 있고 심지어 자산 거품이 생겨나는 중에도 마찬가지여서 경기순환에 대비하는 역할을 할 수 없다. 그렇게 경기가 상승하고 자산 거품이 자라나는 국면에서는 당연히 악성 부채가 생겨나지 않으며 은행들은 자기들의 기존 자기자본까지 사용해가면서 대출에 나서는 것이 전형적인 모습이다. 하지만 개별 은행의 입장이 아니라 경제 전체로 보자면, 상황이 완전히 통제 불능이 되는 것을 피하기 위해서 신용팽창에 조심을 기해야 할 때가 바로 이때이다. 그러다가 마침내 자산 거품이 터지고 위험관리모델들이 위험의 증대를 나타내는 때가 되면 은행들은 대출을 줄이기 시작하지만, 이때는 이미 자산 거품 붕괴로 경제 전체가 크게 약화된 상태이니 바로 이 시점에 대출을 줄인다는 것은 상황을 더 꼬이게 만들 뿐이다. 만약 은행들로 하여금 위험 평가와 무관하게 최소한의 자기자본을 보유하도록 하고 또 경기순환과 함께 가는 것이 아니라 그와 반대로 가는 요소들을 지닌 위험관리 모델들을 사용하도록 강제한다면 이러한 문제는 크게 줄일 수 있을 것이다. 하지만 이것으로는 충분치 않다. 우리는 구체적 대출 형태에 따라 중앙은행이 재량껏 그 양을 다양하게 조정할 수 있는 자기자본 예치 의무를 제안하고자 한다. 이러한 방식을 통하면 부동산, 주식 투기, 사모펀드 자금 등의 용도로 나간 대출은 중앙은행이 요구하는바대로 더 많은 비용을 초래하게 될 것이다. 다른 규제도 생각해볼 수 있다. 예를 들어 부동산 자금 대출의 경우 구매자에게 요구되는 자기자본의 양을 당국의 재량에 따라 다양하게 변하도록 만드는 것이다. 이러한 규제의 이점은 부동산 거품을 겪는 지역들에만 국한해 적용이 가능하다는 점이다.

스페인에서 벌어진 여러 사건들을 보면 이러한 제안들이 효과를 낼 수 있다는 점이 잘 드러난다. 스페인 중앙은행은 지난 2000년 당시 막 시작되고 있었던 부동산 거품에 대응하여 은행들로 하여금 혹시 모를 손실을 상각하기 위한 목적으로 예비금을 쌓아두도록 강제하였다. 그 결과 서브프라임 위기의 여파로 엄청난 부동산 거품 붕괴가 있었지만 그럼에도 불구하고 스페인의 은행시스템은 비교적 안정성을 유지했다.

이러한 접근은 또 다른 이점이 있다. 제대로 디자인만 한다면 이를 통해 거품 발생 시에 통화 당국이 종종 처하게 되는 갈등을 해결할 수 있다는 것이다. 서브프라임 위기의 원인 중 하나가 미국 부동산시장에서의 가격 거품이었다는 점은 의문의 여지가 없다. 매체에서나 경제학자들 사이에서나, 미국 연방준비위원회와 전 의장 앨런 그린스펀이 그 책임을 뒤집어쓴 바 있다. 닷컴 거품의 붕괴와 2001년 9·11테러 사태 후 그린스펀이 이자율을 너무 오래 너무 낮게 유지하였으며 이것이 부동산 거품의 핵심 요인이었다는 주장이 그것이다.[*]

하지만 그린스펀은 모종의 진퇴양난에 빠져 있었다. 2002년과 2004년 사이에 미국의 경제성장과 임금상승은 계속해서 약세를 면치 못했다. 게다가 미국 경제가 디플레이션의 위협에 처했다는 심각한 지표들마저 나타나고 있었다. 2004년까지 실업률은 높은 수준에서 내려오지 않았다. 게다가 이 시점에서 미국 기업들의 고정 자본 투자를 GDP에 대한 비율로 따져보면 극히 낮은 수준에 머물고 있었다. 만약 금리를 좀 더 일찍 올렸더라면 당시 상승기에 있었던 미국 부동산가격에 제동을 걸 수는 있었을지 몰라도 기업 투자활동을 더욱 압박하고 이로 인해 실업률은 계속 높게 유지되었을 것이다. 게다가 자산가격 거품을 통제하기 위해서는 급작스러운 금리 상승이 필수적이라는 것이 경험적 법칙이다. 만약 어떤 주택 구매자가 집값이 매년 10퍼센트씩

* 예를 들어 Larosière et al. 2009.

오를 것이라고 믿고 있는데 자금 조달비용이 5~6퍼센트에 불과하다면 이 정도로는 부동산 수요에 대한 영향이 제한적일 뿐이다. 한편 큰 폭의 금리 상승은 분명히 투기를 종식시킬 수 있겠지만, 경제 전체에 엄청난 부담을 지우게 될 것이다.

만약 이렇게 차등화된 자기자본비율을 요구할 수 있는 제도를 도입하고 중앙은행으로 하여금 그 여러 자기자본비율 요건을 부동산시장의 상황과 경제 전체의 상황을 모두 참조하여 다변화시킬 수 있다면 이러한 딜레마도 해결이 가능해진다. 이러한 새로운 도구들을 사용한다면 중앙은행은 자산가격 거품이 생겨나고 있는 부문들에 한하여 신용팽창에 제약을 가할 수 있게 된다.*

이러한 추가적 도구들을 도입한다는 것은 지난 몇십 년간 유지돼온 통화정책의 추세에 상전벽해의 지각변동을 가져오리라는 것은 숨길 수 없다. 1970년대 이후 논쟁이 소위 '금융적 억압(financial repression)'이라는 틀 안에서 진행되면서 은행의 대출 및 예금 영업에 대한 여러 규제들은 점차 줄어들었다. 중앙은행 자금을 상업은행들에게 선별적으로 공급해준다든가 상업은행들의 대출을 억제한다든가 하는 통화정책 도구들도 같은 추세를 따랐다. 선진국들 중앙은행의 통화정책은 최근 몇십 년간 오로지 단 하나의 도구, 즉 기준금리 혹은 은행 간 콜금리뿐이었다. 이러한 상황 전개를 정당화하는 논리는, 어느 부문에서 자본의 수익률이 가장 좋을지, 그래서 경제 전체에 최대의 후생을 가져다줄 수 있을지는 중앙은행이 아니라 시장이 더 잘 판단할 수 있다는 것이었다. 하지만 금융시장에서 근본적인 시장 실패가 나타났다

• 영국의 경제학자 찰스 굿하트(Charles Goodhart)도 비슷한 제안을 한 바 있다.(Goodhart 2009: 30ff)

는 것은 이제 누구도 부인할 수 없으며, 이는 이런 식으로 중앙은행을 무력화하는 상황 전개가 너무 지나쳤으며, 따라서 중앙은행이 그 목표를 달성하기 위해서는 다른 도구들을 필요로 한다는 것을 분명히 보여주고 있다. 한마디로 중앙은행은 주저하지 말고 그 연장통을 더 크게 불려나가야 한다.

금융체제가 경기순환과 함께 가는 성격을 줄여줄 수 있는 또 다른 요소는 회계 원칙의 변화이다. 미국의 일반적으로 인정되는 회계 원칙(GAAP)이나 국제회계기준(IFRS)은 어떤 자산의 가치 평가에 있어서 현행 시장가격에 큰 강조점을 두고 있다.* '시가평가제(mark-to-market)' 혹은 '공정가치(fair-value)' 회계에 따르면, 어떤 자산의 가치는 그 현행 시장가격으로 매겨지게 되어 있다. 이 원칙을 빌미로 금융기관들은 주식이나 부동산시장이 호황일 때 이익을 보게 되면 그 이익을 실현하지 않고서도 큰 이윤을 본 것으로 과시할 수 있게 되며, 이 때문에 경제 호황기에는 대출이 더욱 확장되는 결과를 낳게 된다. 경기하락 시에는 그 반대가 적용된다. 자산의 시장가격이 떨어지면 그 것을 보유한 기관들은 그 손해가 실현된 것이 아니라고 해도 그 가격 하락을 모두 회계에 반영해야 한다. 그렇게 되면 그 기관의 자본 기초는 감소하게 되어 대출도 감소시켜야 하는데 가뜩이나 하락세에 있는 경기는 이로 인해 더욱 악화일로로 치닫게 된다.

시가회계 원칙은 또한 경영자들이 극단적인 단기적 지향성을 띠게 만든다. 이들은 단기적으로 금융시장에서 좋은 평가를 얻고 주가를 끌어올리기 위해 무슨 짓이든 하려고 들지만 기업의 장기적인 전략

* FSF 2008.

목표들은 무시할 가능성이 높다. 따라서 이 시가회계 원칙을 바꾸는 개혁이 필요하다. 일개 민간기관들이 아무 감독이나 통제도 받지 않고서 국제회계기준과 같이 중요한 사안들을 결정할 수 있다는 것은 용납할 수 없는 일이다. 이 맥락에서 볼 때, 금융기관들이 실현되지도 않은 이익을 이윤으로 장부에 계상하는 일은 금지하는 것이 바람직하다. 만약 경영자의 보수가 이윤과 연계되어 있다면, 경영자의 상여금을 주식시장의 명목가치로 표현되는 단기적 이익이 아니라 장기적 이윤 증대와 연계시키는 기업들에게 장려금을 줄 필요가 있다. 한 기업의 주식 가치 평가에 기초하여 산정되는 경영자 상여금은 더 이상 세액 공제를 해주지 않는 것이 올바른 방향으로의 일보전진이라 할 것이다.

금융상품들을 금지하고 표준화한다

또 다른 근본적인 문제는 금융 혁신을 시장에 도입하는 방식을 어떻게 개혁할 것인가이다. 우리는 경험을 통하여 금융상품은 약물이나 똑같은 위험 물질이라는 것을 알게 되었다. 약물의 경우에는 세심한 통제가 표준화되어 있다. 이는 금융상품에도 똑같이 적용되어야 한다. 특정 금융상품의 위험을 산정할 때 높은 수준의 투명성, 중립성, 통제 등은 반드시 준수되어야 할 사항들이다.

우리는 약물과 마찬가지로 모든 금융상품들은 시장에 도입되기에 앞서서 허가 절차를 거치도록 할 것을 제안한다. 약물의 경우와 마찬가지로 금융상품 또한 그 발명자가 규제 당국으로 하여금 이 상품이 투자자나 차입자에게 부가가치를 제공하는 것이 틀림없으며 그와 연관된 각종 위험—개별 기관들의 위험뿐만 아니라 그 상품으로 인해 전체 경제체제가 받게 되는 위험까지—이 그 편익의 증가와 견주어 감수할 가치가 있다고 확신하도록 만들 때에만 시장에 들어올 수 있게 하는 것이다. 만약 정부의 규제 당국이 어떤 새로운 금융상품이 너무나 복잡하거나 혹은 제대로 가치 평가를 하기에는 너무 불투명하다고 여길 경우에는 그 허가의 발부를 거부하는 것이다. 이렇게 되면 우선 다른 무엇보다도 금융기관들이 끊임없이 경제적인 부가가치도 없는 금융 신상품들을 끊임없이 쏟아놓는 경향부터 끝내게 될 것이다. 그 대신 표준화된 금융상품들을 한 묶음 만들어내게 될 것이며, 이는 시장을 좀 더 관리하기 쉽도록 만들 것이다. 이렇게 허가를 통한 통제를 도입하게 되면 투자자들 스스로가 자기들 포트폴리오를 필요한 대로 짤 수 있는 완벽한 능력을 가지게 되므로, 여러 금융상품을 하나로 묶는 일—이는 본질적으로 아무런 경제적 편익도 낳지 못한다—도 방지하게 될 것이다.

금융상품의 거래는 조직된 시장에서만 허용되어야 하며, 이는 청산소(clearing house)로서 기능하게 될 것이다. 두 거래 당사자들 사이에 이루어질 수 있는 소위 장외거래(OTC)는 금지되어야 한다. 이 조치는 우선 금융시장에 충분한 투명성을 보장하기 위해서라도 필요하며, 다른 한편으로는 금융체제를 안정화하는 데 도움이 되기도 한다. 엄청난 양의 파생상품들이 지금까지 개별 금융기관들 사이의 양자 간 계약을 통해서만 거래돼왔다. 한 예로 어마어마한 규모를 가진 신용부도스왑(CDS) 시장도 그러하다. 이러한 계약은 돈을 빌려간 이가 부도를 낼 경우에 대비하여 드는 일종의 신용보험으로 볼 수 있다. 계약 당사자 한쪽은 다른 쪽에게 신용부도가 벌어질 경우 미리 합의한 금액을 주기로 하고 그 대신 일정한 프리미엄을 지불받는다. 믿을 만한 자료들로 볼 때 최근 이 신용부도스왑 시장은 60조 달러(이는 세계경제의 연간 총산출과 거의 비슷한 액수이다) 이상의 크기로 성장한 것을 알 수 있다. 다른 파생상품들의 시장 또한 어마어마한 액수를 차지하고 있다.

장외거래의 문제점은 첫째, 어떤 시장 참여자가 어떤 포지션을 취하고 있는지도 불투명하며, 이것이 총계적 수준에서 체제 위험을 가져올지 여부도 불투명하다는 것이다. 둘째, 파생상품을 위험에 대비할 헤지 도구로 사용했을 경우 장외거래를 맺은 두 당사자 중 한쪽이 파산하게 되면 다른 쪽은 들었던 보험을 상실하게 될 위험이 있다. 지금까지는 시장 참여자들이 혹시 부도라도 날 경우에는 장외거래 계약의 반대쪽 당사자가 필요한 만큼 상황에 개입해줄 능력이 항상 있을 것이라는 맹목적인 믿음을 가지고 있었다. 그리고 이를 기초로 파생상품을 사용하여 위험을 방어하기만 하면 그 비즈니스 전략은 안전이 보장된 것으로 분류했다. 거시경제적 관점에서 보면 전혀 그렇지 않다는 것을 너무나 명확하게 알 수 있었을 텐데도 말이다.

이런 관행에 어떤 위험들이 도사리고 있는가는 미국 보험회사인 AIG의 국유화의 여파로 더욱 명확해졌다. AIG는 신용부도스왑으로 갚아야 할 액수가 엄청났고 그래서 미국 정부는 이 거대 보험회사가 파산이라도 하면 여러 은행들이 도미노처럼 줄줄이 파산하게 될 것을 두려워하였고 결국 이 회사를 국유화하게 되었다. 감독 당국은 이미 금융체제가 심각한 손상을 입은 상태에서 AIG가 그 신용부도스왑 계약으로 약속한 보험금을 지급할 수 없게 되면 어떤 결과들이 닥칠지 전혀 예견할 수가 없었기에 그런 사태의 위험을 무릅쓸 수 없었다는 것이 진실이다. 이럴 때 만약 중앙의 청산소라도 있었더라면 감독 당국은 현존하는 각종 위험에 대한 요약된 정보를 얻을 수 있었을 것이다.

다른 문제들

이 밖에도 금융시장에는 꼭 필요한 개혁 과제들이 산적해 있다. 이런 과제들은 오늘날 대단히 어렵지는 않은 것들로 여겨지며 이미 입법과 정에 들어와 있는 것들도 있다. 이런 변화들은 중요한 것들이지만, 그 자체로는 금융의 밑바탕에 깔려 있는 위험성과 일촉즉발의 휘발성을 도저히 해결해줄 것 같지 않다. 따라서 우리는 이러한 문제들 몇 개를 짧게라도 지적하고 넘어가도록 한다.*

■자기자본비율의 증대: 위기가 터지기 전 몇 년간 은행들은 수리적 위험관리 모델을 사용하여 계속해서 자기들의 자기자본 보유량을 줄여 왔다. 자기자본비율만 증가시킬 것이 아니라 이런 식의 수리적 위험관리 모델을 엄격하게 검사하고, 또 사용할 수 있는 정도에도 제한을 둔다면 은행 부문은 훨씬 더 안정적으로 변할 것이다. 은행들이 자본을 더 쌓아둬야 한다면 대출에 좀 더 신중을 기할 것이다. 대출해준 돈이 회수되지 않을 때 위태로워지는 자금이 그만큼 많아지기 때문이다. 여기에 더하여 개별 은행이 파산할 위험도 떨어질 것이며, 정부가 지불 능력이 없어진 금융기관들을 구제해야만 하는 상황에 처할 위험도 줄어들 것이다. 금융기관들이 투자에 따르는 위험을 어떻게 느끼는가와 무관하게 이들이 얻을 수 있는 차입 금액 자체에 제한을 가할

---

* 금융체제 개혁 제안에 대한 좀 더 포괄적인 논쟁은 Dullien and Herr 2010. 이는 http://library.fes.de/pdf-files/id/ipa/07242.pdf에서 내려받을 수 있다.

수 있는 추가적 요소로서 레버리지 비율에도 최대 한도를 도입하는 것도 가능하다. 마지막으로, 은행들이 대마불사의 논리를 악용할 만큼 대형화되는 것을 막기 위해서 자기자본비율을 해당 은행 자산의 절대 규모에 비례하여 더 크게 할 것을 요구한다면 작은 은행보다 큰 은행으로 영업하는 것의 비용을 더 크게 만들 수 있다.

■대출을 마구잡이로 늘리게 만드는 유인책을 제거할 것: 은행들 그리고 주택담보대출 기관들은 대출의 유동화 과정에서 때로는 주택담보대출(혹은 여타의 대출) 전체를 다른 투자가들에게 매각하여 떠넘기는 게 가능할 때가 있다. 이렇게 된다면 이들은 자기들에게서 돈을 꿔 가는 이들을 신중하게 따져서 제대로 선별할 유인책이 사라지게 된다. 이를 방지하려면, 최초로 대출을 내주고 이를 나중에 매각하는 은행은 유동화과정에서 그 대출이 부도가 날 위험의 상당 부분을, 제1착으로 손실을 감당해야 하는 에쿼티 트랑슈의 형태로든 아니면 대부 포트폴리오에서 무작위로 골라낸 일부 대부의 경우로든, 스스로의 대차대조표에 남겨놓도록 하는 것이 반드시 필요하다.

■조세체제의 개혁: 여러 나라에서 조세체제도 과도하게 위험과 레버리지를 떠안는 행태를 조장하는 왜곡된 유인책을 만들어내고 있다. 예를 들어 여러 법적 관할권들 내부에서 대출에 대한 이자의 지불을 영업비로 계상하여 공제를 받을 수 있게 돼 있다. 국제적인 자산 보유구조를 활용할 경우 거액의 대출을 쌓아올림으로써 세금을 피해버리는 것이 가능해진다. 게다가 투기적 활동들에서 나온 소득이 다른 유형의 소득보다 더 유리하게 대우받는 경우도 있다. 해결책으로는 다음을 생각해볼 수 있다. 우선 이자 지불의 세액 공제를 철폐할 것이며, 한 자산을 보유한 기간에 따라 자본 이득세의 세율이 변하도록 한다.

이렇게 되면 고작 몇 개월만 소유하고 팔아버리는 투자 행위에 대해서는 아주 높은 자본 이득세율이 적용될 것이며 10년 이상 자산을 보유하는 투자 행위에 대해서는 훨씬 낮은 세율이 적용될 것이다.

여러 수준의 규제

초국적 성격을 가진 금융기관들과 금융상품들에 대해 국제적 차원에서 규제를 가할 수만 있다면 가장 좋을 것이다. 규제는 그 규제의 대상이 되는 거래가 벌어지는 수준과 동일한 수준에서 이루어져야 한다. 이를 기초로 놓고 볼 때 지구적인 금융시장 규제는 국제적 공공재의 고전적 경우에 해당한다. 국제적 협조가 없을 경우 이러한 국제적 공공재의 공급이 부족하게 될 위험이 본질적으로 내재하고 있다.[*] 서브프라임 위기가 터진 여파로 금융안정위원회(Financial Stability Board)의 수립에 G20이 동의했으며 또 IMF의 개선이 이루어졌으니, 이는 더 나은 규제를 위한 올바른 방향의 조치라고 할 수 있다. 하지만 단지 IMF 자금을 충전하는 것만으로는 IMF와 그 밖의 여러 국제 조직들이 봉착해 있는 여러 정당성 문제를 전혀 해결할 수 없다. 이들의 조직적 구조가 세계 여러 나라들이 지금 차지하고 있는 지정학적 중요성을 계속해서 무시하는 한, 그리고 전통적인 선진국들의 지배력이 계속되는 한 이러한 정당성 부족의 문제는 사라지지 않을 것이다. IMF와 여타 국제조직들 또한 자기들이 저지른 과거의 잘못으로부터 배울 줄 알아야만 한다. 이러한 기관들은 시장자유주의의 세계화 모델을 추동하는 도구로 복무하는 때가 너무나 많았다. 이들은 이제 국제적 수준

• Kindleberger 1986.

에서 이뤄지는 새로운 규제의 추동자들로 거듭나야 한다.*

　지구적 수준에서 권력이 집중되는 것을 피하기 위해서 우리는 금융안정위원회의 후속으로 강력한 지구적 금융 감독 당국을 만들어 국제결제은행(Bank for International Settlements)에 둘 것을 제안한다. 또한 지구적 차원에서 국제적 금융 및 자본 시장들의 발전에 대해 독립적인 최신 분석을 수행할 수 있는 기구들을 설립해야 한다. 이 기구들은 전 세계적 차원에서 적절한 조치들을 제안할 뿐만 아니라 국제기구들 사이에 지속적이고도 구속력이 있는 의사소통이 벌어지도록 보장한다. 유엔에 있는 세계경제전문가위원회(Global Economic Council of Experts)가 이러한 기능을 하는 제3기관이 될 수 있을 것이다.

　하지만 금융기관들과 금융상품들에 대한 국제적 표준의 확립 등 전 세계 차원의 여러 규제를 새로 마련한다는 것은, 정치적으로 보자면 뜨거운 감자다. 이렇게 되면 정치가들은 여러 초국적 기구들에 권력을 넘겨주어야 하는데, 과연 유권자들이 이를 용인할지 의심스러우며 이는 비단 미국만의 이야기가 아니다. 대형 신흥시장국들의 정부 또한 최근 들어 이렇게 묻고 있다. 최근의 위기는 신흥시장국들이 아닌 미국에서 비롯되었다. 그런데 어찌하여 우리가 우리나라 금융기관들을 규제하는 방식을 바꿔야 한단 말인가?

　지구적 차원보다는 지역적 자원의 행동이 달성하기가 쉽다. 한 예로 유럽연합 차원에서 금융을 규제하게 되면 한 나라가 일방적 행동을 할 경우에 따르는 여러 비용들을 피하면서도 많은 편익을 가져올 수

• Kellermann 2006; 2009.

있을 것이다. 만약 어떤 유럽 국가가 일방적으로 자기 나라의 금융을 규제하여 일정한 금융활동과 상품을 금지한다면 유럽 안에서는 사람과 자본이 모두 자유롭게 회원국 사이를 오갈 수 있으므로 이 활동들과 상품들은 그저 다른 유럽 국가들로 자리를 옮기게 될 가능성이 아주 크다. 그와 반대로 유럽 차원에서 일정한 규제를 도입하게 된다면 비록 금융기관들이 그 규제 대상이 된 활동들을 역외 중심지로 옮길 수는 있겠지만 그 대신 많은 고객들을 쉽게 접할 수 있는 유럽의 단일시장은 포기해야 한다. 유럽 내에서도 몇 나라가 모여 충분한 크기만 확보된다면, 자기들끼리 더 금융규제를 진전시키는 일을 생각해볼 만하다. 이를테면 EMU 나라들에게 더 엄격한 규제를 가하게 된다면 설령 이로 인해 일정한 영리활동이 영국으로 이동하게 된다고 해도 그 가능성은 얼마든지 생각해볼 수 있다. 금융산업의 몇 부분들을 잃는다고 하더라도 이를 통해 금융체제의 안정성을 증대시킬 수 있다면 그를 통해 정당화할 수 있는 것이다.

미국, 인도, 중국 등 주변국들과 통합이 덜 된 대규모 경제국들에게 있어서는 일방적 규제가 선택지가 될 수 있다. 이런 나라들의 시장은 버리고 떠나기에는 너무 매력적이기 때문에 규제를 밀어붙인다고 해도 금융기관들이 외국으로 떠날 것이라는 걱정은 크게 문제가 되지 않는다. 게다가 성공적인 규제가 이루어지면 이것이 하나의 긍정적 예가 되어 다른 지역들과 나라들에서도 여기에 동참하지 않을 수 없게 압력을 가할 수 있다.

하지만 지역 차원의 규제는 물론 심지어 한 나라의 일방적인 개혁조차도 충분한 조정을 거쳐야만 한다는 사실을 잊어서는 안 된다. 그렇지 못할 경우 새로운 문제들이 생겨나기 때문이다. 이러한 개혁 과정은 그 성격상 법적 관할 구역마다 여러 활동들 사이에 더 엄격하게 혹은 덜 엄격하게 규제되는 활동들이 들쭉날쭉 다를 수밖에 없다. 그 결과 새로운 규제 차익이 생겨날 것이며, 따라서 여러 금융활동들도 가장 규제가 덜한 법적 관할 구역으로 이동하고 말 뿐일 것이다.

지금까지의 성취

비록 G20이 금융시장 개혁의 일반적 원칙들을 정하기는 했지만 각국 경제 차원에서 통과된 규제 개혁 관련 법안들은 그 속도와 초점이 나라마다 제각각이다. 대규모 경제에서는 미국이 지금까지 가장 진전된 움직임을 보여왔다. 2010년 7월 통과된 도드-프랭크 법에는 감독의 구조와 금융시장 규제상의 광범위한 변화들이 담겨 있다. 한 예로 소비자들이 금융기관들의 잘못된 대출 관행들에 피해를 보지 않도록 교육하고 보호하는 소비자 보호청이 창설될 것이다. 이보다 더 중요한 것으로서, 비은행 금융기관들을 연방준비위원회의 규제하에 두는 법적 조항도 있다. 장래에는 규제 당국이 대형 금융기관들을 여러 개로 나누어서 저 대마불사 문제를 극복할 수 있도록 하는 권한도 가지게 될 것이다. 파생상품과 금융 혁신의 영역을 보자면, 여러 감독 기관들이 이제는 파생상품 장외거래도 규제할 수 있게 된다. 중앙에서 청산이 가능한 비(非)장외거래 파생상품들은 청산소로 옮겨지게 될 것이다. 마지막으로, 상업은행이 헤지펀드와 사모펀드에 투자할 수 있는 것은 그 자본의 3퍼센트로 제한될 것이다.

물론 이 법안이 미국 상원과 하원을 오가는 타협 과정에서 수많은 조항들에 물타기가 이루어졌으며 또 어떤 조항들은 상당히 모호한 용어들로 정식화되어 규제 기관들이 자체적으로 해석하게 돼버리는 등의 문제가 있었던 것은 사실이다. 하지만 이 도드-프랭크 법이 미국 서브프라임 위기 이전의 시기 동안 벌어졌던 금융시장의 그릇된 규제와 과소 규제에서 벗어나는 데 장족의 발전을 이뤘다는 점에는 논쟁의 여지가 없다.

유럽은 아직 이렇게 큰 움직임을 이루지는 못하였다. 유럽위원회(European Commission)가 제안한 바 있는 규제는 점진적 방식을 택하고 있다. 예를 들어 헤지펀드 감독을 어느 정도 더 엄격하게 만드는 법안이 2010년 초 통과되었다. 하지만 금융시장 개혁의 다른 부분들은 여전히 복잡하기 짝이 없는 유럽의 법 제정 과정에 붙들려 있는 상태이다. 버락 오바마가 도드-프랭크 법에 서명하였던 그 시점에 유럽위원회는 유럽의 파생상품 장외거래를 규제할 명령 초안조차도 제안하지 못하고 있었다. 금융 감독 구조를 철저하게 조사하고 특히 유럽 차원의 감독 관리를 강화하자는 제안이 있었지만, 이 또한 회원국 정부들을 대표하는 유럽정상회의(EU Council)와 유럽인들이 선거로 직접 뽑는 유럽의회(European Parliament) 사이에 끼여 꼼짝도 못하고 있었다. 각국 정부는 유럽 수준으로 권력을 넘겨주는 것에 제한을 가하려 노력한 반면, 유럽의회는 유럽 차원의 감독 기구에다 최소한 국경 간 거래를 주된 영업으로 삼는 대규모 금융기관들의 감독권을 부여하고 또 각국 차원의 감독 당국들을 효과적으로 통제할 수 있는 권한을 부여하려 들었다. 지금까지 제출된 금융시장 개혁의 명령 초안 가운데 그 어떤 것도 꼬일 대로 꼬인 그림자은행, 헤지펀드, 사모펀드, 상업은행 등의 문제를 풀 수 있게 하지 못했다.

이 글을 쓰고 있는 시점에 EU의 금융시장 개혁은 아직 완결된 것은 결코 아니지만, 그래도 이미 그 최종 결과가 미국에서 나온 것에 한참 미치지 못할 것이라는 것은 쉽게 알 수가 있다. 흔히 미국이 훨씬 더 경제적 자유주의에 경도되어 있고 유럽은 규제에 더 친화적이라고들 생각하는 경우가 많지만, 결과를 보자면 금융시장을 규제하고 그 자유의 한도를 분명히 하는 작업에 훨씬 더 진정성을 보인 쪽은 미국이다. 하지만 유럽의 규제 또한 방향은 옳으며 또 그 방향으로 중요한 한 발자국을 떼어놓은 것이라는 점은 잊어서는 안 된다.

비록 미국의 새로운 법이 유럽 쪽의 그것보다 훨씬 더 많이 나간 것이라고는 하지만, 양쪽의 개혁 패키지 모두 세 가지 근본적인 문제들에 있어서는 비판을 받아 마땅하다. 첫째, 이 새로운 법률들에서나 또 최근에 논의되고 있는 법안 초안들에서나 거시경제적 관점은 여전히 제대로 피력되어 있지 않으며, 금융체제가 경기순환을 증폭시키는 방향으로 대출 행위를 하는 것을 규제 당국이 통제해야 할 필요 또한 제대로 피력되고 있지 못하다. 미국의 도드-프랭크 법이나 유럽의 여러 제안들에서나 거시경제적 위험도 좀 더 긴밀하게 감시할 수 있도록 해주는 요소들이 들어 있는 것은 사실이다. 예를 들어 유럽의 의원들이 제한했던 '체제위기위원회(systemic risk board)'는 거시경제적 위험도 살피도록 고안되어 있으며, 한편 미국에서는 '안정성감독위원회(stability oversight council)'가 창설될 예정이다. 하지만 이러한 기관들은 거시경제 차원의 여러 불균형들에 맞서 싸우는 데 필요한 도구들을 갖추지 못하고 있다. 미국에서나 유럽에서나 통화정책은 이전과 마찬가지로 운영되며, 자산시장 거품을 방지하고 또 금융시장에 내재한 경기순환 증폭 경향들에 맞서 싸울 수 있으려면 경기순환을 고려하여 자기자본 요건을 조정해야 한다는 규정 따위는 찾아볼 수 없다.

둘째, 금융 혁신에 대한 포괄적인 접근이 없다. 대출유동화증권 등과 같은 일부 금융 도구들은 이제 엄격하게 규제되지만, 금융 혁신에 대한 근본적인 접근법은 변하지 않았다. 금융기관들은 본질적으로 예전과 똑같이 자기들이 원하는 어떤 금융상품이나 도구도 마음대로 금융시장에 도입할 수 있다. 이제 규제 당국은 일정한 계약들에서 거래를 제한할 권한을 더 가지게 되었고 혹은 은행들이 이런 계약을 맺는 데 더 많은 비용을 치르게 만들 수 있게 된 것은 사실이다. 하지만 규제 당국과 금융시장 사이의 경쟁은 꼭 그림 형제의 동화 이야기 '토끼와 고슴도치'에 나오는 동물들의 경주와 비슷해질 가능성이 높다. 토끼가 아무리 빨리 뛰어도 항상 먼저 결승선에 닿는 것은 고슴도치였다. 토끼는 결국 더 빨리 더 빨리 뛰려고 기를 쓰다가 심장이 터져서 죽고 만다. 토끼가 몰랐던 비밀을 그림 형제가 독자들에게 말해준다. 고슴도치는 사실 경주가 진행되는 동안 아예 뛰지도 않았고, 아내 고슴도치를 분신으로 이용하여 결승선 바로 앞에서 기다리고 있도록 시켰던 것이다. 금융시장의 규제라는 문제로 돌아와보자. 금융기관들은 일단 그 숫자가 셀 수 없이 많다. 따라서 이들은 가지가지 금융상의 기술혁신을 이뤄내 시장을 범람시킬 수 있을 것이다. 하지만 규제 당국은 일단 새로운 위기가 임박하거나 이미 시작된 뒤에 기껏해야 그중에서 가장 도가 지나친 문제들만 찾아내 제한을 가하는 것이 고작일 가능성이 높다.

셋째, 한편으로 금융의 투기적 부분과 그림자은행 체제 그리고 다른 한편으로 상업은행 사이의 연관 고리가 아직도 끊어지지 않았다. 미국에서는 상업은행이 헤지펀드에 투자하는 것과 자기계정 거래를 제한함으로써 첫 단추는 꿰었다고 할 수 있다. 하지만 은행들은 여전히 투기적 금융기관들에 대출이 허용되어 있다. 게다가 유럽에서는 이렇게 부분적으로나마 미국에서 이루어진 성과에 맞먹는 것이 아직 나타나고 있지 않다. 지금 유럽에서 법제정 과정에 올라 있는 명령 초안 중 그 어느 것도 은행의 자기계정거래, 그림자은행 체제에 대한 대출, 헤지펀드와 사모펀드에 대한 투자 등을 포괄적으로 제한하는 내용을 담고 있지 않다.

가장 최근의 규제 노력은 소위 바젤 III 규칙이라는 이름 아래에 이루어진 바 있다. 이는 장래에 있을 수 있는 여러 종류의 손실에 대해 은행에 더 나은 보호를 제공하기 위하여 향후 10년에 걸쳐서 자기자본 요건을 강화하는 것으로 여겨지고 있다. 이러한 움직임은 원칙에 있어서는 환영할 만하며 금융체제를 견고하게 만들어주는 잠재적 효과를 가지고 있다고 할 수 있다. 하지만 이 새로운 규제의 틀은 효과적인 개혁이 되기에는 너무나 많은 결함을 안고 있다. 자기자본 요건은 여전히 너무 작으며, 또 바젤 III은 그림자은행 체제를 건드리지도 않고 있으며 또 신용평가기관들의 역할에 대해서도 의미 있는 개혁을 담고 있지 않다. 그리고 궁극적으로 이 바젤 III가 어떻게 일국 수준에서 실현될 수 있는가가 여전히 불분명하다. 그런데 바로 이것이 바젤 II가 기능장애를 겪게 된 주요 원인이었던 것이다. 한 예로 미국에서는 바젤 II가 유럽보다 나중에 다른 각도로 실현되었으며, 이 때문에 지구적 차원의 은행체제 표준을 구축한다는 전체 구장 사체가 효력을 잃고 말았다. 다음 절에서 우리가 생각하는 견고한 금융체제의 틀을 개략적으로 제시하고자 한다.

지구적 통화 및
금융체제의 개혁

1장에서 우리가 주장한 바 있듯이, 2008~2009년의 금융 및 경제 위기는 단지 금융시장의 규제가 불충분했다는 것 이상의 뿌리 깊은 원인들을 가지고 있다. 그 중요한 원인 가운데 하나는 지구적 불균형으로서, 이는 엄청난 규모의 국제적 민간자본의 흐름과 더불어 신흥시장국들과 개발도상국들이 이러한 지극히 불안정한 국제 자본흐름에 좌우당하지 않기 위해서 자국 통화를 지나치게 과소평가하여 정책 공간을 수호하거나 창출하려는 노력 때문에 생겨난 것이다. 이러한 문제들을 풀기 위해서는 지구적 금융체제를 개혁하는 것이 중요하다.

새로운 브레튼우즈 체제

이 논쟁을 시작하는 데 유용한 틀은 소위 '불가능의 삼위일체'라는 것이다. 한 나라로서는 안정된 환율, 자유로운 자본이동, 통화정책의 자율성, 세 가지를 바람직한 목표로 삼게 된다. 하지만 이 이론에 의하면 이 세 가지 바람직한 목표들 가운데서 항상 두 가지만 달성할 수 있으며 세 가지 모두를 달성할 수는 없다. 불가능의 삼위일체라는 개념을 통하여 이 이론은 거의 모든 나라들에서 자율적 통화정책, 규제 없는 국제적 자본이동, 고정환율제 세 가지를 결합시키는 것은 불가능하다고 주장한다. 따라서 최선의 선택은 고정환율제를 포기하고 규제 없는 자본흐름과 일국적 지향성을 갖는 통화정책과 변동환율제를 결합시키는 것이라는 것이다. 하지만 많은 경우에 이러한 결합은 한마디로 가능성이 없다. 각국으로서는 통화의 가치절하를 도저히 그냥 받아들일 수가 없어 환율을 수호하기 위해 긴축 통화정책을 쓸 수밖에 없으므로 결국 국내 경제발전에 부정적 결과를 가져오는 일이 종종 있기 때문이다. 이 책의 첫 장에서 서술한 바 있듯이 환가치의 절하는 인플레이션을 가져올 수도 있고, 게다가 외환으로 발행된 대외 채무까지 있을 경우엔 실질 채무가 폭발적으로 늘어나서 국내 금융체제의 붕괴로 이어질 가능성까지 있다.

앞에서 말한 바 있듯이, 고정환율제에 규제 없는 국제 자본흐름을 결합한 경우라고 해도 마찬가지로 각국에게 일국적 지향성을 가진 통화정책을 쓸 수 있게 허락하는 것은 아니다. 문제는 그런 상황에 처하면 통화정책은 환율을 수호한다는 목적에 무조건적으로 복속하게 된다는 것이다. 고정환율제가 되면 오직 자국 통화가 국제적인 준비통화로 쓰이는 나라만이 일국적 통화정책을 추구할 수 있을 뿐 다른 모든 나라들은 환율 변화에 통화정책을 맞추어야만 한다. 물론 그러한 외환 준비통화가 일시적으로 약세를 띨 수도 있으며, 그렇게 되면 그 통화를 쓰는 나라 또한 국내 지향적 통화정책을 쓸 수 있는 여지가 줄어들게 된다.

그런데 또 다른 문제가 있다. 변동환율제와 규제 없는 자본흐름을 결합시킬 경우 각국의 경상수지 불균형을 지속가능한 정도로 해소하도록 보장하는 것이 전혀 불가능하다. 변동환율제를 쓰고도 경상수지 적자가 한없이 축적된 나라들의 예는 무수히 많으며, 이 나라들은 오직 통화위기로 환가치가 극적으로 떨어지는 틀 안에서만 비로소 경상수지 적자를 줄일 수 있었다. 고정환율제 또한 자동적으로 각국의 경상수지 불균형을 용납할 만한 수준으로 제한해주지는 못한다. 예를 들어 고정환율제 안에서라도 두 나라 사이에 생산비용의 변화가 다르게 전개되면 그 결과로 경상수지 불균형이 그 스스로 그냥 없어지지 않고 계속 쌓여만 갈 수도 있는 것이다. 경상수지 적자를 겪는 나라는 자금을 융통하기 어려운 상황에 직면하게 되면 적자를 줄이기 위해 긴축 통화정책을 추구하여 안정화 위기를 촉발시킬 수도 있지만, 이 경우 그로 인해 발생하게 되는 국내의 생산과 일자리의 손실은 아주 고통스러울 수 있다. 이러한 상황이 되면 아예 고정환율제 자체가 무너지게 될 수도 있다.

이렇게 국제적 자본이동이 규제되지 않는다면, 고정환율제를 쓰든 변동환율제를 쓰든 시장의 힘만으로는 지구적인 경제 안정과 번영이 저절로 만들어지지 않는다. 어느 환율제든 지구적 경제의 발전을 위한 안정된 틀을 만들어내려면 추가적인 도구들이 필요하다.

우리는 존 메이너드 케인스가 했던 제안이 오늘날에도 지구적 통화체제 개혁을 위한 훌륭한 기초가 된다고 본다.* 케인스는 원칙상으로는 고정환율이지만 국가들 간에 경상수지 불균형이 출현하게 될 경우에는 새로 조정이 가능한 환율체제를 제안한 바 있었다. 이렇게 환율은 기축통화와의 등가를 중심으로 일정한 폭으로 오르내리게 되지만 그 진폭은 가급적 적어야 한다는 것이다. 국가 간 경상수지 불균형이 발생했을 때의 조정 메커니즘으로 케인스가 그렸던 것은 흑자를 본 나라에서는 경기부양 정책이 적자를 보고 있는 나라에서는 그에 상응하는 긴축정책이 벌어지는 모습이었다. 따라서 케인스는 적자의 경우나 흑자의 경우나 대칭적인 조정 과정이 벌어질 것을 마음속에 그리고 있었던 셈이다.

● 이와 연관하여 이를 케인스가 브레튼우즈 체제의 협상 당시에 제시했던 제안과 비교해보라 (Keynes 1969).

하지만 일반적으로 볼 때 시장의 여러 과정들에서 빚어지는 결과는 적자를 보는 나라들이 긴축적 경제정책을 수단으로 불균형을 줄여야만 하는 경우뿐이다. 이 정책은 그 해당국에 과도하게 큰 고통을 가져올 뿐만 아니라 세계경제의 발전에도 부정적인 영향을 미친다. 적자국이 자기들 경제를 진정시키기 위해 고삐를 씌워도 흑자국들이 자국 경제를 부양시키지는 않을 경우, 지구적 경제의 전체 수요는 구조적으로 항상 부족하게 되며 이에 상응하는 만큼 세계경제의 성장률도 둔화된다. 적자국과 흑자국 모두에 대칭적인 조정과정을 장려, 나아가 강제하기 위해서 케인스는 경상수지 적자를 보는 나라들이나 흑자를 보는 나라들이나 모두 일정한 징벌적 조세를 도입할 것을 요구하였다.

이러한 케인스의 제안에는 고정환율제에 참가하는 나라들 사이에 긴밀한 경제정책 협조가 있다는 것을 암묵적으로 전제하고 있다. 이러한 목적을 위해서는 모종의 공동위원회가 있어서 한편으로는 필요할 경우 환율 재조정에 대한 결정을 내리며 다른 한편으로는 참가국들 사이에 경제정책의 협조를 이루어낸다는 구상이다. 브레튼우즈 체제를 보자면, 환율 재조정은 IMF 위원회라는 틀 안에서 이루어지도록 되어 있다. 하지만 IMF는 회원국들 간의 경제정책은 물론이요 통화정책에 대해서도 아무런 구체적인 협조의 기능을 가지고 있지 않다. 새롭게 건설될 지구적 통화체제는 이 점을 바로잡아야 한다.

로버트 먼델(Robert Mundell)은 결코 급진파 경제학자고는 할 수 없지만 이 문제를 진지하게 고민하였다. 그리하여 그는 달러, 유로, 엔 사이에 고정환율제를 제안하였다. 그리고 독자적인 공동 협치 위원회를 설치하여 통화정책의 협조를 이루어낼 것이며 이 위원회는 미국 대표 4명, EMU 대표 3명, 일본 대표 2명으로 구성하자는 것이다. 이들은 그리하여 이 세 통화의 사용 영역에서 통화정책을 정하고 조정하게 된다는 것이다.* 따라서 먼델의 제안은 참가국들이 자국 통화를 그대로 유지하지만 각자의 통화정책에 대한 권한을 초국적 기구에 이전할 것을 암시하고 있다. 그러한 위원회는 IMF에서도 만들 수 있으며 전 세계의 가장 중요한 중앙은행들을 회원으로 하여 대표를 파견하게 할 수 있다. 이는 지구적 경제의 협치에 있어서 분명한 일대 도약을 의미하게 될 것이다. 비록 현재의 정치적 구조로 볼 때 가능성이 있을 것 같지는 않지만 그래도 이 논의를 다시 한 번 계속하는 것이 중요하다.

경제정책의 조정에는 통화정책 뿐 아니라 재정정책 또한 들어간다. 최소한 지구적 경제위기의 상황에서는 가장 중요한 나라들 사이에 재정정책의 조정이 이루어져야만 한다. 지금까지 이는 G7, G8, 좀 더 최근에는 G20의 틀 안에서 이루어져 왔다. 원칙상 이러한 조정 메커니즘에 반대할 것은 없지만 앞에서 말한 바 있는 유엔 산하의 세계경제전문가위원회(Global Economic Council of Experts)를 한 번 더 고려

---

* 일본 중앙은행과 유럽중앙은행이 맡은 임무는 환율을 고정된 상태로 유지하는 것이며 확장된 연방준비위원회가 맡을 임무는 가격수준을 안정시키는 것이다. 연방준비위원회의 정책위원회(지금은 공개시장위원회)는 미국뿐만 아니라 일본과 유럽의 전문가들을 하나로 통합시킨다. 9명의 위원회 구성원은 4명의 미국인, 3명의 유럽인, 2명의 일본인으로 구성될 수 있다. 위원회의 구성원들은 각각의 정부로부터 독자적이어야 한다(ESCB의 통치위원회Governing Council의 구성원들이 이론상 그러하듯이). 확장된 연방준비위원회는 신용을 죄거나 느슨하게 하는 데 대한 결정을 내릴 것이다. 통화정책에서는 공동의 목표를 둘 것이다. (……) 구성원들은 그다음에 오늘날 그 세 중앙은행들이 하는 것처럼 신용을 죌 것이냐 풀 것이냐를 놓고 투표를 할 것이다. 유럽중앙은행의 경우와 마찬가지로 주조세(seignorage)를 재분배하는 데도 일정한 정식이 존재하게 될 것이다(Mundell 2000).

해볼 필요가 있다. 그 임무는 조세체제의 조화 등과 같은 다른 영역들 뿐만 아니라 재정정책 조정에 대한 권고 사항들을 형성하는 것도 포함된다. 이러한 위원회가 있다면 스스로를 세계경제의 조타수로 임명한 조직들—예를 들어 G8이나 G20 정상회의—보다는 더 많은 신뢰를 얻을 수 있을 것이다.

환율의 조정은 얼마나 자주 이루어져야 할까?

새로운 브레튼우즈 체제를 확립하는 데는 수많은 다른 문제들이 제기된다. 첫 번째는 환율 조정의 빈도에 관한 것이다. 브레튼우즈 협상에서 미국 측 대표단의 지도자였던 해리 덱스터 화이트(Harry Dexter White)는 케인스와 마찬가지로 고정환율제를 선호한다고 천명하였다. 하지만 화이트는 환율 재조정이라는 도구를 좀 더 자주 적용하기를 원하였다. 케인스는 화이트만큼 환율이라는 메커니즘에 맹목적인 믿음이 없었던 것이 분명하며, 이는 환율 조정에 관련하여 생겨날 수많은 문제들을 생각해보면 충분히 이해할 수 있는 일이다. 우리의 입장은, 용인할 수 없을 정도의 불균형을 가진 나라들에서는 적자국이든 흑자국이든 대칭적으로 경제정책의 방향을 조정하는 쪽이 환율을 조정하는 쪽보다 더 선호할 만하다는 것이다. 물론 환율을 조정하는 쪽이 더 적합해 보이는 상황이 존재한다는 것은 말할 필요도 없는 일이다. 결국 지구적인 차원에서 각국의 경제발전을 조정하는 데 가장 이로운 도구가 무엇인지는 지배적 상황이 무엇인가를 잘 보고 결정해야 한다.

자본이동을 통제할 것 그리고 외환시장에 개입할 것

여기에서 제시하고 있는 구상에 따라 새로운 브레튼우즈 체제가 건설되면 국제적 자본흐름을 안정시키는 데에도 도움이 될 것임은 사실이다. 하지만 자본의 흐름이 이 새로운 체제를 심각하게 교란하거나 심지어 파괴하지 말라는 보장도 없다. 이러한 이유에서 여러 주의 사항들을 유념해야 한다. 첫째, 고정환율제에서는 당연한 일이지만, 모든 나라의 중앙은행은 자본흐름으로 인해 외환시장이 불안정해지는 것을 메우기 위해서 외환시장에 강력하게 개입해야 한다. 특히 동아시아 위기 이후 중국을 포함한 여러 나라들의 사례를 보면 중앙은행이 대규모 외환 매입 작전을 펴는 것이 가능할 뿐만 아니라 성공할 확률도 높다는 것이 밝혀졌다.[*] 동시에 이 새로운 브레튼우즈 체제는 자본 유출이 벌어져서 압력에 시달리게 된 중앙은행들에게 자금을 공급해 줄 강력한 국제기구를 반드시 가지고 있어야 한다. 이미 IMF가 자리를 잡고 있으며 이 기능을 하기에 적합하다. 또 이미 특별인출권 (SDRP)을 각국 중앙은행에게 분배하여 이것으로 외환시장에 개입하는 데 쓸 수 있도록 하는 법적 조항이 존재하고 있다. 새로운 브레튼우즈 체제를 위해 해야 할 것은 단지 특별인출권의 발행을 늘리고 일정한 양을 매년 각국 중앙은행에 분배해주는 일뿐이다.

마지막으로, 자본 통제는 다시 한 번 선진국들에서 통화정책과 경제 안정화의 정상적 도구가 되어야 한다. 그러한 도구에는 유입과 유출 모두를 각국이 협조하에 통제하는 것이 포함되어 있어야 한다. 달리 말해서, 국제적 협조가 있어야만 한다. 자본 통제는 그 강도도 다양하

---

[*] 정부의 개입은 불태화정책과 결합되어야 한다. 이 경우 중앙은행은 그 외환시장 개입으로 생겨난 유동성을 줄이기 위해 스스로도 유가증권을 발행해야 한다.

게 바꾸면서 탄력적으로 활용할 수 있다. 중요성을 갖는 자본흐름, 이를테면 해외직접투자와 같은 유용한 투자는 오래도록 방해할 필요가 없다.

자본 통제를 실시하는 데는 여러 다른 방법들이 있다. 이른바 '토빈세'가 특히 널리 알려져 있으며, 오늘날 자주 논쟁의 대상이 되는 '금융거래세'의 기원이기도 하다. 제임스 토빈은 모든 종류의 외환거래에 작은 세율의 조세를 부과하자고 제안하였다(Tobin 1978). 재화의 수출입이라든가 장기적 지향을 가진 자본흐름처럼 중요한 거래들은 이 세금에 거의 아무런 영향도 받지 않겠지만, 아주 단기적인 투기에는 종지부를 찍게 될 것이라는 것이다. 토빈은 경제행위자들의 시간지평을 길게 늘이는 데 쓰여서 환율의 변동을 안정시킬 뿐만 아니라 기초여건들에 따라 결정되도록 해줄 것이라는 것이다. 그는 이 조세를 통해 금융시장의 '작업에 모래를 뿌려' 약간이나마 속도를 늦춰줄 것을 희망했다. 조세라는 이유, 즉 정부수입을 늘려준다는 측면에서 보면 토빈세는 합리적이라 할 수 있지만, 국제적 자본흐름에 큰 영향을 주기에는 너무 약하다. 토빈세의 세율이 1퍼센트가 한참 안 된다고 가정해보자. 만약 투기 행위를 통해 얻는 수익률이 20퍼센트를 가뿐히 넘는다면 이 정도 세율은 자본흐름을 의미 있게 바꾸기에는 충분치 못하다. 물론 토빈세는 자본흐름의 유형에 따라 세부적으로 나눌 수도 있겠지만, 이는 토빈이 의도한 바는 아니었다.

자본이동에 대한 여러 규제를 설계할 때에는 무엇보다도 특정 종류의 국제 거래들을 줄이고 혹은 특정 종류의 경제단위들이 그 익숙한 활동을 여봐란 듯이 펼치지 못하도록 강제하는 것이 합리적이다. 이러한 방식을 통하여 연기금, 보험회사들, 특정한 기관투자가들(이를테면 주택금융조합)이나 공공소유 혹은 조합적 소유의 은행들(이를테면 신용금고)은 철저하게 국내 시장에서만 거래하도록 만들 수 있게 된다. 특정한 외국 금융기관들은 국내에서 영업활동을 벌이는 것을 금지시킬 수 있다. 물론 이미 서로 경제적으로 긴밀하게 통합된 나라들의 지역에서는 규제의 경계선이 꼭 국가 간 국경선일 필요가 없으며 지역 통합 협정의 경계선이 될 수 있다. 이를테면 유럽에서는 네덜란드나 룩셈부르크의 국내 시장으로 거래를 제한하는 것은 말도 안 되지만, 유럽연합이나 EMU 내부로 거래를 제한하는 것은 얼마든지 이야기가 될 수 있다. 제안된 여러 규제들은 이러한 기관들과 관련하여 은행 및 금융시장 감독을 단순화하면서도 강화하게 될 것이다.

한 통화 영역을 떠나거나 유입되어 들어오는 은행 대부와 국제적 포트폴리오 투자는 비교적 통제하기가 쉽다. 그러한 거래들을 수행하는 금융기관들은 결국은 감독 당국의 관리하에 있는 것들이다. 따라서 이런 종류의 자본흐름들은 높은 거래세를 매길 수도 있으며, 특정한 상황에서는 아예 금지해버릴 수도 있다. 거래세든 금지든 그 표적은 조심스럽게 설정할 수 있다. 예를 들어 단기적 국제 대부, 국제적인 주식거래, 이자가 붙는 유가증권의 국제적 구매 등은 모두 따로따로 처리할 수 있다.

또한 자본거래의 경우 일정 기간 동안 중앙은행에 이자 없이 예금할 의무를 부과하는 방법을 생각해볼 수 있다. 이는 칠레에서 실시된 바 있다. 이는 자본거래가 얼마나 단기적인가에 따라 자본흐름의 비용이 결정되도록 만드는 효과를 갖는다. 만약 통화 지역을 넘나드는 신용거래가 그 대출액 전액을 이자도 없이 중앙은행에 4주 동안이나 예치해둬야 한다면, 4주짜리 신용대출은 전혀 채산성이 맞지 않게 될 것이며 2개월간의 대출은 비교적 높은 비용을 치러야 하겠지만 10년간의 대출은 비용 증가가 무시할 수 있는 정도에 불과할 것이다.* 어쨌든 이렇듯 조세나 금지에 적용되는 것이 앞서 말한 통제 조치에도 똑같이 적용된다. 정치적 의지만 있다면 이를 강제할 수 있다는 것이 그것이다.

아직 자본수지를 완전히 개방하지 않는 신흥시장국들의 경우, 개방 속도를 훨씬 늦추고 조심스럽게 개방해야 하며 또 자유화를 밀고 나가기 전에 한 번 더 생각해야 한다. 이는 무엇보다도 중국에 해당되지만, 인도나 브라질 같은 나라들도 마찬가지이다.

앞에서 말했지만 각국 정부들은 역외금융 중심지와의 모든 거래를 즉각 금지할 수 있을 것이다. 다시 한 번 강조하지만, 그러한 정책은 큰 나라들(미국이나 일본 등)의 경우에는 혼자서도 할 수 있고 유럽연합이나 유로존처럼 한 무리로 뭉쳐서도 할 수 있다.

각국 중앙은행들끼리 사용하는 국제결제화폐

제1차 세계대전 이전의 금본위제하에서는 영국의 파운드가 지구적 통화의 역할을 했고, 1950년대와 1960년대에는 미국 달러가 그 역할을 수행했다. 현재의 지구적 경제의 형세에서는 달러와 유로가 함께 이 역할을 수행하고 있으며 지도적 역할은 여전히 달러가 맡고 있다. 이렇게 한 나라의 국내 통화를 국제 통화로 그대로 쓸 경우 그 통화를 쓰는 나라들은 상당한 이점을 누리게 된다. 이 나라들은 자국 통화로 외

• 자본 통제의 문제를 자세히 다루는 것은 이 책의 범위를 벗어나는 일이다. 이 문제에 대해 더 많이 읽기를 원하는 이들은 다음 문헌에 나오는 논문들에서 좋은 설명을 얻을 수 있다. Akira Ariyoshi et al. 2000 ; John Williamson 2005.

국에서 차입을 해 올 수 있으며 자신들 대외무역의 큰 몫을 자국 통화로 거래할 수 있다. 뿐만 아니라 이 나라들의 지폐와 주화는 전 세계적으로 유통되며 심지어 통화가 미약한 나라에서는 그 나라 통화를 밀어내기까지 하므로, 이를 통해 상당히 높은 소위 '화폐주조세(seignorage)'의 이윤을 실현할 수가 있다. 하지만 불리한 점들도 있다. 그 하나는 각국 중앙은행들과 민간의 경제행위자들이 자신들의 화폐자산을 보유할 때 대부분 국제통화로 보유한다는 사실이다. 일반적으로 이러한 투자는 단기 투자이며 그 결과 특히 국제적으로 중요한 준비통화 몇 가지가 함께 쓰이는 특징의 통화체제에서는 통화에서 통화로 자산을 재구조화하는 일이 벌어질 확률이 높다. 그러한 재구조화가 벌어질 때마다 그 통화를 발행한 나라는 외부에서 비롯된 경제적 혼란을 겪게 되고 그 여파로 통화 발행국만이 아니라 세계경제 전체가 부정적 효과를 입게 된다. 더욱이 국제통화를 발행하는 나라는 또한 그 통화에 대한 높은 수요 때문에 끊임없이 자본이 유입되는 결과를 보게 되며 이 때문에 지속적으로 환가치가 상승하게 된다. 이에 따라 지속적이고도 높은 경상수지 적자에 봉착하게 되며 이는 다시 국내 경제의 성장에 질곡으로 작용한다. 또 그런 나라가 적절한 통화정책을 추구해줄 것이라는 보장도 있을 수 없다.

미국 경제학자 로버트 트리핀은 이미 1960년대에 미국 의회의 청문회에서 증언한 바 있다(Triffin 1961). 달러가 미국 국내 통화의 역할과 국제통화의 역할을 모두 맡게 될 경우 반드시 지구적 경제에 여러 위기의 경향들이 생겨나게 될 것이라고 말이다. 이를 피하기 위한 현실성 있는 구상 하나는 IMF가 국제통화를 창출하되 이는 각국 중앙은행들 간의 거래에만 쓰이도록, 그리고 그들 간의 국제적 준비금으로만 쓰이도록 하는 것이다. 세계경제가 현재 직면하고 있는 여러 문제들 중에서 그러한 통화로 해결할 수 있는 것들은 일부에 불과할 테지만, 이는 세계경제 안정화에 중요한 한 걸음이 될 것이다. 이제 각국 중앙은행들은 더 이상 달러나 유로 등과 같은 국제통화를 대외 준비통화로 보유하지 않을 것이며, 오로지 자기들 스스로가 창출한 통화단위로만 보유하게 될 것이다. 이러한 체제의 이점은 전 세계의 중앙은행들이 안정된 준비통화를 갖게 된다는 데 있다. 그 결과로 중앙은행들은 더 이상 달러와 유로 중 어느 쪽을 선택해야 하는가 따위의 고민을 하지 않게 될 것이다. 따라서 중앙은행들이 자기들 자산의 통화 표지 재구조화를 한다는 것도 옛말이 돼버릴 것이다.

이렇게 중앙은행들끼리 유통되는 통화를 만들자는 제안은 전혀 새로운 것이 아니다. 이 문제는 1944년 브레튼우즈에서 제2차 세계대전 이후의 지구적 통화체제에 대한 논의가 이루어지는 가운데 다루어진 바 있었다. 존 메이너드 케인스가 제안했던 '방코르(bancor)'가 바로 그것이다.[*] 훗날 로버트 트리핀도 이 제안을 지지하게 된다. 1969년 최초로 중앙은행들 사이의 국제통화가 특별인출권(SDR)의 형태로 합의된다. IMF는 각국 중앙은행의 계정으로 특별인출권의 특정 액수를 배분해줌으로써 특별인출권을 창출한다. 특별인출권은 창출되는 순간부터 오로지 달러에만 그 가치가 고정돼 있어서 1단위가 미화 1달러에 해당한다. 1973년 브레튼우즈 체제가 무너진 이후로는 특별인출권의 가치가 여러 통화로 구성된 바구니로 규정된다. 특별인출권이 창출되는 큰 물결이 1970년대에 두 번 있었고 2006년 말이 되면 그

• Keynes 1969; 또한 Stiglitz 2006: Chapter 9.

발행액이 214억 단위, 즉 미화로 따지면 300억 달러가 약간 넘는 금액이 된다. 2009년 봄 런던에서 G20 정상회의가 열리기 직전 중국 중앙은행 총재인 저우샤오촨(周小川)은 세계 중앙은행들의 국제 준비통화로 미국 달러의 역할을 줄이고 특별인출권의 공급을 강화할 것을 요구하였다. 2009년 런던에서 G20 정상회의는 신규 특별인출권 발행에 합의하였고 그 가치는 2,500억 달러에 이르렀다.

우리는 각국 중앙은행들의 외환 준비 보유로서 달러와 유로의 역할을 줄이고 특별인출권에 더 큰 역할을 부여하는 것을 지지한다. 지구적 경제의 필요에 조응하여 매년 발행액을 늘릴 뿐만 아니라 중앙은행들에게도 특별인출권을 보유할 의무를 늘리도록 하면 좋을 것이다. 국제 준비통화를 이렇게 통제하에서 기존의 몇 나라의 국내 통화들로부터 특별인출권으로 이행하는 과정은 하나의 시금석으로서 잘 평가될 필요가 있다. 각국 중앙은행들이 자기들 준비통화를 전액 특별인출권으로 전환할 의사를 갖는 것은 오로지 특별인출권을 발행하는 기관에 신뢰를 가질 수 있을 때에만 가능한 일이다. 이는 곧 그러한 기관이 높은 공신력을 가져야 하며, 이는 다시 그 기관이 지구적 협력을 통해 얻는 정당성이 새로운 수준으로 올라감을 의미한다.

지구적 금융체제와 연관된 초국적 기구들

세계화 과정을 위한 안정된 틀을 확보하려면 예전의 기관들을 개혁하고 새로운 것들을 확립해야 한다. 일반적으로 이 기구들은 더 민주화되어야 한다. 지금까지 선진국들이 지배적 역할을 맡고 다른 모든 나라들은 제대로 의사가 대변되지 않았기 때문이다. 이는 단지 이 기구들의 정당성 부족이라는 점에서 문제가 될 뿐만 아니라 중국과 인도와 같이 새로 부상하는 신흥시장국나 개발도상국들이 이러한 기존의 구조를 받아들이고 여기에 새로운 권력을 부여해줄 생각이 줄어든다는 점에서도 문제가 된다. 좀 더 구체적으로 보기 위해 짧게나마 필요한 개혁들 몇 가지를 살펴본다.

첫째, IMF는 광범위한 개혁이 필요하며, 특히 현재의 투표권과 특별인출권 배분과 관련한 개혁이 절실하다. 선진국들, 특히 유럽 국가들이 지금까지 지나치게 큰 비중을 차지해왔고 이에 비해 특히 브라질, 러시아, 인도, 중국 등은 제대로 그 존재가 대표되지 못했다. 예를 들어 인도보다 네덜란드가, 또 중국보다 영국, 독일, 프랑스 등이 더 투표권이 많았다. 미국의 투표권이 중국, 인도, 브라질을 합친 것보다 두 배 이상 크지만, 구매력으로 볼 때 이 세 나라의 GDP를 합치면 미국과 비슷하다. 만약 IMF가 보편적인 인정과 정당성을 얻고자 한다면 이러한 비중 배분은 참가국들의 현실적 중요도에 따라 조정되어야만 한다. 겉모습만 예쁘게 치장하는 식으로는 충분치 않다. 예를 들어 EMU에는 한 표를 부여하는 것이 합리적이다.

둘째, 예전에는 IMF가 여러 나라들의 국내 문제에도 정당치 못한 방식으로 마구 개입한 바 있었다. 이 점에서 볼 때 IMF는 자본주의의 다양한 모델들에 대해 크게 개방적인 존재가 아니라는 점을 입증하고 말았다. IMF의 원칙들은 '워싱턴 컨센서스'라고 불리는 것으로, 국가를 후퇴시킬 것, 재화 및 금융 시장의 규제를 없앨 것 등 신고전파 경제사상에 오래도록 기초해 있었다. IMF는 어려움에 빠져 구제를 신청한 나라들에게 돈을 꾸어줄 때마다 여러 조건들을 붙임으로써 이러한 생각들을 강제하려는 짓을 반복해왔다. 시장자유주의의 세계화 전략이라는 게 이토록 심한 불안정성과 많은 결함들을 낳았기 때문에 장래에는 더 이상 신용 배분의 기초로 쓰일 수는 없다. 하지만 IMF가 그렇다고 마구잡이로 대출을 내줄 수도 없는 일이니, 무언가 대출에 일정한 조건들이 붙지 않을 수는 없는 일이다. 그런데 IMF 내의 권력관계에 변동이 벌어지면 대출 배분의 기본 원칙들 또한 변화하게 될 것이다. 특히 신흥시장국들과 개발도상국들 대부분은 워싱턴 컨센서스에 비판적이라는 점을 감안할 때 더욱 그러하다.

서브프라임 위기와 그것이 체제 전체에 가져온 결과들 때문에 마침내 세계 금융체제의 감독이 중심적 중요성을 갖는다는 사실이 명백해졌다. 물론 지구 전체에 단일한 하나의 중심기관을 만들어서 저 복잡한 지구적 금융체제를 효과적으로 감독하고, 각국에서 벌어지는 무수한 규제건들까지 감독하는 것은 불가능할 것이다. 그럼에도 불구하고 지구적 금융체제를 끊임없이 관찰하고, 개혁안을 개발하고, 각국의 당국들 사이에 다국적 은행이나 여타 금융기관들을 감시할 정보를 긴밀하게 교환할 위원회를 조직하는 등의 역할을 맡을 단일한 제도를 분명코 설립해야 한다. 이 목적을 위해서 우리는 금융시장 감독을 위한 세계경제위원회(World Economic Committee on Financial Market Supervision)를 제한하고자 한다. 이는 IMF 안에 두어서는 아니된다. 그 경우 IMF는 너무나 많은 기능들을 맡게 될 것이며 그 기능들은 분리한다고 해서 무슨 해가 되는 것들도 아니기 때문이다. 국제 금융시장 감독을 위해서는 바젤에 있는 국제결제은행(Bank for International Settlements)이 올바른 장소이다. 1974년 당시 전 세계의 10대 선진국들 중앙은행과 은행감독 당국이 모여 은행감독을 위한 바젤위원회(Basel Committee on Banking Supervision)를 설립하였거니와, 이를 바로 그러한 기관으로 전환할 수 있다. 이는 유엔 공직자 출

신의 대학교수 호세 안토니오 오캄포(José Antonio Ocampo)가 제안한 바 있다.[•]

과거에는 과도한 대외 부채 때문에 대규모 혼란이 벌어지고 또 그러한 영향을 받은 나라에서는 경제 침체가 장기화되는 일들이 종종 있었다. 그리하여 채무국 신세로 전락한 나라에 대해 돈을 꿔주던 행위자들은 민간기관에서 다른 나라 국가들까지 다양했지만 하나같이 자기들의 경제적·정치적 이익을 위해 궁지에 빠진 채무국의 상황을 이용하여 여러 양보를 끌어내곤 하였고, 그 나라를 그대로 착취하는 일도 드물지 않았다. 따라서 어떤 나라가 지나치게 많은 부채를 안게 될 경우 이를 구제할 자금을 질서 있게 안배하고 또 채권자들과 채무자들 사이에 타협을 촉진할 수 있는 기관을 세우는 것이 좋을 것이다. 한 국가의 수준에서는 이미 그러한 과정들이 확립되어 있다. 하지만 국제 수준에서는 그러한 제도가 존재하지 않는다. 따라서 우리는 국제부채중재전문위원단(International Debt Arbitration Panel)을 만들 것을 제안한다. 이 위원단은 어떤 나라가 과도한 부채를 안게 되었을 때 행동에 착수해 일반적 원칙들에 기초하여 위기에 휘말려든 채권자들과 채무자들 사이에 부담을 공정하게 안배하는 역할을 한다.[••]

선진국과 개발도상국의 관계

선진국과 개발도상국들 사이의 거대한 경상수지 불균형은 근자에 들어 끊임없는 불안정성의 원천이었고 따라서 미리 이를 막을 필요가 있다. 일반적으로 말해서, 한 나라의 GDP 대비 경상수지 불균형의 비

• Ocampo 2009 : 10.

•• 이 제안에 대해서는 Stiglitz 2006 : Chapter 8 ; Kellerman 2006.

율은 낮게 유지할 필요가 있다. 오랫동안 일반적인 교과서적 해법은 개발도상국들로서는 자본을 수입해야 하는 처지이니 경상수지 적자를 허용해야 한다는 것이었다. 그래야 더 많은 장비를 구입하고 자본 스톡을 늘릴 수 있다는 게 논리이다. 하지만 경험적으로 보았을 때 이러한 충고를 따른 수많은 개발도상국들이 엄청난 양의 대외 채무의 빚더미에 올라앉게 되었고, 게다가 개발도상국들의 경제위기에서 보듯 일단 세계 금융시장이 이들에게 신규 대출을 공급해주기를 멈추면 여러 문제들에 봉착하는 것이 실정이었다. 그 결과 특히 1997년의 동아시아 위기 이후 수많은 아시아 나라들은 중국을 필두로 큰 규모의 경상수지 흑자를 긁어모으기 시작하였다. 이와 동전의 양면을 이루는 것은 미국이 과도한 경상수지 적자를 축적하게 되었다는 사실이다. 앞에서 설명한 대로 이러한 조합은 안정적이지 못한 것으로 판명되었다.

지구적 경제를 안정시키고 개발도상국들의 성장을 가속화하기 위한 최적의 해법은 개발도상국들이 많지 않은 양의 흑자를 추구하는 가운데 선진국들은 적은 양의 적자를 추구하는 것이다. 하지만 이는 특히 미국이 경상수지 적자를 줄여야 한다는 것과 EMU 및 일본이 적은 양의 적자를 받아들여야 하며 반면 신흥시장국들 일부, 특히 중국과 여타 아시아 국가들이 그 높은 흑자에 제동을 걸어야 한다는 것을 뜻한다. 개발도상국들로 보자면 지금 제안한 식으로 경상수지 균형의 구조가 바뀌게 되면, 수출을 통해 자국 경제를 지구적 경제로 통합시킬 수 있는 이점이 있다. 이와 동시에 이러한 방법을 통해서 통화위기와 과도한 대외부채의 위험도 줄어들 수 있다. 선진국들은 일반적으로 자기들 통화로 해외에서 부채를 얻어 올 수 있으므로, 적은 양의 적자라면 금융상의 문제로 비화되지는 않는다.

지금 제안하는 것과 같은, 주변부 국가와 중심부 국가 사이에 경상수지 균형의 구조는 주변부 나라들로의 해외직접투자의 유입과 분명히 양립할 수 있다. 그러한 자본유입이 벌어지게 되면 이는 민간 혹은 공공 부문에서의 자본수출로 혹은 중국의 경우에서처럼 외환시장 개입 등을 통해 균형을 이뤄야 한다.* 어쨌든 해외직접투자 이외의 다른 형태의 자본유입은 개발도상국들에게 별로 해준 것이 없고 그저 경상수지 적자만 늘려놓았을 뿐이다. 그리고 해외직접투자라고 모두 좋은 것도 아니며 투자 대상국의 과학기술이나 경영기술 등을 개선하도록 잘 고안된 것들도 아니었다. 이를테면 수많은 개발도상국들에서 해외직접투자는 부동산 거품을 만들어버렸고 이는 훗날 이 나라들의 골칫거리가 되고 만다. 조지프 스티글리츠를 필두로 수많은 이들이 강조한 바 있듯이, 국제 자본이동의 규제를 풀어버린 개발도상국들이, 국제 자본이동을 통제하는 나라들과 비교해보았을 때, 경제성장에 성공한 것도 아니었다.

물론 개발도상국들 중 소수이지만 몇 나라들, 특히 아프리카의 몇 나라들은 수출을 통해 경상수지 흑자를 만들기 어려운 나라들이 있다. 하지만 이런 나라들일지라도 경제발전 원조를 대부가 아닌 이전의 형태로 준다면 일반적으로 경상수지의 균형을 맞출 수 있을 것이다. 이 집합에 들어가는 나라들은 어찌되었든 민간자본 유입이 크게 들어올 것을 기대할 수 없는 나라들이다. 주변부에서 가장 심한 빚더미에 올라앉은 몇 나라들에게 부분적으로나마 탕감을 해준다면 세계

● 이 메커니즘에 대한 서술로는 Herr 2008; 2010.

경제가 새롭게 지속적인 균형으로 가는 길을 순조롭게 할 수 있다. 이를 지지하기 위해서는 선진국들의 재화시장을 개발도상국들에서 생산된 제품들에 비대칭적으로 개방해주어야 한다. 즉 개발도상국들이 무역 보호주의를 채택하도록 허락하면서 동시에 선진국들에서는 시장을 개방할 필요가 있다는 것이다.

지구적 협력이 없는 상태에서 시행되는 통화정책과 환율정책

단일의 지구적 해결책에 여러 나라가 함께 합의하고 협력하는 것이 참으로 바람직하지만, 그렇지 않다고 해도 일국 수준 혹은 일개 지역 수준에서 일방적으로 취할 수 있는 행동의 여지도 있다. 전 세계 중앙은행 중에서 스스로의 경제를 외부의 경제 충격으로부터 보호할 통화 및 환율 정책을 추구하지 않을 곳은 없을 것이다. 이러한 행동 또한 지구적 경제의 안정성에 기여할 수가 있다.

그 중심적 요소는 환율을 가급적 안정적으로 유지하는 것이다. 급격한 환율 변동이나 특히 환가치 절하는 해당 경제에 부정적 효과를 가져온다. 하지만 비록 환율 안정성이 바람직하다는 것이 분명하다고 해도 이는 다른 경제정책 목표들에 견주어 균형을 이루어야 한다. 앞에서 주장한 바 있듯이, 선진국들은 크지 않은 폭의 경상수지 적자를 그리고 개발도상국들은 크지 않은 폭의 흑자를 거두는 것이 문제를 발생시킬 리는 없다. 그런데 만약 경상수지 적자가 높은 수준으로 축적되거나 하면 이는 대외 채무의 축적으로 이어지며, 그러다보면 자본흐름의 방향이 급작스레 역전될 위험이 있으며 이에 따라 환율이 거칠게 등락하면서 실물경제를 초토화시키게 될 위험도 생기게 된다. 따라서 경상수지 적자의 기간이 길어지게 되면 이는 환가치의 절하로 끝을 맺어야 하는 것은 분명하다. 하지만 이것이 과도한 반응을 불러 일으키는 것을 피할 수 있도록 최대한 통제된 방식으로 이루어져야만 한다. 반대로 경상수지 흑자가 축적되는 경우에는 환가치의 절상을 시도해야 한다.

이러한 관점에서 보자면 중국 화폐 위안은 미국 달러에 대해 가치가 상승하도록 해야 한다. 사실상 부드러운 시정 조치가 있다면 두 나라 모두 혜택을 볼 수 있다. 미국에서는 이것으로 수출이 탄력을 받고 수입이 제한되면서 일자리가 창출될 것이다. 중국 입장에서는 이러한 정책을 통해 세계경제를 좀 더 안정적으로 만드는 이점이 있다. 중국, 일본, 독일처럼 수출에 크게 의존하는 나라들에게 이번의 위기는, 다른 대규모 경제국들에 위기가 벌어지지 않고 세계경제가 안정되는 것이 모두에게 이익이라는 사실을 뼈아프게 상기시켜주는 계기였다.

하지만 오늘날과 같이 자유롭게 자본이 흘러 다니는 세계에서 환율의 부드러운 교정이란 벌어지기 힘든 일이다. 어떤 나라가 자국 통화의 환가치를 그저 점진적으로 상승시키거나 하락시키려고 해도, 투기적인 국제 자본흐름이 이 움직임의 크기를 증폭시켜 지나친 등락을 초래할 위험은 항시 존재한다.

따라서 최근 몇십 년간의 유행에 맞서서 노벨상 수상자인 조지프 스티글리츠 등이 내놓은 제안을 따라, 불안정을 낳는 자본흐름과 지속불가능한 경상수지 불안정성과 환율 교란을 방지하기 위해서는 자본이동에 여러 규제를 가하는 것이 필수적이다. 자본수입이 벌어지면 통화가치가 절상되고 경상수지에 적자가 증가하게 되지만, 이에 대한 통제를 도입하면 그 기간을 줄일 수 있다. 반면 자본수출에 대한 통제를 도입하면 누적적이고도 통제가 되지 않는 환가치 절하에 맞설 수 있다. 각국은 또 외환시장에 대한 개입을 통하여 환율을 안정시킬 수 있다. 이러한 도구들을 합쳐서 일방적으로 배치하고 지혜롭게 사용한 다면, 이것들은 경상수지 불균형과 환율 교란에 맞서는 보호수단이 될 수 있다.

비록 국가 간 협력이 없는 상태라고 해도 이러한 접근법을 활용한다면 세계화 과정이 지금처럼 고통스러울 이유가 없으며 좀 더 안정된 길로 갈 것이다. 만약 특정한 유형의 자본흐름이 둔화된다면 환율이 안정되어 재화 및 서비스 무역의 환율 위험도 줄어들게 되므로 국제 무역도 큰 고통을 겪지 않게 될 것이다.

기업지배구조의 개혁

오직 주주가치에만 협소하게 관심을 쏟는 기업지배구조에 대해서는 서브프라임 위기 이후로 비판이 상당히 쏟아져 나왔다. 기업경영의 모델은 다시 한 번 사회적 맥락이라 할 만한 것과 통합되어야 한다. 한 기업의 많은 이해관계자들—특히 피고용자들 그리고 주주들—이 서로 상호작용하는 것이 안정적이고 효율적인 기업경영의 출발점을 제공한다. 이렇게 볼 때 기업지배구조는, 한 기업의 경제적 성공은 다양한 참여자들에게 달려 있으며 이들이 기업경영에 일정한 역할을 맡고 있다는 생각을 기초로 해야 한다. 이러한 이해관계자 접근법에서, 기업경영에 참여하는 이들의 무리는 주주가치 모델이 가담시켰던 이들보다도 더 많은 이들을 포괄한다. 무엇보다도 이해관계자 모델은 주주가치 접근의 핵심 요소, 즉 기업경영의 초점을 단기적 주가 상승에 두는 것이 기업에 해를 끼친다는 생각에 기초하고 있다. 주식 가격은 변칙적으로 또 예측 불가능하게 오르내리며, 그것을 추동하는 기대와 예측은 아무 중심축도 없으며 단기적 이익에만 급급한 경우가 종종 있다. 이렇게 주식 가격이라는 것이 무슨 중심축이 있는 게 아니라면, 주주가치에 기초한 기업경영이란 사실상 '돈 놓고 돈 먹기' 식의 카지노 경제학의 한 형태에 불과한 것이다.

근래 몇십 년간 기업지배구조에서 발전해온 단기 지향성은 경제발전에 치명적인 결과들을 가져왔다. 이를테면 만약 생산 설비나 직원 교육에 대한 투자가 단기적으로 충분한 이윤을 내지 못하고 금융시장의 단기적 요구에 부응하지 못한다면 이런 것들은 한마디로 없애버려야 한다는 것이다. 주주가치 이데올로기의 틀에서 보자면, 혁신이란 무엇보다도 비용 삭감을 목표로 하는 과정 최적화(process optimization)의 영역에서 벌어지는 경향이 있다. 그렇게 하여 수요, 생산, 혁신이 모두 현실화되지 못하면 그 결과는 중·장기적 관점으로 보았을 때 명확하게 드러나기 시작한다. 이렇게 기업경영의 시간 지평이 단기적으로 변함에 따라 경제 전체의 투자율은 계속 낮은 상태가 되고 이것이 다시 실업으로 이어진다. 따라서 금융시장을 자유롭게 풀어놓고 그 지배하에 기업경영을 두었을 때 투자와 경제성장이 더욱 역동적으로 이뤄진다는 주장에는 아무런 근거가 없다.

기업지배구조의 주주가치 원칙들을 극복할 수 있는 출발점은 한편으로는 기업 내에서, 또 한편으로는 기업을 통제하는 규칙들—이는 갈수록 기관투자가들이나 대투자가, 금융적 지향성을 띠는 경영진에 의해 만들어지고 있다—의 변화에서 찾을 수 있다. 기업경영과 관련한 장기적 지향성이라는 맥락에서 개선된 기업지배구조라면 우선 '경제의 금융화'를 지향하는 현재의 흐름에서 돌아서야만 한다. 다시 말해, 실물경제와 피고용자들에 대해 금융경제가 갈수록 지배력을 획득하는 현상을 거부해야 하는 것이다. 주주가치식 접근이 피고용자들의 이익을 충분히 반영하지 못한다는 것은 말할 필요조차 없다. 예를 들어 어떤 기업이 이미 높은 이윤을 올렸다고 해도 이윤을 더 올리기 위해서 아웃소싱을 감행하는 구조조정 프로그램을 진행한다고 하면, 이는 피고용자들에게는 아주 심각한 결과를 가져온다. 이러한 경향은 기업 내 피고용자들의 권리를 지지함을 통해 제동을 걸 수 있다.

하지만 주주가치 접근의 부정적 측면들은 이러한 단기주의(short-termism), 그리고 피고용자 이익의 무시에만 국한되지 않는다. 주주들에 대한 배당금 지불이 중심적 사안 가운데 하나이다. 물론 큰 자산을 굴려 높은 이윤을 얻었을 때 이를 주주들에게 배당금으로 지불하지 말아야 할 이유는 전혀 없다. 하지만 기업이 실제로 거둔 이윤은 전혀 없는 상태에서 그저 장부상의 자산가격이 올랐다는 이유로 고액의 배당금을 지불하고 있는 것이 지금의 실정이다. 또 자기 회사의 주식 가격을 인위적으로 부풀리고(그리하여 경영진이 주가에 따라 받게 되어 있는 보수도 부풀리고) 또 어떨 때에는 적대적 기업 인수를 막아내기 위해서 자사주를 매입하기도 한다. 여기에는 또 다른 문제점이 뿌리박고 있다.

기업은 오로지 예외적인 상황에서만 자사주를 매입할 수 있도록 허용되어야 한다. 이윤이 없는 상태에서 배당금을 지불하는 것 또한 금지되어야 한다. 이러한 제안들이 채택되면 기업의 자기자본 기초가 불어날 것이며 경제 전체에 안정화 효과를 가져올 것이다.

주주가치 접근은 구역질이 날 정도의 고액 연봉을 경영진에게 몰아주고 있다. 금융의 지배가 가장 심화된 곳인 미국의 경우 경영자와 평균 노동자의 보수는 1970년대에는 30:1 정도였지만 오늘날에는 무려 500:1이 되고 말았다. 경영진을 오로지 기업 소유자들의 이해에만 복무하도록 종속시킨다는 주주가치 이론의 본래 목표가 제대로 성공을 거두지 못했음이 이러한 수치들에서 드러난다. 반대로 경영진은 주주들을 희생시켜서 자신들의 이익을 관철하고 스스로를 부자로 만들 수 있었던 것이다. 경영자들에 대한 보상 체계는 바뀌어야 한다. 경영자들에 대한 대안적인 보수 및 상여금 제도를 지지하는 주장들은 적절성뿐만 아니라 기업의 성공 가능성 자체를 문제 삼는다. 중기적으로 한 기업의 성공은 신중한 전략적 의사결정에서 나오는 것이지 자본시장 내의 단기적인 행동주의에서 나오는 게 아니기 때문이다.

새로운 형태의 기업지배구조에서 한 가지 중요한 요소는 저 문제투성이 경영자들의 단기적 지향성을 제한하고 또 그들이 투자자들의 이익 쪽에만 치우쳐 줄을 서지 못하게 제한하는 것이다. 이러한 목표를 이루기 위해서는, 사업에 가담하는 모든 이해관계자들과 그들의 기대가 하나하나 확인돼야 하며 이들이 지금보다 더 큰 영향력을 가져야 한다. 우리가 추구해야 할 목표는 '사회적' 생산성의 증대이며, 이 점에서는 노동의 질을 개선하고 환경을 고려하는 것 등이 중요한 역할을 한다. 사회적 생산성이란, 화폐적·수량적 계산을 넘어 사람들이 누리는 풍요가 실제로 증가하기 위한 전제조건이다. 기업들 간의 경쟁을 통하여 경제의 혁신을 유지하고 또 이것이 사회적으로나 환경적으로 지속가능한 사회모델과 양립할 수 있도록 만드는 것이 우리의 목표이다.

노동자들이 기업의 의사결정에 더 큰 영향력을 행사하게 되면 기업의 성공에 더 도움이 될 수 있다. 발언권이 커질수록 노동자들의 회사에 대한 일체감도 커지는 경향이 있기 때문이다. 독일은 그 좋은 예이다. 독일에서는 전통적으로 기업의 의사결정에서 노동자들의 참여가 큰 역할을 할당받아 왔으며, 감독이사회에도 직원 대표들이 참가하며, 금속산업의 경우에는 경영이사회에도 참여한다. 이러한 전통은 독일 기업들이 각자의 시장에서 세계적 주도 기업이 되는 데 조금도 장애가 되지 않았다. 오히려 그 반대다. 독일의 제조업 기업들은 세계에서 가장 생산성이 높고 가장 경쟁력 있는 기업들이다.

사모펀드 회사들은 종종 순전히 다른 기업들을 '약탈' 하기 위해 세워지며, 이에 대해서는 특별한 규제가 필요하다. 흔히 통용되는 기업지배구조의 표준들—예를 들어 OECD가 고안한 표준들—은 사모펀드 회사에는 적용되지 않으며, 이들은 무수한 규제를 그대로 빠져나가게 된다. 이에 대한 변화가 있어야 하며, 기업들은 포식동물처럼 약탈을 일삼는 사모펀드 회사들의 공격으로부터 보호받을 필요가 있다. 가능한 방법 가운데 하나는, 사모펀드 회사가 자신들이 소유한 기업들로부터 자신들에게 혹은 자금을 빌려가거나 빌려주는 펀드들에게 이윤을 이전하려 할 경우, 그 소유된 기업의 피고용자들에게 그러한 이윤 이전에 대해 일종의 발언권을 주는 것이다. 또한 사모펀드 회사들에게 여러 회사들의 주식을 최소한의 기간 동안만이라도 보유하도록 강제할 수도 있다.

심지어 주주가치 이론의 '고향'에서조차 기업지배구조는 지금 모종의 재고(再考) 과정을 거치고 있다. 예를 들어 미국의 주들 가운데 절반 정도가 최근 이해관계자 법률들을 채택하기 시작하였다. 이 법률들은 경영진들로 하여금 자기들이 내리는 결정이 피고용자들, 고객들, 부품 공급자들, 지역 공동체 등의 이해관계자들에게 어떤 충격을 가져오는지에 대한 사정 평가를 제공할 의무를 지우고 있다. 이러한 방식으로 미국은 기업경영에서 이미 상당한 정도로 금융시장에만 일방적으로 초점을 두는 관행으로부터 돌아서고 있다. 여기에 금융시장 및 그 행위자들과 도구들에 대해서도 광범위한 규제가 이루어지고 있으니 이것들이 합쳐지면 기업지배구조에 대한 이해관계자적 지향성도 소생할 수 있으며, 또한 이는 더 이상 금융시장에 종속되지 않는 새로운 기업 문화로 이어질 수 있다. 이런 일이 정말로 벌어질지 어떨지는 정치적인 문제이다.

10
새로운 패러다임의 경제성장

이 책의 독일어판은 2009년에 출간되었다. 그 이후 더 나은 자본주의에 대한 우리의 생각을 논의할 적마다 우리는 종종 다음의 질문에 부닥쳤다. '어째서 경제성장을 말하는가?' '더 이상의 경제성장이 가능하기는 한가?' '경제성장이라면, 어떤 경제성장인가?' 이는 모두 중요한 질문들이며 우리는 현존하는 성장 모델에 대해 많은 이들이 가지고 있는 회의를 함께 공유한다. 우리는 여기에서 세 가지 대단히 중요하고 합당한 질문들을 논하고자 한다. 첫째, 우리는 어째서 이미 우리가 달성한 생산수준에도 불구하고 더 많은 경제성장을 원하는가? 둘째, 우리 모두가 의존하고 있는 환경의 기반을 파괴하지 않고도 지속적인 경제성장을 하는 것이 가능한가? 셋째, 우리가 생산해내는 모든 재화와 서비스를 구매하고 소비해줄 누군가를 실제로 찾아내는 일이 정말로 가능한가?

어째서 여전히 더 높은 GDP를 추구해야 하는가

이 질문들을 하나씩 살펴보자. 부자 나라들에서 지금 가지고 있는 어마어마한 양의 물질적 재화들을 생각해보라. 보통 아이들 방에 있는 장난감 숫자, 중산층 가정에 있는 가전제품의 숫자, 길거리의 자동차 숫자만 해도 실로 어마어마하다. 따라서 이렇게 묻지 않을 수 없다. 어째서 더 원하는가(혹은 필요로 하는가)? 게다가 행복 연구, 이른바 설문지를 통해 삶의 만족도를 찾아내는 연구에 따르면 1인당 소득이 높다고 반드시 행복한 것은 아니다. 경험적으로 볼 때 연간 평균 1인당 GDP가 일단 약 2만7,500달러를 넘게 되면 그다음부터는 그 액수가 올라가도 행복 지수에 끼치는 영향은 없는 것으로 보인다.[*] 행복이라고 생각하는 것들을 분명히 현실적으로 증대시켜주는 물질적 욕구들이 있다. 주택, 음식, 의복, 얼마간의 가전제품을 마련하고 문화행사에 참여하는 것 등. 그런데 이러한 기초적 필요욕구를 넘어서면 더 많은 재화를 축적하는 것이 더 많은 효용을 증가시키지 않게 된다. 평균 1인당 소득이 2만7,500달러쯤 되는 사회라면 구성원 대부분에게 그들의 기초적 필요욕구를 만족시키는 데 필요한 재화 및 서비스를 가지고 있는 것으로 보인다. 일단 이 관문을 넘어선 뒤에는 소득이 늘어나 더 많은 소비를 한다고 해도 우리가 행복이라고 생각하는 것을 증대

---

[*] 행복 문제를 연구한 문헌에서 보고된 소득수준을 보면, 행복이 크게 더 늘지 않는 소득수준의 관문은 대략 1995년 가격으로 2만 달러 정도이다. 지난 15년간 물가가 상당히 올랐으므로 우리는 인플레이션 데이터에 비추어 이를 2010년 가격수준에 비추어 2만7,500달러라는 새로운 숫자로 옮겨놓았다. 행복 연구에 대한 쉬운 입문서로는 Layard 2006.

시키지는 않는다.

이는 모두 사실이며 우리들 대부분은 쉽게 이해할 것이다. 만약 당신이 3,000평방피트의 주택을 소유하고 있다면 그 공간을 두 배로 한다고 해도 당신의 행복은 그다지 늘어나지 않을 것이다.

GDP는 후생을 나타내는 데는 형편없는 지표라는 점은 잘 알려져 있다. 만약 생산과 소비로 환경이 손상되고 이를 정부가 복구했다고 해보자. 이 복구 작업의 노동은 GDP 수치는 올리지만 후생은 조금도 증대시키지 못한다. 이러한 예는 무수히 많지만 광고 하나만 생각해 보라. 마케팅 활동에 쓰이는 돈은 수십억 달러가 넘지만 그중 우리의 후생을 증대시켜주는 것은 일부일 뿐이다. 그리고 GDP 수치는 소득이나 부의 분배에 대해서는 아무 말도 해주지 않는다. 이러한 맥락에서 볼 때 GDP라는 전통적인 척도를 넘어 경제적 진보를 측량하는 여러 다양한 방법을 생각해보는 것은 아주 지혜로운 일이다. 바로 이러한 이유로 프랑스 대통령 니콜라 사르코지는 '경제실적과 사회진보 측량을 위한 위원회(Commission on the Measurement of Economic Performance and Social Progress)'를 세웠고, 이를 조지프 스티글리츠와 아마르티아 센과 같은 노벨상 수상자들과 프랑스 경제학자 장폴 피투시(Jean-Paul Fitoussi)가 이끌었다. 이들은 최종 보고서에서 전통적인 GDP 측량 방식에 대해 수많은 추가 사항을 제안하였다. 한 예로 이들은 환경의 질적 저하에 대한 데이터도 주어져야 하며, 또한 경제 전체의 재화 및 서비스 생산(여기에는 이라크에 배치한 순항미사일의 생산도 포함된다)보다는 일반적인 가정경제에서 소비할 수 있는 재화와 서비스의 양에 보다 더 중점을 두어야 한다는 것 등을 이야기했다. 하지만 이러한 새로운 측량 방법들조차도 경제성장을 추구하는 것의 정당성을 퇴색시키지는 않는다. 이러한 방법은 그저 정치가들로 하여금 사회가 걸어가고 있는 성장의 경로가 정말로 전체적 후생을 증대시키는 쪽으로 가고 있는지 아닌지를 알려주는 데 도움이 되는 것이다. 제대로 측량되기만 한다면 경제성장은 여전히 많은 이들의 행복을 증진시키는 데 가장 효율적인 방법이다.

이러한 사항들에도 불구하고 어째서 경제 산출을 증대시키는 것이 여전히 추구할 만한 가치가 있는 목표인가에는 수많은 이유가 있다. 물론 산출의 질 또한 항상 유념하지 않으면 안 된다. 첫째, 이 세계에는 부자 나라들만 있는 것이 아님은 너무나 분명하다. 소수 선진국들의 1인당 소득이야 무척 높지만, 1인당 소득이 아직 기본적 생필품이 공급될 수 있다고 가정할 만한 수준에도 못 미치는 나라들이 무수히 많다. 이러한 나라들은 우리의 주된 관심에서 제외되는 경우가 많지만, 인류의 대다수는 이곳에서 살고 있다. 아프리카, 인도, 중국, 과테말라, 심지어 브라질에서도 빈곤은 많은 지역에 만연해 있고 기본적 생필품이 대규모의 부족 사태를 겪고 있다. 당장 굶어 죽는 사태는 없다고 해도 이러한 생필품들이 부족하다면 이는 인간의 행복은 영구적이고도 중대한 부정적 타격을 입게 마련이다. 많은 개발도상국과 신흥시장국들에서 소득과 부의 분배는 대단히 불평등하다. 브라질의 금융 수도 상파울로의 일부 지역은 생산수준이 유럽과 비슷하거나 더 높다. 하지만 브라질 북부로 가면 주민의 대다수가 자기 소유의 신발 한 켤레조차 없이 사는 작은 공동체의 수가 수백을 헤아린다. 제대로 된 신발이 없다는 것은 곧 기생충에 쉽게 감염된다는 것을 뜻하며, 이것이 사람들의 건강, 기대 수명 그리고 궁극적으로는 이들 삶의 질을 망쳐놓고 있다.

이러한 나라들은 2만7,500달러의 관문에 한참 못 미치고 있으며, 이런 곳에서는 부자와 가난한 이들 사이의 소득을 재분배한다면 빈곤과 싸우는 데 도움이 될 것이다. 하지만 이 나라들에 사는 최상류층의 인구수는 매우 적은 반면 극빈층의 인구수는 여전히 지나치게 많다. 따라서 재분배만으로는 모든 이들에게 제대로 된 생활수준을 보장하기에 부족하다. 생활수준은 여전히 부자 나라들의 생활수준을 한참 밑돌며, 실제의 물질적 필요욕구도 여전히 충족되지 않고 있다. 인도의 예를 보라. 그곳 최상류층의 엄청난 소득을 감안하고 또 인도의 물가수준이 미국보다 낮다는 점을 감안한다고 해도 인도의 전체 GDP는 괜찮은 삶을 제공하는 데 충분하지 못하다. IMF 데이터에 따르면 2009년 이 나라의 평균 1인당 GDP(극빈층의 생활비와 최상류층의 소득까지 모두 감안되었다)는 1년에 1,000달러가 약간 넘는 정도(혹은 한 달에 83달러)이다. 인도의 물가수준이 낮다는 점을 감안할 때 이는 1년에 약 6,000달러 혹은 한 달에 250달러 정도의 구매력으로 환산된다. 게다가 여기에는 정부와 군사의 지출이 포함되어 있으므로 이 액수가 모두 개인들에게 돌아가는 것이 아니라는 점을 기억해야 한다. 그래서 결국 따져보면 개인들 1인당 한 달에 음식, 주거, 의복, 난방, 에너지, 교통, 보건, 오락 등에 지출할 수 있는 돈은 미화 150달러 정도로 보아야 할 것이다.

이곳의 경우, 좀 더 광범위한 인구에게 제대로 된 생계를 가져다주려면 경제적 산출을 늘리는 것이 필수적이라는 사실은 분명하다. 수많은 사람들에게 그들의 기본적 욕구를 충족시키는 데 필요한 재화와 서비스를 얻지 못하게 하는 것은 잔인하고도 불공평한 일이다. 따라서 적어도 이러한 경우에는 경제성장이 당연한 해결책으로 보인다.

경제성장의 추구를 지지하는 두 번째 이유는 심지어 우리의 부유하고 풍요로운 사회에서도 여전히 가난과 결핍이 존재하기 때문이다. 훌륭한 사회안전망을 갖춘 부자 나라로 간주되는 독일에서조차도, 못 사는 재개발 지역의 현장을 실제로 가보거나 그곳의 아이들이 어떤 궁핍 상태에서 살고 있는지를 보면 눈물이 날 정도다. 물론 자녀를 많이 낳아 그 아이들 앞으로 나오는 복지수당으로 최신 전자제품, 소니 플레이스테이션이나 닌텐도 Wii 최신 버전을 집에 쌓아놓고 사는 '복지 왕'이니 '복지 여왕' 이야기도 항상 나돈다. 하지만 이는 일부 현상일 뿐이다. 심지어 그렇게 전자제품이 넘쳐나는 집들에도 양질의 식품은 없고(정크푸드가 신선한 야채와 과일보다 싸다), 책이나 아이들의 발달에 중요한 여타 장난감들은 볼 수가 없다. 게다가 복지수당을 받는 부모들 모두가 복지제도를 어떻게 갖고 놀아야 하는지 제대로 알고 있는 것도 아니다. 이런 경우 대개는 재화 및 서비스 공급 방식에 개선이 이뤄지면 해당 가족들은 훨씬 더 잘살게 될 것이다. 이런 맥락에서 우리는 경제적 산출이 단지 DVD 플레이어나 자동차를 더 생산하는 것만을 뜻하지 않는다는 점을 명심해야 한다. 경제적 산출은 또한 더 많은 사회 서비스를 조달하는 데, 이를테면 재개발 지역에 방치된 아이들을 돌볼 사회복지사를 파견하는 데 쓰일 수도 있다.

이 모든 것들을 평균 1인당 GDP 2만7,500달러면 충분하다고 주장할 수도 있다. 이 소득을 제대로만 분배하면 즉 중산층에 대한 조세를 늘리고 사회복지사들에게 그 돈을 지불하면 되지 않느냐는 것이다. 그럴지도 모른다. 하지만 이런 규모의 재분배는 민주주의 사회에서는 달성이 불가능다고 보아야 한다.

우리는 행동경제학이나 앞에서 말한 행복 연구를 통해, 사람들이 어떤 재화나 서비스를 얻을 가능성보다는 무언가를 잃을 수도 있다는 잠재적 가능성에 더욱 민감하며, 따라서 후자에 더 많은 비중을 둔다는 것을 알고 있다. 이는 결국 사회복지사들의 봉급이나 사회적으로 바람직한 기타 프로젝트들에 필요한 자금을 조달하는 문제에서도 기존의 소득이나 부에 세금을 매기는 것보다는 경제성장을 통해 새로 발생하는 소득에 대해 세금을 매기는 편이 정치적으로 훨씬 더 현실적이라는 것을 뜻한다. 따라서 GDP가 높아진다고 우리가 자동적으로 행복해지는 것은 아닐지라도, 이는 선한 정부가 가난한 이들을 행복하게 해줄 정책들을 실시하는 데 도움이 된다.

이러한 논리는 지구적 규모로 가게 되면 더욱 무게를 얻게 된다. 미국 등 선진국으로부터 인도와 방글라데시 같은 나라들로 대규모로 부를 재분배하면 후자 나라들의 빈곤을 근절하는 데 도움이 될지 모른다(하지만 반드시 경제발전이 있어나는 것은 아니다. 단순한 이전으로 경제발전이 자동적으로 벌어지는 것은 아니다). 하지만 이를 위해 이전되어야 할 소득의 규모가 얼마나 커야 할지 생각해보라. 그리고 이 돈이 실제의 발전에 가져올 효과도 의심스럽다는 점도 생각해보라. 게다가 지금 미국이 공식 개발 원조(Official Development Assistance)로 내놓는 얼마 되지도 않는 돈이 이미 미국 내에서 엄청난 반발을 불러일으키고 있다는 점도 생각해보라. 그런 식의 재분배 가능성은 절망적이리만치 비현실적이다.

생산성의 증대는 노동시간을 줄이는 것과 생산 및 소비를 늘리는 것 사이에서 분배가 가능하다. 두 가지 선택지 중 어느 쪽을 택해야 하는가? 혹은 두 가지를 어떻게 결합시켜야 하는가? 이런 선택을 사회 전체에 강요할 수 있는 '선한 독재자'는 우리에게 없다. 만약 사람들이 더 많은 서비스를 원하고 또 인구가 늘고 있다면 경제는 이러한 선호 사항들을 충족시키기 위해 성장해야만 한다. 이는 결국 우리를 '지속 가능한 성장이 가능한가' 라는 질문으로 이끌게 된다.

경제성장과 생태적 지속가능성의 조화

두 번째 중요한 질문은 '우리의 생태적 환경이 과연 경제성장 과정이 계속되도록 지탱할 수 있느냐' 이다. 선진산업국의 성장률이 떨어져야 한다는 것은 분명하다. 만약 우리의 1인당 소득이 계속해서 2퍼센트로 성장한다면 이는 다음 세기에는 1인당 소득이 7배가 늘어난다는 것을 뜻한다.* 하지만 문제는 우리가 과연 성장을 이룰 수 있으며 또 그렇게 해야 하는가이다. 회의주의자들은 경제성장이 필연적으로 천연자원의 사용을 증대시키게 되어 있다고 주장한다. 화석연료를 쓰든, 금속류를 쓰든, 아니면 대기권을 이산화탄소와 기타 오염 물질을 버리는 싱크대로 쓰든, 어쨌든 더 많이 쓰게 된다는 것이다. 분명히 하자면, 생태적인 이유 때문에 기존 유형의 경제성장은 지속가능하지 않다. 이를 1세기나 그 이상 재앙적인 결과들을 초래하지 않고 밀고 가기란 불가능하다. 그리고 설령 지금부터 전 세계적으로 GDP 성장이 전혀 일어나지 않는다고 해도, 현존하는 생산 및 소비의 구조는 지속가능하지 않다. 여기에 중요한 두 가지 핵심 영역이 있으니, 이른바

• GDP가 이번 세기 동안 7배 이상 증가하게 되는 이유는 성장률이 복리로 계산되기 때문이다. 즉 경제성장으로 불어난 몫들이 누적적으로 다시 경제성장률의 계산 대상이 되기 때문이다.

지구온난화와 천연자원의 희소성이다.

지구의 기온은 계속 올라가고 있다. 지난 세기에 전 세계의 기온이 아주 급속하게 올라갔다는 점은 분명하며, 이 온난화 과정은 근년에 들어 가속도를 올리고 있다. 그리고 이러한 사태 전개가 인류에게나 세계경제에나 대단히 큰 비용을 초래할 것이라는 것도 의문의 여지가 없다. 영국 정부가 2006년부터 발표해온 기후 변화 보고서에서, 세계 은행의 수석 경제학자 출신인 니컬러스 스턴(Nicholas Stern)은 대규모 연구 팀이 내놓은 결과들을 개관한바 있다. 스턴 보고서(Stern Review) 의 전반적 메시지는 지구의 기온이 2도 이상 오르게 되면 계산조차 불가능한 규모의 비용이 든다는 것이다. 만약 아무 행동도 취하지 않는다면 전 세계 GDP의 5퍼센트가 영구적으로 매년 사라질 것이라는 것이 이 보고서의 주장이다. 또한 더 넓은 범위에서 발생할 위험과 충격까지 감안한다면 그 비용은 GDP의 20퍼센트 혹은 그 이상으로까지 치솟을 것이라 전한다. 문제는 미래의 온난화와 그 여파가 어느 정도일지 지극히 불확실하다는 것이다. 이때 나타날 부정적 효과는 오늘날 사람들이 염려하는 것보다 훨씬 극단적일 수 있다. 근래의 더욱 심층적인 연구 결과에 따르면, 역사적으로 예측된 바 없는 결과들이 무수히 나타나며 이것들이 다시 추가적인 온도 상승의 원인으로 누적되면서 세계 기온이 비선형적으로 상승할 수 있다는 사실도 알려졌다. 예컨대 기온이 높아지면 토양이 마르고 삼림이 파괴돼 대기 중 이산화탄소 양은 더욱 증가할 것이며, 바다의 온도가 높아지면 가스는 더 방출될 것이다.[*]

• Stern 2007: XVff: Green New Deal Group 2008.

온실가스 배출 증가의 대부분은 세계적인 인구 증가와 개발도상국의 생산 증대에서 빚어진 것이다. 1976~2004년 사이 선진국의 연간 1인당 이산화탄소 배출량은 정체를 보였고 심지어 1인당 12톤 약간 넘는 양에서 12톤 아래로 떨어지기까지 했다. 개발도상국들의 이산화탄소 배출 수준은 여전히 아주 낮다. 1976~2004년 사이에 1인당 2톤 이하에서 4톤 정도로 늘어났으며, 특히 1980년대 이후 가장 괄목하게 배출량이 늘어났다. 이는 곧 현재 상태에서 개발도상국들이 1인당 GDP를 따라잡으면 이산화탄소 배출 증가 추세에 강력하게 가속도를 올리게 되며 결국 지속가능하지 않은 형국으로 몰아가게 된다.[*] 설상가상으로 개발도상국의 인구 증가는 여전히 상당한 수준이다. '먼지 나는' 산업 생산의 대부분이 개발도상국들에 집중되어 있다는 점도 주목해야 한다. 국제에너지기구(International Energy Agency)에 따르면 선진국에서 에너지와 관련하여 나오는 연간 이산화탄소 배출량은 1980년과 2010년 사이에 100억 톤 수준에서 아주 약간만 늘어난 상태이며 2030년에는 아마도 150억 톤에 이르게 될 것이라고 한다. 옛날 공산권 나라들의 이산화탄소 배출은 40억 톤 정도 수준에서 정체되어 있으며 이 추세는 아마도 향후 20년간 계속될 것으로 보인다. 하지만 개발도상국들의 이산화탄소 배출은 1980년의 40억 톤에서 2010년의 100억 톤으로 빠르게 늘어났으며, 이는 2030년이 되면 200억 톤까지 증가할 것으로 보인다.[**]

오늘날 대기 중 이산화탄소 밀도는 대략 430피피엠이지만 2015년에는 450피피엠 정도가 될 것이다. 스턴 보고서에 따르면, 500피피엠

[*] Stern 2009: 19ff.
[**] International Energy Agency 2006.

도 이미 몹시 위험할 거라는 것이다. 그렇게 되면 1850년에 비해 온도 증가가 2도 이상일 확률이 95퍼센트이며 5도 이상일 확률도 3퍼센트라는 것이다. 이와 비교하여 1850년에서 오늘날까지 지구의 평균 온도는 0.8도 늘었을 뿐이며, 이 또한 역사적 관점에서 보면 지극히 빠른 수치라는 것이다. 많은 과학자들은 대기 중 이산화탄소 밀도가 500피피엠이 될 경우 사태는 너무나 위험하며 이를 400피피엠으로 낮추어야 한다고 말한다. 이는 온도가 2도 이상 올라갈 확률을 50퍼센트로 줄이게 된다는 것이다. 30년간 아무 행동도 취하지 않고 기다리기만 한다면 이산화탄소 밀도는 525~550피피엠으로 올라가며, 또 600피피엠까지 올라가는 것을 피하기가 대단히 어려워진다. 스턴의 표현대로, "이는 지극히 위험한 영역이다."[*]

기상학자들 대다수는 이 온실효과가 인간 활동에서 비롯되었으며 지구온난화의 원인이 되고 있다고 주장한다. 온실가스의 배출은 자연적 과정으로 흡수하기에는 너무나 크다는 것이다. 열대림 지역이 깎여 나가면서 삼림의 온실가스 흡수량은 더욱더 줄어들었다고 한다. 지구온난화가 태양의 활동과 관련된 자연적인 현상이라고 설명하는 이들도 있지만 이는 소수에 불과하다. 이렇게 기후 변화의 원인에 대해서는 소수가 제기하는 의문도 있고 또 기후 변화의 정도와 속도에 대해서도 불확실성이 있는 것은 사실이지만, 대다수 과학자들이 옳다고 가정하는 것에 기대는 것 말고는 사실상 별다른 방도가 없다. 행동을 취하지 않는다는 것은 러시안룰렛이나 다름이 없다. 차이점이 있다면 피스톨에 들어가는 총알이 하나 이상이고, 어쩌면 탄창의 모든

[*] Stern 2009: 40. 데이터는 다음을 보라. Stern 2009: 38ff.

약실이 장전되어 있는지조차 알 도리가 없다는 것뿐이다. 어쩌면 억세게 운이 좋아 아무 일 없을지도 모른다. 하지만 만에 하나 일이 터졌을 때 도래할 위험과 결과는 너무나 극단적인 것이다.

지구온난화의 문제는 온도 상승에만 있는 게 아니다. 여기에서 물이 어떤 영향을 받느냐가 최대의 문제이다. 가뭄과 홍수같이 극단적인 기상 현상만 나타나는 게 아니다. 극지방의 얼음이 녹고 해수면이 올라가면(어떤 시나리오에서는 무려 7미터까지 상승한다) 각종 자연재해, 해수면 상승으로 인한 토지 소멸, 광범위한 사막화 등이 나타나며 이는 다시 필연적으로 새로운 이민의 물결을 낳고 경제적 · 정치적 혼란을 가져올 수밖에 없다.

1950년부터 오늘날까지 약 70퍼센트의 온실가스 배출은 선진국에서 나왔다(세계 인구 67억 중 여기에 사는 사람 숫자는 10억뿐이다). OECD 국가들의 가스 배출이 앞으로 조금밖에 늘지 않을 것이므로, 앞에서 말한 대로 앞으로 배출 증가는 대부분 개발도상국들에서 일어날 것이다.* 이 숫자로 볼 때 개발도상국들이 지구온난화 논쟁에서 중심적인 위치를 차지할 수밖에 없는 이유가 몇 가지 있다. 첫째, 개발도상국들은 과거에 발생한 대부분의 배출에 책임이 있는 것은 선진국들이며 이제 와서 조정에 따르는 모든 부담을 가난한 나라들에게 지우는 것은 공정하지 않다고 주장하며, 이는 올바른 주장이다. 둘째, 개발도상국들은 지구온난화로 가장 큰 영향을 받을 나라들이라는 점이다. 이들은 지리적으로 아주 취약한 지역에 있는 경우가 많다. 이를테면 방글라데시의 경우, 해수면이 상승하면 심각한 타격을 입을 것이다. 아

• Stern 2009 : 23.

프리카의 여러 지역들은 가뭄으로 심하게 고통받는 지역이며 아시아의 여러 부분들은 강한 계절풍으로 위협받고 있다. 게다가 이러한 나라들은 기후변화의 효과들로부터 스스로를 지킬 수 있는 자원도 결핍돼 있다. 아주 작은 기후 변화만 벌어져도 이 가난한 나라들이 순조롭고 신속한 경제발전을 이룰 기회는 크게 감소하고 말 것이다. 셋째, 선진국과 개발도상국들이 서로 협력하지 않는 한 지구온난화의 위협에 대한 해결책이 나올 수 없다.

두 번째 큰 문제는 천연자원의 비축량이 제한되어 있다는 것이다. 예컨대 조만간 채굴 가능한 유전이 모두 고갈될 상황이어서 현재의 전 세계 석유 소비는 지속될 수가 없다. 게다가 석유에 대한 세계 수요는 더 늘고 있다. 저렴한 석유 생산이 최대치에 달하는 것—오일피크—은 몇십 년 뒤에 벌어질 문제가 아니다. 당장 시급한 문제이다. 국제에너지기구는 비(非)OPEC 지역의 석유 생산은 몇 년 뒤 정점에 달할 것이라고 주장했다(International Energy Agency 2006). 이 보고서는 전 세계의 수요 증대는 사우디아라비아, 이란, 이라크의 석유 생산에 좌우될 것이라고 지적한다. 이 지역의 장래의 정치적 안정성에서 보자면 이는 좋은 소식은 아니다. 하지만 OPEC에서도 크고 값싼 유전들은 제한되어 있으며 늘어나는 수요를 재빨리 충족시킬 수는 없을 것이다. 물론 아직도 얻을 수 있는 석유는 많이 있으며, 모래유전이나 해저유전이 그 예가 될 것이다. 하지만 모래에서 석유를 채취하는 것은 많은 비용이 들며 해저유전의 채취는 비용뿐만 아니라 위험하기도 하다. 이는 천연가스의 생산에도 적용되는 얘기다.[*] 아주 낙관적인 시

• Green New Deal Group 2008.

나리오를 채택한다고 해도 무언가 단호한 변화들을 이루지 못한다면 향후 몇십 년 사이에 에너지 부족과 가격 폭등이 벌어질 확률은 아주 높다. 지구온난화의 경우나 마찬가지로, 신속하게 행동하지 않고 지금보다 훨씬 더 큰 부담을 미래 세대에게 떠넘기는 것은 실로 무책임한 일이 될 것이다. 혹자는 오일피크가 오게 되면 지구온난화도 속도가 늦추어질 것이라고 기대한다. 하지만 그렇게 되면 아마도 석탄 같은 자원을 사용하게 되면서 이산화탄소 배출량이 훨씬 더 늘어나게 될 것이다.

과연 세계는 경제성장을 멈추어야 할까? 그러면 이러한 엄청난 문제들을 줄이거나 피하거나 심지어 해결할 수도 있지 않을까? 우리는 그 대답은 분명히 "아니요."라고 생각한다. 특정한 조건하에서는 경제성장이 생태적 필요를 충족시키는 것과 결합될 수 있다. 앞서 말한 문제들을 해결하기 위해서라도 경제성장은 사실상 가까운 장래에 필수적인 것이 될 것이다. 만약에 온실가스 배출을 지속가능한 수준을 유지하면서 새로운 경제성장을 일궈내고 자원 절약형 기술혁신을 이용한다면, 제한된 천연자원에도 불구하고 경제성장이 가능한 기간을 크게 늘일 수 있을 것이다. 하지만 경제성장이 최소한이나마 일정량의 재생불능 자원을 필요로 하는 까닭에 무한한 성장은 가능하지 않다는 것은 분명하다.* 영구적으로 성장이 가능하려면 그 자원이 재생가능해야 한다. 따라서 적어도 장기적으로는 재생불능의 투입요소를 사용하지 않는 생산 및 소비가 필요하다는 점이 더욱 중요해진다. 강철, 석유, 광물 같은 물질들을 생산과 소비 과정에 물질적으로 투입하던 행

---

* 사실상, 재생불능 자원들을 필요로 한다면 현재의 생산수준도 영원히 지속될 수는 없다.

태는, 이러한 자원들을 활용하는 최상의 방법과 재생가능한 투입물을 개발하는 데 더 많은 지식을 투입하는 것으로 대체되어야만 한다. 지식의 생산은 물질적 재화의 생산보다 자원 집약도가 덜하므로, 충분히 감소된 온실가스 배출과 천연자원 소비를 통해 성장을 달성할 수 있다.

경험적으로 볼 때, 이러한 혁신 과정이 가능하다는 증거가 있다. 실제로 경제성장을 탄탄하게 유지하면서도 이산화탄소 배출을 크게 줄인 나라들도 있다. 스웨덴의 예를 들어 보자. 1970년 스웨덴은 화석연료 연소로 1년에 9억 톤가량의 이산화탄소를 배출하고 있었다. 그런데 2007년이 되면 배출량이 5억 톤 이하로 떨어지게 된다. 그런데 이 기간 동안 스웨덴의 실질 GDP는 두 배 이상 성장하였다. 스웨덴은 이렇게 그 탄소 배출량을 크게 줄이면서도 탄탄한 경제성장을 실현한 것이다. 스웨덴은 풍력, 수력, 원자력을 풍부하게 활용해서 이산화탄소를 줄인 경우이므로 극단적인 경우라고 할 수 있지만, 이 예는 만약 정책 입안자들이 올바른 틀을 정하고 적절한 유인책을 제공하기만 하면 자원 절약을 이룰 수 있는 가능성이 아주 크다는 것을 보여준다. 또 스웨덴의 예는 다른 나라들에 효율성 상승의 여지가 얼마나 많은지도 보여준다. 2007년 구매력으로 측정한 미국 1인당 GDP는 스웨덴의 25퍼센트밖에 되지 않았지만, 미국 거주자들의 평균 이산화탄소 배출량은 연간 19.1톤으로 스웨덴 평균의 거의 4배에 달했다. 달리 말해, 만약 미국이 그 GDP 1단위당 이산화탄소 배출을 스웨덴 수준으로 낮출 수 있다면, 경제적 생산에 아무런 손실을 입지 않고도 배출량을 거의 4분의 3으로 줄일 수 있다는 것이다. 스웨덴의 예는 또 중국이나 여타 신흥시장국들의 이산화탄소 배출 증가 문제도 새롭게 보도록 만든다. 2007년 중국의 1인당 이산화탄소 배출량은 4.6톤으로, 스웨덴보다 적기는 하지만 그 차이는 10퍼센트 안짝이다. 하지만 중국의 1인당 GDP는 스웨덴의 1인당 GDP의 5분의 1도 되지 않는다. 따라서 만약 중국이 스웨덴과 동일한 기술을 사용한다면, 1인당 경제생산량은 스웨덴과 같은 수준에 근접하면서도 이산화탄소 배출량 증가는 10퍼센트에 불과할 수 있게 된다.

회의론자들은 여기에서 아마도 스웨덴은 이산화탄소 배출이 많은 재화 생산을 직접 하는 대신, 중국에 아웃소싱하고서 그 생산물을 수입하는 방법을 취한 것뿐이지 않냐고 물을 수도 있겠다. 하지만 설령 그것이 스웨덴이 배출량을 줄인 주된 이유라고 해도 스웨덴이 탈산업화된 국가인가 하면 전혀 그렇지 않다. 스웨덴은 여전히 철강산업과 자동차산업을 가지고 있으며, 이 두 산업 가운데 어느 쪽도 이산화탄소 배출량이 적은 산업으로 간주되지 않는다. 이는 곧 스웨덴이 단지 이산화탄소 배출 문제를 외국에 떠넘겨버리는 것이 아니라 실질적인 에너지 효율을 증대시킴으로써 이산화탄소 배출량을 끌어내릴 수 있었다는 것을 암시하고 있다.

물론 스웨덴은 특수한 경우이다. 2008년을 보자면 42퍼센트의 전력이 원자력발전소에서 왔고 47퍼센트는 수력발전소에서 왔다.[*] 원자력은 또 하나의 러시안룰렛이다. 사고 확률은 비교적 낮지만(물론 확률은 실제로는 계산할 수 없는 것이다), 큰 사고가 나게 되면 그 재앙은 이루 말로 다할 수가 없다. 이러한 유보 조항들을 달 필요는 있지만, 그래도 스웨덴의 예는 기술적 해결책의 잠재적 가능성이 얼마든지 있으며 자

● World Nuclear Association 2010.

연 조건들을 얼마든지 활용할 수 있다는 것을 보여준다. 풍력과 태양 에너지의 사용을 대대적으로 늘리는 것으로도 똑같은 결과를 얻을 수 있다. 한 예로 2010년 독일 연방 환경청(German Federal Environment Agency)은 독일이 전력 생산을 재생가능 원천으로 전환하는 것이 과연 어디까지 가능한가에 대한 철저한 예비조사 보고서를 발행하였다. 그 결과는 놀라운 것이었다. 심지어 앞으로 계속해서 경제성장이 이루어진다고 가정하고(1인당 소득이 향후 40년간 65퍼센트 증가) 또 심지어 제조업도 성장한다고 가정해도, 독일은 2050년까지 자국 전기 수요의 100퍼센트를 재생가능 원천으로 생산하도록 전환할 수 있다는 것이다. 물론 이러한 전환을 위해서 독일은 엄청난 노력을 기울여야만 한다. 독일은 날씨가 흐리고 겨울에는 일조량이 적을 뿐만 아니라, 수력발전의 기회도 없는 편으로, 재생에너지 생산에 그다지 유리한 환경이 되지 못한다. 하지만 독일 연방 환경청에 따르면, 이렇게 전환하는 쪽이 현재의 비율로 계속해서 이산화탄소를 배출하는 노선에서 예상되는 비용보다 싸게 먹힌다고 한다. 만약 전 지구의 제조업 공장이라 할 독일이 100퍼센트 재생에너지로 전환할 수 있다면, 좀 더 환경 조건이 유리한 다른 나라들도 당연히 그렇게 할 수 있을 것이다.

여기서 결정적인 질문이 있다. 자원의 사용을 계속 줄여나가고 또 위험한 가스 배출을 충분히 줄이면서도 지속적인 경제성장을 하기 위해서는 기술혁신의 과정이 반드시 필요하다. 그런데 과연 이러한 기술혁신의 과정을 지속적으로 떠받칠 수 있을까? 이는 참으로 대답하기 어려운 질문이다. 미래를 확실하게 예견할 수 있는 사람은 아무도 없다. 우리는 따라서 이러한 기술혁신 과정이 영원히 지속될 수 있을지 어떨지 결코 확실히 알 수는 없다. 하지만 여기에서 더욱 중요한 것은 이 과정이 과연 먼 미래까지 지속될 수 있을까가 아니라, 과연 향후 10년, 20년, 30년간 지속될 수 있을까 하는 문제이다. 그리고 이 단지 몇십 년에 불과한 시간적 틀에서는 기술혁신의 가능성에 대해 상당히 낙관적일 수 있다. 우리는 생산과 소비의 질에서 신속하고도 근본적인 변화를 이룬다면 이것이 얼마든지 가능하다고 믿는다. 만약 우리가 에너지 효율을 높이고 자원 고갈을 줄이는 과정을 지속하고 저탄소 성장을 이 기간 동안 달성할 수 있다고 해도, 우리의 손자 세대는 또다시 '경제성장이 여전히 가능한가'라는 논쟁에 봉착할 것이다. 하지만 그사이에 우리는 오늘날 빈곤하게 살아가는 전 세계 수십억 인구의 삶을 크게 개선해놓았을지도 모르겠다.

녹색 뉴딜

시장은 실패했다. 그리고 그 실패는 금융체제의 오작동과 충분한 일자리 창출의 실패와 용납할 수 없는 소득분배로만 나타난 것이 아니다. 자연 세계에 가져온 충격을 보아서도 시장은 근본적으로 실패했다. 시장은 이른바 외부효과의 문제를 안고 있다. 즉 가격제도는 각종 자원의 희소성 혹은 비용을 정확하게 잡아내지 못하며, 일부 재화들은 몹시 소중한 것인데도 공짜로 사용될 수가 있다는 것이다. 기업과 가정경제는 멋대로 대기를 오염시키고도 자기들 스스로 아무런 직접적 결과를 입지 않을 수 있다. 예를 들어 자동차를 몰고 전기를 발생시키면 온실가스가 배출되지만, 그 생산자들과 소비자들에게 지구온난화라는 측면에서 대단히 높은 비용이 그 안에 포함되어 있다는 사실을 경고하는 법은 없다. 열대림의 나무들을 벌목하면 이 나무들이 이산화탄소를 흡수하지 못하게 되어 그 목재를 판매하여 얻는 가격보다 더 큰 비용을 초래할 수 있다. 그러한 외부효과가 작동하게 되는 경우에는 항상 개별 구매자들이 지불하는 비용과 실제로 사회 전체가 뒤집어쓰게 되는 비용 사이에 체계적인 격차가 생겨난다.

더욱이 천연자원의 희소성은 불완전한 방식으로만 시장에 반영된다. 미래 세대들은 오늘날처럼 석유를 경매해볼 수 있는 기회조차 없을 것이다. 그 결과로 시장경제에서는 극심한 비효율성과 낭비가 나타나게 된다. 규제받지 않는 시장 메커니즘은 심지어 사회 자체의 존속조차 보장할 수가 없으니, 이는 칼 폴라니(Karl Polanyi)가 이미 오래전인 1944년에 지적했던 바 있는 사실이다. 시장의 가격이라는 것이 잘못된 신호를 낳게 돼 있는 고로, 자본주의라는 기계는 잘못된 방향으로 나아가게 만드는 기술이라는 것이다. 만약 자연이 올바른 가격을 정할 수 있다면 오늘날 우리가 사용하는 기술과 우리 주변의 물질적 세계는 전혀 다른 모습을 하고 있을 것이다. 이런 점들을 이해시키기 위해서 주류 경제학자들에게 급진적 생태주의자가 되도록 설득할 필요조차 없다. 그들이 만약 자기들 스스로 만든 모델들을 정말 진지하게 받아들인다면 이들 또한 그러한 근본적이고도 치명적인 시장 실패를 인정하지 않을 수 없을 것이다. 온실효과는 이러한 유형의 시장 실패의 수많은 예 가운데 하나일 뿐이다. 대부분의 나라들은 경제성장을 하면서 계속해서 더 많은 자원들을 사용해왔다(그런데 지난 반세기 동안 에너지 효율성은 놀랄 정도로 향상되었다). 따라서 혁신, 혹은 적어도 혁신을 실시하는 속도와 방향은 이 환경문제에 관한 한 전혀 충분한 것이 아니었다.

지금 필요한 것은 명시적인 경제정책이다. 혁신의 방향과 속도는 자원 효율성 증대로 맞추어야 하며, 또 미래 세대를 위한 생태적 지속가능성과 경제성장을 결합시킬 수 있는 생산 및 소비 방법에 맞추어야 한다. 그리고 이를 명시적인 목표로 내거는 경제정책이 필요하다. 지구온난화를 중단시키고 오일피크와 여타 자원의 부족이 가져올 부정적 효과들을 피하기 위해 필요한 것은 녹색 뉴딜이다.* 옛날의 뉴딜은 미국의 프랭클린 루스벨트 대통령과 관련이 있다. 그는 경제의 폭락이 벌어지고 난 뒤 1930년대에 펼쳐진 대공황기 동안 근본적으로 새로운 경제정책을 도입하였고, 여기에는 새로운 제도들의 창출과 정부의 개입이 포함되어 있었다. 녹색 뉴딜은 루스벨트가 직면했던 것보다 훨씬 더 큰 문제들과 직면하고 있다. 현재의 위기는 단지 경제적 · 사회적 위기이기만 한 것이 아니다. 지구온난화와 자원 부족 등 아직 제대로 알려지지도 않은 위협들이 다가오고 있다. 그리고 오늘날에는 위기의 규모가 훨씬 더 지구적이다. 예를 들어 생태적 도전들은 단순히 일국 차원에서, 심지어 선진국들의 집단 차원에서 풀 수 있는 문제가 아니다.

녹색 뉴딜에서는 다음의 다섯 가지 요소가 결정적으로 중요하다. 첫째, 에너지와 여타 재생불능 자원들에 더 높은 가격표가 붙어야 한다. 만약 석유가 1990년대의 대부분이나 2000년대 중반 무렵의 저렴한 가격을 계속 유지한다면 에너지 절약의 인센티브는 계속해서 낮은 상태일 것이다. 둘째, 발명가들과 투자가들에게 에너지와 여타 재생불능 자원의 가격이 계속해서 높을 것이라는 점을 알릴 필요가 있다. 이들이 석유 등의 자원들에 대해 믿을 수 있는 일정한 최소 가격을 알고

• 녹색 뉴딜의 기본적 아이디어에 대해서는 다음을 보라. Green New Deal Group 2008;
   Stern 2009; Pollin, Brenner and Wicks-Lim 2008; Friedman 2009.

있어야만, 자원 절약 기술의 혁신이 성공할 경우 장차 수지가 맞을지 어떨지 확신을 가질 수가 있다. 이 두 가지 점에 대한 해법은 비교적 쉽다. 재생불능 자원의 사용에 대해 조세를 무겁게 매기고, 시간이 갈수록 점점 더 무겁게 매기는 것이다. 그렇게 되면 조세액은 이러한 자원들 사용의 바닥 가격에 이를 것이며, 설령 석유의 과세 이전 가격이 더 낮은 수준으로 떨어진다고 해도, 최종 판매가는 이렇게 높은 세금 때문에 계속 더 높은 상태에 있게 될 것이다. 앞에서 말한 바 있지만, 지금 특히 유럽연합이 추종하는 탄소배출권 거래라는 방법은 현행 방식대로라면 바람직한 것이 아니다. 이런 식의 접근은 자원 사용의 가격을 크게 등락하게 만들기 때문에 기업들로 하여금 안정되고도 예측 가능한 최저 가격을 알아볼 수 없게 하며, 이것이 우리가 탄소배출권 시장에 반대하는 한 이유이다. 가격 구조를 실제 비용에 맞게 변화시키는 것 말고도, 금지, 규칙, 규제 등이 반드시 있어야 한다.

세 번째 요소는 정부가 환경친화적인 신제품들에 대한 시장을 창출해줄 필요가 있다는 것이다. 기업들은 에너지 효율성이 높은 신제품을 개발해봐야 그것이 시장에 도착했을 때 정말 소비자들이 과연 그것을 사줄지를 확신할 수 없어서 아예 개발조차 않는 경우들이 종종 있다. 어떤 기술들은 충분히 많은 수의 사람들이 그것을 사용해줄 때에만 실현이 가능해진다. 수소 동력 차량은 오로지 사람들이 충전소의 네트워크가 충분하다는 신뢰를 가질 때에만 팔리기 시작할 것이다. 한편 민간부문은 채산성이 맞을 만큼 많은 고객이 충전소를 사용할 것이라는 확신이 서기 전에는 충전소 네트워크를 세우지 않는다. 어떤 기술들은 낙인효과를 가지고 있기에 빠르게 확산되지 못한다. 이를테면 많은 이들이 수소 동력 차량은 너무 위험하다고 생각할 수 있다. 이런 경우에 정부가 특정 제품들을 조달함으로써 지도적 역할을 맡을 수 있다. 미래의 어느 시점부터는 새로 짓는 공공건물에 이산화탄소 제로 기준을 적용할 것이라는 계획을 공표한다든가 이산화탄소 배출이 기준치 이하인 차량만을 경찰차로 구매할 것이라고 공표한다면 기업들로서는 새로운 제품들에 대한 안정적인 수요가 생겨날 것이라고 믿을 수 있고 이에 따라 앞에서 말한 진퇴양난의 딜레마(Catch-22 dilemma)도 해결이 가능해진다.

넷째, 각국 정부는 좀 더 직접적으로 혁신을 장려할 필요가 있다. 어떤 연구 프로젝트는 민간부문이 떠맡기에는 너무나 크고 결과도 불확실한 것일 수 있다. 게다가 어떤 특정한 혁신은 그 자체로 상업적으로 사용할 수 있는 특허권 등으로 이어지지는 않지만 자원 효율성에 대해 일정한 지식을 추가하여 전체 경제를 이롭게 하는 것일 수 있다. 이러한 경우에 정부는 재생에너지와 자원 생산성 향상에 관심을 쏟는 연구기관들에 직접적 자금 지원을 늘려야 할 것이다.

다섯째, 정부는 생태친화적인 생산 및 소비를 가능케 하고, 또 법으로 강제할 수 있는 포괄적이고도 장기 지향적인 사회기반시설 프로젝트들을 책임져야 한다. 에너지 생산, 공공 및 민간 교통, 공공시설, 도시계획 등은 정부가 구조를 근본적으로 바꿀 수 있는 예이다. 이러한 영역들 중 많은 곳에서 사유화가 지나치게 진행되었고, 결국 기업들에게 높은 이윤을 내주는 것 말고는 아무런 긍정적인 효과를 보지 못했다. 대규모의 공기업 부문은, 특히 사회기반시설의 영역에서, 좀 더 생태적 소비를 지향하는 근본적 변화들을 추동할 수 있다. 사회기반시설의 변화, 가격 구조의 변화, 녹색 연구와 혁신에 대한 정부의 지원 등은 장기적인 공공 및 민간 투자의 역동성을 자극하여 일으킬 수 있고, 이는 경제성장이 생태적 도전들의 해결과 양립할 수 있도록 해준다. 중기적으로 보았을 때, 경제성장이 없다면 근본적인 변화는 가능하지도 않다.

이런 모든 것들이 원칙상으로는 미국, 유럽, 심지어 일부 신흥시장 국들과 같은 지도적인 경제 블록 중 어느 하나가 주도하여 시작될 수 있다. 물론 자원 사용에 대한 조세와 같은 정책을 일방적으로 실시하려면 자원집약적인 산업이 조세가 낮은 외국으로 장소를 옮기게 될 위험이 있다. 따라서 G20 수준에서 일정한 협조가 필수적이다. 한편으로 여러 오염세의 세율을 더 높게 매기는 쪽으로 함께 움직인다면 그 나라들 기업이 자원 절약 기술을 혁신하는 속도가 빨라질 것이므로 혜택을 보게 될 것이다. 마지막 수단으로는 일정한 수입품들의 이산화탄소 집약도에 따라 관세를 다변화하는 등 새로운 정책 수단을 생각해볼 수 있다.

일부 경제학자들은 자원 효율성을 올리는 발명들은 '반동효과(rebound effects)'를 낳아 결국에는 오염과 자원 소비를 줄이는 게 아니라 더 늘리게 된다고 오랫동안 주장해왔다. 이들은 그 예로 자동차들의 연비가 좋아질수록 1마일을 여행하는 비용이 떨어지게 때문에 결국 자동차로 여행하는 마일 수에 대한 수요만 늘어날 것이라고 주장한다. 그래서 결국에 가면 얻는 게 아무것도 없다는 것이다. 이러한 경제학자들은 보통 이러한 주장을 뒷받침하기 위해 수많은 역사적 일화들을 인용한다. 예를 들어 영국에서 1920년에서 1995년 사이에 가로등의 효율은 20배나 좋아졌지만, 길거리 조명을 위해 설치된 전등들의 숫자와 길이가 늘어나는 바람에 그 정도 효율성 증가로는 충분치가 않았다고 한다. 결국 도로 1마일당 전기 소비는 실제로 25배나 늘었다고 말이다.

　비록 이런 일화들이 참으로 생생한 느낌을 주기는 하지만, 우리는 이런 식의 주장은 문제가 있다고 생각한다. 적어도 미래에 대한 교훈을 도출하기에는 부족하다는 것이다. 비록 경제성장을 통한 자원 사용의 증대로 인해 과거에 이루어놓은 효율성 증가가 다 소모되고 만다고 해도, 그것이 항상 그렇게 될 거라는 근거는 원리상 없다. 특히 정부가 개입하여 자원의 과도한 사용을 방지하는 경우에는 더욱 그러하다. 지난 150년 동안 에너지 소비가 그토록 많이 증가한 원인 가운데 하나는 에너지 가격이 실질적으로 그다지 오르지 않았기 때문이다. 1950년대 이후 달러 단위로 매긴 석유가격은 상당히 강력하게 증가하였지만 이 증가는 다른 재화 및 서비스들의 가격 증가와 비교해보면 미미할 수밖에 없다. 사실 원유 1배럴의 가격은 달러의 구매력에 비추어 측량해보면 1990년대 중반이 되어도 1900년의 가격보다 더 비싸지 않았다. 석유가격이 전대미문의 수준으로 올라간 것은 오직 2005년이 지난 뒤에야 벌어진 일이다. 일반적으로 볼 때, 2차 대전 이후 강력한 경제성장이 아주 오래도록 계속되는 동안(오일쇼크 직후의 몇 년간을 제외하고) 에너지 가격은 불비례하게 쌌다. 그렇게 긴 기간 동안 석유가 싼값을 유지했으니, 에너지에 대한 수요가 에너지 효율성의 증가를 훌쩍 넘어선 것도 당연한 일이었다. 하지만 낮은 석유가격은 자연법칙이 아니다. 각국 정부는 앞서 설명한 것처럼 에너지시장에 개입하여 매년 증대되는 에너지 소비에 조세를 매길 수 있다. 만약 그 세금의 증가율이 충분히 높다면 항공, 난방, 냉방 등 에너지를 많이 잡아먹는 서비스의 활용이 기술발전에도 불구하고 싸지지 않을 것이다 (더 비싸질 수도 있다). 만약 이러한 서비스의 가격이 떨어지지 않고 심지어 오르기까지 한다면, 서비스에 대한 수요가 에너지 효율성 개선을 통해 생겨난 저축보다 더 빠르게 증가할 것이라고 예측할 근거는 없다. 따라서 현명한 정부정책은 언제나 반동효과를 막을 수 있어야 한다.

미래에
생산할 수 있는 것

일부 독자들은 이제 우리가 자기모순에 빠져 있다고 주장할지도 모르겠다. 경제성장은 하겠으나, 비행기 여행처럼 많은 에너지를 쓰는 서비스에 대한 수요가 증가해서는 안 된다면, 대체 무엇을 추가적으로 생산하고 판매한단 말인가? 따져보면 자동차, 주택, 냉장고 등과 같은 일상품들 대부분이 재생불능 자원을 사용하는 것들이 아니냐는 것이다.

그 부분적인 대답은 GDP를 (즉 경제성장을) 측량하고 계산하는 방식에 있다. 경제생산은 오로지 우리의 공장들이 매년 쏟아내는 자동차, DVD 플레이어, 티셔츠 등으로만 측량이 가능하다고 믿는 사람들이 놀랄 만큼 많다. 하지만 이런 생각은 두 가지 이유에서 잘못된 것이다. 첫째, GDP는 질적 개선을 고려해야 한다. 둘째, GDP의 많은 (앞으로도 점점 더 많은) 몫은 서비스로 구성되며 그중 여러 부분들은 그다지 자원집약적이지 않다.

첫 번째 논점이 중요해지는 이유는, 이것이 곧 현재의 소비재 묶음으로부터 좀 더 환경친화적인 재화 및 서비스로 전환하게 되면 이것이 실제로 GDP 증가로, 또 경제성장으로 이어질 수 있는 가능성을 의

미하기 때문이다. 내구성과 환경친화성이 더 뛰어난 물건은 보통 기존의 물건보다 더 비싸며 또 더 가치가 있다. 만약 100킬로미터마다 석유를 6리터씩 잡아먹는(1갤런당 연비가 47마일인) 자동차를 사려면 100킬로미터당 10리터를 사용하는(1갤런당 연비가 28마일인) 자동차보다 더 많은 돈을 내야 한다. 예를 들면 가장 잘 팔리는 독일제 자동차인 폭스바겐 골프는 두 가지 다른 버전으로 판매되고 있다. 하나는 6.4리터를 소모하는(1갤런당 연비가 44마일인) 전통적 엔진을 단 표준 모델이고, 다른 하나는 3.8리터밖에 소모하지 않는 모델이다(1갤런당 연비가 74마일). 전자는 후자보다 30퍼센트 더 싼 가격에 팔리고 있다. 이렇게 연비가 더 좋은 폭스바겐 골프는 GDP 측량에서 30퍼센트를 더해주고 있는 것이다. 따라서 장차 사용될 자동차들이 모두 표준 모델 대신 연비가 더 좋은 모델로 된다면, 생산된 차량의 수가 더 많아지지 않으면서도 (그리고 만약 오래된 차를 새 차로 교체한다면 도로에 나온 자동차 숫자도 늘어나지 않는다) 자동차 부문에서 창출된 부가가치도 (따라서 경제의 이 부분에서 창출된 GDP도) 30퍼센트는 증가할 것이다.

두 번째 논점은 새로운 서비스들은 텔레비전이나 자동차를 더 생산했을 때와 마찬가지로 GDP에 포함된다는 것이다. 우리가 만약 장기적으로 실업 상태에 있는 (따라서 노동시장에 들어갈 현실적 확률이 없는) 누군가로 하여금 하루에 두 시간씩 우리 조부모님 댁에 가서 책을 좀 읽어드리고 산책을 시켜드리도록 할 수 있다면, (그 서비스에 돈이 지불되기만 한다면) GDP는 증가한 것이 된다. GDP란 한 나라 안에서 생산되고 판매된 모든 재화와 서비스의 총액이다. 만약 어떤 종류의 서비스에 대한 시장이 창출되거나 혹은 건강, 교육, 육아, 오락, 돌봄 등의 영역에서 서비스 공급이 증대된다면 GDP는 늘어나게 된다. 물론 지불할 방법을 찾을 필요가 있지만, 어떤 종류의 서비스이든 추가적인 서비스 생산에는 돈을 지불해야 한다. 서비스 제공자는 돈을 벌어서 그것으로 다른 재화 및 서비스에 쓸 수가 있고 또 이는 조세수입도 불려주기 때문에 이는 거시경제적 관점에서 보면 문제가 될 수 없다. 또한 이를 후생이라는 관점에서 보면 사회 전체의 후생 총계는 텔레비전 한 대를 더 생산하는 것보다 그러한 새로운 서비스를 조달하는 것으로 오히려 더 크게 늘어날 수가 있다.

이렇듯 자동차의 연비가 100킬로미터당 3리터이면서 수명은 30년이나 되고, 노인들은 많은 돌봄 노동을 누릴 수 있고, 평균적인 가족들이 일주일에 세 번씩 일류 요리사가 일하는 근사한 지역 음식점에서 유기농으로 재배한 먹거리로 만든 음식을 먹을 수 있는 사회라면, 지금처럼 10년에 한 번씩 차를 바꿔야 하며 노인들은 일주일에 딱 30분만 가족들을 볼 수 있고 대부분의 사람들은 에너지를 잡아먹는 구형 전자레인지에다가 냉동식품을 돌려 먹는 우리 사회보다 더 높은 GDP를 가지게 된다는 것이다. 후자의 사회에서 전자의 사회로 이행하는 데는 몇 년 이상 걸릴 것이며, 그동안 우리는 경제성장의 시간을 갖게 될 것이다.

시장의 힘만으로는 이러한 자원보존형 사회에 도달할 가능성이 낮다. 여기서도 다시 한번 정부가 필요하다. 정부가 나서서 올바른 방향을 가르쳐주고 그 방향으로 유인책을 설정해주고 조세를 조정하고, 또 여러 가지 이유로 민간부문이 이러한 자원보존형 활동에 직접 자금을 대려고 하지 않을 경우에는 스스로 그러한 서비스에 대한 지불책까지 마련해야 한다.

더 많은
여가 시간

이러한 자원 효율성의 증대와 긴밀한 관계를 맺는 또 다른 사안은 노동생산성이 날로 증가한다는 사실이다. 기술적 진보로 인해 에너지와 자원의 효율성만 올라가는 것이 아니라 자동차 한 대 혹은 신발한 켤레를 생산하는 데 필요한 노동시간도 계속 줄어들게 된다. 그결과 우리 사회에서 생산될 수 있는 재화 및 서비스의 양은 계속해서 증가한다.

앞에서 보았듯이, 원리상으로는 이것이 좋은 상황 전개이다. 우리는심지어 부자 나라에서조차 여전히 모든 기초적 필요와 욕구가 충족될수 있는 상황과는 한참 거리가 멀다. 가난한 나라에 사는 수십억의 사람들은 말할 것도 없다. 소득분배를 좀 더 평등하게 하고 정부수입의기반을 더 안정되고 충분하게 만든다면 이렇게 끊임없이 증가하는 재화 및 서비스의 공급에 대해 충분한 수요를 창출할 수 있다.

이렇게 소득 증대를 좀 더 균형 있게 이룰 수 있다면, 소비수요의 증대 역시 지난 몇십 년간 우리가 봐왔던 사회보다는 더욱 균형 있게 (또위기가 일어날 가능성은 적게) 이루어질 것이다. 하지만 설령 그렇다고 해도, 이것만으로 현존하는 모든 노동력에게 표준적인 주간 40시간의일자리를 보장하는 방식으로 공급을 유지할 만큼 충분한 수요가 될지는 불투명하다. 시장은 주류 경제학자들이 주장하는 것처럼 생산성상승이 벌어진다고 해서 이것을 자동적으로 더 많은 경제적 산출로바꾸어주지는 않으며 대신 얼마든지 대량 실업 사태를 낳는 쪽으로갈 수도 있다는 사실을 인식하는 것이 중요하다. 만약 노동연령의 인구가 늘어나고 그 결과 노동공급이 증가하게 되면 이 문제는 더욱 날카롭게 제기된다. 자본주의는 인구가 늘어날 때마다 그들에게 더 많은 일자리 기회를 제공해줄 수 있는 자동적 메커니즘 따위는 없는 체제다. 만약 부가 증가한다고 해도 사람들이 그 늘어난 소득을 어디에 써야 할지를 잘 몰라서 결국 저축을 증대시키는 쪽으로 행동하게 되면, 거기에 정부마저 이 활용되지 않은 민간소득에 어떻게 세금을 매기고 또 어떻게 이 소득을 지출로 전환시켜야 할지 현명한 방법을 생각해내지 못한다면, 총수요는 공급 이하의 상태에 머물며 장기적으로 부족 사태가 벌어질 수도 있다.

이 책에서 우리는 중기적 전략으로 무엇보다도 전체 경제의 수요를 증대시키는 것을 해결책으로 제시하였다. 다른 어떤 방법보다도, 부유하고 소비 성향이 낮은 가정경제들로부터 가난하고 소비 성향이 높은 가정경제들로 재분배를 행하는 것을 우선 고려해봐야 한다. 하지만 지금까지 위에서 한 모든 검증을 고려한다고 해도, 생산이 항상 증가할 것이라는 교리는 성립할 수가 없다. 장기적으로 본다면, 충분히 성숙한 사회는 1인당 경제생산을 증대시키는 것을 더는 목표로 삼지 않게 될 것이다.

물론 생산성의 증대는 더 많은 여가를 제공하는 데 쓰일 수도 있다. 이렇게 되면 소비가 증대하는 속도는 둔화될 것이며 노동시간은 점차 줄어들 것이다. 성숙한 선진 산업사회라면 다양한 종류의 노동시간 단축을 고려해야 하며, 실제로 산업화가 시작된 이래 그렇게 된 적이 여러 차례 있었다. 서브프라임 위기와 유럽 재정위기의 압박 속에서, 비용 절감 전략의 틀에 갇혀 노동시간을 더 늘리는 경향이 존재해왔다. 이러한 정책은 참으로 무의미하며 실업 문제를 더욱 심화시키는 데 일조할 뿐이다. 장기적으로 볼 때 성장을 선호할 이유도 없으며 또 후생을 증대하는 데 필요한 것도 아니라면, 실업이 문제가 되지 않게 만든다는 원칙하에 노동시간은 재조정될 필요가 있다.

그렇기는 하지만 노동시간을 빠르게 줄이는 것은 어려운 일이다. 이는 체제 자체보다는 전반적인 사회적 태도와 더 관련이 깊은 문제이다. 경제체제는 성장을 덜 하더라도 충분히 기능할 수 있음에도 전반적인 사회적 태도는 여전히 성장에 고착되어 있으며, 많은 이들은 기본적인 물질적 필요가 충족된다고 해도 여전히 더 많은 것을 계속해서 소비하고 싶어 한다. 이는 이미 케인스가 1930년대에 관찰한 바다.

새로운 발전모델에 대해 현재 진행 중인 논쟁에서 이러한 근본적인 고찰이 무시되어서는 안 된다. 특히 노동시간의 단축은 모든 미래의 경제적·사회적 모델에서 한 부분으로 포함되어야만 한다. 생산성의 증대는 부분적으로 노동시간 단축을 위해 사용될 수 있으며, 어느 정도까지는 실질임금의 상승도 희생시킬 수도 있다. 물론 사람들이 노동시간 단축에 얼마나 기꺼이 동의할지는 소득분배에 달린 문제이다. 특히 소득분배 구조에서 최하층에 있는 이들은 여전히 자신들의 물질적 필요가 충족되지 못했다고 느낄 수밖에 없기 때문에 자기들의 노동시간을 줄이려 들지 않을 것이다. 분배의 문제가 함께 논의된다는 조건하에서만 이들은 노동시간 단축을 선택할 것이다.

새로운 이야기를 풀어내자

어쩌면 아직도 많은 독자들은 강력하고도 역동적인 자본주의가 갖는 혁신의 역량을 정의, 평등, 지속가능성, 인간적 진보와 안정성 등의 가치와 결합시키는 '괜찮은 자본주의'라는 것을 희망사항쯤으로 여기고 있을지도 모르겠다. 좋은 이야기이기는 하지만, 전혀 현실성 없는 이야기는 아닐까? 게임의 규칙을 완전히 바꾸고, 정부와 사회와 시장의 역할을 지역적·국가적·지구적 수준에서 모두 전환하자고? 현재 자본주의체제의 엄청난 수혜자인 소수의 막강한 권력자들은 완전히 손해를 보게 될 텐데? 그런 일이 가능할까?

하지만 우리는 변화의 전망이 그렇게까지 음울하지는 않다고 믿으며, 계속해서 이러한 종류의 자본주의로 가는 변화를 강력하게 주장하고 있다. 경제사에서는, 사람들의 견해에 근본적인 전환이 생기고 그 뒤에 경제제도들의 구조에도 근본적 전환이 따라오는 사례를 얼마든지 찾아볼 수 있다. 일례로, 귀금속으로 가치를 뒷받침하지 않는 화폐란 오랫동안 상상조차 할 수 없는 것이었다. 오늘날 그 어떤 주요 통화도 더 이상 발행 은행에서 금이나 은으로 태환되지 않는다. 1930년대 대공황이 시작되던 무렵, 경기의 하강과 상승을 가로막을 그 어떤 짓도 정부가 해서는 안 되며 할 수도 없다고 모두들 믿었다. 하지만 프랭클린 루스벨트 대통령 휘하의 미국은 1930년대 뉴딜 정책으로 사회의 권력관계를 근본적으로 변화시키고 금융체제를 다시금 길들였으며 노동조합과 노동시장 제도들을 강화시켰을 뿐만 아니라 소득분배까지 변화시켰다. 이와 거의 동시에 존 메이너드 케인스는 자신의 책 『일반이론』에서 종래의 경제적 사유를 완전히 거꾸로 뒤집어버렸다. 2007년이 될 때까지 영국과 미국 정부가 자국 민간은행의 최대주주가 될 것이라고 믿었던 사람은 정말로 한 사람도 없었다. 오늘날 두 나라 모두 금융체제의 많은 부분이 국가에 의존하거나 공공소유로 들어온 상태이다. 이러한 상황 전개와 함께 시장과 국가의 관계에 지속적인 변화가 일어난다면, 우리가 익히 알아온 모습의 경제에서도 주요한 변화들이 나타날 수 있다. 당연한 일이지만, 그러한 전환이 꼭 새로운 (경제)사상에서 도출된 결과여야 하는 것도 아니며, 특정한 규제를 위한 '객관적 필요들' 혹은 특정한 형태의 경제 설계도에서 나온 결과여야 하는 것도 아니다. 정치적 행동과 마찬가지로, 사상도 자신들이 생각하는 현실을 또렷하게 제시하고 그것을 실현할 힘이 가장 강력한 이들의 이익을 따라가게 되어 있다. 예를 들어 한 은행을 국유화―최근의 위기에서 우리는 이를 여러 번 목도한 바 있다―했다고 해서 사회주의의 세상이 밝아오는 것은 아니다. 오히려 그 반대가 사실이라고 주장할 수 있다. 한 은행을 국유화하거나 심지어 은행체제 전체를 공적자금으로 구제하는 것은 정부와 시장 간 관계의 현상태(status quo)를 보존하기 위해서라고 할 수 있는 것이다.

그럼에도 불구하고 공황과 위기는 더 급진적 변화의 기회를 받아들이는 창문의 역할을 할 수 있다. 그것들은 지금까지 사실상 아무도 의문을 제기하지 않은 채 확산돼왔던 모든 교조들과 이해관계들에 의문을 제기할 수 있게 해준다. 또 한걸음 물러서서 지난 몇십 년간 우리의 경제에서 정말 잘못된 것이 무엇이었는지, 그리고 어째서 우리의 경제체제가 이렇게 많은 점에서 심한 결함을 안게 되었는지를 깊이 반성할 수 있는 기회를 준다. 많은 이들이 시장자유주의적 세계화로 삶의 질이 악화되고 말았다. 많은 이들의 삶이 더욱 불안정해지고 또 많은 이들이 사회적으로 배제됐다. 일자리와 사회보장제도는 갈수록 금융시장의 숱한 광풍에 노출되었고, 경제위기와 이로 말미암은 새로운 경영방식들은 사람들의 직장생활과 삶 자체를 날로 더 심하게 헝클어놓고 말았다. 이는 도덕적으로도 심히 모욕적인 일이지만, 이 책에서 우리가 제시한 것처럼 경제적으로 보아도 생산성을 심각하게 망치는 일이다. 사회구성원의 대부분이 날로 극심해지고 통제가 불가능해지는 시장의 변덕에 제 목숨이 걸려 있다고 느끼고 있으며, 그 수는 또 날로 더욱 늘어나고 있다. 사회의 응집력은 사람들의 뜨뜻미지근한 무관심과 가중된 사회적 혼란 속에서 위태로워졌다. 우리는 이러한 위험에 직면해 있다. 모든 수준에서 세계화를 더 잘 규제하자는 것은 이제 선택의 여지가 없는 지상명령이다. 최근의 위기 같은 것을 경험하다 보면 정치 및 시민사회의 행위자들은 공공도서관이 문을 닫게 되는 것과 엉망으로 경영한 금융기관이 수십억 달러의 돈을 받아 구제되는 것 사이에 긴밀한 연관이 있음을 간파하게 된다. 그동안 워낙 시장자유주의가 도처에서 하도 요란한 소음을 내며 떠들어대는 탓에 오랫동안 침묵을 지켜야 했지만, 이제 우리 사회에는 정치적 반대의 목소리를 드높일 만한 담론의 공간이 다시금 열리고 있다.

하지만 한 가지는 아주 분명하다. '괜찮은 자본주의'가 아무런 규제도 없는 현행 체제의 수혜자들의 손에서 만들어지지는 않을 것이라는 점이다. 그들이 누리는 이윤은 그들이 가진 특권들에 아주 단단히 뿌리박은 것이어서, 이들이 그 특권들을 공공의 통제에 순순히 넘겨줄 리는 없다. 그 반대가 진리일 것이다. 지금까지 지구적인 금융 엘리트들이 도장을 찍어준 사안들은 대부분 상황을 전혀 치유하지 못하면서 치유된 듯한 환상만 불러일으키는 위약(僞藥: placebo) 처방일 뿐이다. 이보다 더 뿌리 깊은 개혁을 위해서는 우리가 이 책에서 주장했듯이, 현재의 금융자본주의를 떠받치는 권력관계를 변혁해야만 하며, 이는 곧 국가와 시장의 관계를 근본적으로 재조정해야 함을 뜻한다.

이러한 변화가 현실화되기 위해 반드시 필요한 전제 조건이 있다. 시장과 그 행위자들이 어떻게 기능하며 또 어떻게 기능장애를 보이는지 보이지 않는 심층까지 깊숙이 짚어내고, 지금까지 벌어진 일이 무엇이었는지를 이해할 수 있게 이야기를 풀어낼 수 있는 혜안이다. 근본적인 경제 혼란과 위기가 닥치면 그러한 종류의 이야기는 생생하게 빛을 발하기 시작하는데, 자본주의의 단층선이 어디인지를 조명해볼 수 있는 기회를 열어주기 때문이다. 국내 및 국제 금융시장의 행위자들이 아무 규제 없이 상상을 초월하는 규모로 벌여온 과도한 행태들이야말로 그 단절들을 진단하게 해줄 괄목할 만한 증후들이다. 다른 행위자들을 앞서가야만 하는 구조적 필요성(벤치마킹)과 함께, 신중한 감독과 규제가 부재한 체제의 특징과 결합된 이들의 독특한 유인구조(상여금 지급)는 모종의 악순환을 만들어냈다. 이것은 2000년대 후반에 자본주의 역사상 가장 심각한 위기 가운데 하나를 낳고 말았다. 하지만 우리가 앞에서 보여준 바 있듯이, 이 체제에서 생겨난 기능부전에서 오직 한 측면(이를테면 상여금 지급을 제한하는 문제)에만 초점을 둬서는 이러한 악순환을 깨기에 역부족일 것이다. 이것이 바로 우리가 우리 경제체제의 바닥 모를 심연까지 깊숙이 들여다보고자 했던 이유이다. 미국의 도드-프랭크 법이나 소비자 보호법, 혹은 독일에서 시행된 특정 유형의 금융상품 공매 금지 조치와 같은 것들은 옳은 방향으로 나가고 있지만, 현행 자본주의가 품고 있는 결함들을 전부 상대하지는 못하며 심지어 그 주된 뿌리조차 건드리지 못하고 있다.

그러한 방향으로 가는 첫걸음이 장차 더욱 광범위한 제안들과 구체적 조치들로 거듭나, 겉모습만 고치는 식이 아닌 정말로 근본적인 변화를 가져올 긴 투쟁의 시작이 될 수 있을까? 이는 논리와 주장의 문제이며, 정치적 의지의 문제이며, 궁극적으로는 정치권력의 문제이다. 따라서 최초의 개혁들을 실시할 적부터 그 목표를 좀 더 장기적 변화로 설정하는 것은 대단히 중요한 일이다. 하지만 그러한 작은 조치들은 위약 효과를 발휘할 수 있다. 그래서 사람들과 정치가들에게 잘못된 위안을 제공하지만 이 체제의 기능에 대해서는 사실상 오직 대단찮은 충격만 가져오거나 아무런 효과도 내지 못하는 수가 있다. 이경우 '괜찮은 자본주의'를 위한 개혁의 모멘텀은 그 에너지를 잃어버리고 조만간 힘이 다 빠져버리고 말 것이다. 위대한 사상가 테오도르 W. 아도르노(Theodor W. Adorno)가 1969년 여름 그의 마지막 라디오 방송에서 말한 바 있듯이, 사람들을 해방시켜주고 그들의 힘과 권능을 강화시켜주는 일이 벌어질 때는 항상 그에 반대하여 작동하는 놀랄 만한 메커니즘이 존재한다. 아도르노는 이렇게 설명한다. 사회나 혹은 개인들(바로 우리들 자신!)을 더 성숙하게 만들고자 하는 진지한 노력에도 불구하고 형언할 수조차 없이 아주 막연한 적대적 힘들을 만나게 된다는 것이다. 이 세계에 존재하는 모든 이기적이고 탐욕적인 행태들은 우리의 노력에 맞서 즉각 달변의 대변자들을 찾아낼 것이며, 이들은 당신에게 당신이 원하는 모든 것은 불필요한 것이거나 현실성 없는 유토피아적인 것임을 증명할 것이다. 한 걸음 더 전진하고자 하는 정치적 시도는 새로운 이야기를 풀어내야 하며, 기득권자들을 위해 작동하는 억압적 힘에 맞서는 해묵은 싸움을 이어가야 하며, 권력이 현저하게 줄어든 저들에게 의제설정의 권능을 넘겨주어 스스로를 거세하는 우를 결코 범하지 않아야 한다.

우리가 이 책에서 제기한 개혁의제들은 금융규제를 어떻게 할 것인가의 협소한 논쟁을 넘어서 개혁의 모멘텀을 계속 유지할 수 있도록 마련한 것이다. 금융규제의 논쟁은 재무부와 금융기관의 전문가들이 주도하는 고도로 기술적인 담론이다. 그리고 우리가 그럼에도 계속 시장을 옹호하여 주장하는 것은 여러 시장들의 기능부전을 우리가 목도했기 때문이다.

우리는 시장을 사회의 바탕에 심는 여러 제안들을 전개하였다. 그 제안들은 시장이 자신의 본질적인 역동성을 만인의 이익을 위해 펼칠 수 있을 만큼 충분한 자유를 허락하면서 또 동시에 실패의 빈도를 최소한으로 줄이는 방식들로 마련되었다. 괜찮은 자본주의에서 시장은 혁신과 효율성을 가져오는 자신의 잠재성을 온전히 풀어놓게 될 것이다. 시장은—정부 규제와 더불어—지속가능하면서도 공정한 사회를 위한 녹색 뉴딜을 이루는 데 결정적으로 중요한 도구이다.

시장은 사적 소유를 필요로 하지만, 또 다른 형태의 소유와도 얼마든지 양립이 가능하다. 다양한 형태의 소유권을 어떻게 섞으면 최상의 결과가 나올 것인가는 이론적으로 결정될 수 있는 문제가 아니다. 이는 그 사회의 전통과 그밖의 수많은 요소들에 좌우되는 문제이기 때문이다. 이 맥락에서 경제적 민주주의가 핵심적인 개념이 된다. 모든 이해관계자들, 특히 피고용자들은 기업의 의사결정에 발언권을 가져야 한다. 다양한 기업 소유의 형태를 놓고 벌어지는 논쟁은 보다 객관적일 필요가 있다. 이를테면 수도, 전기, 쓰레기수거 등의 공공서비스 조달을 위해 어떤 소유 형태를 선택해야 하는가의 문제는 어느 것이 공공의 편의를 극대화하주느냐를 근거로 결정해야 한다. 민간기업들이 만약 임금을 낮추고 또 불안정한 노동조건을 강요하는 것에만 주로 관심을 둔다면, 이는 효율성이 더 뛰어난 것이 아니다.

시장은 해방의 도구가 될 수 있다. 시장 사회와 비교해, 계획경제를 비롯해 우리에게 지금까지 알려진 모든 유형의 사회들에서는 사람들 간의 직접적인 우열관계와 종속관계는 훨씬 더 두드러지게 나타났고 개인적 선택의 범위도 훨씬 좁았다. 원리상, 시장은 시장이 없는 사회들보다 자기실현에 있어서 훨씬 더 나은 틀을 제공한다. 시장은 어떤 재화를 소비할지, 일을 얼마나 할지 또 사업을 시작할지 등을 개인들 스스로가 결정하는 것을 허용한다. 하지만 소득이 없거나 자기 노동을 판매할 수 없는 이들은 시장에서 배제된다는 것 또한 사실이다. 대부분의 경우 이러한 운명을 겪어야 하는 것은 사회에서 가장 약한 자들이며, 부자들 다수는 자신의 노력 없이 소득을 취한다. 고소득자 다수는 물려받은 재산에서 나오는 이자와 배당금으로 살아간다. 규제되지 않는 시장은 소득분배 및 사회적 참여에서 개인들 간의 격차가 점점 더 크게 벌어지는 결과를 낳는다.

앞에서 보았듯이, 특히 금융시장은 극단적 행동들을 낳는 경향이 있다. 이 시장은, 셔츠의 단추가 매매되는 시장과 달리, 경제체제 전체에 영향을 미친다. 따라서 국가는 교정이 필요할 때마다 즉각 개입해야 한다. 노동시장 등 다른 시장들도 사회적으로 바람직하지 못한 결과들을 낳는 경향이 있다. 그리고 시장이 생태 문제들의 영역에서 거대한 실패를 자초했다는 것은 의문의 여지가 없는 사실이다. 한마디로 줄이자면, 시장은 하인으로서는 훌륭하지만 주인으로서는 형편없다. 시장은 명확한 임무와 명확한 규칙과 명확한 한계를 부여받아야만 한다.

하지만 시장의 힘에 제한을 가하는 것 말고도 우리의 제안은 또 다른 중요한 차원을 포함하고 있다. 국제적으로 개방된 시장경제를 더 탄탄하고 내구성 있는 것으로 만든다는 것이 그것이다. 현재의 시장 자유주의 프로젝트가 계속될 경우 세계화 자체가 의문에 처하고 신뢰를 잃게 되며, 이에 따라 지구적으로 모든 경제와 사회가 연결되는 것 자체에 반대하는 극적인 정치적 반동이 일어날 위험이 있다. 최근의 위기 동안에 이미 다른 나라들을 희생시켜 자국의 이익을 추구하려는 경향이 새롭게 나타난 바 있다. 전 세계에 걸쳐 채택되고 있는 경기부양 패키지의 일부는 자국 제품들의 구매를 촉진하려는 요소들을 품고 있다. 그리고 거의 모든 경우에서 투입된 자금이 수입품에 지출되어 이웃 국가들에 혜택을 주는 일이 없도록 만전을 기하고 있다. 만약 서브프라임 위기의 결과들이 극복되지 않고 정치가들이 생태적 · 사회적으로 지속가능한 번영을 가져다주지 못한다면, 여러 정치적 힘들이 작동하여 결국 세계경제를 별개의 분리된 부분들로 해체해버릴 것이라는 위험을 우리는 현실로 목도하고 있다.

심각한 통화위기를 겪고 있는 나라들에 신용을 공여하기를 거부하는 행위는 말할 것도 없고, 보호주의나 경쟁적 평가절하가 나타날 가능성도 배제할 수 없다. 이렇게 되면 우리는 양차 대전 사이의 기간으로 되돌아가게 되는 셈이다. 그래서 당시처럼 경제적 회복은 다시금 파괴되고 세계경제는 위기 속으로 점점 더 깊이 침몰하게 될 것이다. 세계화는 지난 몇십 년 동안, 특히 아시아에서 수백만 명의 사람들이 빈곤에서 풀려나는 데 도움을 주었지만, 이렇게 되면 세계화의 이러한 긍정적 요소들만 억압되는 결과를 초래할 것이다. 국제무역 자체에는 아무 잘못이 없다. 이는 우리에게 과거에는 상상조차 할 수 없었던 재화와 서비스의 풍요를 가져다주었다. 물론 그 무역은 공정해야 하며, 수반되는 교통 및 운송이 생태적으로 가져올 결과들을 고려해야 함은 두말할 것도 없다. 제1차 세계대전이 끝난 후에 벌어졌던 것처럼 세계화가 무너지게 되면 인류가 직면해 있는 급박한 문제들 중많은 것들을 해결하기 어려워질 것이며, 그중에는 환경 위기와 석유나 물 같은 천연자원의 부족 문제도 포함되어 있다. 이러한 문제들은그 성격상 지구적 접근이 필요한 것들이다.

큰 재앙이 닥치고 있으며, 자기가 내놓는 개혁 제안이야말로 재앙을 피해갈 수 있는 유일의 방도라는 주장에는 당연히 아주 주의 깊게 귀를 기울여야 할 것이다. 또한 최악의 결과가 오려면 아직도 시간이 한참 남아 있을 수도 있다. 하지만 설령 지금의 위기가 지구적으로 통합된 경제에 몰락을 초래하지 않는다고 해도, 시급하게 행동을 취해야함은 절박하다. 우리가 최근 경험한 바 있듯이, 지구적인 경제위기는 별다른 경고 없이 어느 때라도 우리를 덮칠 수 있으며 수백만의 사람들을 실업과 빈곤으로 몰아넣을 수 있다. 이러한 자본주의의 위기를 겪고 나서도 행동하지 않는다면, 그리고 우리가 충분히 행동에 옮길 수 있는 기술을 갖고도 아무것도 하지 않는다면, 우리는 앞으로 경제와 사회가 더욱 악화되는 사태가 벌어졌을 때 그 책임을 피할 도리가 없을 것이다.

참고문헌

Akerlof, G.A. and Shiller, R.J.(2010) *Animal Spirits*, Princeton University Press, Princeton, NJ.

AMECO(2010) *Annual Macroeconomic Database*, European Commission, Brussels.

Ariyoshi, A., Habermeier, K., Laurens, B., Otker-Robe, I., Canales-Kriljenko, J.I. and Kirilenko, A.(2000) *Capital Controls: Country experiences with their use and liberalisation*, IMF, Washington D.C.

Bispinck, R. and Schulten, T.(2009) Re-Stabilisierung des deutschen Flächentarifvertragssystems, *WSI Mitteilungen*, Vol. 62, pp. 201~217.

Black, F. and Scholes, M.(1973) The pricing of options and corporate liabilities, *Journal of Political Economy*, Vol. 81, pp. 637~654.

Blinder, A. and Yellen, J.L.(2001) *The Fabulous Decade: Macroeconomic lessons from the 1990s*, Century Foundation Press, New York.

Bosch, G., Kalina, T. and Weinkopf, C.(2008) Niedriglohnbeschäftigte auf der Verliererseite, *WSI Mitteilungen*, Vol. 61, pp. 423~429.

Büttner, T. and Ruf, M.(2007) Tax incentives and the location of FDI: evidence from a panel of German multinationals, *International Tax and Public Finance*, Vol. 14, pp. 151~164.

Card, D. and Krüger, A.B.(1995) *Myth and Measurement: The new economics of the minimum wage*, Princeton University Press, Princeton.

Cardarelli, R., Igan, D. and Rebucci, A.(2008) The changing housing cycle and the implications for monetary policy, *International Monetary Fund, World Economic Outlook*, April, pp. 103~132.

CIA(2010) *The World Factbook*, CIA, Washington D.C.

Cohen, B.J.(2009) Towards a leaderless currency system, in E. Helleiner and J. Kirshner (eds), *The Future of the Dollar*, Cornell University Press, Ithaca.

Dodd, R.(2007) Subprime: tentacles of a crisis, *Finance and Development*, IMF, Vol. 44, No. 4, pp. 15~19.

Dooley, M., Folkerts-Landau, D. and Garber, P.(2003) *An Essay on the Revived Bretton Woods System*, NBER(National Bureau of Economic Research) Working Paper No. 9971.

Dornbusch, R.(1976) Exchange rate expectations and monetary policy, *Journal of International Economics*, Vol. 6, pp. 231~244.

Dornbusch, R.(1990) *From Stabilisation to Growth*, National Bureau of Economic Research Working Paper, No. W3302, Cambridge, Mass.

Dornbusch, R. and Frankel, J.(1988) The flexible exchange rate system: experience and alternatives, in S. Borner (ed.), *International Finance and Trade in a Polycentric World*, London.

Dullien, S.(2008) Eine Arbeitslosenversicherung für die Euro-zone: Ein Vorschlag zur Stabilisierung divergierender Wirt-schaftsentwicklungen, in *der Europäischen Währungsunion*, SWP-Studie 2008/S01, Berlin.

Dullien, S. and Fritsche, U.(2009) How bad is divergence in the euro zone? Lessons from the United States and Germany, *Journal of Post Keynesian Economics*, Vol. 31(3), pp. 431~457.

Eichengreen, B. and Hausmann, R. (eds) (2005) *Other People's Money: Debt domination and financial instability in emerging market economies*, University of Chicago Press, Chicago.

European Commission (2007) *The Labour Income Share in the European Union*, European Commission, Brussels.

Fama, E. (1970) Efficient capital markets: a review of theory and empirical work, *Journal of Finance*, Vol. 25, pp. 383~417.

Fed(2010) *Fedstats: Economic and Financial Data for the United States*, Federal Reserve Bank of St Louis, http://www.stlouisfed.org/

Fisher, I.(1933) The debt-deflation theory of great depressions, *Econometrica*, Vol. 1, pp. 337~357.

Friedman, M.(1953) The case for flexible exchange rates, in M. Friedman, *Essays in Positive Economics*, University of Chicago Press, Chicago.

Friedman, M.(1968) The role of monetary policy, *American Economic Review*, Vol. 58, pp. 1~17.

Friedman, T.(2009) *Hot, Flat and Crowded*, London, Penguin.

FSF(Financial Stability Forum)(2008) Ongoing and recent work relevant to sound financial systems, Cover note by the Secre-tariat for the FSF meeting on 29–30 September 2008, www.financialstability-board.org/publications/on_0809.pdf.

Funnell, W., Jupe, R. and Andrew J.(2009) *In Government We Trust: Market failure and the delusions of privatisation*, Pluto Press,

London.

Galbraith, J.K.(1967) *The New Industrial State*, Houghton Mifflin, Boston.

Goodhart, C.A.E.(2009) *The Regulatory Response to the Financial Crisis*, Edward Elgar, Cheltenham, UK.

Green New Deal Group(2008) A Green New Deal: joined-up policies to solve the triple crunch of the credit crisis, climate change and high oil prices, http://www.neweconomics.org/ publications/green-new-deal.

Hein, E.(2008) *Money, Distribution, Conflict and Capital Accumulation*, Palgrave Macmillan, Houndmills.

Helleiner, E. and Kirshner, J. (eds) (2009) *The Future of the Dollar*, Cornell University Press, Ithaca.

Hellwig, M.(2008) *Systemic Risk in the Financial Sector: An analysis of the subprime-mortgage crisis*, Max Planck Institute for Research on Collective Goods, Bonn.

Herr, H.(1997) The international monetary system and domestic policy, in D.J. Forsyth and T. Notermans (eds), *Regime Changes: Macroeconomic policy and financial regulations in Europe from the 1930s to the 1990s*, Berghahn Books, Providence, RI.

Herr, H.(2008) Capital controls and economic development in China, in P. Arestis and L.F. De Paule (eds), *Financial Liberalisation and Economic Performance in Emerging Markets*, Edward Elgar, Cheltenham.

Herr, H.(2009) The labour market in a Keynesian economic regime: theoretical debate and empirical findings, *Cambridge Journal of*

Economics, Vol. 33, pp. 949~965.

Herr, H.(2010) Credit expansion and development: a Schumpeterian and Keynesian View of the Chinese miracle, *Intervention: European journal of Economics and Economic Policy*, Vol. 7, pp. 71~90.

Herr, H. (in press) Money, expectations, physics and financial markets: paradigmatic alternatives in economic thinking, in H. Ganssmann (ed.), *New Approaches to Monetary Theory: Interdisciplinary perspectives*, Routledge, Abingdon.

Herr, H. and Kazandziska, M.(2007) Wages and regional coherence in the European Monetary Union, in E, Hein, J. Priewe and A. Truger (eds), *European Integration*, Metropolis Verlag, Marburg.

Herr, H. and Kazandziska, M.(2010) Asset price bubble, financial crisis and deflation in Japan, in S. Dullien, E. Hein, A. Truger and T. van Treek (eds), *The World Economy in Crisis: The return of Keynesianism?*, Metropolis, Marburg.

Herr, H. and Kazandziska, M. (in press) *Macroeconomic Policy Regimes in Western Industrial Countries: Theoretical foundation, reform options, case studies*, Routledge, Abingdon.

Herr, H., Kazandziska, M. and Mahnkopf-Praprotnik, S.(2009) The theoretical debate about minimum wages, Global Labour University Working Paper, No. 6, February 2009, Berlin.

ILO(International Labour Organisation)(2008) *Global Wage Report 2008/09*, ILO, Geneva.

IMF(International Monetary Fund)(2008) *Financial Stress and Deleveraging: Macro-financial implications and policy*, Global Financial Stability Report, October, Washington, D.C.

IMF(2010) World Economic Outlook, data, Washington, D.C. http://www.imf.org/external/pubs/ft/weo/2010/O2/index.htm.

IMF COFER(2010) database, Washington D.C. www.imf.org/external/np/sta/cofer/eng/index.htm.

Inflationdata.com(2010) http://www.inflationdata.com/ inflation/.

International Energy Agency(2006) *World Energy Outlook 2006*, IEA, Paris.

Johnson, H.G.(1972) The case for flexible exchange rates, 1969, in H.G. Johnson, *Further Essays in Monetary Economics*, Allen & Unwin, Winchester.

Kalecki, M. (1969) *Theory of Economic Dynamics*, A.M. Kelley, New York.

Kaminsky, G.L. and Reinhart, C.(1999) The twin crises: the causes of banking and balance-of-payments problems, *American Economic Review*, Vol. 89, pp. 473~512.

Kellermann, C.(2006) *Die Organisation des Washington Consensus: Der Internationale Währungsfonds und seine Rolle in der internationalen Finanzarchitektur*, transcript Verlag, Bielefeld.

Kellermann, C.(2009) *Der IWF als Hüter des Weltgelds? Zum chinesischen Vorschlag einer globalen Währung*, Friedrich-Ebert-Stiftung, Internationale Politikanalyse, Berlin.

Kellermann, C. and Kammer, A. (2009) Deadlocked European tax policy: which way out of the competition for the lowest taxes?, *Internationale Politik und Gesellschaft and International Politics and Society*, No. 2, pp. 127~141.

Kellermann, C., Rixen, T. and Uhl, S. (2007) *Unternehmensbesteuerung europ isch gestalten, Internationale Politikanalyse,* Friedrich-Ebert-Stiftung. http://library.fes.de/ pdf-files/id/04761.pdf.

Keynes, J.M. (1926) *The End of Laissez-Faire,* Hogarth Press, London.

Keynes, J.M. (1930) *Treatise on Money, Vol. I: The pure theory of money,* in *Collected Writings,* Vol. V, London and Basingstoke 1979.

Keynes, J.M. (1933)[1973] *Towards the General Theory, Collected Writings,* Vol. 8, Macmillan, London.

Keynes, J.M. (1936)[2007] *The General Theory of Employment, Interest and Money,* Macmillan, London.

Keynes, J.M. (1937) The general theory of employment, *Quarterly Journal of Economics,* No. 51, pp. 209~223.

Keynes, J.M. (1969) Proposals for an international clearing union, in J.K. Horsfield (ed.), *The International Monetary Fund 1946-1965, Vol. 3, Documents,* Washington DC.

Kindleberger, C.P. (1986) *The World in Depression, 1929-1939,* 2nd enlarged edn, University of California Press, Berkeley.

Kindleberger, C.P. (1996) *Manias, Panics, and Crashes: A history of financial crises,* 3rd edn, Basic Books, New York.

Krugman, P. (2007) *The Conscience of a Liberal,* W.W. Norton & Co., New York.

Krugman, P. (2009) *The Return of Depression Economics and the Crisis of 2008,* Norton, New York.

Krugman, P. and Obstfeld, M. (2006) *Internationale Wirtschaft,* 7, Auflage, München.

Larosière, J. et al. (2009) *Larosière Report for the European Com-mission, High Level Group on Financial Supervision in the EU,*

European Commission, Brussels.

Layard, R. (2006) *Happiness: Lessons from a new science*, Penguin, London.

Layard, R., Nickell, S. and Jackman, R. (1991) *Unemployment: Macro-economic performance and the labour market*, Oxford University Press, Oxford.

Lazonick, W. (2008) The quest for shareholder Value: stock repurchases in the US economy, www.uml.edu/centers/CIC/ Lazonick_Quest_for_Shareholder_Value_20081206.pdf.

Levy, F. and Temin, P. (2010) Institutions and wages in post-World War II America, in C. Braun and B. Eichengreen (eds), *Labour in the Era of Globalisation*, Cambridge University Press, Cambridge.

Lind, D. (2010) *Between Dream and Reality*, Working Paper for FES Nordic Countries, Friedrich Ebert Foundation, Stockholm, http://www.fesnord.org/media/pdf/100308_Daniel%20Lind%20english.pdf.

Lucas, R.E., Jr. (1981) *Studies in Business Cycle Theory*, MIT Press, Cambridge, Mass.

Marx, K. (1867) *Das Kapital: Kritik der politischen Ökonomie, Band I*, Marx-Engels-Gesamtausgabe, Zweite Abteilung, Bd. 5, Berlin.

Minsky, H.P. (1975) *John Maynard Keynes*, Columbia University Press, New York.

Mundell, R. (2000) Currency areas, exchange rate systems and international monetary reform, Paper delivered at Universidad del CEMA, Buenos Aires, Argentina, 17 April 2000, www. columbia.edu/~ram15/cema2000.html.

Naughton, B. (2007) *The Chinese Economy: Transition and growth*,

MIT Press, Cambridge, Mass.

Ocampo, J.A. (2009) A 7-Point Plan for Development Friendly Reform, in *Re-Defining the Global Economy*, Dialogue on Globalisation, Occasional Papers, Friedrich Ebert Foundation, New York.

OECD (2001) *Transfer Pricing Guidelines for Multinational Enterprises and Tax Administrations*, OECD, Paris.

OECD (2009), The effectiveness and scope of fiscal stimulus, *Economic Outlook Interim Report*, Chapter 3, March, OECD, Paris.

OECD (2009a), Addressing the labour market challenges of the economic downturn: a summary of country responses to the OECD-EC questionnaire, Background paper for the OECD Employment Outlook 2009, Paris.

OECD (2009b) *Economic Outlook*, No. 85, Paris.

OECD (2009c) Trade union density in OECD countries, 1960-2007, www.oecd.org/dataoecd/25/42/39891561.xls.

OECD Glance (2009) *OECD: Society at a Glance 2009*, OECD Social Indicators, http://www.oecd.org/document/24/0,3343,en_2649_34637_2671576_1_1_1_1,00.html.

OECD Stat (2009) OECD, Paris.

Oestreicher, A. and Spengel, C. (2003) Steuerliche Abschreibung und Standortattraktivitat, in *ZEW Wirtschaftsanalysen Band 66*, ZEW, Mannheim.

Piketty, T. and Saez, E. (2006) How progressive is the U.S. federal tax system? A historical and international perspective, NBER Working Papers 12404.

Polanyi, K. (1944)(2001) *The Great Transformation*, Beacon Press,

Boston.

Pollin, R., Brenner, M. and Wicks-Lim, J. (2008) *A Measure of Fairness: The economics of living wages and minimum wages in the United States*, Cornell University Press, Ithaca, NY.

Pollin, R., Garret-Peltier, H., Heintz, J. and Scharber, H. (2008) *Green Recovery: A program to create good jobs and start building a low-carbon economy*, CAP, Washington DC.

Posner, R.A. (2009) *A Failure of Capitalism: The crisis of '08 and the descent into depression*, Harvard University Press, Cambridge and London.

Priewe, J. and Herr, H. (2005) *The Macroeconomics of Development and Poverty Reduction: Strategies beyond the Washington Consensus*, Nomos Verlag, Baden-Baden.

Rajan, R.G. (2005) Has financial development made the world riskier? National Bureau of Economic Research Working Paper, No. W11728, Cambridge, Mass.

Rajan, R.G. (2010) *Fault Lines: How hidden fractures still threaten the world economy*, Princeton University Press, Princeton and Oxford.

Rappaport, A. (1986) *Creating Shareholder Value: The new standard for business performance*, Free Press, New York.

Rappaport, A. (2005) The economics of short-term performance obsession, *Financial Analysis Journal*, No. 61, pp. 65~79.

Reich, M. (2010) Minimum wages in the United States, politics, economics, and econometrics, in C. Braun and B. Eichengreen (eds), *Labour in the Era of Globalisation*, Cambridge Univer-sity Press, Cambridge.

Rodrik, D. (1998) Who needs capital-account convertibility? *Essays in International Finance*, No. 207.

Roubini, N. and Mihm, S. (2010) *Crisis Economics: A crash course in the future of finance*, Penguin, New York.

S&P and Case-Shiller (n.d.) Home price indices (Composite-10 CSXR), www.homeprice.standardandpoors.com.

Sargent, T.J. (1979) *Macroeconomic Theory*, Academic Press, New York.

Sargent, T.J. and Wallace, N. (1976) Rational expectations and the theory of economic policy, *Journal of Monetary Economics*, Vol. 87, pp. 169~183.

Schmidt, H. (2009) Wie entkommen wir der Depressionsfalle?, *Die Zeit*, 15 January 2009.

Schulmeister, S. (2008) Profitability of technical currency speculation: the case of yen-dollar trading 1976-2007, WIFO Working Papers, 325/2008, Vienna.

Schumpeter, J.A. (1926) *Theorie der wirtschaftlichen Entwicklung*, 2, Auflage, München u.a.

Sen, A. (1999) *Development as Freedom*, Oxford University Press, Oxford.

Shackle, G. (1958) *Time in Economics*, North Holland, Amsterdam.

Shiller, R. (2008) *The Subprime Solution*, Princeton University Press, Princeton.

Soskice, D. (1990) Wage determination: the changing role of institutions in advanced industrial countries, *Oxford Review of Economic Policy*, Vol. 6, pp. 36~61.

Sraffa, P. (1960) *Production of Commodities by Means of Commodities: Prelude to a critique of economic theory,* Cambridge University Press, Cambridge.

Stern, N. (2007) *The Economics of Climate Change: The Stern review,* Cambridge University Press, Cambridge.

Stern, N. (2009) *The Global Deal: Climate change and the creation of a new era of progressive prosperity,* Public Affairs, New York.

Stiglitz, J.E. (2004) Capital-market liberalisation, globalisation, and the IMF, *Oxford Review of Economic Policy,* Vol. 20, pp. 47~71.

Stiglitz, J.E. (2006) *Making Globalisation Work,* Penguin, London.

Stiglitz, J.E. (2010) *Freefall: Free markets and the sinking of the global economy,* Allen Lane, London.

Stiglitz, J.E. and Greenwald, B. (2003) *Towards a New Paradigm in Monetary Economics,* Cambridge University Press, Cambridge.

Streeck, W. (2009) *Re-Forming Capitalism: Institutional change in the German political economy,* Oxford University Press, Oxford.

Taleb, N.N. (2005)[2007] *Fooled by Randomness: The hidden role of chance in life and markets,* 2nd edn, New York/London, Penguin.

Tobin, J. (1978) A proposal for international monetary reform, *Eastern Economic Journal,* Vol. 4, pp. 153~159.

Triffin, R. (1961) *Gold and the Dollar Crisis: The future of convertibility,* Yale, New Haven, Conn.

United Nations (2009) *Recommendations by the Commission of Experts of the President of the General Assembly on Reforms of the International Monetary and Financial System, 19,* United Nations, März, www.un.org/ga/president/63/commission/financial_commission.

shtml.

Weichenrieder, A.J. (2007) Profit shifting in the EU: evidence from Germany, CESifo Working Paper No. 2043, Munich.

Williamson, J. (2005) *Curbing the Boom-Bust Cycle: Stabilizing capital flows to emerging markets*, Institute for International Economics, Washington D.C.

Wilkinson, R. and Pickett, K. (2009) *The Spirit Level*, Allen Lane, London.

Wolf, M. (2008) *Fixing Global Finance*, Johns Hopkins University Press, Baltimore.

World Nuclear Association (2010) Nuclear power in Sweden, http://www.world-nuclear.org/info/inf42.html.

Zenglein, M. (2008) Marketization of the Chinese labor market and the role of unions, Global Labour University Working Paper No 4, Berlin.

Zhou Xiaochuan (2009) Reform of the International Monetary System, People's Bank of China, www.pbc.gov.cn/english/detail.asp?col=6500&id=178.

찾아보기

자본주의 고쳐 쓰기

천박한 자본주의에서 괜찮은 자본주의로

초판 1쇄 인쇄 2012년 9월 19일
초판 1쇄 발행 2012년 9월 24일

기획 한겨레사회정책연구소
지은이 세바스티안 둘리엔, 한스외르그 헤어, 크리스티안 켈러만
펴낸이 이기섭
편집인 김수영
책임편집 정회엽
기획편집 임윤희 김윤정 이지은 이조운
마케팅 조재성 성기준 정윤성 한성진 정영은
관리 김미란 장혜정

펴낸곳 한겨레출판(주) www.hanibook.co.kr
등록 2006년 1월 4일 제313-2006-00003호
주소 121-750 서울시 마포구 공덕동 116-25 한겨레신문사 4층
전화 02)6383-1602~1603 **팩스** 02)6383-1610
대표메일 book@hanibook.co.kr

ISBN 978-89-8431-618-8 03320

• 책값은 뒤표지에 있습니다.
• 파본은 구입하신 서점에서 바꾸어 드립니다.